Dorothea Minderop
BildungsNetzWerken

Dorothea Minderop

BildungsNetzWerken

Eine »Gebrauchsanleitung« für Schulen und ihre Partner

Carl Link

Bibliographische Information der Deutschen Nationalbibliothek
Die Deutsche Nationalbibliothek verzeichnet diese Publikation in der Deutschen Nationalbibliografie; detaillierte bibliografische Daten sind im Internet über http://dnb.d-nb.de abrufbar.

Art.-Nr. 06584000

© 2016 Wolters Kluwer Deutschland GmbH · Köln/Kronach

Carl Link – eine Marke von Wolters Kluwer Deutschland GmbH

Das Werk einschließlich aller seiner Teile ist urheberrechtlich geschützt. Jede Nutzung in anderen als den gesetzlich zugelassenen Fällen bedarf der vorherigen schriftlichen Einwilligung des Verlages.
Hinweis zu § 52a UrhG: Weder das Werk noch seine Teile dürfen ohne eine solche Einwilligung eingescannt und in ein Netzwerk gestellt werden. Dies gilt auch für Intranets von Schulen und sonstigen Bildungseinrichtungen.

Umschlagsgestaltung: Martina Busch Grafikdesign, Homburg Kirrberg
Umschlagaquarell: © Karin Bach
Abbildungen: © Armin Lohmann, Dorothea Minderop
Satz: MainTypo, Reutlingen
Druck: Williams Lea & Tag GmbH, München

Gedruckt auf säurefreiem, alterungsbeständigem und chlorfreiem Papier

Anstelle eines Vorwortes: Rückblick und Ausblick

Es war im Jahr 2004, als Armin Lohmann und ich die ersten Ideen zur Neukonzeption des vor zehn Jahren ebenfalls bei Carl Link erschienenen Buches »Führungsverantwortung der Schulleitung« austauschten. Nicht zuletzt aus den Reaktionen auf die Erstausgabe sind dabei drei Schulleitercharaktere entstanden: ER, SIE und JÜRGEN WIESNER. Keine Typen, denen das »Versagen auf die Stirn geschrieben steht«, aber auch keine »Überflieger, die einem allen Mut nehmen«, eher so »dazwischen, wie die meisten von uns«. Ihre Erfahrungen und Einstellungen sollten unsere Ideen ordnen, ihre Fragen Anlass zu Antworten geben und ihre Diskussionen in hilfreiche Richtungen weisen. Unsere Leser haben uns bestätigt, dass diese Fiktion es leichter machte, die Informationen des Buches aufzunehmen.

Nun sind Kopien guter Ideen eben doch nur Kopien. Deshalb lasse ich die beiden, die nach 10 Jahren noch Schulleiter und Schulleiterin sind, SIE und JÜRGEN WIESNER im Original »weiterleben«. In ihren letzten Kontakten miteinander haben sie schon mal über Netzwerke(n) nachgedacht. Sie werden sich jetzt wieder einmischen, sich neuen Situationen stellen und anders fragen. Also ein Fortsetzungsroman? Ja und nein.

Im vorliegenden Buch geht es um ‚Netzwerken – The Making of‘: Wie macht man das eigentlich in der Schule, zwischen Schulen, mit außerschulischen Partnern und zwischen diesen Partnern? Damit das nicht in Rezepte ausartet, gibt es eine Handlung, die 2014 begonnen hat und 2018 endet – Fiktion eben! Und ich möchte alle mitreden lassen: Lehrkräfte mit der innerschulischen Sicht und mit dem Blick aus der Schule nach draußen, genauso wie die regionalen Partner – vom Schulträger über die Jugendhilfe zu Betrieben und Zivilgesellschaft – mit dem Blick von draußen auf und in die Schule und in das gesamte Umfeld. Ein vielstimmiger Chor. Um die Verwirrung klein zu halten, werden diese vielen Beteiligten keine je eigene Lebensgeschichte vorweisen können (Das wäre dann ein anderes Buch!). Sie werden mit ihrer Funktion/ihrem Amt benannt und dennoch Typen sein, jeweils zusammengesetzt aus Begegnungen und Erlebnissen mit realen Personen. In ihren Fragen, Problemen und Erfolgsgeschichten zu den verschiedenen Phasen des Netzwerkens kristallisieren sich die Anliegen, um die es jeweils konkret geht.

So möchte ich Sie einladen, den Ent- und Verwicklungen beim Netzwerken, die auch die Ihren sein könnten, zu folgen. In der Hoffnung, Ihnen dabei gelegentlich ein wiedererkennendes Schmunzeln zu entlocken, wünsche ich Ihnen eine informative und zugleich vergnügliche Lektüre.

Anstelle eines Vorwortes: Rückblick und Ausblick

Danken möchte ich meinen Mitstreitern beim Aufbau der Bildungsregionen in Niedersachsen, besonders Guido Stolle, Stadt Wolfsburg, Jürgen Haarstick, Heidekreis, Markus Stöckl, Kreis Osterholz. Sie haben geholfen, die Realität ins Buch zu holen. Die Damen vom Netzwerk Mittelfeld, Oliver Vorndran, Bildungs- und Integrationsregion Paderborn, und Hartmut Hohnschopp haben dazu mit ihren Erfahrungen beigetragen. Danke! Nicht zuletzt möchte ich Armin Lohmann für seine erhellenden Zeichnungen und Ursula Klein für ermutigendes Feedback und Anregung Dank sagen.

Dorothea Minderop

Inhalt

Anstelle eines Vorwortes: Rückblick und Ausblick...........................	V

DIE HANDLUNG: EIN LANDKREIS MACHT SICH AUF DEN WEG

Teil 1	Netzwerke – wovon sprechen wir da eigentlich?...................	5
1	Damit wir dasselbe meinen: einige Erläuterungen zu den Begriffen...	5
2	Weil wir gemeinsam besser werden können – Netzwerke in der Schule...	12
2.1	Lehrkräfte im Dilemma: Autonomie und Kollegialität..............	12
2.2	Ich und wir: wenn Fachgruppen zu Lerngemeinschaften werden....	14
2.3	Über das Fach hinaus – Schulentwicklung beginnt mit gemeinsamen Zielen..	19
3	Weil wir von und mit anderen lernen können – Netzwerke zwischen Schulen...	20
3.1	Aus drei (oder vier) mach eins – Schulverbünde kleiner Schulen......	20
3.2	Gleiche Probleme treffen auf unterschiedliche Lösungswege...........	24
4	Weil Schulen Partner brauchen – Netzwerke in der Region.........	28
4.1	Ganztagsbildung braucht ein regionales Netzwerk.....................	30
4.2	Schule und Jugendhilfe – eine schwierige Beziehung?................	33
4.3	Kommune und Land – Zuständigkeit und/oder Verantwortung für Bildung	37

DIE HANDLUNG: DIE ERSTEN IDEEN SIND FORMULIERT

Teil 2	Orientierungsphase: Wie gehen wir den Dingen auf den Grund?....	71

DIE HANDLUNG: VON DATEN UND QUALITÄT

1	Was wir schon wissen (können)...	71
1.1	... über unsere Schule(n)	71
1.2	... und über die Bildung in unserer Region..............................	76
2	Welche Qualitätsvorstellungen wir haben und wie sie uns leiten (sollen)...	78
2.1	Der den Kindertagesstätten vorgegebene Qualitätsrahmen...........	78

2.2	Der schulische Qualitätsrahmen und das Qualitätsverständnis der Einzelschule	83
2.3	Über die Einzelschule hinaus – Qualität im und durch den Schulverbund	91
2.4	Der den Kommunen vorgegebene Rahmen und das Qualitätsverständnis der einzelnen Kommune	99
3	**Wie wir gemeinsam die Bildungsqualität vor Ort verbessern (können)**	**107**
3.1	Wenn aus dem Kind ein Schulkind wird – Übergang Kita-Schule	110
3.2	Die erste Weichenstellung – Sekundarstufe I	116
3.3	Die Qual der Wahl – Sekundarstufe II	119
3.4	Auf in die Praxis – Übergang zur Berufsausbildung	121
3.5	Auf in die Wissenschaft – Übergang zu den Hochschulen	126
3.6	Nach der (Aus-)Bildung – die Weiterbildung	127
3.7	Selbstständig und lebenslang lernen: non-formal und informell	130

DIE HANDLUNG: ERSTE VEREINBARUNGEN SIND GETROFFEN

Teil 3 Startphase: Was wollen wir und wen brauchen wir dazu? **143**

DIE HANDLUNG: VON ZIELEN UND LÖSUNGEN

1	**Wie wir uns gemeinsam auf Ziele einigen (können)**	**143**
1.1	Zielentwicklung in einer Schule	147
1.2	Zielentwicklung in einer Kommune	153
2	**Wie wir das Netzwerken verbreiten (können)**	**162**
2.1	Sich und anderen den Nutzen verdeutlichen	163
2.2	Öffentlichkeit herstellen	190
2.3	Beteiligung: Bildungskonferenzen ziel- und ergebnisorientiert gestalten	196
3	**Wie wir Stolpersteine erkennen und liegen lassen (sollten)**	**201**
3.1	Widerstand ist normal	202
3.2	Netzwerken unter der Glasglocke	204

DIE HANDLUNG: DER RUNDE TISCH ›ASYL‹

Teil 4 Konstruktionsphase: Wie wir das Netzwerk gestalten und wie es alltagsfest wird **217**

DIE HANDLUNG: VON STRUKTUREN UND VERANTWORTUNG

1	**Wie wir die richtigen Partner finden (können)**	217
1.1	Schulen finden Netzwerkpartner	218
1.2	Partner finden sich in Regionalen Bildungsnetzwerken	227
2	**Wie wir durch Strukturen Verbindlichkeit sichern (sollten)**	230
2.1	Schulnetzwerke steuern und koordinieren	231
2.2	Regionale Bildungsnetzwerke steuern und koordinieren	241
3	**Warum wir Regeln brauchen und dass sie Vertrauen nicht ersetzen**	253
3.1	Mehrheitsentscheidung oder Konsens	254
3.2	Verbindlichkeit	254
3.3	Dokumentation und Wissensmanagement	254
3.4	Vertrauen schenken	255
4	**Wie wir mit Maßnahmen Verbesserungen planen (sollten)**	257
4.1	Wirkungen bedenken, Verantwortung festlegen	257
4.2	Kooperation der Lehrkräfte – Maßnahmenentwicklung in einer Schule	258
4.3	Maßnahmenplanung in einem regionalen Bildungsnetzwerk	259
4.4	Was passieren kann	261
4.5	Wie wir Stolpersteine erkennen und liegen lassen (sollten)	262

DIE HANDLUNG: DIE KOOPERATIONSVEREINBARUNG

Teil 5 Qualitätssicherung: Welche Wirkung haben wir gemeinsam erreicht? ... 277

DIE HANDLUNG: DIE PROZESSE IM ZEITRAFFER

1	**Evaluation – Begriff und Prozess**	280
1.1	Ziele und Nutzen der Evaluation	281
1.2	Qualitätskriterien und Indikatoren	282
1.3	Evaluationsmethoden	282
2	**Wie wir das Ziel im Blick behalten (können)**	283
2.1	Innerschulische Evaluation fordert Kooperation	284
2.2	Evaluation in Netzwerken etablieren	295

3	Wie ein Bildungsmonitoring Transparenz schafft	306
3.1	Der Bildungsbericht als Dreh- und Angelpunkt im Qualitätszyklus	309
3.2	Ergebnisse – Appelle zum Handeln	313
4	Rechenschaft ablegen: Berechenbarkeit bieten und den Zielen nahe kommen	315
4.1	Formen der Rechenschaftslegung im Netzwerk	319
4.2	Rechenschaftslegung gegenüber der Öffentlichkeit	321

DIE HANDLUNG: WIE ES WEITERGEHEN KÖNNTE

Fazit – nicht nur von mir, aber eines, dem ich mich anschließe 327

Literaturverzeichnis 328

Zeitspanne der fiktiven Handlung 340

Die Handlung: Ein Landkreis macht sich auf den Weg

Es war einmal ... nein, so fangen Märchen an. Dies soll keines werden, auch wenn Ort und Handlung frei erfunden sind. Und doch haben wir es mit der Realität zu tun.

Im Landkreis Nahland, irgendwo in Deutschland, stellen die Menschen Veränderungen fest. Aus den Dörfern ziehen die Leute weg, manche Häuser und Läden stehen leer. In der Kreisstadt sieht es kaum anders aus, nachdem der größte Arbeitgeber, die Bundeswehr, abgezogen ist. Man fängt an, sich Sorgen zu machen. Manche Grundschulen sind nur noch einzügig, auch in den weiterführenden Schulen bleiben schon Räume leer. Jugendliche finden nur noch schwer einen Ausbildungsplatz in der Region, wenn sie nicht gerade zu den Besten gehören. Wer die Schule sogar ohne Abschluss verlässt, hat im Landkreis Nahland keine berufliche Perspektive, obwohl es noch Handwerksbetriebe gibt, die händeringend Auszubildende suchen. Aber die Jugendlichen und ihre Eltern sind nicht genügend informiert und so führt der Weg für viele eher in die Büroberufe oder in Maßnahmen der Arbeitsagentur.

Das sieht alles aus wie eine Abwärtsspirale. ... Man müsste mal ... Im Kreistag hat man schon verstanden, dass man in Bildung investieren muss, wenn man diese Entwicklung umkehren will. Das Motto »Die Stärkeren halten und die Schwächeren nicht zurücklassen« hat Verschiebungen im Haushalt zugunsten der Ausstattung von Kitas und Schulen bewirkt. Jetzt will man alle an Bildung Beteiligten zusammenrufen in der Hoffnung auf neue Ideen und Menschen, die bereit sind, sich zu engagieren: Eine Bildungskonferenz soll stattfinden! Da treffen wir auch auf alte Bekannte: Anne/sie, und Jürgen Wiesner

Jürgen Wiesner unterrichtete 16 Stunden in der Woche und leitete ganz »nebenbei« das 29-köpfige Kollegium seiner »Grund- und Hauptschule mit Förderstufe« mit knapp 450 Schülern. Heute ist er Schulleiter einer inklusiven gebundenen Ganztags-Oberschule mit 23 Kolleginnen und Kollegen. Er unterrichtet noch 12 Stunden wöchentlich. Die Schülerzahl ging auf jetzt knapp 300 zurück. Seine Frau sagt immer noch oft: Schlag doch dein Bett in der Schule auf!

Abb. 1: Jürgen Wiesner

Die Handlung

SIE leitet noch ihre Modellschule (Klasse 1–10). Manches hat Sie verändert, lässt aber ihren Kolleginnen und Kollegen immer noch viel Raum, wenn ihr Anspruch auf Verbindlichkeit eingelöst wird. Das gemeinsam entwickelte Leitbild wird gelebt, Qualitätsentwicklung hochgehalten, Selbstevaluation ist Routine. SIE ist bei den Kindern und Jugendlichen und bei deren Eltern geachtet, lässt Nähe zu und hat immer noch Freude an der Erfindung von Ritualen, um das Miteinander zu stärken.

Abb. 2: Sie/Anne

Sie sind jetzt 10 Jahre älter. SIE und JÜRGEN WIESENER haben den Aufbruch zu mehr Führungsverantwortung nicht vergessen und sich auch nicht aus den Augen verloren. (Sie hatten zuletzt zum Du gefunden: SIE = ANNE). Vielleicht sind sie inzwischen etwas ungeduldiger, weil Veränderung so viel Zeit braucht und eigentlich doch alles schon lange gesagt ist. Aber sie erleben auch, wie schwierig es nach wie vor ist, Qualität zu sichern, Eltern systematisch einzubeziehen, die Kontakte zu Betrieben zu pflegen und nicht zuletzt ihre Lehrkräfte vom Nutzen einer Netzwerkarbeit zu überzeugen. Sie haben sich zu der geplanten Bildungskonferenz im Landkreis Nahland verabredet. Sie wollen sich einmischen und sind neugierig auf die Menschen, die sich die Zeit nehmen, um ihr Interesse an Bildung in der Region einzubringen. Einige werden zu Wort kommen:

LEHRERIN 1/GS unterrichtet in der Grundschule X mit 20 Kolleginnen. Sie engagiert sich in der Steuergruppe der Schule.

LEHRERIN 2/GS hat in ihrer Grundschule Y nur 5 Kolleginnen und nimmt neben dem eigenen Unterricht die Aufgaben der Schulleitung wahr, deren Stelle nicht besetzt werden konnte.

LEHRER A/SEK unterrichtet an einer Sekundarschule mit 42 Kolleginnen und Kollegen.

LEHRER B/BAU ist Fachleiter für den Baubereich in einer großen berufsbildenden Bündelschule.

SL/GYM ist Schulleiter des größten Gymnasiums in der Kreisstadt.

eine SCHULAUFSICHTSBEAMTIN GS, zuständig für die Grundschulen der Region.

ein SCHULAUFSICHTSBEAMTER SEK., zuständig für Sekundarschulen der Region ein SCHULAUFSICHTSBEAMTER BBS, zuständig für die berufsbildenden Schulen der Region.

der BILDUNGSREFERENT DER HANDWERKSKAMMER

der SPRECHER DER BÜRGERSTIFTUNG

die BÜRGERMEISTERIN VON BELINGEN (Gemeinde im Landkreis)

die VERTRETERIN DES KREISELTERNRATES

der VORSTAND DES SPORTVEREINS NAHLAND E.V.

die LEITERIN DES AMTES FÜR SCHULE UND JUGENDHILFE

die LEITERIN DES BILDUNGSBÜROS

der LANDRAT

der ABTEILUNGSLEITER DES KULTUSMINISTERIUMS

Der Landkreis *Nahland*
lädt ein
1. Bildungskonferenz
am 09.05. 2014 , 14.00 Uhr – 19.00 Uhr

Bildung geht alle an! Wie kommen wir zusammen?

14.00 – 14.30 Uhr   Ankommen mit Kaffee
14.30 – 15.00 Uhr   Grußwort des Landrats

15.00 – 18.00 Uhr   Arbeitsgruppen zu den Themen:
Kita und Schule – gemeinsam für einen guten Start?
Schulen und Betriebe – Lernorte in Konkurrenz?
Schule und Jugendhilfe – Herr und Diener?
Kommune und Land – Zuständigkeit oder Verantwortung?

18.00 – 18.30 Uhr Ergebnisse ansehen und diskutieren

18.30 Uhr Schlusswort des Landrats

Abb. 3: Einladung zur Bildungskonferenz

Die Handlung

Aus dem Grußwort des Landrates

… Von Bildung zu sprechen – da gibt es Berufenere als ausgerechnet ein Landrat. Dennoch: Was geschieht, wenn Bildung nicht gelingt, das wissen wir Kommunalen sehr gut. Nicht umsonst investieren wir in die Bildungsbereiche, für die wir zuständig sind: Unsere Kitas, die Jugendhilfe, die VHS und natürlich die Schulgebäude, die Ausstattung und das kommunale Personal in den Schulen. Da müssen wir uns nicht verstecken. Dennoch

- liegt die Schulabbrecherquote hier über dem Landesdurchschnitt,
- ist die Jugendarbeitslosigkeit im Kreis höher als in den Nachbarkreisen,
- müssen wir über Schulschließungen nachdenken, weil hier zu wenige Kinder aufwachsen,
- klagen die Betriebe über zu wenig und zu wenig qualifizierten Fachkräftenachwuchs.

Abb. 4: Der Landrat

Da könnte man schon den Mut verlieren, aber auf allen Gebieten tragen Engagement und Kompetenz auch ihre Früchte:
- Wir haben schöne kindgerechte Kitas und bieten Fortbildung für die Fachkräfte.
- Wir nehmen viel Geld in die Hand für frühkindliche Sprachförderung.
- Wir werden bald alle Schulen im Ganztagsbetrieb führen.
- Unsere Schulen sind in hervorragendem Zustand.

Mit anderen Worten – es gibt viel Gutes in jedem Bereich, aber es gibt zu wenig Miteinander. Wir brauchen ein gemeinsames Verständnis davon, was Bildung ist und wie wir Bildungsprozesse unterstützen können. Das ist mein Appell an diese Bildungskonferenz: Finden Sie bessere Wege zueinander, damit wir miteinander besser werden! …

Auf dem Weg in die Arbeitsgruppen

ANNE:
Das werden wir wohl erstmal klären müssen: …bessere Wege zueinander finden. Bin gespannt, wie sich das bei »Kita und Schule« entwickelt.

JÜRGEN WIESNER:
Für mich ist die Zusammenarbeit mit der Jugendhilfe interessant. Zwischen Lehrern und Sozialarbeitern gibt es ja noch erhebliche Barrieren.

Teil 1 Netzwerke – wovon sprechen wir da eigentlich?

> Wie Menschen und Organisationen ihr Handeln koordinieren, was die Wissenschaft zur Kenntnis über Netzwerke beiträgt und wie sich Beziehungen in, mit und um Schule zu Netzwerken entfalten können.

1 Damit wir dasselbe meinen: einige Erläuterungen zu den Begriffen

Ohne Anspruch auf Vollständigkeit, zunächst ein kurzer Blick auf die verschiedene Arten, das Handeln von Menschen und Organisationen zu koordinieren (vgl. Kussau & Brüsemeister 2007, S. 39 ff.).

In **hierarchischen** Organisationen entscheidet eine übergeordnete Leitungsinstanz. Sie bestimmt maßgeblich, wie die Mitglieder professionell handeln und sich abstimmen. Anweisungen setzen Veränderungen in Gang. Der Erfolg ist davon abhängig, wie die Leitung ihre Vorstellungen durchsetzen kann.

Abb. 5: Hierarchie

Im **Markt** bestimmen die Marktteilnehmer flexibel die Auswahl ihrer jeweiligen Partner. Sie stimmen ihr individuelles Handeln auf das der anderen Akteure im Markt ab, allerdings müssen sie dazu nicht mit ihnen in Kontakt treten. Vielmehr schätzen sie die Chancen, ihre Ziele mit den ihnen zur Verfügung stehenden Ressourcen durchzusetzen, u. a. durch quasi anonyme – wechselseitige – Beobachtung ein.

Abb. 6: Markt

In **Netzwerken** einigen sich Akteure gleicher und/oder unterschiedlicher Profession freiwillig auf ein gemeinsames Ziel und ein bestimmtes Handeln. Voneinander zu lernen ist Prozess und Ergebnis zugleich. Es gibt grundsätzlich keine Ansage ›von oben‹; jeder Akteur entscheidet, ob ein Vorschlag seinen Interessen entspricht. Die Netzwerkpartner legen ihre Vorstellungen offen und finden im Dialog zur Gemeinsamkeit. Netzwerken bedeutet u. a. auch, sich in die Prozesse der Partner einzumischen, Ressourcen gemeinsam zu nutzen und sich über das Erreichte zu vergewissern.

Damit wir dasselbe meinen: einige Erläuterungen zu den Begriffen

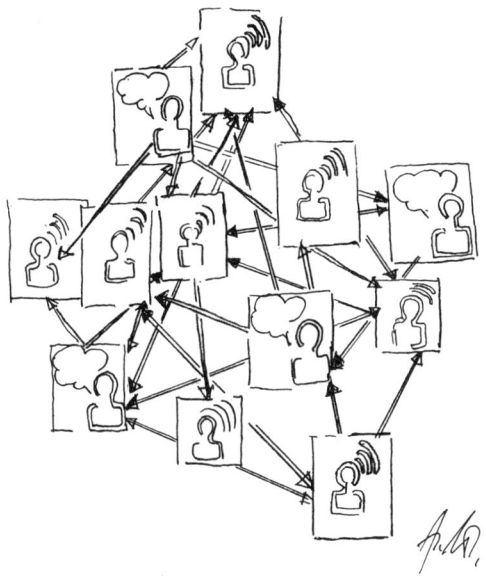

Abb. 7: Netzwerk

Formen von Netzwerken

Netzwerke, die top-down von einem Auftraggeber z. B. einer Behörde oder auch durch eine Organisation der Zivilgesellschaft wie eine Stiftung initiiert werden, sind in der Regel als zeitlich befristete Projekte organisiert. Ihre Merkmale sind vorab festgelegte Rahmenbedingungen, verbindlich für den Projektzeitraum zugesagte Ressourcen und Kriterien der Rechenschaftslegung. So wird gewährleistet, dass die ausgewählten Netzwerkteilnehmer sich auf die Ziele konzentrieren können, ohne die Sorge, dass etwa der Wegfall von Finanzmitteln oder Zeitressourcen ein vorzeitiges Ende einläuten könnte. Auch nachlassendes Engagement der Teilnehmer kann auf solcher Basis eher überstanden werden, womit jedoch über den Grad der Zielerreichung noch nichts gesagt ist. Die gesicherten Rahmenbedingungen haben allerdings den Nachteil, dass man sich daran gewöhnt und sich vielleicht zu spät die Frage stellt, wie es nach der Projektzeit weiter geht. Wird das nicht rechtzeitig geklärt, gehen auch wichtige Ergebnisse leicht im wieder einsetzenden Alltagsgeschehen der beteiligten Organisationen unter.

In Netzwerken, die bottom-up aus einer Situation vor Ort gewachsen sind, stellt der zusätzliche Zeit- und Organisationsaufwand für die Initiatoren, trotz Engagements, eine große Herausforderung dar. Schließlich sind die Partner Auftraggeber und -nehmer in einem: Die von gemeinsamen Aktivitäten betroffenen Personen sind auch die an den Entscheidungen beteiligten. In solchen Netzwerken besteht das Dilemma darin, dass zwar jemand die Zügel in die Hand nehmen muss, ohne jedoch die Verantwortung alleine tragen zu können. Hier ist vor der Folie ihrer Ziele eine Verabredung über eine arbeitsteilige Organisation der Aufgabenbewältigung nötig, damit die Lasten auf mehreren Schultern lagern. Zugleich bieten aber gerade solche Netzwerke die Chance, quasi im Seitenstrang neben der »Linie« der beteiligten Organisationen in kreativer Atmosphäre zu innovativen Ideen zu gelangen. Zur Problemlösung beigetragen zu haben, ist dann auch ein gemeinsamer Erfolg, der nicht zuletzt durch eine angemessene Koordinierung von Partizipation und Steuerung Nachhaltigkeit verspricht.

Vorteile des Netzwerkens

Ammon und Kollegen (vgl. 1998, S. 6 ff.) haben herausgearbeitet, welche Vorteile die Arbeit mit und in Netzwerken für die Beteiligten hat, u. a. sind dies:
- Reichweite und Flexibilität von Aktivitäten bei Wandel der Umweltbedingungen
- Offenheit für die Einbeziehung neuer Partner
- Stabilität trotz Ausscheidens und Wechsels von Netzwerkpartnern
- Grenzüberwindung statt Grenzziehung
- Aufbaustruktur ohne große Linienfunktionen,
- vielfältige Möglichkeiten der Selbstorganisation von Teilaufgaben und
- Steigerung des Innovationsvermögens

Ziemlich viele Versprechen! Sind sie alle einlösbar oder wird damit der Netzwerkgedanke überfordert? Da gilt es näher hinzuschauen:

Wie weit Aktivitäten eines Netzwerks tatsächlich reichen und wie flexibel es auf Umweltbedingungen reagieren kann, ist nicht zuletzt von seiner Mitgliederstruktur abhängig.

Der Zusammenschluss von Akteuren allein schafft noch kein höheres Problemlösepotenzial. Bei aller Offenheit für neue Partner ist die Konstellation der Akteure entscheidend, die Zusammensetzung nach eben den Kompetenzen, die zur Lösung der infrage stehenden Probleme benötigt werden. Altrichter sieht die Öffnungsprozesse »partiell auf bestimmte Netzwerkfunktionen und -leistungen« begrenzt (Altrichter 2014, S. 44). Darüber hinaus werden die Partner die Netzwerkarbeit erst dann als relevant einschätzen »wenn das Können des anderen mein eigenes Können nicht nur ergänzt, sondern sein Können meine eigene Arbeit grundlegend transformiert: Wenn ich also durch meine Partner auf neue Ideen komme (und sie durch mich), wenn ich meine Arbeit durch sie neu verstehe und wir gemeinsam Konzepte entwickeln, die mir und ihnen allein nicht im Traum eingefallen wären.« Nur auf diese Weise bilde sich wirklicher Mehrwert. Respekt für die Leistung des anderen und Selbstbewusstsein, was die eigene Leistungsfähigkeit betrifft, seien unabdingbare Voraussetzungen für eine gleichberechtigte Partnerschaft. Niemand gebe freiwillig einen Teil seiner Souveränität ab, wenn er nicht wisse, dass er dafür etwas vom anderen bekomme (vgl. Blunk 2003).

Wer ein Netzwerk gründet, um gemeinsam mit anderen ein Problem oder einen Konflikt zu lösen, weiß, welche Einzelinteressen im Spiel sind. Ihnen gerecht zu werden, kann nur gelingen, wenn nicht der rasche – oft genug halbherzige – Kompromiss angestrebt, sondern der Ausgleich der Interessen durch Koordination erreicht wird. Die Tauschrelation muss stimmen, nicht sofort oder gar gleichzeitig, aber auf mittlere Sicht muss der Nutzen für alle spürbar werden! Win-win-Strategien erhalten und stärken die Freundschaft!

Wie weit Grenzen innerhalb des Netzwerks tatsächlich überwunden werden und die Türen für neue Partner grenzüberschreitend offen stehen, wie stabil es trotz Ausscheidens und Wechsels von Netzwerkpartnern bleibt, hängt von seinen Regeln ab.

Dazu gehört in erster Linie die Verbindlichkeit der gemeinsamen Leitidee, deren Umsetzung sich in dem vereinbarten Handeln spiegeln soll. Freiwilligkeit der Teilnahme ist ein Grundsatz von Netzwerken und zugleich ihr Risiko. Die Mühseligkeit mancher Einigungsprozesse mag zusätzlich noch ein Ausweichen in die Betonung des freiwilligen Engagements befördern: »Ich bin ja zu nichts verpflichtet«. Doch gerade hier kann sich schon der Anfang vom Ende zeigen, wenn es nicht gelingt, die Netzwerker auf den Grundsatz »freiwillig eintreten – verbindlich beteiligen« einzuschwören.

Wie weit ein Netzwerk tatsächlich ohne Linienfunktionen auskommt, wie es Selbstorganisation von Teilaufgaben ermöglicht und damit das Innovationsvermögen steigert, ist wesentlich abhängig von seiner Aufbaustruktur und seinem Prozessmanagement.

Netzwerke existieren im Engagement ihrer Partner, die sich aus eigenem Interesse und mit der Erwartung innovativer Lösungen für ein gemeinsames Ziel einsetzen. Sie verabreden Elemente der Steuerung und Partizipation, klären Verantwortlichkeiten und installieren eine Koordinierungsinstanz, die die Fäden zusammen- und das Ziel im Auge behält. Diese organisiert die Planung und Umsetzung von Maßnahmen, macht die Aktivitäten nach innen und außen transparent und pflegt die Beziehungen. Solche Koordinierungsmechanismen helfen, nachteilige Tendenzen (»Laufen lassen« oder »Schaufensteraktivitäten«) zu vermeiden.

Manche dieser Charakteristika von Netzwerken scheinen auf den ersten Blick auch auf *Kooperationen* zuzutreffen. Hierarchisch geführte Institutionen in Politik, Wirtschaft oder auch in der Zivilgesellschaft kooperieren oft für eine bestimmte Zeit mit Partnern (vgl. Schubert & Klein 2011), um ein einzelnes Problem zu lösen. Möglich ist auch eine längerfristige Kooperation mit hoher Verbindlichkeit zu einem gemeinsamen Ziel. Mindestens zwei Partner entscheiden sich für eine freiwillige Teilnahme und bleiben dabei eigenständig.

Sie geben sich klare Regeln u. a. über Aufgabenverteilung und Entscheidungskompetenz. Man erwartet von einer solchen Koordinationsform gegenseitigen Nutzen durch Austausch, Arbeitsteilung oder sogar durch gemeinsames Lernen (Kokonstruktion).

Wesentliche Unterschiede von Kooperation und Netzwerk liegen zum einen in der zum Netzwerk gehörenden prinzipiellen Offenheit, der möglichen Vielzahl von Partnern unterschiedlicher Ebenen und deren Orientierung auf ein gemeinsames Leitbild. Kooperationen können sich zu Netzwerken entwickeln und innerhalb von Netzwerken zu Teilaufgaben verabredet werden.

Um die Koordination von Handlungen, wie sie ein Netzwerk erfordert, geht es in der Governance-Debatte.

Information

Governance wird »als Oberbegriff aller Formen sozialer Handlungskoordination, als Gegenbegriff zu hierarchischer Steuerung und zur Bezeichnung der Gesamtheit aller in einem Gemeinwesen bestehenden und miteinander verschränkten Formen der kollektiven Regelung gesellschaftlicher Sachverhalte benutzt ...« (Maynitz 2012, S. 38).

Wer erkennt, dass ein gesellschaftliches/soziales Problem oder ein Konflikt mit den eigenen Kompetenzen und Ressourcen allein nicht zu lösen ist, wird sich Mitstreiter suchen müssen. Dass damit wechselseitige Abhängigkeiten entstehen, ist ebenso unvermeidbar wie das Fortbestehen von Strukturen und Regelungen, in die die unterschiedlichen Organisationen ihre Mitarbeiter weiterhin einbinden und die ihr Handeln nach innen und außen bestimmen (Handlungslogik). Im Netzwerk kommt es aber darauf an, dass »Regelungsstrukturen so gestaltet werden können, dass kollektive Güter effektiv und effizient in Koproduktion erstellt werden können.« In der Governance-Forschung wird deshalb u. a. analysiert, wie adäquate Lösungen im Zusammenwirken »von Akteuren in Mehrebenensystemen« gefunden werden können (vgl. Olk und Stimpel 2011, S. 176-177).

Man stelle sich Schule eingebunden in ein Netzwerk von Akteuren vor:

Damit wir dasselbe meinen: einige Erläuterungen zu den Begriffen

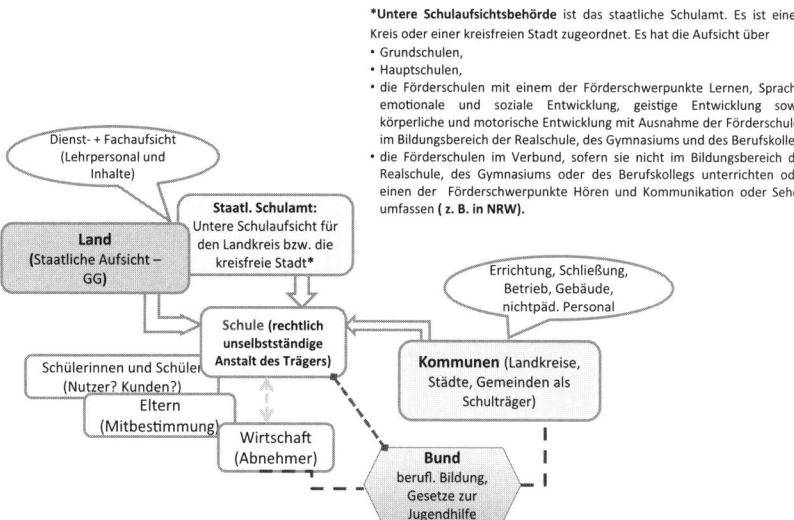

Abb. 8: Schule und ihre Einflussfaktoren

Die Abbildung lässt schon die unterschiedlichen Ebenen erkennen, in die Schule und ihre Akteure eingebettet sind. Brüsemeister (2004, S. 1991, zitiert nach Heinrich 2007, S. 45) hat eine Differenzierung nach drei Ebenen vorgeschlagen:

- die Makro-Ebene des schulischen Gesamtsystems
- die Meso-Ebene der Einzelschule
- die Micro-Ebene des Rollenhandelns von Lehrkräften und anderer Akteure in Einzelschulen

Die Ebenen sind zwar räumlich getrennt und es werden jeweils getrennte Aufgaben wahrgenommen. Entscheidend ist aber, dass die Prozesse zur Aufgabenerfüllung eine Ebene überschreiten, dass also trotz Aufteilung der Zuständigkeiten »Entscheidungen zwischen Ebenen koordiniert werden« (vgl. Benz 2010, S. 112).

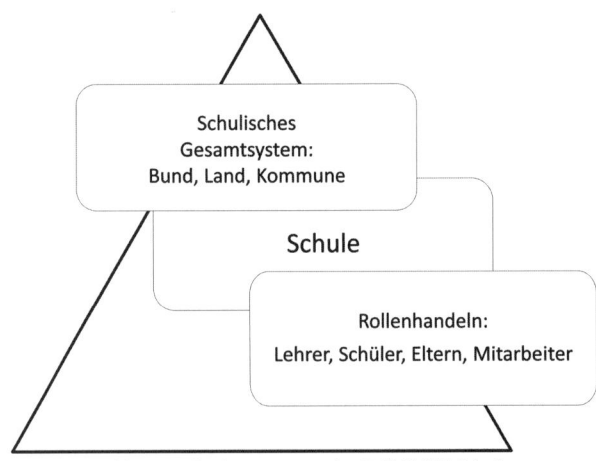

Abb. 9: Mehrebenensystem im Politikfeld Schule

Gerade das Bildungssystem ist ein komplexes System gegenseitiger Einflussnahme und Abhängigkeiten der Ebenen! Ob es gelingt, hier einen »bestehenden Zustand zu ändern« (Benz 2010, S.117), also Innovation umzusetzen, hängt wesentlich davon ab, wie diese Veränderung innerhalb der Ebenen akzeptiert wird. Altrichter (2014, S. 31) macht das an einem Beispiel deutlich. Wie Innovationen im Schulalltag in der Praxis spürbar würden, hänge davon ab, wie

- »Lehrpersonen und Schulleitungen Innovationsideen aufgreifen und in Handlungen und Organisationsarrangements übersetzen ...
- Schülerinnen und Schüler die Neuerungen verstehen und ihr Handeln partiell umstellen ...
- Vermittlungsinstitutionen, wie Schulaufsicht, Fortbildungseinrichtungen, Schulbuchverlage usw. Unterstützung anbieten.«

Da nicht nur die »entsprechende Macht, dies zu bewirken, aufgeteilt ist« (Benz 2010, S. 118), sondern auch von unterschiedlichen Werten, Sprachen und Prioritäten auf den Ebenen ausgegangen werden muss, kann das nur durch Koordinierung gelingen – eine deutlich andere Handlungskoordination, als in dem durch Linienstrukturen bestimmten Schulsystem zunächst erwartet werden kann (Erlass ... Anweisung ... Umsetzungserwartung).

2 Weil wir gemeinsam besser werden können – Netzwerke in der Schule

2.1 Lehrkräfte im Dilemma: Autonomie und Kollegialität

»Die Lehrkräfte erziehen und unterrichten in eigener pädagogischer Verantwortung« (§ 50, Abs.1 Niedersächsisches Schulgesetz). So oder ähnlich lautet die Vorschrift in den Landesschulgesetzen. Hin und wieder wird auch darauf hingewiesen, dass es dabei um die Freiheit der einzelnen Lehrkräfte geht, die eigenen didaktischen und methodischen Entscheidungen für die jeweilige pädagogische Situation ›in Freiheit‹ treffen zu können. Angemerkt wird ebenfalls, dass sie daraus kein ›Grundrecht‹ ableiten können, z. B. Beschlüsse der Fachkonferenz zu ignorieren, andererseits dürfen aber auch schulaufsichtliche Vorgaben die pädagogische Freiheit nicht unangemessen beschränken, stellt Rolf Wernstedt (2006) klar: »Gelingende Pädagogik – also Lehren und Lernen –, kann nichts anderes sein als der angemessene Gebrauch der Freiheit. ... Freiheit zu nutzen heißt aber automatisch, Verantwortung zu übernehmen. Diese unumgänglichen Freiheitsräume kann man durch kleinkarierte Schulaufsicht und ängstliche organisatorische Vorgaben genauso einschränken wie durch den anti-intellektuellen Hinweis auf einen Stoff, den man noch durchnehmen müsse«.

Der Dirigent Kent Nagano zitiert Leonhard Bernstein mit dieser Aussage:

»*Unterrichten [ist] wahrscheinlich die großherzigste Profession, die freigiebigste, die schwierigste und die ehrenhafteste.*
Aber es ist auch die am meisten unterschätzte ... und am wenigsten gelobte«

Die pädagogische Freiheit von Lehrern scheint einher zu gehen mit der Überzeugung, sie verfügten über eine gleiche Professionalität. Nicht zuletzt haben Auseinandersetzungen um Arbeitszeitregelungen gezeigt, dass Lehrkräfte »ohne Unterschied von Erfahrung, Interesse, Vorlieben und Können gleich behandelt werden wollen« (vgl. Buhren/Rolff 2002). Diese Illusion von Gleichheit bewirkt ein nur scheinbares Wir-Gefühl und verhindert eine reale, erlebbare, beobachtbare Gemeinsamkeit. Zum Kollegium zu gehören, verbietet dann sowohl kritische wie besonders wertschätzende Bewertungen des Verhaltens und der Kompetenz von Kollegen. Dagegen könnten gerade die Unterschiede im Wollen und Können als Bereicherung erlebt werden, wenn Kolleginnen und Kollegen sich miteinander vernetzen, statt nur nebeneinander ›kollegial‹ zu sein.

DIE HANDLUNG: ES GEHT WEITER MIT PAUSENGESPRÄCHEN

JÜRGEN WIESNER und ANNE treffen sich zu einem Pausengespräch. In den Diskussionen beider Arbeitsgruppen war deutlich geworden, dass gerade Lehrerinnen und Lehrer Bedenken vor zu großer Nähe schon innerhalb der Kollegien haben und eher ihre Beziehung zu ihrer Lerngruppe betonen.

ANNE:
Kooperation im Kollegium muss immer auch Ängste überwinden. Wir waren ja alle als Einzelkämpfer ausgebildet. Die Kollegen haben eben oft Angst, sich in die Karten gucken zu lassen – Angst, dass Fehler wahrgenommen und ihre Routinen in Frage gestellt werden.

Teil 1 Netzwerke – wovon sprechen wir da eigentlich?

> JÜRGEN WIESNER:
> Und das ist eben eine Frage des Vertrauens. Man verlässt dann den Schutz der scheinbaren Gleichheit. Da kommen die Kolleginnen und Kollegen nur raus, wenn sie erfahren, dass Konflikte ausgetragen werden können und dass Gespräche über Unterricht nützlich sind und auf neue Ideen bringen.
>
> ANNE:
> Vor Jahren musste ich mal eine Fachkonferenzvorsitzende um eine Zweitkorrektur bitten. Ich hatte den Eindruck, dass die Fachkollegin Fehler unangemessen bewertet hatte. Das führte dazu, dass die beiden nicht mehr miteinander gesprochen haben. Einerseits fragte sich die betroffene Kollegin: Wieso ist sie kompetenter als ich? Andererseits war die Zweitprüferin unsicher, wie kritisch sie denn sein dürfe. Aus dem Vorfall haben wir im Kollegium Konsequenzen gezogen und schließlich u. a. Hospitationsringe eingerichtet.

Das Kollegium, Kollegialität – selbstverständlich und täglich in der Schule gebrauchte Begriffe: »Liebe Kolleginnen und Kollegen« – »...aber Frau Kollegin...!« – kollegiale Abstimmung u. a. m. – dennoch bleiben die darin liegenden Chancen oft genug ungenutzt. Schließlich bedeutet »kollegial« im eigentlichen Sinn »freundschaftlich, hilfsbereit« (DIE ZEIT. Das Lexikon. Hamburg 2005). Eine Erläuterung, die mir – zugegeben – besonders sympathisch ist. Nun wird ja aus den nach ihren Fachdisziplinen zusammengesetzten Lehrergruppen nicht quasi automatisch ein Kollegium in diesem Sinne. Da sind vor allem die Schulleitungen gefordert. Sie können Strukturen schaffen, die zum Miteinander verführen. Wenn sie zudem einen regelmäßigen Dialog mit den Lehrerinnen und Lehrern pflegen, »tragen sie dazu bei, dass eine Vertrauens-, Dialog- und Kooperationskultur entstehen kann« (Arnold 2007). Da leuchten ein paar Voraussetzungen für die Entstehung von wirklicher Kollegialität durch: Offenheit, Vertrauen, Kooperation. Weil aber kein Gesetz die Mitglieder eines Kollegiums verpflichten kann, vernünftig miteinander zu sprechen, keine Regelung sie zwingen kann, sich gegenseitig ruhig zuzuhören, die Beiträge anderer zu schätzen und als Lerngelegenheit wahrzunehmen, geht es nicht ohne den Willen und die Anstrengung der Einzelnen, Kollegialität zu leben. Dann aber wird ein sicheres Fundament für den Lebensraum Schule gebaut.

2.2 Ich und wir: wenn Fachgruppen zu Lerngemeinschaften werden

Vorausgesetzt, Ziel allen schulischen Handelns ist es, durch ständige Verbesserung des Unterrichts die besten Chancen für die Kinder und Jugendlichen zu schaffen, bietet Baumert eine sehr knappe Beschreibung dieses Prozesses: »Entscheidend ist die Entwicklung professioneller Handlungskompetenz. Dazu gehören die Stärkung des Verantwortungsbewusstseins für die Klienten, die Öffnung des Unterrichts und seiner Vor- und Nachbereitung für den professionellen Blick und die Entwicklung einer Sprache, die es erlaubt, ohne wechselseitige Verletzung über die eigene Tätigkeit zu reden« (Baumert 2003, S. 105).

Die Handlung: es geht weiter mit Pausengesprächen

Teilnehmerinnen und Teilnehmer aus unterschiedlichen Gruppen treffen sich zum Pausenkaffee. Lehrerin 2/GS war mit Anne in der AG Kita – Grundschule, Lehrer A/Sek und SL Gym in ›Schule und Betrieb‹.

Lehrerin 2/GS:
Was wir da über Kooperation hören, ist ja nicht wirklich neu. Wir tauschen uns in der Schule ziemlich regelmäßig aus, schon weil wir so wenige sind und uns immer gegenseitig vertreten müssen. Aber es ist nicht wirklich systematisch, eher so von Fall zu Fall. Manchmal habe ich auch den Eindruck, dass immer dieselben anbieten und andere nehmen. Es gibt zu wenig Gegenseitigkeit und zu wenig gemeinsames Lernen.

Anne:
Wir hatten eine Schulentwicklungsberaterin bei uns, die die Fachkonferenzleiter in der Hinsicht beraten hat. Sie hat mit den Fachgruppen an gemeinsamen Zielen für die Fächer gearbeitet. Dann haben sich zunächst jeweils zwei Fachkollegen gegenseitig im Unterricht vertreten, um eine konkrete Basis für Erfahrungsaustausch zu haben. Der nächste Schritt waren dann regelmäßige Unterrichtshospitationen mit gezielten Beobachtungsaufträgen. Nach anfänglichem Widerstand und Diskussionen um gemeinsame Leistungsbewertungen waren wir dann mitten in der Schulentwicklungsdebatte. Da habe ich ein paar Stunden freischaufeln müssen, damit die Kollegen sich nicht überfordern und alle bei der Stange bleiben.

Lehrer A/Sek:
Das hätten wir uns wohl auch gewünscht. Aber bei uns laufen alle diese Dinge nebenher. Da kann man die Kollegen kaum mehr begeistern. Gerade das Problem mit der Leistungsbewertung! In meiner Fachgruppe Mathe haben wir uns zwar geeinigt, wie wir bewerten. Aber bei den anderen hat noch fast jeder seine eigene Brille auf. Ich bin gespannt, ob uns die Leitbildentwicklung da ein Stück weiter bringt.

SL/Gym:
Ich erinnere mich noch gut an diese Phase in meinem Gymnasium und habe auch selbst erst lernen müssen, dass eine Abstimmung über unsere Ziele als Schule genauso wichtig ist wie das offene kollegiale Gespräch über Unterricht. Wir haben gerade in den Gymnasien zu lange geglaubt, unsere Fachlichkeit und die individuelle Beziehung zu unseren Schülern würden ausreichen, um gute Schule zu machen. Und natürlich: Es gibt immer Kollegen, die für sich allein gute Arbeit machen, aber weniger teamfähig sind.

Nach Barth (1990, nach Arnold 2007) prägen vier Verhaltensweisen die Kollegialität in der Schule:
- Erwachsene in der Schule besprechen regelmäßig ihre Unterrichtspraxis. Diese Besprechungen finden kontinuierlich statt und sind konkret und präzise.
- Erwachsene in der Schule beobachten einander in ihrem unterrichtlichen oder administrativen Engagement. Die Ergebnisse dieser Beobachtungen werden gemeinsam besprochen und reflektiert.
- Erwachsene engagieren sich gemeinsam in der Planung, Gestaltung, Durchführung sowie Evaluierung des Curriculums.
- Erwachsene lehren sich in der Schule gegenseitig das, was sie über Lehren, Lernen und Führung wissen. Fachwissen wird artikuliert und geteilt.

Was Barth als kollegiale Verhaltensweisen charakterisiert, kann als Merkmalliste für fachliche Kooperation im Kollegium verstanden werden, die unumstritten als Basis für eine Professionalisierung der Lehrkräfte und ihrer unterrichtlichen Tätigkeit gilt.

Stufen der Kooperation

Wie Kooperation in Kollegien ausgeprägt ist, haben Steinert et al. (2006) auf Basis der als freiwillige Selbstevaluation durchgeführten »Pädagogischen EntwicklungsBilanzen« an 150 hessischen und acht Schweizer Sekundarschulen ermittelt. Die knapp 7000 beteiligten Lehrkräfte stimmen Items zu, die ihr Handeln im Kollegium beschrieben. Dies reichte »von einem mehrheitlich isolierten, unkoordinierten, wenig transparenten Lehrerhandeln über ein gemäß der funktionalen Differenzierung der Schule abgestimmtes Lehrerhandeln bis hin zu einem systematisch abgestimmten Lehrerhandeln, das durch wechselseitigen Austausch und Adaption des Handelns der Lehrkräfte charakterisiert ist« (ebd., S. 191). Steiner et al. haben bei 10% der beteiligten Kollegien festgestellt, dass sie ohne klare Zielkonzeption und kaum abgestimmt, mit nur vereinzeltem fachlichen Austausch arbeiten und sich nur individuell fortbilden (**Fragmentierung**). Danach folgen vier aufeinander aufbauende Stufen der Kooperation:
- **Differenzierung:** globales Zielkonzept, formal geregelte Information, fach- und jahrgangsspezifisch abgestimmtes Lehrerhandeln und Kooperation bei Unterrichtsvorbereitung; formeller Austausch über Curricula, Fachinhalte und Noten; Selbstberichte über Lehrerhandeln, individuelle Fortbildung (**53% der Kollegien**).
- **Koordination:** globales Zielkonzept, umfassende Information, fachspezifisch abgestimmtes Lehrerhandeln, partielle Kooperation zur Planung und Durchführung des Unterrichts, Austausch über Fachinhalte und -didaktik, Notenmaßstäbe; Selbstevaluation, individuelle und schulinterne Fortbildung (**22% der Kollegien**).
- **Interaktion:** detailliertes Zielkonzept, umfassend abgestimmtes Lehrerhandeln innerhalb und zwischen Jahrgangsstufen und Fächern; umfassende Kooperation bei Unterrichtsplanung und -durchführung; wechselseitige Be-

ratung fachlicher und überfachlicher Inhalte, Didaktik, Diagnostik; umfassende Fortbildung (**13% der Kollegien**).
- **Integration**: systematisches Zielkonzept und abgestimmtes Lehrerhandeln; Transparenz und wechselseitige Adaptivität im Unterrichtshandeln, systematische Beobachtung von Lehrerhandeln und Lernentwicklungen, Selbst- und Fremdevaluation, systematische Fortbildung (**2% der Kollegien**).

Besonders die letzten beiden Stufen stellen hohe Ansprüche an die Lehrkräfte: »Wenn die Partner sich intensiv hinsichtlich einer Aufgabe austauschen und dabei ihr individuelles Wissen so aufeinander beziehen, dass sie dabei Wissen erwerben oder gemeinsame Aufgaben- oder Problemlösungen entwickeln«, kann Neues in »Kokonstruktion« entstehen und wirksam werden. Dazu gehören z. B. gegenseitige Unterrichtsbesuche als selbstverständlicher Teil der Arbeit. Dass nur 15% der beteiligten Kollegien ihr professionelles Verhalten den Bereichen *Interaktion* und *Integration* zugeordnet haben, ist ein deutlicher Hinweis auf Defizite nicht nur in der professionellen kommunikativen Situation. Schließlich muss jeder einzelne »das Risiko eingehen, Fehler anzusprechen, zu kritisieren und zu hinterfragen bzw. selbst unsichere Vorschläge zu machen« (vgl. Gräsel et al., S. 210/11).

Diese Fähigkeit zum offenen Dialog ist wohl so selbstverständlich nicht, wie man es gerne bei Lehrerinnen und Lehrern voraussetzt. Oft sind sie doch eher gewohnt, dass man (Schülerinnen und Schüler!) ihnen zuhört, ohne ihre Aussagen zu hinterfragen. Der Umgang mit den Kolleginnen und Kollegen verlangt von ihnen aber vor allem Achtsamkeit gegenüber der anderen Vorstellung und nicht zuletzt den ernsthaften Willen, zu einer Gemeinsamkeit in der Sache zu finden. Diese Voraussetzungen für einen fruchtbaren Dialog müssen – und können! – gelernt werden. Aufgabe der Schulleitung als »Dialoggestalter und -begleiter« ist es, »das Spektrum der unterschiedlichen Vorstellungen auf Gemeinsamkeiten prüfen, um die konkurrierenden Ansichten nicht im Streit unter Kolleginnen und Kollegen klären zu lassen« (Lohmann 2013, S. 242). Wo das gelingt, wird Kooperation als nützlich erfahren.

Fachliche Zusammenarbeit

Die Praxis der fachlichen Zusammenarbeit von Lehrkräften zeitigt da auch unterschiedliche Erfahrungen: Rolff (1998, S. 129) hat Fachkonferenzen als »die schlafenden Riesen« der Unterrichtsentwicklung bezeichnet, weil sie sich auf eine mehr oder weniger technisch-organisatorische Kooperation – und dies i. d. R. »nur einmal pro Schulhalbjahr« – beschränken, obwohl »sie über ein großes Potenzial zur Unterrichtsverbesserung verfügen«. Ziel von Fachkonferenzarbeit aber müsse es sein, als ›professionelle Lerngemeinschaft‹ (PLG) zu agieren.

›Fachkonferenz‹ und ›Lerngemeinschaft‹ sind zwei zusammengesetzte Begriffe, deren Charakter sich an ihrer Nahtstelle enthüllt. Das Fach und die didaktisch-methodisch aufbereitete Vermittlung seiner Inhalte konstituiert die

Kompetenz des Lehrens – diese aktuell zu halten und den gewachsenen Ansprüchen anzupassen, ist Aufgabe der Konferenz, deren Vorsitzende/r sie zu diesem Zweck und zur Besprechung und Vergabe der Noten zusammenruft. Soweit die routinierte Normalität. Da Lernen eine höchst individuelle Angelegenheit ist (Selbstkompetenz!), scheint die Zusammensetzung mit -gemeinschaft zunächst widersprüchlich. Auch wenn das wie Familie – zumindest wie Freundschaft – erscheint, geht es hier natürlich um das fachlich kompetente Lehren der Lehrkräfte. Und zugleich klingt es wie: Da gibt es was zu lernen – für jeden Einzelnen und das gemeinsam.

Die Kriterien der PLG sind in der Literatur weitgehend übereinstimmend dargestellt. Rolff formuliert, dass Schülerlernen im Fokus stehe, jeder Lehrer von jedem lerne und man sich selbst reflektiere (Rolff 2009, Folie 11). Köker (2012, S. 31/32) verweist auf die bei Leithwood/Louis (1998, S. 280/1) benannten Aspekte, die ich kurz erläutere:

- »Geteilte Normen und Werte und pädagogische Ziele [Wir haben ein gemeinsam entwickeltes Leitbild und Schulprogramm.]
- Fokus auf Schülerlernen [Wir fragen bei allem, was wir tun: Wie nützt es dem Lernen der Schülerinnen und Schüler.]
- De-Privatisierung von Unterricht [Wir teilen unsere Erfahrungen, öffnen unseren Unterricht, nützen unsere jeweilige Expertise.]
- Reflexiver Dialog [Wir reflektieren gemeinsam unsere Praxis, setzen uns mit externer Expertise auseinander, teilen unser Lernen.]
- Zusammenarbeit« [Wir entwickeln Unterricht und Schule gemeinsam und unterstützen uns, wann immer erforderlich.]

Neugierig geworden?

Kempfert, Guy & Ludwig, Marianne (2014). Kollegiale Unterrichtsbesuche. Besser und leichter unterrichten durch Kollegen-Feedback. Weinheim: Beltz. Das Buch bietet unterschiedliche Methoden kollegialer Unterrichtshospitation und erprobte Beispiele und Anleitungen. Schulleitungen finden praktische Hilfestellungen für ein Gesamtkonzept, von dem auch Teamentwicklung und Feedback-Kultur profitieren.

Und: http://pikas.dzlm.de: Vorteile von Unterrichtshospitationen

Und: Merksätze zum Feedback in www.zfw.tu-dortmund.de/werkzeugkasten _docs/Kollegiale_Unterrichtshospitation.pdf

Keller-Schneider, Manuela & Albisser, Stefan & Wissinger, Jochen (2013). Professionalität und Kooperation in Schulen. Der Band beleuchtet »aus unterschiedlichen Perspektiven Facetten der Zusammenarbeit von Lehrpersonen innerhalb von Kollegien in Schulen und deren verschiedenartig institutionalisierten Formen der Kooperation.«

Und: die Homepage der IGS Göttingen www.igs-goe.de: das Beispiel einer Teamschule

2.3 Über das Fach hinaus – Schulentwicklung beginnt mit gemeinsamen Zielen

Nach Bonsen und Rolff (2006) sind Lehrkräfte eher bereit, von- und miteinander zu lernen, wenn in ihrer Schule »die Einigkeit bezüglich gemeinsamer Normen und Ziele hoch ausgeprägt ist«. Wird das Unterrichten in »privater Isolation« überwunden, erleben sie zudem eher »positives Feedback und Anerkennung in ihrer Arbeit« (ebd., S. 178/79) und damit eine größere Berufszufriedenheit. So sehr also Lehrkräfte das Unterrichten persönlich nehmen wollen und müssen, so wenig ist es ihre private Sache. Was heißt das konkret? Lehrerinnen und Lehrer tauschen sich über neues Wissen und Methoden aus, sie reflektieren ihre Erfahrungen gemeinsam, experimentieren mit neuen Ideen – quasi im Labor – und überprüfen, ob die Theorie der Praxis standhält. Dass eine solche Überprüfung der vorherigen Festlegung von Zielen bedarf, ist dann schon selbstverständlich.

Mit gemeinsam geteilten Werten und pädagogischen Zielen bleibt es nicht dem Zufall überlassen, ob dabei das Was (Inhalte) und Wie (Methoden) des Lehrens im Mittelpunkt steht oder das Lernen der Schülerinnen und Schüler.

	Unterrichten im	
	Modus des Lehrens „lehrseits"	Modus des Lernens „lernseits"
WAS?	Was unterrichte ich? (Inhalte)	Was sollen die SchülerInnen wissen/verstehen/können?
WIE?	Wie unterrichte ich? (Methoden)	Welche wirkmächtigen Erfahrungen können sie dazu machen?

Abb. 10: nach Schratz 2012, Folie 9

Letztlich wird der Anspruch, jeder Schülerin und jedem Schüler gerecht zu werden, nur erfüllbar, wenn Lehrerinnen und Lehrer aus ihrer Isolierung heraustreten und zum kollegialen Konsens in dieser wichtigen Frage von Bildung und Erziehung finden. Schließlich betrifft das nicht »nur« den eigenen Unterricht, sondern das System Schule als Ganzes. Erfreulich also, dass immerhin 75,8% der 685 online befragten Lehrerinnen und Lehrer (Solzbacher et al. 2012) angaben, dass individuelle Förderung explizit im Schulkonzept ihrer Grundschule verankert sei.

Wenn darüber hinaus 96,7% (n= 699) angaben, dass individuelle Förderung ein Element der schulischen Qualitätsentwicklung sei (Solzbacher et al., S. 61), könnte dies auch unterrichtspraktisch relevant sein. Allerdings liegt hier die

Zustimmung der Schulleitungen signifikant höher als die der befragten Lehrerinnen und Lehrer (ebd., S. 100). Auch das offensichtlich eine Frage der Blickrichtung! Nicht ganz auszuschließen ist jedoch, dass die Zustimmung sich im Wesentlichen auf den Papierausdruck des Leitbildes oder des Schulprogramms bezog. Dieser Grad der Entwicklungsarbeit lässt ja oft nicht nur begeisterte, sondern auch erschöpfte Lehrerinnen und Lehrer zurück, deren guter Wille zur Umsetzung gern der Erleichterung über das Vollbrachte weicht. Zumal die nächsten Schritte eine u. U. noch größere Anstrengung verlangen, als die Einigung auf allgemeine Ziele.

Dann wird sich in jedem Fall erweisen, wie belastbar das Miteinander im Kollegium ist. Zweifellos gibt es keine schulische Qualitätsentwicklung ohne den Konsens im Kollegium über entscheidende Fragen von Unterricht und Erziehung in der Schule. Das erfordert die Bereitschaft der Lehrkräfte, sich als miteinander Lernende zu verstehen. Erst dann wird aus den Einzelkämpfern ein Kollegium. Lohmann konnte in seiner Wirksamkeitsstudie zum Schulleitungshandeln (2011) nachweisen, dass

- Schulleitungshandeln, das »auf einem ausgeprägten pädagogischen Wertesystem« basiert, »daraus wichtige Ziele zur Qualitätsentwicklung« ableitet und »darüber hinaus optimale Rahmenbedingungen für Koordination und Kooperation schafft, insgesamt die Lernkultur der Schule« beeinflusst.
- die Schulführung »das Niveau der Lern- und Unterrichtskultur einer Schule« bestimmt und damit »die Anspruchsebene guten Unterrichts und das professionelle Handeln der Lehrerinnen und Lehrer« beeinflusst.
- die Schulführung zwar »keinen unmittelbaren Einfluss auf die einzelne Unterrichtsstunde« hat, »die curriculare Gestaltung fachlicher Arbeitspläne und eine qualitätsorientierte Unterrichtsentwicklung« jedoch wesentliche Führungsdimensionen sind, »die das Niveau der Schulqualität maßgeblich beeinflussen« (vgl. Lohmann 2013, S 92/93).

3 Weil wir von und mit anderen lernen können – Netzwerke zwischen Schulen

3.1 Aus drei (oder vier) mach eins – Schulverbünde kleiner Schulen

Die Fakten: Viele Schulen vor allem im ländlichen Raum sind so klein, dass kaum die vorgesehene Klassenstärke erreicht wird. So waren im Schuljahr 2012/13 z. B. in Niedersachsen lt. Schulstatistik 2012/13 von 2.908 Schulen
- 152 kleiner als einzügig, davon 51 Grundschulen
- 713 ein- bis zweizügig, davon 483 Grundschulen
- 946 zwei- bis dreizügig, davon 688 Grundschulen

Die Zahlen zeigen: Die demografische Entwicklung ist spürbar. In den Kommunen stellt sich das Problem der Schulschließung, was nicht nur unter Haushaltsaspekten oft geboten erscheint. Das Land – nicht nur Niedersachsen – sieht die Kommunen in der Pflicht, aber auch die Belastung des eigenen Personalhaushalts durch zusätzliche Lehrerstellen. Die Realität zeigt: Niemand will die »Schule aus dem Dorf« verbannen, denn mit der Schließung der Grundschule geht ein Mittelpunkt der Gemeinde verloren. Eltern plädieren für den kurzen Schulweg, die Lehrer(innen) sehen ihre Kompetenz unterschätzt (Gerade mit den kleinen Klassen können wir viel erreichen!) und ihre Unabhängigkeit (= Entfernung von der Aufsicht?) gefährdet. Es sind also nicht nur wahltaktische Überlegungen, die gegen Schulschließungen sprechen.

Die Handlung: es geht weiter mit Pausengesprächen

Lehrerin 1/GS und Lehrerin 2/GS haben sich in der Arbeitsgruppe ›Kita und Schule‹ getroffen. Sie kennen sich aus ihrem gemeinsamen Engagement bei der Nahländer Tafel. Aber sie haben sich nur selten über ihre schulischen Erfahrungen unterhalten. Es war immer so viel zu tun! Hier treffen sie sich zufällig in der Pause. Lehrerin 2 will die Gelegenheit nutzen, ein für sie drängendes Thema anzusprechen: Die Anmeldezahlen für ihre Schule sind erneut zurückgegangen und im Schulausschuss der Samtgemeinde Belingen[1] wurde bereits die Möglichkeit einer Schließung angesprochen. Aus ihrem Gespräch:

Lehrerin 2/GS
Wenn sich bei den Anmeldungen zum nächsten Schuljahr nicht noch was ändert, sehe ich schwarz für meine Schule. Meine Kolleginnen sind schon ganz nervös wegen der möglichen Schließung. Dabei machen wir doch gute Arbeit! Wie sieht das bei euch aus?

Lehrerin 1/GS
So wie ich das übersehe: gut. Wir haben genügend Anmeldungen. Unser Leitbild steht, wir arbeiten am Schulprogramm und wollen im nächsten Schuljahr mit der Inklusion an den Start gehen.

Lehrerin 2/GS
Ich hab‹ gehört, dass auch die beiden anderen Grundschulen in der Samtgemeinde Probleme haben. Es wäre doch schlecht, wenn am Ende nur eine übrig bliebe. Was meinst du: Siehst du eine Chance für einen Schulverbund? Ihr als größte könntet die Initiative übernehmen.

Lehrerin 1/GS
Keine schlechte Idee, schon wegen der kurzen Wege für die Kinder und für die Zusammenarbeit mit den Kitas wäre das auch besser. Stell dir vor, wir müssten alleine den ganzen Stadtteil versorgen!

---

1 Samtgemeinden sind in Niedersachsen Gemeindeverbände, die bestimmte öffentliche Aufgaben für ihre (kleineren) Mitgliedsgemeinden übernehmen. Dazu gehört auch die Schulträgerschaft für Grundschulen.

Ein Verbund mehrerer kleiner Schulen bietet viele Vorteile, nicht wegen der größeren Zahl an Schülerinnen und Schülern und Lehrkräften.»... was zählt ist das Mehr an Kompetenz, das aus der größeren Vielfalt erwächst« (Hohnschopp 2007, S 263). Das lässt sich z. B. in gemeinsamen Fachkonferenzen und im unkomplizierten Austausch von Fachlehrkräften entfalten. Mit der Erarbeitung eines gemeinsamen Leitbildes kann eine Schulentwicklung beginnen, die die kleine Einzelschule unterstützt und zugleich einbindet.

Ein Beispiel (Hohnschopp 2007, S. 268/9)

VERTRAG für den Schulverbund der Grundschulen der Gemeinde Geeste (Antoniusschule, Bonifatiusschule, Josefschule, Ludgerischule, Grundschule Osterbrock)

Mit dem »Schulverbund Geeste« wird das Ziel verfolgt, die Qualität von Unterricht und Schulleben gemeinsam zu sichern und zu optimieren. Durch systematischen Austausch soll die Schulentwicklung in der Gemeinde belebt werden. Arbeitsteilung und die gemeinsame Nutzung von Ergebnissen sollen Einzelschulen entlasten.

Zu diesem Zwecke wird auf Gemeindeebene ein freiwilliger Verbund geschaffen, über den

- Entwicklungsprozesse einzelner Schulen in der Gemeinde zusammengeführt und durch gemeinsame Entwicklungsprogramme und -initiativen gestützt werden;
- gemeinsame Entwicklungsnotwendigkeiten erhoben, Entwicklungsschwerpunkte vereinbart und Schulentwicklungsarbeit schulübergreifend angegangen wird.

Über den Verbund soll die Zusammenarbeit zwischen den Schulen und den verschiedenen Schulpartnern intensiviert werden.

Der Verbund soll die Eigenständigkeit der Einzelschule stärken. Schulindividuelle Entwicklungsinteressen und -notwendigkeiten werden respektiert und gesichert.

In den nachfolgend aufgelisteten Arbeitsbereichen wird der Schulverbund tätig:
- Förderung von Unterrichtsentwicklung
- Unterstützung systematischer Arbeit an den Schulprogrammen
- Lehrerfortbildung auf Gemeindeebene
- Schaffung von Unterstützungsangeboten und -strukturen für Schüler, Eltern, Lehrer und Schulleitungen
- Aufbau von Vernetzung mit anderen Institutionen
- Nutzung des Schulverbundes als Lernverbund: Austausch von Erfahrungen, Arbeit an verschiedenen Themen, gemeinsame Reflexion, Arbeit mit kritischen Freunden, Arbeit in Qualitätszirkeln, ...

- Bündelung von Verwaltungsarbeit zur Systematisierung und Vereinfachung
- Überprüfung der Wirksamkeit der Arbeit im Schulverbund

Der Schulverbund schafft Vernetzung, sichert über Vereinbarungen Dienstleistungen und sorgt dadurch für eine effiziente Nutzung der vorhandenen Ressourcen.

Programmerstellung und Evaluation

Einmal jährlich soll die Tätigkeit des Schulverbundes evaluiert werden (Mai – Juni). Dazu trifft sich die Schulleiterrunde ganztägig in einem Fortbildungshaus.

Organisations- und Verwaltungsstruktur

Die Steuerung der gesamten Tätigkeiten des Schulverbundes erfolgt durch das Gremium der Schulleitungen. Zu diesem Zwecke treffen sich die Schulleitungen aller Schulen mindestens viermal im Jahr zu einer gemeinsamen Sitzung. Die Einladung, Moderation und Leitung übernehmen die Schulleiterinnen im jährlichen Wechsel. Die Reihenfolge erfolgt alphabetisch nach den Schulnamen. Den Anfang macht die Antoniusschule. Eine Sitzung wird auch dann einberufen, wenn ein Mitglied der Schulleiterrunde dies außerplanmäßig wünscht.

Kommunikation, Information, Transparenz

In den regelmäßigen Dienstversammlungen der einzelnen Schulen werden die Kolleginnen und Kollegen informiert.

Vertragsdauer

Dieser Vertrag gilt zunächst für ein Jahr. Er wird automatisch verlängert, wenn kein Widerspruch erhoben wird.

Die Reihe von Vorteilen für die Schulen ließe sich fortsetzen (s. a. Teil 3, 2.1). Aber auch das Land und die Kommune gewinnen: Die Schule bleibt im Dorf bzw. Stadtteil und die Qualität gerade früher Bildung verbessert sich. Die unendliche Suche nach Führungspersonal für die Grundschulen wird u. U. einfacher, die Leitungen der kleineren Schulen werden von Verwaltungsaufgaben entlastet. Sie bleiben aber Ansprechpartner für die Eltern und die Kitas in ihrem Einzugsbereich. Fachräume und Ausstattungen können gemeinsam genutzt werden, die Sekretariate sind verlässlich besetzt und die Verbindlichkeit der Zusammenarbeit wird durch eine Vereinbarung gestützt.

> **Neugierig geworden?**
> **Hohnschopp, Hartmut (2007). Gemeinsam geht es besser – Verbünde kleiner Schulen.** In: Busemann, Bernd, Oelkers, Jürgen, Rosenbusch, Heinz S. (Hrsg.), Eigenverantwortliche Schule – ein Leitfaden. Konzepte, Wege, Akteure. Köln: Wolters Kluwer. Der Leitfaden basiert auf der Situation in Niedersachsen nach der Gesetzesnovelle zur Eigenverantwortlichen Schule und bietet viele hilfreiche Hinweise: Wie geht es und was nützt es? H. Hohnschopp war nach langer eigener Schulleitungserfahrung seinerzeit im Kultusministerium u. a. verantwortlich für allgemeinbildende Schulen – von der Primar- bis zur Sekundarstufe.

3.2 Gleiche Probleme treffen auf unterschiedliche Lösungswege

Hin und wieder ergibt sich z. B. aus Begegnungen von Schulleiterinnen und Schulleitern bei Tagungen und Konferenzen der Wunsch, über diese oder jene Angelegenheit doch einmal ausführlicher zu reden, womöglich Kolleginnen und Kollegen hinzuzuziehen. Aber dann ist da der reale Schulalltag: Ein solches Treffen braucht Organisation und Zeit, also Kompetenz, Engagement und nicht zuletzt muss es im eigenen Kollegium als wichtig angesehen werden und Nutzen versprechen! Deshalb müssen Schulleiterinnen und Schulleiter zunächst Überzeugungsarbeit leisten, indem sie die Fragen der Kolleginnen und Kollegen beantworten:

> Sind wir nicht selbst Expertinnen und Experten genug?
> **Wozu** soll man sich mit anderen Schulen austauschen?

Zwar prägt die eigenständige Einzelschule ihr eigenes Profil, will das Besondere bieten. Was aber Schulen bei aller Unterschiedlichkeit der Profile verbindet, sind die curricularen Rahmenbedingungen. Quasi als Grenzpfähle gegen Qualitätsunterschiede bei der schulischen Leistung und den Abschlüssen stehen verbindliche Standards, Kerncurricula und Vergleichsarbeiten. Hinzu kommt die externe Evaluation/Inspektion, deren Kriterien an einem Referenzrahmen für schulische Qualität ausgerichtet sind. Gerade diese in den Ländern nur marginal unterschiedlichen Referenzrahmen bieten die Chance voneinander zu lernen, weil die Arbeit an Entwicklungszielen den Kriterien zugeordnet werden kann. Damit hat der kollegiale Austausch über Stärken aber auch über Schwierigkeiten eine Plattform. Das weitet den Blick, lässt andere Sichtweisen zu Wort kommen und macht wachsam für Strömungen.

Es beginnt oft mit der Feststellung: »Das kenne ich – das Problem haben wir auch – daran arbeiten wir auch schon länger ...«. So kann eine gemeinsame Zielfindung zustande kommen »Das gehen wir jetzt gemeinsam an«. Gelingen dann erste Schritte zu einer Lösung, wird der Gewinn nicht nur für die Führungskräfte, sondern auch für die Kollegien deutlich. Deren Zustimmung ist wichtig, damit die Kooperation systematischer Teil der schulischen Arbeit werden kann. Wie immer vor einem Neubeginn: Appelle sind fehl am Platz und bewirken nicht selten das Gegenteil. Schulleiterinnen und Schulleiter müssen den Dialog über die unterschiedlichen Erfahrungen und Sichtweisen in ihrem Kollegium pflegen. Solche Wertschätzung kann die Basis sein, mit den Kolleginnen und Kollegen neue Vorstellungen zu entwickeln, die bisher Gewohntes in Frage und auch beiseite stellen und das gemeinsam als richtig Erkannte weiterführen.

In aller Kürze: Wozu Schul-Netzwerke?
Lehrkräfte sind Expertinnen und Experten für Unterricht und Erziehung.
Im Netzwerk
• entfaltet ihre Kompetenz neue Wirkung
• entwickelt sich Neues im Austausch von Erfahrungen
• wird gemeinsam gelernt
• werden Probleme schneller gelöst
• werden Ergebnisse weiter verbreitet
• wird Rückmeldung zur Selbstverständlichkeit
• lernen Schulen miteinander, Entwicklungsprozesse besser zu steuern
• erfahren Schulleitungen Unterstützung

Wenn es um Problemlösung, also um Veränderung einer gegenwärtigen Situation geht, wird gerne nach Vorbildern gesucht, ›um das Rad nicht neu zu erfinden‹. Von Google & Co bis zu pädagogischen Zeitschriften – Informationen über aktuell ausgezeichnete Modellschulen, oder auch *best-practice*-Beispiele aus Unterricht und Schulentwicklung lassen sich in großer Zahl finden. Was wir natürlich wissen, aber in der Begeisterung über eine Idee, die wir gerade kennenlernen, schon mal vergessen: Wenn unter Austausch verstanden wird, zeige mir deine Lösung, damit ich es ebenso machen kann, ist das Scheitern vorhersehbar. Verfechter des Neuen werden dann gern mit den üblichen Argumenten konfrontiert: Schön, aber bei uns (... mit meinen Schülern ... ohne mehr Personal ... mit unserem Schulträger ... mit unseren baulichen Gegebenheiten) geht das nicht..., was im Übrigen oft nicht von der Hand zu weisen ist.»Abgucken« hilft eben nicht! Das beeindruckende Ergebnis des Nachbarn ist nur nützlich, wenn es gelingen kann, aus dem Modell für das eigene System zu lernen. Es braucht also den Blick auf das Ganze, um nicht nur den Erfolg des Nachbarn, sondern vor allem die Wege zum Erfolg zu verstehen. Und wenn es richtig ist, dass die Lösungen von heute die Probleme von morgen sein können, genügt es nicht, dem von anderen schon Erreichten bloß nachzueifern.

So lautet <u>eine</u> Antwort auf die Frage,
wozu man sich mit anderen Kollegien austauschen sollte:
... um aus deren Veränderungs-<u>Prozessen</u> zu lernen.

Man erkennt, wie man selbst welche nächsten Schritte gehen kann – nicht nur um das, was man kann, noch besser zu machen – *best practice* –, sondern um der Zukunft die dann fällige nächste Veränderung abzutrotzen – *next practice*. So beginnt ein permanenter Prozess zu besserer Qualität. Der bringt Verunsicherung mit sich und braucht Flexibilität, wie sie ein Netzwerk bietet, in dem Instabilität nicht als Schwäche angesehen wird, wie es in hierarchischen Systemen leicht geschieht.

Partner für Schulen scheinen in erster Linie Schulen zu sein. Allerdings entstehen Schulnetzwerke nicht quasi nebenher. Es darf nicht dem Zufall überlassen bleiben, ob aus dem vielleicht noch zögernden Beginn etwas entsteht, was bleibenden Nutzen für alle bringt. Dazu muss jemand es übernehmen, die Fäden zusammenzuhalten. Dieser Aufgabe stellen sich Schulleiterinnen oder Schulleiter einer Region, die erkannt haben, welche Chance eine Vernetzung der Schulen für ihre Schülerinnen und Schüler bedeutet und die es verstehen, ihre Schulführungskollegen vom Nutzen verbindlichen Austausches zu überzeugen.

Ein Beispiel:

Netzwerk integrierter Gesamtschulen zur Qualitätsentwicklung im Unterricht (NIQU)
http://www.niqu-region-hannover.de

Nachdem die Schulinspektionsberichte allen Schulen deutlich gemacht haben, dass insbesondere bei der Qualität des Unterrichts Handlungsbedarf besteht, richten integrierte Gesamtschulen in der Region Hannover ihre unterrichtliche Arbeit nach einem gemeinsam entwickelten und immer wieder aktualisierten Konzept zur Verbesserung von Unterrichtsqualität. Inzwischen läuft der 3. Durchgang (2013-2015).

Bei NIQU steht die Qualitätsverbesserung des Unterrichts im Zentrum. Die im Projekt beteiligten Lehrkräfte arbeiten im Team gemeinsam an der Vorbereitung, Durchführung und Evaluation ihres Unterrichts. Dabei werden sie im Rahmen dieser Konzeption fachlich, methodisch und organisatorisch unterstützt. Es soll sichergestellt werden, dass letztlich die Unterrichtspraxis aller Lehrkräfte der Schule in Hinblick auf die angestrebten Qualitätsmerkmale verändert wird:

»Die Verbesserung von Unterrichtsqualität erfolgt nach unserer Erkenntnis dann am effektivsten, wenn folgende Bedingungen eingehalten und umgesetzt werden:

- Die Struktur eines Fortbildungsprogramms muss so angelegt sein, dass eine schulinterne und schulübergreifende Kooperation bestmöglich gefördert wird.
- Eine Verbesserung von Unterricht kann nicht überall gleichzeitig erfolgen. Es müssen Schwerpunkte gesetzt werden, eine Fokussierung erfolgen.
- Regelmäßige Impulse von außen erweitern die Kompetenzen der Fachkollegen.
- Der Effekt einer Fortbildung auf den tatsächlichen Unterricht ist am größten, wenn er fächerspezifisch erfolgt.
- Die schulübergreifende Kooperation ist am effektivsten, wenn Lehrkräfte derselben Schulform kooperieren, da sie dann gemeinsam an der Umsetzung derselben Kerncurricula arbeiten können.
- Eine tatsächliche Umsetzung der erarbeiteten Materialien erfolgt am ehesten, wenn sie im Fachjahrgangsteam der Schule gemeinsam im Unterricht erprobt und ausgewertet werden.
- Materialien und die Erfahrungen werden zwischen den Fachteams der Netzwerkschulen vorgestellt und ausgetauscht, sodass sich Synergieeffekte einstellen können«.

Nicht nur das Beispiel NIQU zeigt uns: Das Lernen ist eine Angelegenheit der ganzen Schule. Besonders deutlich wird das in der Frage der Übergänge entlang der Bildungsbiografie der Kinder und Jugendlichen.

So lautet eine weitere Antwort auf die Frage,
wozu man sich mit anderen Kollegien austauschen sollte:

... um das Lernen anschlussfähig zu gestalten!

Will eine Schule die Begabungen und die Lernkompetenz aller Kinder optimal fördern, muss sie die Bildungsbiografie ihrer Schülerinnen und Schüler im Blick haben: Wenn die weiterführende Schule nicht erfährt, dass ein Kind sprachlich besonders begabt ist, ein anderes zu »kreativen Lösungen« beim Rechnen neigt, läuft der Anspruch auf individuelle Förderung so lange ins Leere, bis die neuen Lehrerinnen und Lehrer das selbst wahrnehmen. Verlorene Zeit und nicht selten verlorene Chancen! »In Deutschland gibt es keine Tradition der »Stabübergabe« des Wissens über Entwicklungen und Probleme eines Kindes an die nächste weiterführende Institution. Im Gegenteil, man scheint sogar stolz darauf zu sein, in jeder Schulform oder Schule das Kind wieder neu kennen lernen zu können« (Solzbacher & Minderop 2014, S. 119). Dabei – *das Kind im Mittelpunkt!* – sollte es doch auch darum gehen, dass die Kinder und Jugendlichen mit einem Gefühl der Sicherheit auf der nächsten Bildungsstufe ankommen. Deshalb braucht vertikale Vernetzung zunächst eine Vertrauensbasis zwischen der abgebenden und aufnehmenden Institution, eine systematische Zieldiskussion, dann eine vereinbarte Art der Dokumentation und Informationsübergabe und schließlich Kreativität für neue, dem Alter der Kinder und Jugendlichen angemessene Gestaltungsformen des Übergangs.

Die aufeinander folgenden Stationen der Bildungsbiografie quasi im Aufzug zu erleben, der zwar kurz anhält, aber mit der gleichen Geschwindigkeit weiter nach oben gleitet: Das, so der allgemeine Konsens, ist eine zentrale Voraussetzung für einen erfolgreichen Start ins Berufsleben. Und der kündigt sich – spätestens – an, wenn die Zielmarke das fünfte (ausnahmsweise das siebte) ›Stockwerk‹ ist. Wie die Übergänge innerhalb des Bildungssystems staatlicherseits geplant und organisiert sind, aber auch wie Schüler und Eltern sie bewältigen, entscheidet über Lebenswege.

4   Weil Schulen Partner brauchen – Netzwerke in der Region

Schulen sind längst keine Inseln mehr – sie brauchen und nutzen auch nichtschulische Partner in ihrem Umfeld, um ihrem Bildungsauftrag besser gerecht zu werden. Da gibt es viele Beispiele einer Zusammenarbeit, z. B. mit Meistern und Betrieben: Schüler und Schülerinnen lernen durch Anschauung in der Praxis besser, arbeiten motivierter, gewinnen neue Einsichten in mögliche berufliche Perspektiven und bauen Ängste ab. Lehrerinnen und Lehrer profitieren von einem Netzwerk, das solche Kooperationen systematisch bereitstellt: Sie begegnen dort nicht nur neuen Erkenntnissen, sondern erkennen auch Potenziale bei ihren Schülern, die im Unterricht so nie sichtbar werden können.

Ein Beispiel

Als Angebot der Jugendstiftung Baden-Württemberg im Auftrag des Ministeriums für Kultus, Jugend und Sport ist die Internetseite »Lokale Bildungsnetzwerke Baden-Württemberg« entstanden. Sie bietet mit ihrer Übersicht über alle bestehenden Netzwerke den Schulen die Möglichkeit, sich über die Netzwerke in ihrer Region und deren Themen zu informieren und Kontakte zu knüpfen.

- »Sehen Sie auf einen Blick welche Bildungsnetzwerke es in Ihrer Kommune, Region und im Land gibt.
- Suchen Sie thematisch eingegrenzt nach Kooperationspartnern.
- Informieren Sie sich über Lokale Bildungsnetzwerke anderer Schulen und tauschen gegenseitig Erfahrungen aus.
- Geben Sie an, ob Sie auf der Suche nach Jugendbegleiter/-innen sind oder Interesse an weiteren Kooperationen haben.
- Finden Sie Ansprechpartner/-innen auf Schulamtsebene, die Sie unterstützen.
- Registrieren Sie sich auf der Seite und bauen Sie online in Ihrem eigenen Account Ihr Lokales Bildungsnetzwerk auf.

- Pflegen Sie Ihr Lokales Bildungsnetzwerk über Ihren Account, indem Sie neue Kooperationen anlegen, bestehende Kooperationen pflegen und veraltete löschen«.

Auch außerschulische Partner und Interessierte werden angesprochen:
- »Lassen Sie sich die Bildungsnetzwerke von bestimmten Schulen und in der Region anzeigen.
- Sehen Sie, wer vor Ort oder in der Region im selben Themengebiet arbeitet.
- Informieren Sie sich in den Lokalen Bildungsnetzwerken der einzelnen Schulen über deren Vernetzung und mögliche Kooperationspartner vor Ort.
- Nutzen Sie die Möglichkeit, gezielt nach Schulen zu suchen, die Interesse an weiteren Kooperationen haben – auch in bestimmten Themengebieten.
- Finden Sie über die Homepage Schulen, die auf der Suche nach Jugendbegleiter/-innen sind.

Außerdem finden Sie auf der Seite Unterstützung durch landesweite Partner, Finanzierungsmöglichkeiten, Hinweise auf aktuelle Veranstaltungen und Ideen für Kooperationen, sortiert nach Themen« (www.bildungsnetzwerke-bw.de).

Nicht zu zählen sind die Initiativen von Schulen und Wirtschaftsbetrieben, die unmittelbar in die Unterrichtsgestaltung hineinwirken. In diesen Kooperationen liegt die Chance, Anregungen und Know-how aus der Wirtschaft in den Unterricht einfließen zu lassen. Sie eröffnen die Möglichkeit, Kontakte im Rahmen von Patenschaften, von Betriebserkundungen und Expertenbefragungen zu pflegen und den Praxisbezug des Unterrichts zu verbessern.

Aber es geht nicht nur darum, das Wissen und die Kompetenzen der Schülerinnen und Schüler zu ökonomischen Themen und zu Fragen der eigenen beruflichen Zukunftsentscheidungen zu stärken. Gleichberechtigt ist die Entdeckung und Förderung kreativer Potenziale. Wer gesehen und gespürt hat, wie sich Motorik und innere Haltung der Schülerinnen und Schüler bei den Proben zum Ballett »Le Sacre du printemps« (»Rhythm is it«) zum Erstaunen nicht nur ihrer Lehrer verändert hat, wird die Notwendigkeit anregungsreicher Räume bestätigen. »Aber es bedarf nicht immer solcher Profis wie den Choreografen Maldoom und den Dirigenten Rattle. Es genügt schon, wenn Kindern und Jugendlichen ein Raum geboten wird, um auszuprobieren, wo ihre Talente liegen. Da hilft die Kooperation mit der örtlichen Kunstschule ebenso wie der Mitmach-Zirkus: Wer gelernt hat, auf dem Einrad zu fahren oder mit vielen Bällen zu jonglieren, kennt sich besser aus mit seinem inneren Gleichgewicht. Selbstbewusstsein wächst mit der Aufgabe, besser noch mit der erfolgreich bewältigten« (vgl. Lohmann & Minderop 2008, S 210).

Teil 1 Netzwerke – wovon sprechen wir da eigentlich?

Schule allein kann die Breite eines solchen Angebots nicht bereithalten, wie auch die Netzwerke beweisen, die um Ganztagsschulen herum wachsen. Wenn Schülerinnen und Schüler in ihrer Gemeinde tatsächlich vorhandene soziale, kulturelle oder ökologische Aufgaben übernehmen, wird der beiderseitige Nutzen als wichtiges Netzwerkelement wichtig: Die Schüler lernen bei der Bearbeitung realer Probleme, können ihr schulisches Wissen auf Praxistauglichkeit überprüfen und werden zugleich gebraucht: ein nicht zu überschätzendes Kriterium für die Auswahl von Praktikumsplätzen!

Ein Beispiel gelingender Kooperation: Die Auricher Wissenschaftstage

Wie soziales Lernen gelingt, wenn Verantwortung verlangt wird, erfahren auch die Stipendiatinnen und Stipendiaten der »Auricher Wissenschaftstage«. (www.auricher-wissenschaftstage.de). In langjähriger Kooperation der Oberstufen des Gymnasiums und der Berufsbildenden Schulen ist in 24 Jahren ein europäisches Netzwerk von 100 Forschungseinrichtungen, Kunststätten und Redaktionen gewachsen: von Forschungsschiffen in Nordatlantik und Antarktis, vom Regenwald in Trinidad bis zu Mammutspuren in Sibirien, vom Europäischen Parlament in Straßburg bis zu Grabungen in der Slowakei, von der Biologischen Anstalt auf Helgoland bis zum Deutschen archäologischen Institut in Rom – überall lernen die Schülerinnen und Schüler (freiwillig!) in ihren Oster- oder Herbstferien »sich in Arbeitsprozesse einzufügen, ihre Interessen mit denen anderer abzugleichen und Verantwortung zu übernehmen. Erfolge und Misserfolge erleben sie nicht mehr nur als individuelle, sondern als gemeinsame« (Minderop 2007).

4.1 Ganztagsbildung braucht ein regionales Netzwerk

»Die deutsche Schule war von ihrer Herkunft her eine klassische Unterrichtsschule mit Halbtagsbetrieb« (Oelkers 2013). Verschiedene Entwicklungen haben dazu geführt, dass vielerorts Ganztagsschulen, auch im Widerstreit mit traditionellen Familienbildern, entstanden sind. Da ist zunächst der Wunsch nach einer besseren Vereinbarkeit von Familie und Beruf. Aus Sicht der Frauen ermöglicht ihnen die Ganztagsschule, gleichgestellt im Beruf zu stehen. Unterstützt wird das, wegen des Mangels an Fachkräften, durch den Ruf der Wirtschaft nach ganztägiger Betreuung der Kinder und Jugendlichen, um den durch die Kinderbetreuung gebundenen (in der Regel) Frauen einen Wiedereinstieg/eine Karriere zu ermöglichen. Neben diesen sozialen und ökonomischen Gründen sahen sich Bildungspolitiker mit den Erkenntnissen aus den besten PISA-Ländern mit selbstverständlicher ganztägiger Bildung konfrontiert. Das ließ vermuten, dass eine bessere Nutzung des Tages – nicht nur, aber auch für Unterricht bei gleichzeitiger Erweiterung um Angebote sportlicher, kultureller und musischer Natur – zu besseren Lernergebnissen führen könnte.

Je verbindlicher die Teilnahme der Schülerinnen und Schüler geregelt ist, desto besser lassen sich Unterricht und Angebote verbinden. Damit steigt auch die aktive Beteiligung der Lehrkräfte. Zugleich können diese Schulen die Möglichkeiten einer neuen Rhythmisierung des Schultages besser nutzen. Wenn schulische Ganztagsangebote nicht nur als zeitliche Verlängerung der Halbtagsschule verstanden werden, kann die neue Zeitstruktur für die Veränderung der Lernkultur genutzt werden, um Schülerinnen und Schüler besser individuell fördern zu können.

Als Ergebnis einer bundesweit repräsentativen Online-Befragung von 1.300 Leitungen von Schulen mit Ganztagsangeboten legte das Forschungsteam der ›Studie zur Entwicklung von Ganztagsschulen – StEG‹ den Bericht ›Ganztagsschule 2012/2013‹ vor. Die Befragung ergab u. a., dass Schulleiterinnen und Schulleiter vor allem im ländlichen Raum Probleme haben, außerschulische Kooperationspartner zu gewinnen. Für einen erheblichen Teil der Schulen (50 – 60%) stelle das Finden zusätzlichen Personals für die Durchführung bzw. Weiterentwicklung des Ganztagsbetriebs eine besondere Herausforderung dar, ebenso wie dessen Finanzierung. Allgemein (30 – 45%) scheinen über alle Schulformen hinweg »die finanziellen, personellen und räumlichen Ressourcen dem angestrebten bzw. praktizierten Konzept ihrer Ganztagsschule« nicht zu genügen (StEG 2012, S. 2 ff).

> **Information**
>
> Die 2012 in die zweite Laufzeit gestartete StEG-Studie ist ein Kooperationsprojekt des Deutschen Instituts für Internationale Pädagogische Forschung (DIPF), des Deutschen Jugendinstituts (DJI), des Instituts für Schulentwicklungsforschung der Technischen Universität Dortmund (IFS) sowie der Justus-Liebig-Universität Gießen. Gefördert wird StEG aus Mitteln des Bundesministeriums für Bildung und Forschung (BMBF) sowie des Europäischen Sozialfonds (ESF) der Europäischen Union.

Mit der Forderung, Kommunen und Gemeinden müsse eine eigenständige Rolle bei der flächendeckenden Einführung von Ganztagsschulen zugestanden werden, damit sie schulübergreifend die Koordination und Organisation zusätzlicher Förder- und Betreuungsangebote realisieren können, sprechen die Professoren der Studie ein zentrales Element der Verantwortung für ganztägige Bildung an: Die Länder alleine könnten die Probleme vor Ort nicht lösen. Aber sie müssten die Verteilung der Verantwortlichkeiten und Ressourcen klären (vgl. Aktionsrat Bildung 2013).

Wie aber kann die Kommune dazu beitragen, dass Schulen gerade im ländlichen Raum leichter und beständiger geeignete Kooperationspartner für ihren Ganztagsbetrieb finden? Was kann sie dazu tun, damit sich die Teilnahmequoten in weiterführenden Ganztagsschulen weiter erhöhen? Solche Fragen fordern Grenzüberschreitungen heraus: Beschränkt auf die Funktion als Sachaufwandsträger, kann die Kommune zwar die Fahrpläne der Schulbusse nach den Gegebenheiten des Ganztagsbetriebs einrichten. Eine zentrale Rolle bei der Knüpfung eines Schulnetzwerks zur besseren Verzahnung der Angebote lässt sich daraus nicht ohne weiteres ableiten. Fazit ist also: Neue Antworten sind nicht zu finden, wenn man dabei bleibt, in gewohnten Bahnen, sprich Zuständigkeiten, zu denken. Um mit Gerald Hüther zu sprechen: »Kreativ sein heißt also nicht in erster Linie, Neues zu erfinden, sondern das bereits vorhandene getrennte Wissen auf eine neue Weise miteinander zu verbinden« (Hüther 2013, S. 78). Wenn sich die Kommune als Mittler zwischen der Schule und den Akteuren in ihrem Umfeld engagiert, kann die Einbindung der Schulen in den Sozialraum gelingen und zur Verminderung sozialer Segregation beitragen.

In den Bundesländern werden verschiedene Modelle von Ganztagsschule vorgehalten: die voll gebundene, die teilweise gebundene und die offene Form. Diese Ausformungen sind einerseits den angespannten Haushaltslagen der Länder (Lehrerstunden!) und Kommunen (Räumlichkeiten!), andererseits aber auch den unterschiedlichen Elternwünschen hinsichtlich der ›*Vereinbarkeit von Schule und Familie*‹ geschuldet. Immerhin gibt es eine Definition:

> **Information**
>
> »Die Kultusministerkonferenz berücksichtigt bei ihrer Definition von Ganztagsschulen sowohl den Gesichtspunkt der ganztägigen Beschulung als auch den der Betreuung. Ganztagsschulen sind demnach Schulen, bei denen
> - im Primar- und Sekundarbereich I an mindestens drei Tagen in der Woche ein ganztägiges Angebot für die Schülerinnen und Schüler bereitgestellt wird, das täglich mindestens sieben Zeitstunden umfasst,
> - an allen Tagen des Ganztagsschulbetriebs den teilnehmenden Schülerinnen und Schülern ein Mittagessen bereit gestellt wird,
> - die Ganztagsangebote unter der Aufsicht und Verantwortung der Schulleitung organisiert und in enger Kooperation mit der Schulleitung durchgeführt werden sowie in einem konzeptionellen Zusammenhang mit dem Unterricht stehen« (KMK 2010).

Zusammenfassend gibt der StEG-Bericht folgende Empfehlungen (vgl. ebd., S. 87/88):
- Entwicklung eines Ganztagsbetriebs, »der die erweiterten Lerngelegenheiten integriert und mit dem Fachunterricht verbindet, damit individuelle Förderung gelingt; Ganztagsangebote dürfen nicht nur neben dem Unterricht herlaufen.«
- Unterstützung der Qualitätsverbesserung des Ganztags durch die Lösung der »immer noch bestehenden Ressourcenproblematiken«. Dies würde z. B. die

notwendige Kontinuität und Stabilität von Personal und Kooperationspartnern fördern.
* Unterstützung bei der »Rekrutierung geeigneten Personals und der Gewinnung von Kooperationspartnern« vor allem in ländlichen Räumen.
* Unterstützung der Tendenz zu hohen Teilnahmequoten in der Grundschule durch den weiteren Ausbau von Ganztagsplätzen.
* Unterstützung einer Erhöhung der Teilnahmequoten sowie der Öffnungszeiten in weiterführenden Schulen zur Verbesserung der Chancengleichheit.
* Gewährleistung eines »kostenunabhängigen Zugangs aller Schülerinnen und Schüler zu Ganztagsangeboten«.

Adressat dieser Empfehlungen sind weniger die Schulen als vielmehr die Länder und die Kommunen. Selbst wenn die zeitliche Struktur des Ganztagsbetriebs eine curriculare Verzahnung von Unterricht und außerschulischen Angeboten ermöglicht, bleibt dies eine besondere Herausforderung für die Schule und ihre Partner.

Hier nur zur Erinnerung

Einige Ideen zur Verbindung von Unterricht und Angeboten im Ganztag (vgl. Oelkers, März 2013)
* Die örtliche Musikschule am Curriculum der Schule beteiligen: Kein Kind dürfte die Schule verlassen, ohne ein Instrument spielen zu können.
* Den Theaterbesuch auf den Deutschunterricht anrechnen: eine besondere Form von Sprachgestaltung.
* Kommunale Kampagnen für Leseförderung im öffentlichen Raum initiieren.
* Die Integration von Kindern und Jugendlichen unterstützen: Fremdsprachige Schülerinnen und Schüler lernen Deutsch temporär in Gastfamilien, die dafür kommunale Unterstützung erhalten.
* Projekte des sozialen Lernens: Schülerinnen und Schüler für Seniorenheime gewinnen; Senioren als erfahrene Lernpaten anstellen.
* Gemeinsam Ernährungs- und Bewegungsprogramme organisieren: Vereine und Schulen machen den Zusammenhang zwischen Fitness und Lernerfolg sichtbar.
* Stadtbibliotheken als Anlaufstellen für einen ehrenamtlichen Service eirichten: Deutsch lernen durch Kommunikation.
* Einen kommunalen Pool für »Nachhilfeunterricht« einrichten: Ältere Schüler übernehmen die Förderarbeit. Die Gemeinden oder Landkreise müssten einen Service bereitstellen und ein vergleichsweise geringes Entgelt bezahlen.

4.2 Schule und Jugendhilfe – eine schwierige Beziehung?

»Aufgabencharakter und Zuständigkeitsregelungen, aber auch das Selbstverständnis der Institutionen und der in ihnen handelnden Personen sind unterschiedlich. So ist die Jugendhilfe als kommunale Selbstverwaltungsaufgabe mit voller Durchführungsverantwortung und daraus resultierenden Finanzierungszuständigkeiten bundesweit im SGB VIII geregelt, während die Zuständigkeiten im Schulbereich auf Länderebene in den Schulgesetzen zwischen Ländern und Kommunen geteilt sind« (Dt. Städtetag 2010, S. 6).

Wenn vom notwendigen Miteinander von Jugendhilfe und Schule die Rede ist, kann man schon mal Stirnrunzeln und Kopfschütteln ahnen – bei Lehrkräften wie bei den Vertreterinnen und Vertretern der Jugendhilfe. Das mag am unterschiedlichen Bildungsverständnis liegen, aber auch daran, dass Jugendhilfe in der Regel als Gast in der Schule gesehen wird, in der Schulorganisation nicht vorkommt und von den Lehrkräften oft als untergeordnet angesehen wird – sie füllt Lücken! (vgl. Maykus 2012, S. 242). So wird Zusammenarbeit oft als konfliktreich erlebt. Zu einer fruchtbaren Kooperation kann es nur kommen, wenn beide Partner das gegenseitige Anderssein akzeptieren – Grundlage jeder Kooperation und allen Netzwerken. Das ist zunächst eine Frage klarer Konturierung der jeweiligen Kompetenzen und Programme. Andererseits bedarf es einer grundsätzlich wertschätzenden Haltung der miteinander agierenden Personen. Klar ist: Kinder und Jugendliche brauchen beide! Deshalb sind nicht nur die konkret handelnden Akteure, sondern auch die organisatorischen Ebenen angesprochen. »Rückhalt und Auftrag der politischen Ressorts und Verwaltungen« sind unverzichtbar (vgl. Maykus 2012, S. 243).

DIE HANDLUNG: ES GEHT WEITER

Aus der AG Schule und Jugendhilfe – Herr und Diener?

DIE LEITERIN DES AMTES FÜR SCHULE UND JUGENDHILFE:
Der Titel der AG spricht mir aus dem Herzen. Zu oft klagen die Mitarbeiterinnen und Mitarbeiter der Jugendhilfe, sie würden ganz selbstverständlich in der Schule zu Arbeiten herangezogen, die mit ihrem Auftrag nichts zu tun haben. Kopieren, Pausenaufsicht, ja selbst Vertretung bei der Prüfungsaufsicht. Das läuft dann so: Ach können Sie bitte mal rasch .... Da weigert man sich eher nicht – schon um des guten Klimas willen. Wenn es andererseits Transparenz in den Entscheidungen und Strukturen gibt, die Zusammenarbeit ermöglichen. Es bleibt das Gefühl: weniger bezahlt, also Diener!

LEHRER A/SEK
Was Sie berichten, ist Alltag in Schulen, denen die Zeit zum Nachdenken fehlt. Wir hetzen durch den Vormittag, weil Ganztag eben meistens nur Halbtag plus X ist. Da nimmt man jede Hilfe in Anspruch. Wir würden uns ja gerne mit den Sozialarbeitern zusammensetzen. Aber die Schulorganisation ist ja kaum darauf ausgerichtet, dass Lehrerinnen und Lehrer zu abgestimmtem Handeln kommen – geschweige denn Lehrkräfte und So-

zialarbeiter. Da bleiben sie eben oft, was sie sind: fremd! Sie sprechen eine andere Sprache und können mehr auf die Wünsche der Schülerinnen und Schüler eingehen – das können wir uns so nicht leisten – schließlich müssen wir Noten vergeben. Vielleicht sind wir da manchmal auch ein bisschen neidisch.

SCHULAUFSICHT SEK
So pauschal kann ich das nicht teilen. Ich erlebe auch Schulen, in denen die Vertreterinnen und Vertreter der Jugendhilfe ihren Platz im Kollegium haben und ihre Expertise hoch geschätzt wird. Grundsätzlich besteht natürlich das Problem, dass die Lehrkräfte sich von den neuen Anforderungen – von der eigenständigen Schule über den Ganztag bis zur Inklusion – überfordert fühlen. Sie müssen liebgewordene Routinen aufgeben und dann mischen sich auch noch andere ein!

JÜRGEN WIESNER
Ich denke, das Entscheidende ist, dass viele Lehrkräfte noch immer das Lernen auf der Seite der Schülerinnen und Schüler sehen. Sie selbst haben ja »ausgelernt«! Dabei ergäbe sich gerade aus der Kooperation mit der Jugendhilfe die Chance, den einzelnen Schüler ganz anders wahrzunehmen. Nun habe ich das Glück, eine gebundene Ganztagsschule zu leiten, deren Kollegium sich auch der Inklusion verpflichtet sieht. Aber manchmal muss ich mich schon wundern! War es nicht unserer aller Credo, dass es auf den einzelnen Schüler ankommt und darauf, ihn abzuholen, wo er steht? Individuelle Förderung! Was kann uns da Besseres passieren, als wenn der Kollege Sozialarbeiter sagt: Du, der hat ein Problem, da müssen wir aufpassen!

DIE LEITERIN DES AMTES FÜR SCHULE UND JUGENDHILFE:
Klingt gut. Hat aber wenig mit der Praxis zu tun. Und ich bin sicher, der Fehler liegt im System: Wir müssen neu lernen, dass die Organisation dem Inhalt zu folgen hat: form follows function! Und dazu gehört, dass unsere Leitungsebenen endlich merken, dass der Zug schon ohne Lokführer aus dem Bahnhof rollt. Veränderung ist angesagt – und die verlangt neue Entscheidungen.

Ziel von Schule und Jugendhilfe muss es sein, Schülerinnen und Schülern eine Lernumgebung zu bieten, die ihnen hilft, sich auf ein eigenständiges Leben und auf lebenslanges Lernen vorzubereiten. Gerade für Kinder aus sozial benachteiligten Familien ist es wichtig, dass sich mit der Schule viele Partner dafür verantwortlich fühlen, ein tragfähiges Netz für sie zu bilden. Nur so können Heranwachsende die für ein selbstständiges Leben erforderlichen Kompetenzen erwerben.

Teil 1 Netzwerke – wovon sprechen wir da eigentlich?

Ein Beispiel ist »SAM – Sozial – Aktiv – Menschlich e. V.«, ein Netzwerk Hamelner Schulleiterinnen und Schulleiter und der Impuls gGmbH Hameln (www.sam-hameln.de).

2006 wurden mit Unterstützung der Stadt Hameln als Schulträgerin der allgemeinbildenden Schulen »Pädagogische Mitarbeiter und Mitarbeiterinnen« für die Hamelner Schulen eingestellt und durch die IMPULS gGmbH qualifiziert. Ziel war es, in den Schulen zusätzliche Leistungen bereit zu stellen, die nicht durch Landesaufgaben vorgegeben waren. So konnten die schulische Arbeit verbessert und viele Schülerinnen und Schüler individuell unterstützt werden. Nach zwei Förderjahren musste die Stadt die Förderung aus haushaltsrechtlichen Gründen leider einstellen. Die Beobachtung der sozialen Situation in den Hamelner Schulen ergab jedoch weiterhin, dass die gesellschaftlichen Folgen der Veränderungen in den Familien sich auch im schulischen Alltag zeigen:
- Zunehmend müssen die Lehrkräfte – zusätzlich zum Unterricht – versäumte Erziehungsaufgaben wahrnehmen und soziale Kompetenzen trainieren.
- Finanzielle Schwierigkeiten führen in vielen Familien zu einem erhöhten Bedarf an finanzieller Unterstützung bei schulischen Veranstaltungen, Klassenfahrten oder Hausaufgabenhilfe.
(vgl. http://www.sam-hameln.de – download 10.06.2014).

Deshalb entschlossen sich die beteiligten Schulen aller Schulformen, die Arbeit ehrenamtlich fortzusetzen und eigenständig nach Finanzierungsmöglichkeiten zu suchen. Um die Zuwendung von Spenden langfristig zu sichern, war es notwendig, das Engagement der einzelnen Schulen zu bündeln und einen Verein zu gründen: »SAM – Sozial – Aktiv – Menschlich e. V.«

»Der Verein ermöglicht über Spendengelder und Mitgliedsbeiträge in Zusammenarbeit mit »IMPULS« die Beschäftigung von pädagogischen Mitarbeitern in Schulen. Mit beinahe 100.000 Euro wurden zahlreiche Projekte im Ganztagsbereich und im Bereich des sozialen Lernens an verschiedenen Schulformen realisiert. 56 pädagogische Mitarbeiterinnen und Mitarbeiter an mehr als 30 Schulen der Region unterstützen und begleiten diese Projekte und Aufgabenfelder. Der Landkreis Hameln-Pyrmont fördert die Arbeit von SAM, indem er eine nicht unbeträchtliche Zahl der Stellen der pädagogischen Mitarbeiter in verschiedenen Schulen finanziert«.

Mit der Rechtsform des eingetragenen Vereins wurde ein Instrument geschaffen, das für die Pädagogischen Mitarbeiter und Mitarbeiterinnen und ihren Einsatz in den Schulen Rechtssicherheit bietet. Damit verbunden sind allerdings die über eine Netzwerkstruktur hinausgehenden Organisationsvorschriften (Vorsitz, Kassenwart, Beisitzer …).

Und das Netzwerk wächst: Über die Arbeit von »SAM« ist inzwischen eine eindrucksvolle Kooperation der beteiligten Schulen in Stadt und Kreis entstanden. Die Schulen verfolgen gemeinsam mit dem Landkreis die Idee einer Regionalen Bildungslandschaft. Dass sowohl die Stadt als auch der Landkreis in solche Überlegungen eingebunden ist, bzw. beide selbst aktiv werden, zeigt, dass man Investitionen in Bildung als notwendig für die Entwicklung der Kommunen verstanden hat.

> **Neugierig geworden?**
>
> Die **Handreichung »Jugendsozialarbeit verstetigen – Junge Menschen nachhaltig stärken«** bietet umfassende Informationen und praktische Erfahrungen mit konkreten Hinweisen zum Vorgehen, die durch Überlegungen zur möglichen Kofinanzierung und rechtskreisübergreifenden Absicherung der Jugendsozialarbeit ergänzt werden. http://www.jugendsozialarbeit.de/expertisen_2013
>
> **Maykus, Stephan (2014). Rahmenbedingungen für das gelingende Zusammenwirken von Jugendhilfe und Schule** – Herausforderungen an Kommunikation und Kooperation. In: Miteinander gestalten – Kommunikation, Kooperation, Konzepte. Ein Leitfaden nicht nur für die Jugendhilfe. (Hrsg.) Deutscher Paritätischer Wohlfahrtsverband Landesverband Baden-Württemberg e.V. (www.paritaet-bw.de). Maykus erläutert 5 zentrale Herausforderungen für die Kooperation von Schule und Jugendhilfe: Kommunikationsgelegenheiten – fachliche Konzeptionierung – Kooperationsstruktur – Profil der Interprofessionalität – (Fach)politische Entscheidungen und Bedingungen. (Sehr lesenswert!)

4.3 Kommune und Land – Zuständigkeit und/oder Verantwortung für Bildung

Bildung ist nicht erst seit PISA ein gesellschaftliches ›Mega-Thema‹. Für Bildung engagieren sich Personen und Institutionen unterschiedlichster Art. Ihren jeweiligen Interessen folgend haben sie ein engeres oder ein weiteres Verständnis von Bildung, ihren Bedingungen und Ergebnissen. Liegt für die einen die schulische oder berufliche Bildung oder die Weiterbildung im Zentrum ihrer Überlegungen und Aktivitäten, betonen andere den Wert von Allgemeinbildung, informeller und non-formaler Bildung oder einer Bildung im Lebenslauf.

Zu klären, was allgemein unter Bildung zu verstehen ist, kann hier nicht gelingen. Nur so viel: Es ist sicher der jeweilige gesellschaftliche Kontext, der die Definition bestimmt. Jedenfalls muss, wenn von Bildung die Rede sein soll, über mehr und auch über anderes als über Schule gesprochen werden, auch wenn neben den privaten und zivilgesellschaftlichen die Länder und die Kommunen die wichtigsten Akteure in diesem Feld sind. Wichtige Aufgaben in der Bildung gehören zum selbstverständlichen Portfolio der Städte und Gemeinden: Sie fördern Bibliotheken, Musikschulen und Museen, sie engagieren sich in der außerschulischen Jugendarbeit, der beruflichen Beratung und den schulpsychologischen Diensten und nicht zuletzt in der vorschulischen Bildung und Betreuung. Außer dem Jugend-, Familien- Sozialbereich hat auch die Wirtschaftspolitik eine große Nähe zur Bildung. Es ist ihre Verpflichtung zur Daseinsvorsorge als Element ihres Selbstverwaltungsrechts (Art. 28 Grundgesetz), die die Verantwortung der Kommunen für die Bildung vor Ort fordert.

Eine gute Übersicht der mittelbaren und unmittelbaren Verantwortung der Kommune für die Bildung findet sich bei Baethge-Kinsky (2012, S.23), zitiert nach Tegge & Wagner (2014, S. 45)

Unmittelbare Verantwortung	Mittelbare Verantwortung (Einflussnahme)
Frühkindliche Bildung und Erziehung Versorgung mit Plätzen in Kitas und Pflege **Bereitstellung von Schulen samt Ausstattung** Wohnortnahe Versorgung Inklusive Bildung **Kinder- und Jugendhilfeeinrichtungen und -aktivitäten** Jugendsozialarbeit Außerschulische Kinder- und Jugendarbeit **Erwachsenenbildung**	**Schulbildung während und nach der Pflichtschulzeit** Hausaufgabenhilfe Alphabetisierung Nachholen von Schulabschlüssen **Kommunen als Hochschulstandort** Ansiedlung von (privaten) Hochschulen **Berufliche Ausbildung** Berufsbildungsvorbereitung Management der Übergänge zwischen Schule und Beruf **Qualifikationsanpassung und -erweiterung** Berufliche Fort- und Weiterbildung (einschl. tertiärer Bildung außerhalb der Hochschulen) **Interpersonale, -kulturelle und -generationelle Verständigung** Integration von Migranten
	Förderung zivilgesellschaftlichen Engagements (Schulen, Sportvereine, Parteien, Verbände etc.) Dialog zwischen den Generationen **Kulturelle Selbstbestimmung** Kulturelle Bildung Familienbildung Gesundheitsprävention Selbsterfahrung in Sport, Spiel und Natur

Abb. 11: Verantwortung der Kommune für Bildung

Dann ist noch über Schule als der zentralen Bildungsinstitution für alle Kinder und Jugendlichen zu sprechen. »Das gesamte Schulwesen steht unter der Aufsicht des Staates.«, so Artikel 7 des Grundgesetzes. Die Schulvorschriften der Länder benennen Zuständigkeiten für innere (Land) und äußere (Kommune) Schulangelegenheiten – das klingt nach »erledigen«, auch nach »bezahlen«. Ist also Verantwortung hier ein zu großes Wort? Verantwortung bedeutet, dafür Sorge zu tragen, dass die Entwicklung des verantworteten Bereichs im gewünschten Rahmen verläuft. Wer mit einer Aufgabe betraut ist, verantwortet für eine absehbare Zukunft die Folgen für eigene oder fremde Handlungen, für Erfolg oder Misserfolg. So sind Zuständigkeit und Verantwortung nicht zu trennen. Schließlich geht es bei »Schulangelegenheiten« um die Menschen, die in und mit der Schule arbeiten.

In aller Kürze:

- **Die Bundesländer sind zuständig für die sog. ›inneren Schulangelegenheiten‹:** »Die wichtigste Angelegenheit ist die Anstellung der Lehrkräfte, hinzu kommen die Lehrpläne für die verschiedenen Schultypen, die Unterrichtsgestaltung, die Ausbildung der Lehrerinnen und Lehrer und die Qualitätssicherung, die heute meistens in Form von Inspektoraten erfolgt« (vgl. Oelkers 2011). Die staatliche Aufsicht wird in den Bundesländern unterschiedlich wahrgenommen: durch die Kultusministerien und deren nachgeordnete Behörden (z. B. in NRW durch die Bezirksregierung, in Niedersachsen durch die Landesschulbehörde).

- **Die Kommunen sind zuständig für die sog. ›äußeren Schulangelegenheiten‹:** Als Sachaufwandsträger verantworten sie den Bau und die Erhaltung der Schulgebäude, die Verwaltung und Finanzierung des laufenden Schulbetriebs sowie u. a. den Einsatz von städtischem Personal.

- **Der Bund hat keine eigene Gesetzgebungszuständigkeit für die Schulen:** Nach den Regelungen des Grundgesetzes sind »im Zweifel die Länder für die Erfüllung und die Finanzierung der Staatsaufgaben zuständig (Art. 30 GG). Das gilt für die Gesetzgebung (Art. 70 GG), die Verwaltung (Art. 83 GG), die Rechtsprechung (Art. 92 GG) und die Ausgaben des Staates (Art. 104a Abs. 1 GG)« (Wieland 2012, S. 2).

  Einen wichtigen Einfluss hat der Bund allerdings in Fragen der **Berufsbildung** (Duales System): Ausbildungsordnungen regeln die betriebliche Ausbildung in den anerkannten Ausbildungsberufen. Sie werden gemeinsam von Vertreterinnen und Vertretern der Arbeitgeber und Arbeitnehmer, der Länder und des Bundes unter Moderation des Bundesinstituts für Berufsbildung (BIBB) entworfen, um dann von der Bundesregierung als Rechtsverordnung erlassen zu werden. Damit sich die Ausbildung in den Betrieben und der Berufsschulunterricht ergänzen, entwickeln die Bundesländer für die jeweiligen Berufe Rahmenlehrpläne, die mit den Ausbildungsordnungen abgestimmt werden.

Ist also alles klar geregelt? Die Kommune schafft die Räume, trägt – im Wortsinne – die Schule, das Land regelt die Inhalte. Wer wird da noch über die Zwischen-«Räume» nachdenken? Was tun, wenn kein gescheiter Fachunterricht stattfindet, weil der Gemeinde das Geld für die Ausstattung des Fachraums fehlt? Wenn der Schulbus so fährt, dass der Theaterkurs ausfallen muss? Wenn Sozialarbeiterinnen fehlen, die Schülerinnen und Schüler auf ihrem Weg ins Abseits auffangen könnten?

Aber auch: Wenn die Übergänge von der Grundschule zur weiterführenden Schule nicht gut gelingen, weil die Lehrkräfte nicht miteinander reden (Sie kennen sich nicht, sie vertrauen sich nicht, das passiert alles jenseits ihrer Schultüre)? Wenn Fachunterricht ausfällt, weil es zu wenige Chemie- und Musiklehrer gibt oder der ländliche Raum sie nicht reizt? Wenn manche Kinder nicht richtig lesen lernen, weil ihnen zuhause niemand helfen kann? Dann wird schnell klar: Es hilft wenig, sich auf die Zuständigkeiten zu berufen. Davon fährt der Schulbus nicht später und das Kind lernt auch nicht besser. Das kann man nur gemeinsam anpacken!

Und noch grundsätzlicher: Gelingt es nicht, gerade benachteiligte Kinder und Jugendliche zu integrieren und geraten sie in Abhängigkeit von staatlichen Leistungen, ist auch das Zusammenleben in der kommunalen Gemeinschaft in Gefahr. Das trifft den Nerv der Kommune und nicht zuletzt ihre finanziellen Gestaltungsmöglichkeiten. Mit anderen Worten: Es geht längst nicht mehr ›nur‹ um Schule, sondern um die Lebensbedingungen in der Kommune – auch für künftige Generationen. Was also so einfach und schlüssig klingt, lässt all die Hindernisse außer Acht, die aus der Frage nach der Zuständigkeit – und damit auch nach der Verantwortung – entstehen.

Gemeinsame Verantwortung

Die Verantwortung für die Bildung und Ausbildung der jungen und älteren Bürgerinnen und Bürger zu teilen und sie dennoch als eine gemeinsame anzunehmen – das ist es, was in Regionalen Bildungsnetzwerken und Bildungslandschaften schon erprobt wird.

Dabei ist zu unterscheiden, ob die Kommune ihr Handeln nur mit den kommunal agierenden Bildungspartnern abstimmt, oder sie die Bildungsakteure *auf dem Gebiet der Kommune* einbezieht. Nur dann nämlich sind neben Vertreterinnen und Vertretern der frühkindlichen Bildung und Betreuung, der nicht-staatlichen Akteure in der Weiterbildung und der kommunal tätigen Stiftungen nicht nur die Einzelschulen, sondern das Land in seiner Qualitätsverantwortung mit an Bord. Dabei gehen alle an Bildung beteiligten Akteure von einem Bildungsverständnis aus, das ihrem jeweiligen Verantwortungsbereich entspricht und ihre Wertvorstellungen und Handlungslogiken bestimmt.

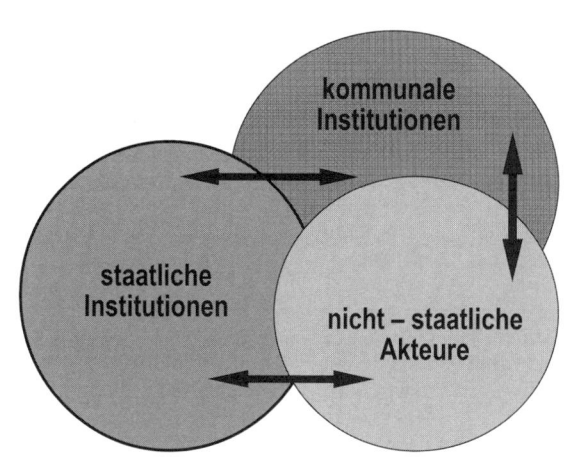

Abb. 12: Verschiedene Handlungs- und Steuerungslogiken

Nur wenn sich die Partner auf ein gemeinsames Bildungsverständnis einigen, können Kommune und Land auf Augenhöhe und im Konsens den Prozess in staatlich-kommunaler Verantwortungsgemeinschaft gestalten.

»Bildung umfasst nicht nur alle Lebensphasen (von der frühkindlichen bis zur nachberuflichen Phase), sondern auch alle Themen- und Lebensbereiche (z. B. Gesundheit, Sport, Kultur u. a.). Bildung findet als formales Lernen z. B. in Schule und Ausbildung statt. Als non-formales und informelles Lernen laufen Bildungsprozesse in Familie, Peergroups und Jugendclubs, in Familienzentren, Sportvereinen und in Weiterbildungseinrichtungen, Musikschulen oder Museen ab. Erfolgreiche Bildungsverläufe in diesem umfassenden Sinne bedürfen vieler und unterschiedlicher Anregungen und Gelegenheiten, wobei formale, non-formale und informelle Gelegenheiten und Formen bestmöglich zusammenwirken müssen« (Lohre 2015, S. 9). Bildung, die auf diese Weise ganzheitlich gedacht wird, entspricht dem Entwicklungsprozess der Menschen. »Durch Bildung erweitern sie ihre geistigen, kulturellen und lebenspraktischen Fähigkeiten sowie ihre personalen und sozialen Kompetenzen, damit selbstständige und selbsttätige sowie problemlösungsfähige und lebenstüchtige Persönlichkeiten heranwachsen können« (Lohre ebd.).

Stefan Maykus von der Hochschule Osnabrück (Maykus 2014, S. 11) verweist auf die Folgen einer versäulten Organisation von Bildung, Betreuung und Erziehung in systemischer wie in lebensweltlicher Hinsicht:

Systemische Folgen	Lebensweltliche Folgen
Doppelaktivitäten bezüglich Zielgruppen, Angebotsthemen und Interventionszielen	Problembearbeitung durch Vielzahl an Personen und Institutionen (Zuständigkeitskumulation und Intensitätsverlust der pädagogischen Beziehung)
Unbefriedigende Ressourcennutzung [Verschwendung; falsche Verwendung]	Erfahrung von Beliebigkeit und Unverhältnismäßigkeit
Fehlende personell-kooperativ agierende und strukturell verankerte Begleitung von Übergängen zwischen Institutionen	Verlust der biografischen Begleitung und von Statuspassagen (zum Ausgleich erlebter Benachteiligung)
Zementierung von Abweichung durch institutionsspezifische Selektionswirkungen	Erfahrung erhöhter Zugangsschwellen zu Angeboten und Institutionen
Anpassung individueller und lebensweltlicher Aspekte an die Systemlogik der Institution	Individualisierung von Benachteiligung und Überforderungskonstellationen [durch Überbetonung des eigenen Anteils daran]
Qualitätsmängel der Institutionen (Auftragsdefizite) durch fehlende Einbeziehung der Umweltkontexte und von Potenzialen der Kooperationspartner	Lebensweltferne von Angebotsinhalten, Programmen und Methoden der Institutionen; Entfremdung und Diskrepanz zu lebensweltlichen Lernerfahrungen
Delegation und Abschiebung	Ohnmacht und Hilflosigkeit in institutionellen Strukturen
›Strukturelle Verantwortungslosigkeit‹	Erfahrung von Rückzug und Distanz in der professionellen Begleitung

Abb. 13: Folgen der versäulten Organisation von Bildung

»Mit den lebensweltlichen Folgen separierter Systeme von Bildung, Betreuung und Erziehung sind tendenziell alle jungen Menschen und Familien konfrontiert. Die Folgen spitzen sich aber zu, wenn man sich vor Augen hält, dass sich viele junge Menschen bereits mit ungünstigen Ausgangsbedingungen für Lernen und persönliche Entwicklung in diesen Strukturen zurechtfinden müssen. Bildungsbenachteiligung kann daher vor allem als ein Verknüpfungsproblem angesehen werden. Als zentral für eine neue Qualität von Bildung und für bessere Kooperationsbedingungen aller beteiligten Akteure erweist sich in diesem

Zusammenhang die Orientierung an einem erweiterten und ganzheitlichen Bildungsverständnis und an der Entwicklung eines Gesamtkonzeptes umfassender Bildung. Ausgangspunkt hierbei soll die Kommune sein ... da sie nicht nur den räumlichen Rahmen für die verschiedenen Lebensphasen und das Erleben von Bildungsprozessen in ihnen bietet, sondern mit ihren Einrichtungen die öffentlichen Bildungsstrukturen wesentlich prägen« (Maykus 2014, S. 11).

So entwickeln sich gerade in großen Städten auch lokale, stadtteilbezogene Netzwerke, die sich die Stärkung und Verbesserung der Bildung in allen Lebensbereichen ihrer Bürgerinnen und Bürger zum Ziel gesetzt haben.

Ein Beispiel: das Bildungsnetz Mittelfeld[2]

Das Bildungsnetz Mittelfeld ist wichtig, um die Qualität der Bildungsangebote im Hannoveraner Stadtteil Mittelfeld zu erhöhen und zu optimieren. Es wurde gemeinsam von der Gemeinwesenarbeit, dem Quartiersmanagement, der Grundschule Beuthener Straße, dem Familienzentrum Gnadenkirche und der Koordinatorin für Stadtteilkulturarbeit im September 2006 gegründet, um für Mittelfeld eine gemeinsam getragene Bildungsarbeit zu ermöglichen.

»Leitbild:
Aufgabe des Bildungsnetzes Mittelfeld ist, Bildungsangebote in Mittelfeld so zu entwickeln, zu bündeln und zu koordinieren, dass Alle einen Nutzen davon haben und eine Wertschätzung in unserer Gesellschaft erfahren. Dabei wird in Mittelfeld die schulische und außerschulische Bildung als Integrationspotential gesehen und gefördert.

Damit wollen wir:
- Lebensqualität verbessern
- Hemmschwellen abbauen
- Akzeptanz erhöhen
- Transparenz herstellen
- Zusammen wirken
- Schnittstellen gestalten
- Integration erreichen
- Synergien nutzen

Als Ziele wurden formuliert:
1. Der Auf- und Ausbau von Bildungswegen, Lernpfaden und Lebensperspektiven aller BewohnerInnen des Stadtteils ist erfolgt.
2. Eigenverantwortung und Gemeinsinn für alle BewohnerInnen des Stadtteils sind in den Mittelpunkt ihres Lernens gestellt.

---

2 Mittelfeld ist ein Stadtteil von Hannover. Im Bildungsnetz haben sich alle in der Bildung und im Sozialbereich dort tätigen Akteure zusammengefunden.

3. Das Bildungsnetz fördert die Partizipation am gesellschaftlichen Leben«

(http://www.hannover-mittelfeld.de).

Die wichtigste Voraussetzung dafür, dass die Idee einer gemeinsamen Verantwortung von Land und Kommune für die Bildung vor Ort im öffentlichen und politischen Raum erfolgreich vermittelt werden kann, ist die Einsicht der politischen Entscheider und Bildungsakteure auf allen Ebenen: In gemeinsamer Verantwortung entstehen gute Bedingungen vor Ort, damit die Bildungsbiografie aller Kinder und Jugendlichen gelingen kann, die Schulentwicklung in der Zusammenarbeit mit den Partnern gefördert und so die Schulqualität gesteigert wird.

Ein Beispiel: ›Beste Bildung‹ im Landkreis Osterholz

Gemeinsam mit allen kreisangehörigen Kommunen hat der Landkreis Osterholz die Qualitätsinitiative ›Beste Bildung‹ ins Leben gerufen. ›Beste Bildung‹ ist ein Instrument, mit dem in gemeinsamer Verantwortung und verbindlicher Arbeit der kommunalen Schulträger, der Niedersächsischen Landesschulbehörde und der Schulen die schulische Bildungsqualität im Landkreis Osterholz kontinuierlich und messbar verbessert werden soll. Mit ›Beste Bildung‹ soll nicht nur die Qualität der einzelnen Schule verbessert, sondern insbesondere auch die vertikale und horizontale Anschlussfähigkeit aller Bildungsgänge sichergestellt werden. Wesentliches Merkmal ist die Verständigung aller Bildungsakteure im Landkreis Osterholz auf gemeinsame Ziele und Grundsätze für daraus abgeleitete Handlungsfelder und Maßnahmen durch die Schulen. Zur Unterstützung der teilnehmenden Schulen gründeten der Landkreis Osterholz und die Kommunen im Landkreis gemeinsam mit den an ›Beste Bildung‹ beteiligten Schulen einen Bildungsfonds, der mit einer jährlichen Grundausstattung von bis zu 45.000 Euro ausgestattet wird.

Hier gelingt der Versuch, die üblichen Missverständnisse zu vermeiden. Man einigt sich auf einen Zielkorridor, in dem die eigenen Aufgaben mit denen des Partners verknüpft werden. Darüber hinaus handelt jeder Partner für sich.

So haben es z. B. die Niedersächsische Kultusministerin und der Präsident des Niedersächsischen Landkreistages gemeinsam dargestellt: »Unser gemeinsames Rahmenkonzept für Bildungsregionen ist auch ein Symbol für die gemeinsame Verantwortung von Land und Kommunen für ein hochwertiges, qualitätsvolles Bildungsangebot vor Ort. Wir nehmen in dem Konzept das gesamte Spektrum der Bildungsangebote für die Menschen von 0-99 in den Blick – und berücksichtigen gleichzeitig die regionalen Besonderheiten und individuellen Zielsetzungen der einzelnen Kommunen. ...«, sagte Kultusministerin Heiligenstadt. Landrat Wiswe stellte heraus, dass Bildungsregionen kommunale Initiativen sind. Sie haben sich entwickelt aus der Erkenntnis, dass es gerade auf kommunaler Ebene über die gesetzlichen Zuständigkeiten hinaus gelingen kann, den »Standortfaktor Bildung« in verschiedenster Hinsicht gewinnbringend für eine Region voranzutreiben« (http://www.mk.niedersachsen.de Zugriff 26.01.2015).

Ein Beispiel: StädteRegion Aachen: Bildungsnetzwerk in staatlich-kommunaler Verantwortungsgemeinschaft

Die Basis
Die Idee einer gemeinsamen Verantwortung von Land und Kommune für die Kinder und Jugendlichen einer Region hat in Nordrhein-Westfalen zur Institutionalisierung von Regionalen Bildungsnetzwerken (RBN) geführt. Alle kommunalen, schulaufsichtlichen und gesellschaftlichen Kräfte sollen vor Ort zur Unterstützung von Schulen gebündelt werden und entlang der Bildungsbiografie schulisches und außerschulisches Lernen in den Mittelpunkt stellen. Durch die Zusammenführung der lokalen Bildungs-, Erziehungs- und Beratungssysteme zu einem Gesamtsystem soll die Förderung von Kindern und Jugendlichen optimiert werden. Dazu dient die einheitliche Gremienstruktur von Bildungskonferenz, Lenkungskreis und Bildungsbüro.

Das Land Nordrhein-Westfalen sowie Stadt und Kreis Aachen – die heutige StädteRegion – haben 2009 dazu einen Kooperationsvertrag unterzeichnet. Neben dem Zuschlag für das Förderprogramm »Lernen vor Ort« des BMBF folgte 2011 die Auswahl der StädteRegion Aachen für das Landesprogramm »Kein Abschluss ohne Anschluss: Übergang Schule-Beruf in NRW« (KAOA).

Das Beispiel der Gestaltung des Übergangs Schule-Beruf-Studium zeigt, wie die staatlich-kommunale Verantwortungsgemeinschaft in der StädteRegion Aachen umgesetzt wird.
Mit den vom Land definierten Elementen von der einfachen Beratung bis zum Praktikum wird an allen Schulen ein Mindeststandard für die Berufs- und Studienorientierung umgesetzt. Die StädteRegion übernimmt die Aufgabe der kommunalen Koordinierung, indem sie Abstimmungsprozesse anstößt, bündelt und zielgerichtet auf den Weg bringt.

Ziele der Initiativen in der StädteRegion
- Die Berufs- und Studienorientierung Jugendlicher wird verbessert, indem systematisch, flächendeckend und mit vergleichbaren Standards gearbeitet wird.
- Der Übergang in eine Berufsausbildung oder in ein Studium wird für Schülerinnen und Schüler passend gestaltet.
- Allen Jugendlichen in der StädteRegion Aachen wird eine Anschlussperspektive geboten.

Abstimmungen erfolgen in einer eigens dafür eingerichteten Gremienstruktur. Das **Bildungsbüro** übernimmt die Geschäftsführung, organisiert und bündelt Abstimmungsprozesse und bringt beschlossene Maßnahmen zielgerichtet auf den Weg.

Der **Beirat Schule-Beruf-Studium** ist das Schlüsselgremium für die Umsetzung des Landesvorhabens KAOA. Beteiligt sind Vertreter und Vertreterinnen aller Schulformen, der Unteren Schulaufsicht, der Kammern und Verbände, der Agentur für Arbeit, des Jobcenters, der Regionalagentur, des DGB, der Hochschulen und Kommunen in der Region sowie aus der Politik. Die Akteure sprechen die im Konsens gefundenen Empfehlungen aus und entscheiden über Handlungsansätze im Übergangssystem. Die Umsetzung erfolgt auf der Grundlage einer Selbstbindung der Mitglieder. Unterstützt wird der Beirat durch eine Steuergruppe, die Entscheidungsvorlagen vorbereitet und die fachlichen Empfehlungen der Facharbeitsgruppen bündelt.

Drei Facharbeitsgruppen beraten, wie die Standards in der StädteRegion sinnvoll umgesetzt werden können:
- Facharbeitsgruppe I: Berufs- und Studienorientierung Sek. I und Sek. II
- Facharbeitsgruppe II: Übergangsangebote
- Facharbeitsgruppe III: Duale Ausbildung

Mitglieder sind z. B. Studien- und Berufswahlkoordinatorinnen und -koordinatoren aller Schulformen, Vertreterinnen und Vertreter der Kammern und Verbände, des DGB, der Agentur für Arbeit, der Regionalagentur, der Jugendhilfe, des Jobcenters und der Kommunalen Integrationszentren (ehemals RAA), die mit und an der Profilierung oder Unterstützung von jungen Menschen arbeiten.

Alle Schülerinnen und Schüler durchlaufen standardisierte Orientierungsphasen. Dazu gehören
- die Einführung eines einheitlichen Berufswahlpasses, der alle notwendigen Unterlagen aus dem individuellen Berufsorientierungsprozess des Schülers/der Schülerin zusammenfasst.
- eine individuelle Potenzialanalyse als stärken- und handlungsorientierte Analyse von Interessen und Fähigkeiten und
- verschiedene Berufsfelderkundungen, die über einen »Runden Tisch Berufsfelderkundung« und mit aktiver Mitarbeit der Wirtschaft akquiriert werden.

Der »Kompass Berufs- und Studienorientierung« informiert darüber, welche Informationen zur Berufswahl die Jugendlichen der Sekundarstufe II vor dem Verlassen der Schule mindestens erhalten sollten. Neben der Beschreibung von Angeboten in der Region finden sich im Kompass konkrete Lernziele, die optimale zeitliche Platzierung, Ansprechpartner und Kontaktdaten zu den Anbietern. Der Kompass dient als Leitfaden für Lehrkräfte und als Information für Jugendliche und ihre Eltern.

Das Beispiel zeigt, wie in gemeinsamer Aktion Lösungen für ein wichtiges Handlungsfeld gefunden werden. Wenn es einen Weg gibt, um in der Kommune z. B. den Auswirkungen des demografischen Wandels zu begegnen und die Aufgabe der Inklusion zu bewältigen, führt er wahrscheinlich auch in diese Richtung.

Der demografische Wandel hat schon begonnen

Auf dem Land merkt man es zuerst: Da sind Gemeinden, in denen es zu wenig Schüler und deshalb keine Schule, zu wenig Menschen und deshalb keinen Arzt, zu wenig Kunden und deshalb keine Einkaufsmöglichkeiten mehr gibt. Leerstehende Häuser, nicht mehr zu verkaufen, sind wie Fragezeichen: Abriss oder neue Nutzung? In den Städten nimmt das Auseinanderdriften ganzer Stadtteile hinsichtlich Einkommen, Bildungsstand, Migrationshintergrund, Kinderzahl usw. zu (vgl. Weiss 2011). Folge: Wo die meisten Menschen mit Migrationshintergrund wohnen, leben zugleich die meisten Kinder und ist das Armutsrisiko am höchsten. Wenn sich aber die Zusammensetzung der Bevölkerung so stark verändert, hat das gravierende Folgen für das Zusammenleben in den Städten und Gemeinden: mangelnde Integration, schwache demokratische Kultur, Wegbrechen einer am gesellschaftlichen Leben partizipierenden Bürgergesellschaft und Unternehmen, die Standorte verlassen, weil keine Bildungs- und Wissensstruktur vorhanden ist (vgl. Haugg 2012).

In nahezu allen kommunalen Handlungsfeldern sind die Auswirkungen zu spüren, nicht nur bei der Finanzierung der Sozialsysteme, der Wirtschaftsentwicklung und dem Städtebau. Auch in der Bildung: »Bis 2025 wird sich die Zahl der nichtstudienberechtigten Abgänger und Abgängerinnen aus allgemein bildenden Schulen in den neuen Ländern auf niedrigem Niveau stabilisieren. In den alten Ländern geht ihre Zahl dagegen weiter deutlich zurück. Bundesweit wird die Zahl der nichtstudienberechtigten Schulabgänger und Schulabgängerinnen zwischen 2013 und 2025 um rund -109.900 (-19,8%) sinken. Da mittel-und langfristig zusätzlich auch die Zahl der studienberechtigten Schulabgänger und Schulabgängerinnen zurückgehen wird, stehen die Unternehmen vor großen Herausforderungen« (Berufsbildungsbericht 2014, S. 33). Der Übergang in Ausbildung gestaltet sich nach wie vor für eine große Zahl junger Menschen schwierig.»Wichtige Einflussfaktoren ... sind neben der konjunkturellen Entwicklung und der tatsächlichen Entwicklung des Ausbildungsangebots auch die Wirksamkeit der bereits eingeleiteten Maßnahmen und Programme zur Förderung von Berufsorientierung und Ausbildungsreife« (a.a.O, S. 42).

Teil 1 Netzwerke – wovon sprechen wir da eigentlich?

Drängende Fragen stellen sich nicht nur den Verantwortlichen in der Kommune: Was kann man vor Ort tun? Wo muss das Land unterstützen? Welches Schulangebot muss die Kommune noch vorhalten? Was können Betriebe unternehmen? Was die Zivilgesellschaft? Wie können die notwendigen Veränderungen finanziert werden? Mit welchen Folgen für den Arbeitsmarkt ist zu rechnen und wie steuert man gegen Abwanderung und zunehmende Strukturschwäche? Die Entwicklungen mögen regional extrem heterogen und »Patentrezepte« daher wenig zielführend sein, aber eines ist unbestritten: Kommunen müssen daran interessiert sein, die Bildungspotenziale aller Kinder und Jugendlichen optimal zu entfalten und die Übergänge in ihren Bildungsbiografien zu erleichtern. Gerade angesichts dieses grenzüberschreitenden Problemkreises ist die Zusammenarbeit der Akteure in Staat, Kommune und Zivilgesellschaft gefragt. So haben die Kultusministerkonferenz (KMK) und die Gemeinsame Wissenschaftskonferenz (GWK) grundsätzlich vereinbart, die sog. demografische Rendite, die aufgrund zurückgehender Schülerzahlen als rechnerischer Minderbedarf für Lehrerstellen zu Buche schlägt, im Bildungssystem zu belassen und für die Qualitätsentwicklung zu nutzen.

»Der demographische Wandel eröffnet ein Gestaltungspotenzial von knapp 20 Mrd. € im Jahr 2025 im Vergleich mit 2007 (Nationaler Bildungsbericht 2010, S. 156 ff), das – abhängig von der unterschiedlichen demographischen Entwicklung in den Ländern – vor allem zur Verbesserung der Bildungsqualität genutzt werden soll« (KMK und GWK 2013). Dennoch bedarf es großer Entschiedenheit, dieser von allen Seiten geäußerten Versicherung Taten folgen zu lassen. Der Zwang zur Haushaltskonsolidierung und die – auch berechtigten – Wünsche anderer Ressorts stehen dem nicht selten entgegen.

> **Neugierig geworden?**
>
> **Daten und Fakten:** Mit dem »**Wegweiser Kommune**« www.wegweiser-kommune.de hat die Bertelsmann Stiftung ein frei zugängliches Informationsportal mit einer kommunenspezifischen Sammlung von Daten und Fakten zur Verfügung gestellt. Wichtige Bestandteile sind u. a. Handlungsempfehlungen und gute Praxisbeispiele zu verschiedenen Politikfeldern.
>
> **Die Interaktive Demografie-Karte »Wie sich Deutschland bis 2030 verändert«**, veröffentlicht auf http://www.sueddeutsche.de/politik, zeigt die zu erwartenden Veränderungen sehr anschaulich: »Der Trend heißt Stadtleben: Während die Metropole immer attraktiver wird, verliert die Provinz massiv an Bevölkerung.«
>
> **Umgang mit dem Wandel:** Die Publikation der Bertelsmann Stiftung »Stadt – Land – Umland. Handlungsansätze für Kommunen im demographischen Wandel« (2013) ist ein Angebot an kommunale Akteure, sich intensiv mit dem demografischen Wandel auseinanderzusetzen.

Die Handlung. Es geht weiter

Aus der AG Kommune und Land – Zuständigkeit und/oder Verantwortung

Sprecher der Bürgerstiftung
Schule ist doch immer beides: der Raum und was dazugehört, das Lernen und was man dazu braucht. Gegenstand und Prozesse sind gerade hier eng verbunden. Der Raum ist der dritte Pädagoge – nach den anderen Kindern und den Erwachsenen[3].

Lehrer B/Bau
Klar, in guten Klassenräumen lehrt und lernt es sich besser, als wenn einem quasi der Himmel – spricht die Deckenplatte – auf den Kopf fällt. Man braucht für veränderte Unterrichtsmethoden vor allem mehr Platz. Aber das ist hier ja nicht das Problem. Da kann man dem Landkreis nichts vorwerfen.

Landrat
Ja, da haben wir schon eine Menge getan. Keine unserer Schulen ist in einem schlechten Zustand. Wir müssen weiter denken! Warum ist bei uns die Abbrecherquote so hoch? Wie schaffen wir es, dass alle Jugendlichen in unserem Kreis einen Ausbildungsplatz finden? An den Betrieben kann es nicht liegen, die bieten ja genügend Plätze an.

Lehrer B/Bau
Ich leite bei uns die Bauabteilung. Da kommen jedes Jahr weniger Schüler. Keiner will mehr anpacken. Bau ist nicht ›in‹! Dabei gäbe es gerade da gute Plätze und auch Aufstiegschancen. Die meisten glauben ja, dass man sein Leben lang bei jedem Wetter draußen sein muss und wählen dann statt Blaumann lieber den weißen Kittel!

Sprecher der Bürgerstiftung
Aber an der Information kann es nicht liegen. Von der Arbeitsagentur, den Betrieben und den verschiedenen Beratungsstellen gibt es ja eine Fülle an Angeboten. Vielleicht wäre da weniger mehr. Oder man müsste die Angebote bündeln, wie das mancherorts schon passiert.

Landrat
Ich könnte mir vorstellen, das hier im Kreis mit allen Partnern zu koordinieren. Da müssen wir das Rad nicht neu erfinden. Es gibt schon Vorbilder in anderen Kreisen. Bei der letzten Konferenz mit meinen Kollegen im Deutschen Landkreistag haben wir dazu einen Vortrag gehört. Wir müssen gemeinsam mehr Verantwortung für die Bildung unserer jungen Generation übernehmen – und zwar der ganzen! Es geht ja nicht nur um sozial Benachteiligte – wir müssen heute weiter denken! Auch das Thema Inklusion

---

3 So hat es der 1994 verstorbene italienische Begründer der »Reggiopädagogik«, Loris Malaguzzi beschrieben.

Teil 1 Netzwerke – wovon sprechen wir da eigentlich?

ist ja weder von den Kommunen noch vom Land alleine zu stemmen. Was nützt es, wenn wir in den Schulen Barrieren abbauen und Sozialarbeiter zur Verfügung stellen, wenn die Lehrer nicht genügend vorbereitet sind und das neue Denken nicht einziehen kann! Und dann ist da noch die Kostenfrage!

Sprecher der Bürgerstiftung
Das Problem liegt im Detail. Es passiert gerade in der Lehrerfortbildung schon eine Menge. Aber die Kompetenz der Förderschullehrkräfte lässt sich nicht so nebenbei erwerben. Wie werden sie eingesetzt? Wie können sie ein inklusives Schulwesen sinnvoll unterstützen? Und haben wir denn genügend von solchen Lehrkräften? Wie können wir Eltern helfen, die richtige Entscheidung für ihr Kind zu finden?

Lehrer B/Bau
Vor allem muss die gegenseitige Schuldzuweisung aufhören. Wir Lehrer können uns doch nicht von heute auf morgen auf Klassen einrichten, in denen Schüler mit ganz verschiedenen Behinderungen sitzen. Körperbehinderung und Lernbehinderung – damit kann man umgehen. Aber können wir denn geistig behinderte Schülerinnen und Schüler in der allgemeinen Schule wirklich genügend fördern? Kommen da nicht alle zu kurz? Ich hab manchmal das Gefühl, dass da zu viel am grünen Tisch entschieden wird!

Inklusion gelingt nur gemeinsam

Die Teilhabe an Bildung und Beschäftigung ist entscheidend für den Lebens- und Berufsweg. Dazu gehört nicht nur ein auf die Inklusion behinderter Menschen eingestelltes Schul- und Hochschulwesen und eine inklusive Berufsbildung, sondern auch eine kommunale Zivilgesellschaft, die sich als inklusiv versteht.

Eine kleine Geschichte – schon Geschichte?
Vor nicht allzu langer Zeit – 1989 – hat eine Lehrerin in Köln sich auf das neue Schuljahr vorbereiten wollen und fand die für sie als Klassenlehrerin sorgsam zusammengestellte Akte mit den Informationen zu ihren künftigen Schülerinnen und Schülern im Schulbüro vor. Auf dem Vorblatt stand:

> 23 Schüler
> + 4 Behinderte
> = 27

Abb. 14: Eine kleine Geschichte

Was ist gemeint?

Im Unterschied zur Integration sieht die Inklusion in Behinderungen von Menschen keinen Grund, sie von den anderen Menschen zu separieren – um sie in besonderer Weise zu fördern, damit sie in die Gesellschaft so weit wie möglich integriert werden können. Inklusion will die gesellschaftlichen Bedingungen so einrichten, dass Menschen – alle Menschen! – mit und ohne Behinderung, ausgestattet mit den gleichen Grundrechten, sich mit ihren Bedürfnissen und Besonderheiten einbringen können. Alle Menschen sollen ohne Diskriminierung an der Gesellschaft teilhaben – und das heißt vor allem gleichberechtigt mit allen anderen Zugang zu Bildung in Schule, Berufsausbildung und Hochschule haben.

Im Folgenden werden Auszüge aus der UN-Konvention über die Rechte von Menschen mit Behinderungen zitiert. In der im Bundesgesetzblatt (2008 Teil II Nr. 35) veröffentlichten Übersetzung wurde der englische Begriff ›inclusion‹ als ›Integration‹ übersetzt, was zu dem Missverständnis führen könnte, es habe sich nichts wirklich verändert.

Artikel 1 der Behindertenrechtskonvention der Vereinten Nationen

Zweck dieses Übereinkommens ist es, den vollen und gleichberechtigten Genuss aller Menschenrechte und Grundfreiheiten durch alle Menschen mit Behinderungen zu fördern, zu schützen und zu gewährleisten und die Achtung der ihnen innewohnenden Würde zu fördern.

Zu den Menschen mit Behinderungen zählen Menschen, die langfristige körperliche, seelische, geistige oder Sinnesbeeinträchtigungen haben, welche sie in Wechselwirkung mit verschiedenen Barrieren an der vollen, wirksamen und gleichberechtigten Teilhabe an der Gesellschaft hindern können.

Nach Rolf Wernstedt, langjähriger Kultusminister in Niedersachsen, geht die Behindertenrechtskonvention »in ihrem Denkansatz nicht von der individuellen Förderbedürftigkeit, gemessen an den scheinbar objektiven Kriterien der Schulleistungen, aus, sondern von dem Menschenrecht auf Förderung, gemessen an der Bedürftigkeit. ... Dies wiederum hat zur Folge, dass alle Kinder, die schnell und die langsam Lernenden, die Überflieger und die Gehandicapten, in einer gemeinsamen Schule gemäß ihren Bedürftigkeiten lernen und gefördert werden« (Wernstedt 2010).

> **Artikel 24 der Behindertenrechtskonvention der Vereinten Nationen**
>
> Abs. 1 Die Vertragsstaaten anerkennen das Recht von Menschen mit Behinderungen auf Bildung. Um dieses Recht ohne Diskriminierung und auf der Grundlage der Chancengleichheit zu verwirklichen, gewährleisten die Vertragsstaaten ein integratives Bildungssystem auf allen Ebenen ...
>
> Abs. 3 Bei der Verwirklichung dieses Rechts stellen die Vertragsstaaten sicher, dass
> a) Menschen mit Behinderungen nicht aufgrund von Behinderung vom allgemeinen Bildungssystem ausgeschlossen werden und dass Kinder mit Behinderungen nicht aufgrund von Behinderung vom unentgeltlichen und obligatorischen Grundschulunterricht oder vom Besuch weiterführender Schulen ausgeschlossen werden,
> b) Menschen mit Behinderungen gleichberechtigt mit anderen in der Gemeinschaft, in der sie leben, Zugang zu einem integrativen, hochwertigen und unentgeltlichen Unterricht an Grundschulen und weiterführenden Schulen haben;
> c) angemessene Vorkehrungen für die Bedürfnisse des Einzelnen getroffen werden;
> ...

Das gemeinsame Lernen auf allen Ebenen basiert auf individueller Förderung und Betreuung, die schon seit Jahren als Antwort auf die Heterogenität aller Schülerinnen und Schüler gelten. So werden alle Kinder schon früh dafür sensibilisiert, ohne Diskriminierung, vielmehr mit Wertschätzung auf einander zuzugehen. Auch Eltern, die Sorge haben, ihr Kind könne durch die große Nähe zu Mitschülerinnen und Mitschülern mit unterschiedlichen Behinderungen Schaden nehmen oder in seiner Entwicklung zurückgeworfen werden, muss erklärt werden, was es bedeuten kann, »mit Altersgenossen aus anderen Lebensrealitäten« zusammenzutreffen.»Ihnen muss man zeigen, dass Inklusion eben nicht bedeutet, willkürlich alle zusammenzuwürfeln. Sondern dass es darum geht, sich im Prozess des Unterrichts mit den sehr unterschiedlichen Ausprägungen menschlichen Talents auseinander zu setzen« (SZ 8./9.11.2014).

Schließlich verpflichten sich die Vertragsstaaten nach Artikel 8 der Behindertenrechtskonvention dafür zu sorgen, dass »in der gesamten Gesellschaft, einschließlich auf der Ebene der Familien, das Bewusstsein für Menschen mit Behinderungen« geschärft und »die Achtung ihrer Rechte und ihrer Würde« gestärkt wird. Klischees und Vorurteile sollen bekämpft und »das Bewusstsein für die Fähigkeiten und den Beitrag von Menschen mit Behinderungen« gefördert werden. Damit wird klargestellt, dass es eben nicht nur um Barrierefreiheit geht, sondern vor allem um die Haltung gegenüber benachteiligten und behinderten Menschen.

Allerdings sei vor der zunächst ganz harmlos daher kommenden Forderung gewarnt, man müsse doch nur die eigene Haltung ändern. Schwer & Solzbacher (2014) geben deshalb zu bedenken, ob diese Forderung auf die (alleinige!) Verantwortung der Lehrkräfte für den Lernerfolg der Schülerinnen und Schüler verweise oder ob die (welche?) Haltung gar als notwendige Voraussetzung für den pädagogischen Beruf vor Ausbildungseintritt getestet werden sollte.

Dem Übereinkommen der Vereinten Nationen vom 13. Dezember 2006 über die Rechte von Menschen mit Behinderungen hat der Bundestag am 21. Dezember 2008 zugestimmt. Sein Inhalt ist nun in Deutschland geltendes Recht. Mit unterschiedlichen Geschwindigkeiten und Modellen haben sich die Bundesländer dem Auftrag gestellt, wie der Sachstandsbericht des Deutschen Städtetages (2011) und der Datenreport der Bertelsmann Stiftung »Update Inklusion« (2014) zeigen.

War alles falsch?

Haben wir denn im Schulwesen bisher alles falsch gemacht? In Sorge um das Wohlergehen und um die bestmögliche Förderung der Menschen mit Behinderungen hatten wir für sie besondere Institutionen geschaffen und mit hoher Qualifikation und Professionalität des Personals ausgestattet. Die Anzahl der Schülerinnen und Schüler mit sonderpädagogischem Förderbedarf in Deutschland entsprach im Schuljahr 2012/13 einer Förderquote von 6,6 Prozent.

Schülerinnen und Schüler mit sonderpädagogischem Förderbedarf in Förderschulen 2012/13	
Insgesamt davon im Förderschwerpunkt	365.719
Lernen	145.383
Sehen	4.804
Hören	11.045
Sprache	35.326
Körperliche und motorische Entwicklung	24.834
Geistige Entwicklung	74.621
Emotionale Entwicklung	37.129
Förderschwerpunkt übergreifend bzw. ohne Zuordnung	21.940
Kranke	10.631

Abb. 15: Schüler in Förderschulen 2012/13. Nach: KMK 2014, S. 3

Allerdings erreichten 2012 72,5 Prozent aller Abgängerinnen und Abgänger von Förderschulen keinen Hauptschulabschluss (KMK 2014, S. XXI). Das hat zur Folge, dass sie kaum einen Beruf erlernen können, der ihnen ein selbstbestimmtes Leben ermöglicht und berechtigt zu der Frage, ob erwartet werden kann, dass Inklusion zu anderen Ergebnissen führt.

Wie es gelingen kann und welche Hindernisse sich auftun

Neben der Vorbereitung der Schulen durch Weiterbildung der Schulleitungen und Lehrkräfte muss bildungspolitisch die Bereitstellung zusätzlicher Ressourcen entschieden werden, wie die Strukturen der besonderen Beschulung verändert werden müssen. Mit ihren Empfehlungen bietet die KMK Schulen und ihren Lehrkräften eine Orientierung für inklusiven Unterricht:

»Inklusiver Unterricht berücksichtigt einerseits die Standards und Zielsetzungen für allgemeine schulische Abschlüsse und andererseits die individuellen Kompetenzen der Lernenden. Gleiche Lerngegenstände können im Unterricht auf unterschiedlichen Wegen und mit unterschiedlicher Zielstellung bearbeitet werden. Dies erfordert geeignete didaktisch-methodische Vorgehensweisen und Unterrichtskonzepte, um für alle Lernenden Aktivität und Teilhabe in einem barrierefreien Unterricht zu gewährleisten. Erfolgreiches Lernen in heterogenen Gruppen setzt für einige Kinder und Jugendliche mit Behinderungen voraus, dass Unterrichtsinhalte zeitweilig oder längerfristig elementarisiert werden, um den individuellen Lernerfordernissen und Zugangsweisen eines Kindes oder eines Jugendlichen zu entsprechen« (KMK/b 2012, S. 9).

Reh weist allerdings zurecht auf das pädagogische Dilemma hin: »Mit allem, was sie [die Lehrkräfte] tun, im Klassenraum, wie sie sich gegenüber den Schülern und Schülerinnen verhalten, können Pädagogen nicht anders: Sie beteiligen sich auch daran, Differenzen und Maßstäbe – z. B. Schnelligkeit des Arbeitens – zu gestalten. Mit jeder anerkennenden Zuwendung lassen sie Unterschiede auch in einem gesellschaftlichen Raum wirksam werden. Und damit stehen Lehrkräfte vor der schwierigen professionellen Aufgabe, gleichzeitig Normen (re)produzieren zu müssen und nicht gleichzeitig Schüler z. B. auf ein Verhaltensmuster oder eine Position festzuschreiben, sondern ihnen unterschiedliche Erfahrungen mit sich selbst zu ermöglichen« (Reh 2011).

Die gegenwärtigen Prozesse in den Schulen könnten kaum unterschiedlicher verlaufen. Verstehen es die einen, auf Kinder mit einer Behinderung individuell einzugehen und das Miteinander- und Voneinander Lernen zum Maßstab ihres Klassenmanagements zu machen, greifen andererseits die Klagen um sich: Viele Lehrerinnen und Lehrer fühlen sich mit dem Anspruch überfordert, nicht nur › ihre‹ Kinder und Jugendlichen individuell zu fördern, sondern dies zugleich auch für das blinde, schwer hörende, lernbehinderte oder in seiner sozialen Entwicklung gestörte Kind zu leisten. Ja, es gab und gibt Fortbildungen – aber kann in der kurzen Zeit die für die neue Aufgabe notwendige Kompetenz erworben werden? Ja, es gab und gibt Unterstützung durch zusätzliche Lehrerstunden und ausgebildete Sonderpädagogen. Auf der anderen Seite sind aber die, die bisher in Förderschulen unterrichtet haben, oft unzufrieden mit ihrer veränderten Arbeitssituation: Sie haben jetzt oft keinen festen Arbeitsplatz, sondern unterstützen Kinder in unterschiedlichen Schulen einer Region. Das kann den Aufbau und die so wichtige Pflege der Beziehungen zu den Kindern mit Behinderungen erschweren.

Hinzu kommt die Gefahr von Brüchen in der Bildungsbiografie, wenn einem Teil der Kinder nach inklusivem Elementarbereich und Unterricht in der Grundschule beim Übergang in die weiterführenden Schulen deutlich gemacht wird, dass sie nicht länger ›dazu gehören‹. So hat Klemm festgestellt, dass der Inklusionsanteil in der Kindertagesbetreuung bei 67,1 Prozent, in den Grundschulen bei 39,2 Prozent und in den weiterführenden Schulen der Sekundarstufe I bei nur noch 21,9 Prozent liegt (vgl. Klemm 2013, S. 4). Hier liegt wohl erheblicher Nachholbedarf, sowohl in den schwer beeinflussbaren Einstellungen zur Inklusion als auch bei der Bereitstellung von Ressourcen. Ohnehin ist es der Ruf nach mehr Lehrerstellen, der die Haushaltsgesetzgeber der Länder herausfordert. Allen ist klar, dass zusätzliche Mittel nötig sind, selbst wenn die Mittel der Förderschulen zum größten Teil umgeschichtet würden. Zugleich wird schon jetzt deutlich: Wo man auf Tempo drängt, entstehen bei den Beteiligten leicht Widerstand und Verunsicherung. So scheint ein entscheidender Gelingensfaktor die Zeit zu sein.

Doch trotz aller Klagen und Befürchtungen: Es gibt zahlreiche ermutigende Initiativen von Ländern, Schulen, freien Trägern und Kommunen, die Schritt für Schritt das Ziel der Inklusion ansteuern – ein Prozess eben, für den in einem Netzwerk der Akteure das nötige Know-how und die Bereitschaft zur Kokonstruktion vorhanden sind, damit inklusives Miteinander gelingt.

Ein Beispiel: Das Netzwerk Inklusion Mayen-Koblenz

Auf Initiative der Lebenshilfe Kreisvereinigung Mayen-Koblenz kamen am 18.08.2012 Menschen mit und ohne Behinderungen, Heim- und Einrichtungsträger, Vereine und Selbsthilfegruppen, Unternehmen und Vertreter der Stadt Mayen und des Landkreises Mayen-Koblenz zusammen, um das Netzwerk für Inklusion von Menschen mit Behinderungen in der Region Mayen zu gründen. Mit der Gründung des »Netzwerkes Inklusion Mayen-Koblenz«, gefördert von der Aktion Mensch, wollen die Kooperationspartner Ideen und Konzepte zur Umsetzung der Konvention in der Region auf den Weg bringen. Ganz besonders wichtig ist es, dass viele Menschen mit Behinderungen in dem Netzwerk mitarbeiten, ihre Erfahrungen in den zentralen Konventions-Themen Selbstbestimmung und Teilhabe einbringen und sich aktiv an der Arbeit im Netzwerk beteiligen. In fünf Arbeitsgruppen wird im Netzwerk zusammen gearbeitet: Arbeit, Wohnen, Bildung, Barrierefreiheit im öffentlichen Raum, Freizeit. Alle Themen sind Bestandteil der UN-Behindertenrechts-Konvention und für die zukünftige Lebensgestaltung von Menschen mit Behinderungen von zentraler Bedeutung (vgl. www.netzwerk-inklusion-myk.de).

Inklusion vor Ort

Das Beispiel zeigt: Inklusion ist die Leitidee für das Zusammenleben von Menschen. Deshalb könne nach Imhäuser (2012, S. 3) die Aufgabe nicht allein der Schule überlassen werden, sondern brauche ein Inklusionsnetz alle relevanten Akteure auf kommunaler Ebene und Strukturen zur Steuerung inklusiver Bildung. Er benennt vier Handlungsebenen der Inklusion aus zivilgesellschaftlicher Perspektive:

»**Erstens:** Die Ebene der einzelnen Person, das Nachdenken über meine Haltung, meine Einstellungen und Sichtweisen, meine Urteile und Vorurteile und meine Bereitschaft, eine inklusive Haltung zu entwickeln.

Zweitens: Die Ebene Mensch-zu-Mensch im nachbarschaftlichen Raum zwischen dem rein »Privaten« und dem »Öffentlichen«. Ich frage oder biete etwas an, gebe und bekomme Unterstützung.

Drittens: Die Ebene der Organisationen, d. h. die Ebene der Abstimmung von Verantwortlichkeiten und Strategien, um gemeinsame inklusive Ziele erreichen zu können.

Viertens: Die Ebene der Vernetzung von Organisationen und Initiativen in einer Kommune, die über ihren jeweiligen Verantwortungsbereich hinaus inklusive Lebenswelten anstreben.«

Die Konsequenzen für eine Kommune, ob Landkreis, Stadt oder Gemeinde, hinsichtlich ihrer Verantwortung für die Daseinsvorsorge als »Schaffung, Sicherung und Entwicklung sozialer Lebensbedingungen der Bürger« erschließen sich unmittelbar. Dabei eröffnen sich auch im Bildungsbereich neue Arbeitsfelder zur Umsetzung des Menschenrechts auf Inklusion: Neben den Schulträgeraufgaben sind das u. a. Aufgaben bei der Organisation vorschulischer Bildung, Betreuung und Erziehung in Krippe und Kita, bei den Angeboten der Jugend- und Familienarbeit und nicht zuletzt im Zusammenhang mit der Berufsvorbereitung. Die Vielfalt dieser ›Baustellen‹ fordert eine sorgfältige Priorisierung, die je nach den regionalen Erfordernissen unterschiedlich ausfällt. Und natürlich: Wenn es um Schule geht, ist das Land mit in der Verantwortung und unabdingbarer Teil eines Inklusionsnetzes.

Ein Beispiel: Der Landkreis Paderborn

In der Bildungs- und Integrationsregion Kreis Paderborn haben verschiedene Akteure Initiativen ergriffen, um die Gestaltung einer inklusiven Bildungsregion anzuregen. Dazu gehören Bürgermeister der kreisangehörigen Gemeinden und die Leitungen aller Förderschulen. Der Arbeitskreis der Schulträger und die Schulleiter der Grundschulen haben dieses Anliegen unterstützt. Nach Beratung mit den Schulräten im Schulamt Paderborn und dem Leitungsteam hat der Lenkungskreis der Bildungsregion das Bildungs- und Integrationszentrum (ehemals Bildungsbüro) im Januar 2012 auf der Basis einer Projektskizze beauftragt, die Gestaltung einer inklusiven Bildungsregion zu initiieren. In der Projektskizze wird formuliert:

»Im Projekt verfolgen wir drei Ziele
- Die an der Gestaltung einer inklusiven Bildungsregion Beteiligten erstellen als gemeinsame Grundlage ein Leitbild.
- Bis zu 36 der 126 Schulen in der Bildungsregion Kreis Paderborn verwirklichen in drei Staffeln von 2013 bis 2018 eine »Pädagogik der Vielfalt«, wie sie im »Index für Inklusion« beschrieben wird. Darüber hinaus bietet die Bildungsregion weiteren Schulen Transfermöglichkeiten an.
- Die Beteiligten schaffen in einer »Steuergruppe Inklusion« ein Forum für den Austausch und die gemeinsame Bearbeitung aller entstehenden Fragen«.

Inzwischen (Newsletter 35-1-2015) bilden vier Bausteine das Fundament für die Gestaltung inklusiver Bildung im Kreis Paderborn:
- das regionale Leitbild für inklusive Bildung,
- die Steuergruppe Inklusion, in der Kitas und Schulen, Fachberater und Schulaufsicht, kommunale Einrichtungen, Wohlfahrtsverbände, die Universität Paderborn und andere vertreten sind, um die zehn Motive des Leitbildes praktisch umzusetzen,
- das umfassende Fortbildungsangebot ›Vielfalt fördern‹ in Zusammenarbeit mit der Schulaufsicht und dem Kompetenzteam für Grundschulen und weiterführende Schulen,
- Erhebung verlässlicher Daten zur zukünftigen Planung und Entwicklung in Zusammenarbeit mit wissenschaftlichen Institutionen.

> **Leitbild »Inklusive Bildung« für die Bildungs- und Integrationsregion Kreis Paderborn**
> 1. Wir unterstützen die Entwicklung von Vielfalt in der Gesellschaft.
> 2. Wir schaffen wohnortnahe inklusive Angebote.
> 3. Wir setzen uns für Voraussetzungen ein, die für gemeinsames Leben und Lernen notwendig sind, und suchen politische Unterstützung.
> 4. Wir haben Mut zu kreativen und individuellen Lösungen.
> 5. Wir sichern individuelle und kontinuierliche Förderung mit verlässlichen Bezugspersonen.
> 6. Wir sorgen für verbindliche Strukturen für die Zusammenarbeit und die durchgängige Begleitung individueller Bildungswege.
> 7. Wir schaffen eine unabhängige und fachübergreifende Beratungsstelle als Orientierungshilfe für Betroffene, Angehörige und Pädagogen zu Fragen der inklusiven Bildung.
> 8. Wir sichern eine verpflichtende und kontinuierliche Professionalisierung der Fachkräfte und schaffen Angebote für Eltern, Ehrenamtliche und andere.
> 9. Wir bündeln vorhandene Kompetenzen, Geld und Zeit für inklusive Bildung.
> 10. Wir überprüfen Angebote für ein gemeinsames Leben und Lernen Schritt für Schritt, passen an und erweitern.

Das Leitbild wurde von 150 Akteuren aus dem Handlungsfeld Inklusion erarbeitet.

Und die Kosten?

Die Kommunen sehen die »Länder verpflichtet, die für die Kommunen in Folge der Schaffung eines inklusiven Schulsystems entstehenden Mehrbelastungen und Kostenfolgen bewusst und transparent zu machen, um der Schutz- und Warnfunktion der Konnexitätsprinzipien Rechnung zu tragen« (Deutscher Städtetag (2011, S. 23), eine Position, die 2014 noch einmal bestätigt wird (http://www.staedtetag.de/presse/beschluesse). Da geht es um die Kosten für Integrationshelfer, Schülerbeförderung, die Ertüchtigung von Schulgebäuden, Ganztagsangebote und Schulsozialarbeit.

> **Information**
>
> Gabler Wirtschaftslexikon: Konnexitätsprinzip: verfassungsrechtliche und finanzwissenschaftliche Regel, nach der die Kosten für die Erfüllung einer öffentlichen Aufgabe (Finanzierungshoheit) von demjenigen Aufgabenträger zu tragen sind, der über Art und Intensität der Aufgabenerfüllung entscheidet (»wer bestellt, bezahlt«).

Die Auseinandersetzung über die Frage der Kostenübernahme bestimmt in allen Bundesländern die Debatte zwischen Land und Kommunen. So wird z. B. Niedersachsen den Schulträgern im Jahr 2015 insgesamt 17,5 Millionen Euro und ab 2016 jährlich 30 Millionen Euro für die schulische Inklusion zur Verfügung stellen (Niedersächsisches Kultusministerium, Newsletter Nr. 7, Dezember 2014). NRW will den kommunalen Schulträgern 175 Millionen Euro für fünf Jahre bereitstellen.

Aber unabhängig davon, dass in allen Ländern angemessene Rahmenbedingungen geschaffen werden müssen, ist eines sicher: Inklusion gelingt vor Ort oder nicht. Denn hier beginnt das behinderte Kind seine Lern- und Lebensbiografie.

> **Neugierig geworden?**
>
> **Inklusion in der Schule:** Der »**Index für Inklusion – Lernen und Teilhabe in Schulen der Vielfalt entwickeln**«, Halle (Saale) 2003, entwickelt von Tony Booth und Mel Ainscow, übersetzt, für deutschsprachige Verhältnisse bearbeitet und herausgegeben von Ines Boban & Andreas Hinz. Der Index hilft Schulen, die Debatte um Inklusion zu eröffnen und erste Schritte zu gehen. Er bietet ihnen einen Fundus an Materialien und macht Vorschläge für ihre Schulentwicklung.
> (http://www.eenet.org.uk/resources/docs/Index%20German.pdf)
>
> **Inklusion vor Ort:** In der 2011 von der Montag Stiftung Jugend und Gesellschaft[4] veröffentlichten Publikation **Inklusion vor Ort. Der Kommunale Index für Inklusion – ein Praxishandbuch** ist umfangreiches Material zusammen gestellt, das Kommunen dabei unterstützen soll, inklusive Prozesse unter aktiver Beteiligung aller Interessensgruppen im Gemeinwesen zu initiieren und zu gestalten. ... Das Handbuch richtet sich genauso an Einwohner/innen wie an die verschiedenen Mitglieder/innen der Kommunen, freie und gemeinnützige Organisationen, Verbände, Vereine, Zivilgesellschaftliche Organisationen (ZGO) und Kirchen, aber auch an Bildungseinrichtungen, Unternehmen und Einrichtungen der kommunalen Selbstverwaltung« (Montag Stiftung (b), Homepage)
>
> **Bildungsstatistische Analyse:** Die von Jürgen Klemm durchgeführte Studie »**Inklusion in Deutschland – eine bildungsstatistische Analyse**« kommt u. a. zu dem Ergebnis, dass immer mehr Kindern und Jugendlichen ein Förderbedarf attestiert wird und das Doppelsystem aus integrativer Beschulung in Regelschulen und in Förderschulen weiterhin Bestand hat: Obwohl die Förderquote von 2000/01 bis 2011/12 von 5,3 auf 6,4 Prozent angestiegen sei, habe sich im gleichen Zeitraum die Quote der Schüler in Förderschulen (Exklusionsquote) kaum erhöht: von 4,6 auf 4,8 Prozent. Zugleich habe

---

4 Die 1998 gegründete Montag Stiftung Jugend und Gesellschaft will aktiv eine positive Gestaltung des gesellschaftlichen Miteinanders anregen, betreiben und fördern. Sie versteht sich als Ort der Vernetzung und des Austausches von Konzepten und Projekten zur Verringerung von Benachteiligung, die gemeinsam mit Partnern aus Wissenschaft, Bildung und Erziehung durchgeführt werden.

sich die Inklusionsquote von 0,7 auf 1,6 Prozent verdoppelt. »Für Deutschland kann daher insgesamt festgestellt werden, dass das vermehrte inklusive Unterrichten nicht zu einem Rückgang des Unterrichtens in Förderschulen geführt hat« (Klemm 2013, S. 4). Durch seine Befunde über die in den Bundesländern stark variierenden Förderquoten sieht Klemm die Hypothese gestützt, »dass die Differenzen nicht in unterschiedlichen Leistungsfähigkeiten bzw. Behinderungsgraden der Schülerinnen und Schüler begründet sind, sondern in verschiedenen Maßstäben bei der Diagnose von Förderbedarf« (Klemm 2013, S. 13).

Und schließlich ein interessanter Aufsatz von **Werner Kropp,** »**Inklusion auf dem Lande – eine Querschnittsaufgabe im Sozialraum**« über die Entwicklungen im Landkreis Warendorf, NRW. In ZBW, Sonderausgabe 2014.

Einen **Datenreport zu den aktuellen Entwicklungen** stellt die **Bertelsmann Stiftung (2014)** mit der Publikation »**Update Inklusion**« vor.

DIE HANDLUNG: DIE ERSTEN IDEEN SIND FORMULIERT

In den Arbeitsgruppen – wir erinnern uns: die erste Bildungskonferenz – haben sich Akteure getroffen, die in ihrem professionellen Alltag zwar aufeinander angewiesen sind, um ihren Auftrag erfüllen zu können, aber durchaus auch Konkurrenz zueinander verspüren – genau so waren die Themen angelegt. Die Arbeitsgruppen haben ihre Ergebnisse auf Flipcharts festgehalten und ausgestellt.

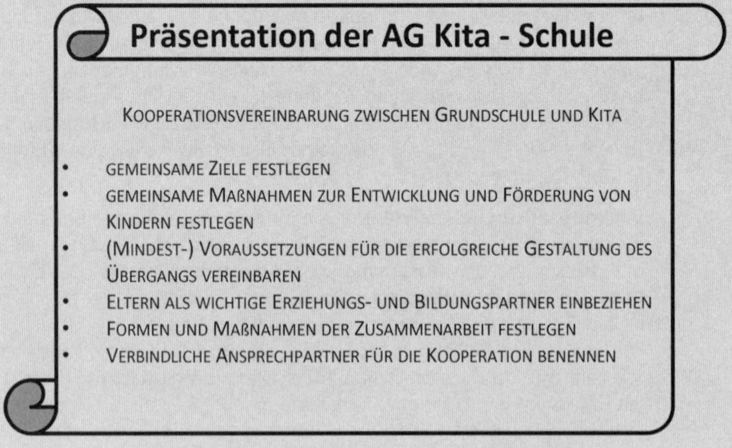

Präsentation der AG Kita - Schule

KOOPERATIONSVEREINBARUNG ZWISCHEN GRUNDSCHULE UND KITA

- GEMEINSAME ZIELE FESTLEGEN
- GEMEINSAME MAßNAHMEN ZUR ENTWICKLUNG UND FÖRDERUNG VON KINDERN FESTLEGEN
- (MINDEST-) VORAUSSETZUNGEN FÜR DIE ERFOLGREICHE GESTALTUNG DES ÜBERGANGS VEREINBAREN
- ELTERN ALS WICHTIGE ERZIEHUNGS- UND BILDUNGSPARTNER EINBEZIEHEN
- FORMEN UND MAßNAHMEN DER ZUSAMMENARBEIT FESTLEGEN
- VERBINDLICHE ANSPRECHPARTNER FÜR DIE KOOPERATION BENENNEN

Abb. 16: Kooperation Kita – Schule (vgl. Städtetag 2010)

Ergebnispräsentation Schule – Jugendhilfe

- BEZOGEN AUF DAS KIND/ DEN JUGENDLICHEN: WAS IST UNSER AUFTRAG?
- WAS BENÖTIGEN JUNGE MENSCHEN? WIE KÖNNEN WIR IHRE BEDÜRFNISSE BERÜCKSICHTIGEN?
- WAS KÖNNEN WIR IN DIE KOOPERATION EINBRINGEN? (STÄRKEN UND LEISTUNGEN)
- WAS IST UNSERE JEWEILIGE BERUFLICHE UND FACHLICHE IDENTITÄT? VERSTÄNDNIS FÜR DIE ANDERE FACHLICHKEIT STÄRKEN.
- WAS SIND CHANCEN UND RISIKEN DER ARBEIT?
- WIE KÖNNEN WIR STRUKTUREN ENTWICKELN UND DIE ZUSAMMENARBEIT ABSICHERN?
- WELCHE RAHMENBEDINGUNGEN BRAUCHEN WIR?
- WAS IST SCHON GELUNGEN? WO KÖNNEN WIR ANKNÜPFEN?
- WO SOLL ES HINGEHEN, HABEN WIR DEN GESAMTRAHMEN IM BLICK?

Abb. 17: Ergebnispräsentation Schule – Jugendhilfe (inspiriert durch Maykus 2008 und BMFSFJ/a)

AG Kommune - Land

EINIGE GELINGENSBEDINGUNGEN FÜR EINE GEMEINSAME VERANTWORTUNG VON KOMMUNE UND LAND

- GEMEINSAME ZIELE, DIE VON ALLEN BETEILIGTEN GETRAGEN UND AKTIV VERTRETEN WERDEN UND DIE SICH U.A. AUCH AN LEISTUNGEN UND ERGEBNISSEN ORIENTIEREN;
- EIN HOHES INTERESSE AM AUFBAU UND AN DER PFLEGE TRAGFÄHIGER BEZIEHUNGSSTRUKTUREN
- DIE GESTALTUNG GEMEINSAMER KOMMUNIKATIONSWEGE
- DIE BEREITSCHAFT, SICH AUF VERÄNDERUNG EINZULASSEN
- DIE KOORDINIERUNG DER UNTERSCHIEDLICHEN REGIONALEN AKTIVITÄTEN
- VERBINDLICHE ORGANISATIONSSTRUKTUREN

Abb. 18: Ergebnispräsentation der AG Kommune – Land (inspiriert durch Pauline Laing)

Der Austausch in der Arbeitsgruppe Schulen und Betriebe war so intensiv, dass sie aus Zeitmangel kein gemeinsames Ergebnis vorlegen kann.

Vor den Plakaten wird lebhaft diskutiert. Zwischen den Grundschulen klappt die Kooperation schon gut: Die beiden Vertreterinnen wollen über einen Verbund nachdenken und die Möglichkeiten in ihren Kollegien und mit Schulaufsicht und Kommune abklären.

ANNE hat den Eindruck, dass sich die Erzieherinnen in ihrer Tätigkeit viel eher als Team erleben als die Lehrkräfte und dass die pädagogischen Vorstellungen noch weiter auseinander liegen, als zu vermuten war. LEHRER B/BAU berichtet, die betrieblichen Ausbilder erwarteten zwar Teamfähigkeit ihrer Auszubildenden als Vorleistung der Schule, würden aber nach seiner Erfahrung selbst gern als Einzelperson agieren. LEHRER A/SEK äußert sich unzufrieden über den Verlauf der Diskussion in seiner AG. Er hatte mehr Konsens in den Zielen zwischen Schule und Jugendhilfe erwartet. Aber er steht zu dem gemeinsamen Ergebnis und will eine Kooperationsvereinbarung anregen, die JÜRGEN WIESNER in die Diskussion eingebracht hat.

Über eine gemeinsame Verantwortung für die Bildung in der Region haben sich die Vorstellungen von Kommune und Land einander angenähert. Da braucht es noch vertieftes Nachdenken über alte und neue Rollen. Der Landrat wird das in seinem Schlusswort aufgreifen. JÜRGEN WIESNER hat bei den Teilnehmern nachgefragt, wie über das Thema Inklusion diskutiert wurde. Wie zu erwarten, gab es dazu kein Ergebnis – aber immerhin: Die eingebrachten Informationen haben zur Klärung beigetragen und der Landrat hat die Aufgabe der regionalen Kooperation klar benannt.

SCHLUSSWORT DES LANDRATS

Sehr geehrte Damen und Herren,

lassen Sie mich Ihnen zunächst danken: dafür, dass Sie gekommen sind, dass Sie sich haben einbinden lassen in diese Konferenz, dass Sie viele Ideen mitgebracht haben und nicht zuletzt, dass ich dabei Vieles lernen konnte.

Und ich bin sicher, dass das wichtigste Ziel in den nächsten Jahren in unserem Landkreis sein wird: Wir müssen mehr mit- und voneinander lernen! Damit das zum Wohl unserer Kinder und Jugendlichen gelingt, werden wir mehr mit- statt übereinander reden müssen. Ich bin mir der Schwierigkeit bewusst, die hinter diesem Satz liegt – es war und ist ja nicht immer selbstverständlich, dass Politik und Verwaltung mit den Bürgerinnen und Bürgern auf Augenhöhe sprechen. Das ist sicher auch leichter gesagt als getan. Es kommt darauf an, den nächsten Schritt in Richtung Bildungslandschaft zu tun.

Wenn öffentliche und private Institutionen die Bildung in ihrer Region gemeinsam in die Hand nehmen wollen, müssen unterschiedliche und auch sich widersprechende Interessen ausgeglichen werden. Das ist nur denkbar in einem fortwährenden Koordinierungsprozess. Dafür muss jemand – wie sagt man? – den Hut aufsetzen. Nun, ich nehme diesen Hut und will mein Bestes tun, die Kreistagsfraktionen davon zu überzeugen, dass wir uns über Ziele einigen und in eine Koordinierungsstelle investieren müssen. Da man das nicht übers Knie brechen kann, brauchen wir zunächst wohl einen Plan. Ich werde zu einer Arbeitsgruppe einladen, nicht um Entscheidungen zu verschieben, sondern um sie bestens vorzubereiten.

Diese Konferenz hat gezeigt, dass es hier viele Menschen gibt, die die Notwendigkeit von Veränderung gespürt haben. Lassen Sie uns anfangen!

Teil 2

Die Handlung: Von Daten und Qualität

Die Bildungskonferenz ist beendet. Das Schlusswort des Landrats lässt manchen Teilnehmer ratlos zurück. Was wird nun aus den Ideen und Vorschlägen? Wer wird wohl zu dieser Arbeitsgruppe eingeladen? Also das Übliche: große Worte ohne Konsequenzen? Am nächsten Tag bringt das »Nahlander Kreisblatt« einen ausführlichen Hintergrundbericht zur Konferenz. Jetzt muss gehandelt werden. Die Leiterin des Amtes für Schule und Jugendhilfe wendet sich im Auftrag des Landrats an einige Teilnehmerinnen und Teilnehmer der Konferenz, die sie schon aus dem Alltagsgeschäft kennt: Schulleiterinnen und Schulleiter, den Bildungsreferenten der Handwerkskammer, die Leiterin der Kreisvolkshochschule, Vertreterinnen und Vertreter freier Träger von Kitas und die Schulaufsichtsbeamten für die Grundschulen und die beruflichen Schulen. Sie lädt zum Gespräch ein und bittet um Themen für die geplante AG. Jürgen Wiesner und Anne verständigen sich darüber per E-Mail.

Datum: heute
Von: jürgen.wiesner@schule.am.hain.de
An: Anne@modellschule.de
Betreff: Einladung zum Vorgespräch
Hallo Anne, die Konferenz ist ja leider im Unverbindlichen stecken geblieben. Viel gute Gespräche, aber wenig Konkretes. Dann kommt diese Einladung. Klingt ziemlich ratlos. Ich glaube, der Landrat hat sich das einfacher gedacht als es ist. Wenn sich jeder mit jedem vernetzt, löst das ja nicht gleich alle Probleme. Da sind doch viele Interessen im Spiel. Und wir müssen aufpassen, dass die Schulen nicht vergessen werden. Die brauchen Kooperation nach innen und nach außen. Aber am Anfang steht doch in jedem Fall für alle Beteiligten die Kernfrage, wie wir den Dingen auf den Grund gehen können.
Viele Grüße
Jürgen Wiesner

Datum: heute
Von: Anne@modellschule.de
An: jürgen.wiesner@schule.am.hain.de
Betreff: AW. Einladung
Lieber Jürgen, ja ich glaube auch, dass da noch ein paar Felsbrocken im Weg liegen. Denk nur an die Kolleginnen aus den Grundschulen. Die wollen einen Verbund, damit man die Schulen nicht schließt. Das ist nochmal was anderes als das große regionale Bildungsnetzwerk. Deine Frage ist gut – darüber zu reden, wo es hakt, ist der richtige Start für jede Veränderung. Das war ja auch in unseren beiden Schulen so. Erinnerst du dich, wie wir das Bauchgefühl »Es stimmt was nicht« an unseren Daten abgeglichen haben?

Ich schicke die Frage schon mal an die LEITERIN DES AMTES FÜR SCHULE UND JUGENDHILFE.
Wir sehen uns dann, Gruß
ANNE

Bei der Leiterin des Amtes für Schule und Jugendhilfe gehen neben der E-Mail von ANNE weitere ein, in denen unterschiedliche Interessen an dem Vorhaben deutlich werden.

Datum: heute
Von: BILDUNGSREFENT@HWK.DE
An: Leiterin@Schule-und-Jugendhilfe.de
Betreff: Einladung
Sehr geehrte Leiterin, vielen Dank für die Einladung zur Arbeitsgruppe. Gerne bringe ich mich in die Diskussion ein. Allerdings müssen wir wohl zuerst unsere gemeinsame Arbeitsbasis finden und darüber sprechen, von welchem Bildungsverständnis wir ausgehen. Wenn wir uns hierzu nicht einigen können, führt die Debatte nicht weiter. Keinesfalls dürfen wir uns darin verlieren, partielle Interessen – vielleicht sogar zu Lasten anderer – durchsetzen zu wollen. Das darf nicht geschehen.
Mit freundlichen Grüßen
BILDUNGSREFERENT HWK

Datum: heute
Von: SCHULAUFSICHT@GRUNDSCHULEN.DE
An: Leiterin@ Schule-und-Jugendhilfe.de
Betreff: Einladung
Sehr geehrte Leiterin, vielen Dank für die Einladung. Da Sie die Schulaufsicht beteiligen wollen, denkt der Kreis wohl an ein Bildungsnetzwerk, dass die im Kreisgebiet tätigen Akteure und nicht nur die kommunal Verantwortlichen umfasst. Das begrüße ich. Allerdings gebe ich zu bedenken, dass damit nicht die Zuständigkeit des Landes für die inneren Schulangelegenheiten ausgehebelt werden kann.
Mit freundlichen Grüßen
SCHULAUFSICHTSBEAMTER GRUNDSCHULEN

Datum: heute
Von: LEITERIN@KVHS.DE
An: Leiterin@Schule-und-Jugendhilfe.de
Betreff: Einladung
Sehr geehrte Leiterin, Ihre freundliche Einladung habe ich gestern erhalten. Ich freue mich auf die Zusammenarbeit in der Arbeitsgruppe und sehe gute Möglichkeiten, mit der KVHS als größtem Weiterbildungsanbieter auch die freien Träger ins Boot zu holen. Allerdings dürfen wir dabei nicht vergessen, dass der Wettbewerb um die wenigen Mittel z. B. der BA immer härter wird.

Da wird es nicht einfach sein, zu einem abgestimmten Angebot zu kommen. Dennoch bin ich zuversichtlich.
Mit herzlichem Gruß
LEITERIN **KVHS**

Datum: heute
Von: SCHULLEITUNG@GRUNDSCHULEY.DE
An: Leiterin@Schule-und-Jugendhilfe.de
Betreff: Einladung
Sehr geehrte Leiterin, ich freue mich, dass die Konferenz nicht ohne Folgen bleibt. Gerne beteilige ich mich an der Arbeitsgruppe. Mit meiner Kollegin von der Grundschule X bin ich schon im Gespräch. Wir sind davon überzeugt, dass ein Bildungsnetzwerk im Kreis nur sinnvollen Nutzen bringt, wenn möglichst alle Schulen, gleich welcher Trägerschaft, mitmachen.
Viele Grüße
LEHRERIN 1/SCHULLEITUNG GRUNDSCHULE Y

Datum: heute
Von: LEITUNG@FREIER_TRAEGER.DE
An: Leiterin@Schule-und-Jugendhilfe.de
Betreff: Einladung
Sehr geehrte Leiterin, mit Ihrer Einladung an die freien Träger im Kreis haben Sie für alle Teilnehmer ein wichtiges Zeichen gesetzt. Schließlich sind es die freien Träger, unter deren Regie die praktische Arbeit der Kinder- und Jugendhilfe durchgeführt wird. Selbstverständlich werden wir teilnehmen.
Mit freundlichen Grüßen
LEITUNG FREIER TRÄGER

Das erste Treffen der AG

Die Teilnehmerinnen und Teilnehmer des ersten Treffens der Arbeitsgruppe werden vom Landrat begrüßt. Die Leiterin des Bereichs Schule und Jugendhilfe formuliert als Resümee der Bildungskonferenz: »Nur gemeinsam können wir die Bildung vor Ort verbessern«. Sie hat die Flipcharts der Arbeitsgruppen bei der Bildungskonferenz erneut ausgestellt, damit die guten Ideen nicht verloren gehen.

Abb. 19: Arbeitsgruppe

Nach der gegenseitigen Vorstellung formuliert man sein Interesse an der Arbeitsgruppe. Auf Anregung von ANNE und JÜRGEN WIESNER diskutieren die Teilnehmerinnen und Teilnehmer darüber, was aus ihrer Sicht verändert werden müsste. Die Vorstellungen von einer künftigen Qualität ihres jeweiligen Bereichs reichen von vagen Ideen (weniger Schulabbrecher – mehr ausbildungsreife Jugendliche – bessere Abstimmung von Weiterbildungsangeboten – bessere Kommunikation innerhalb der Institution und mit Partnern) bis zu konkreten Forderungen nach mehr Ressourcen (Zeit – Personal – finanzielle Ausstattung/Budgets). Rasch wird deutlich: Man berichtet aus den eigenen Erfahrungen, aber es fehlen konkrete Daten, die die Argumentation stützen könnten und mit deren Hilfe die Problemfelder profund analysiert werden können. So ergeben sich für die erste Arbeitsphase folgende Fragen:

- Wie können wir den Dingen auf den Grund gehen?
- Was verstehen wir im Kreis Nahland unter Bildung?

Teil 2 Orientierungsphase: Wie gehen wir den Dingen auf den Grund?

> Wie Daten helfen, Gewissheit zu erhalten, dass wir unsere Stärken kennen müssen, um Schwierigkeiten zu bewältigen und wie wir Qualitätsvorstellungen entwickeln, die uns leiten sollen.

Wir erinnern uns: Der Landrat sprach von der Schulabbrecherquote, die über dem Landesdurchschnitt liege und von der Jugendarbeitslosigkeit, die im Kreis höher sei als in den Nachbarkreisen. Man müsse über Schulschließungen nachdenken, weil im Kreis zu wenige Kinder aufwachsen und die Betriebe klagten über zu wenig und zu wenig qualifizierten Fachkräftenachwuchs.

Das heißt dann wohl: Schulabbruch verhindern – einen Ausbildungsplatz für alle Jugendlichen garantieren – Ausbildungsreife verbessern – mehr Kinder?? !! Diese Verkürzung macht schnell deutlich: So einfach ist das mit den Entscheidungen nicht – schon gar nicht, wenn es um ein so komplexes Gebilde geht wie um ein Bildungsnetzwerk in einem Landkreis. Will man wissen, wohin der Weg führen soll, ist es hilfreich, zunächst die Topografie des eigenen Standortes zu betrachten.

1 Was wir schon wissen (können)

1.1 ... über unsere Schule(n)

Schule und Statistik – das war vor Jahren eine schwierige Angelegenheit. So ordnete damals mein Schulleiter an: »Tragen Sie die trotz Anmeldung in der Fachoberschule nicht erschienenen Schülerinnen und Schüler bis nach der Statistik als fehlend ein!« Er wollte wohl die Behörde über die die notwendige Unterrichtsversorgung täuschen – nicht nur für ihn war dies der einzige Grund für die Statistik. Vermutlich gehörte es in den Schulen ohnehin zum ›professionellen Selbstverständnis‹, die jährlichen Statistiken als Zumutung zu betrachten: Der pädagogische Auftrag entziehe sich der Messung – ein hinreichender Grund, die Sammlung von Daten im Bildungsbereich zumindest als fragwürdig und überflüssig anzusehen. Mogeln galt deshalb nahezu als Kavaliersdelikt und schließlich schaute nach der Abgabe der Statistik niemand mehr auf die Ergebnisse. Die Frage nach möglichen Ursachen für Veränderungen unterblieb. Weder Schulaufsicht noch Ministerien drängten auf Konsequenzen für die innerschulische Qualitätsentwicklung. Das hat sich spätestens seit PISA geändert. Wir hatten es plötzlich schwarz auf weiß: Nicht einmal da, wo wir uns auf der sicheren Seite wähnten, im Unterricht, waren wir gut genug! Das war genauso überraschend wie es für die pädagogische Zunft unerträglich war, mit dem engen Zusammenhang von Herkunft und Bildungserfolg konfrontiert zu werden.

Teil 2 Orientierungsphase: Wie gehen wir den Dingen auf den Grund?

Man fing an zu verstehen, dass die Ursachen heutiger Probleme in den Lösungen von gestern zu suchen sind und dass die Analyse von Daten der erste Schritt zu einer Veränderung ist. Inzwischen haben die Länder und Schulen erfahren, welcher Schatz in ihren Archiven verborgen liegt: In der Schule erhobene statistische Daten und Ergebnisse aus Selbstevaluationsverfahren (als anonymisierte wertende Kommunikation über die Schule als Ganze) werden ergänzt durch Erkenntnisse aus externer Evaluation (je nach Bundesland: Schulinspektion, Qualitätsanalyse,... Vergleichsarbeiten und Abschlussprüfungen). Darüber hinaus bietet Feedback der Lehrkraft Informationen über die Wirkung ihrer unterrichtlichen Tätigkeit. Damit sind Evaluationen selbstverständlicher Part schulischer Qualitätsentwicklung geworden. Für Schulaufsicht und Inspektion sind die vorhandenen Daten Basis ihrer Profession. Auch wenn das damit verbundene Element der Kontrolle nicht zu vernachlässigen ist, so leuchtet doch ein, dass die zu Recht eingeforderte Unterstützung ohne das konkrete Wissen um den jeweiligen schulischen Entwicklungsstand kaum zielgerichtet erfolgen kann.

Welche Zahlen und Daten brauchen wir, weil sie der einzelnen Schule etwas über ihre Qualität sagen? Einige Beispielfragen:
- Hat die Zahl der Wiederholer im Jahresvergleich zu- bzw. abgenommen (*Statistik*) und sind dafür die Benotungen eines bestimmten Fachbereichs, etwa des sprachlichen oder des mathematisch-naturwissenschaftlichen ursächlich (*interne Evaluation*)?
- Gibt es eine nennenswerte Zunahme an Elternbeschwerden? Geht es dabei überwiegend um bestimmte Fächer (*interne Evaluation*)?
- Werden Angebote der Lehrerfortbildung entsprechend den Verbesserungsvorhaben des Schulprogramms angenommen? Mehr oder weniger als im Vorjahr (*interne Evaluation*)?
- Werden die Freiräume für die Kooperation der Lehrkräfte (fachbezogen, fachübergreifend) genutzt (*interne Evaluation*)?
- Haben die Quoten der Abgänge ohne Abschluss und der Abgänge in niedrigere/höhere Schulformen im Jahresvergleich zugenommen/abgenommen (*Statistik*)? Sind dafür konkrete Ursachen bzw. Ursachenbündel (z. B. zunehmend fachfremder Unterricht, Veränderungen im Schulumfeld, mangelnde Unterrichtsversorgung, fehlende Schulkultur, Schulleitungswechsel ...) auszumachen (*interne Evaluation*)?
- Nehmen im Jahresvergleich weniger/mehr Schülerinnen und Schüler das offene Ganztagsangebot wahr und sind dafür konkrete Ursachen bzw. Ursachenbündel erkennbar (Wechsel in der Trägerschaft von Angeboten oder Wegfall/Aufnahme von Angeboten) (*interne Statistik*)?
- Wie verhält sich die Grundschul-Empfehlung für eine weiterführende Schule zur tatsächlichen Elternwahl? (*Statistik*)? Sind im Vergleich zum Vorjahr Veränderungen feststellbar? Wie kann das erklärt werden (*interne Evaluation*)?

- Wie gestaltet sich die Zusammenarbeit in den Fachgruppen (*Anzahl der Treffen, gemeinsame Projekte, abgestimmte Benotung ...*)?
- Ist die Lehrerkonferenz ein Forum für pädagogische Fragen und werden ihre Beschlüsse umgesetzt (*Protokolle und Beschlusskontrolle*)?

Aber mit dem Sammeln von Daten ist es nicht getan. Sie gemeinsam zu analysieren und die Ergebnisse unter Einbeziehung von Vergleichsmaßstäben zu gewichten, ist der erste Schritt zur Verbesserung. Nun ist das mit dem Vergleich so eine Sache: Wer ihn nicht will (fürchtet?) hat gerne den Spruch von den Äpfeln und Birnen bei der Hand – ein untrügliches Zeichen für fehlendes Vertrauen, das sich auch nicht per Appell herstellen lässt. Da spielt auch die Behauptung der eigenen Autonomie eine Rolle, die die Haltung vieler Kolleginnen und Kollegen bestimmt. Dennoch sind z. B. Vergleichsarbeiten ein geeignetes Instrument, um innerhalb einer Fachgruppe Qualitätsmaßstäbe zu klären: Da wird niemand angeklagt, aber Unterschiede in den Ergebnissen können wahrgenommen werden und zu gemeinsamen Zielen führen. Ähnliche Signale gehen von einer Selbstevaluation aus, der sich die Schule stellt.

DIE HANDLUNG: AUS DER DISKUSSION IN DER ARBEITSGRUPPE

ANNE

Wenn wir über Daten sprechen, dürfen wir nicht vergessen, dass noch nicht alle Schulen mit Daten und ihrer Analyse vertraut sind. Da gibt es noch eine Menge Ängste. Wer traut sich schon, offen zu sagen, dass er mit der ganzen statistischen Theorie nichts anfangen kann? Ich selbst hatte Mühe mich reinzudenken. Und ohne unsere Schulentwicklungsberaterin hätte ich das Kollegium kaum überzeugen können, sich auf die Selbstevaluation mit SEIS[5] einzulassen. Hinterher waren dann doch die meisten zufrieden, weil es nicht darum ging, unsere bisherige Arbeit zu diskreditieren oder Einzelne an den Pranger zu stellen. Wir konnten sehen, wo unsere Stärken lagen und der

---

5 SEIS (Selbst-Evaluation in Schulen) ist ein computergestütztes Selbstevaluationsinstrument für Schulen. Es eignet sich für alle Schulen, die sich einen allgemeinen Überblick über die Qualität ihrer Arbeit verschaffen möchten. Die Basis bildet ein international und national tragfähiges Qualitätsverständnis, das sich in großen Teilen mit den in den Ländern eingeführten Qualitäts- und Orientierungsrahmen für Schulqualität deckt. Die Ergebnisse von SEIS basieren auf der Auswertung wissenschaftlich geprüfter Fragebögen zur Befragung von Schülern, Lehrern, Eltern, Ausbildern und sonstigen Mitarbeitern und – an Berufsbildenden Schulen – Ausbilderinnen und Ausbilder sowie einem vergleichenden Schulbericht. Die Fragebögen können durch weitere, von der Schule entwickelte Fragen ergänzt werden. Die Befragung verläuft anonym und kann online oder mithilfe von Papierfragebögen organisiert werden. Die Fragebögen werden vollautomatisch ausgewertet und die Ergebnisse der Umfrage der Schule – und nur der Schule – in einem Bericht zur Verfügung gestellt. Auf Grundlage dieser Ergebnisse können Schulen Maßnahmenplanungen aus dem SEIS-Schulbericht ableiten und einen Qualitätsentwicklungsprozess beginnen (vgl. www.seis-deutschland.de).

Vergleich mit anderen Schulen hat leichter einsehen lassen, wo wir ansetzen müssen, um besser zu werden.

Ich meine, wir müssten die Schulen im Landkreis überzeugen, sich für ein gemeinsames Selbstevaluationsinstrument zu entscheiden. Das würde die Entwicklung beschleunigen und wäre wirklich ein Gewinn – auch für die Region! Wenn sich alle z. B. mit SEIS evaluieren, könnte sich ein Netzwerk der Schulen als Keimzelle für ein Bildungsnetzwerk entwickeln.

JÜRGEN WIESNER
Das sehe ich auch so! Wir müssten die Schulleiterinnen und Schulleiter versammeln. Dafür brauchen wir die Unterstützung des Kreises und der Schulaufsicht.

Wenn die Lehrkräfte z. B. in einem SOLL-IST-Vergleich zu 92 Prozent individuelle Förderung für ›sehr wichtig‹ und ›wichtig‹ halten, aber zugleich zu knapp 50 Prozent angeben, dies ›eher nicht‹ oder ›nicht‹ zu leisten, erkennen alle den Handlungsbedarf. Der nach einer Befragung mit dem SEIS-Instrument generierte Bericht bietet eine Gegenüberstellung der Schüler-, Eltern- bzw. Ausbilder- und der Kollegiumsperspektive. Zeigen sich hier unterschiedliche Zustimmungswerte der Personengruppen zu demselben Item, ist das Aufforderung, über mögliche Ursachen zu reflektieren.

Wenn sich Schulen mit diesem Instrument auf einen anonymisierten Vergleich mit Schulen der gleichen Schulform in Deutschland oder in ihrem Bundesland einlassen, relativieren sich die prozentualen Aussagen der Befragung. »Eine Schule, die in einer bestimmten Frage 67 Prozent Zustimmung erhält, ist nicht schon »besser« als eine, die 55 Prozent Zustimmung erhält. In diesem Beispiel wird der zweiten Schule nur ein Impuls gegeben, sich mit dem höheren Zustimmungswert der ersten Schule auseinanderzusetzen. Ob die erste Schule »besser« ist, ob ihre Ansätze für die zweite Schule überhaupt relevant sind, kann sich erst in der Diskussion zeigen« (www.seis-deutschland.de). Hierzu ein kurzer theoretischer Exkurs (von Viebahn et al. 2012):

> **Information: »Ohne Referenzwerte keine Messung**
>
> Je nach Formulierung einer Aussage fällt es dem Leser unterschiedlich schwer, diese zu bejahen. So findet die Aussage »Gestern war strahlender Sonnenschein« seltener Zustimmung als die Aussage »Gestern war kein allzu schlechtes Wetter«. Der Prozentsatz der Zustimmung zu einer Aussage hängt demnach von der Formulierung und dem Thema der Aussage ab (sogenannte Itemschwierigkeit). So ist bei der Aussage »Wenn ich etwas nicht verstehe, kann ich meine Lehrer/-innen bitten, es mir zu erklären« eine Zustimmung von 75 bis 80 % der Durchschnitt. Bei der Aussage »In unseren Unterrichtsstunden gibt es wenig Störungen durch Mitschüler/-innen« liegt die Zustimmung im Schnitt bei nur 30 %. Nur anhand von Informationen über die Ver-

> teilung der Daten lassen sich diese korrekt interpretieren (erst dann wissen Sie, wie viel Prozent der Note 3 entsprechen). ...
>
> Achtung: Die Einbeziehung von Referenzwerten bei der Interpretation bedeutet nicht, dass die eigene Schule konkret mit einer anderen verglichen werden soll. Referenzwerte bieten aber die Möglichkeit, die Werte einer Schule in einem größeren Kontext zu sehen und damit sicherer zu erkennen, wo man mit der Verbesserungsarbeit beginnen sollte«.

Auch die Rückmeldungen der Schulinspektion können für die Schule »Anregung und Ansporn [für Verbesserung] sein«, wenn sie »immer wieder neu und herausfordernd« (vgl. Rürup 2014, S. 31) sind. Entscheidend sei, so Rürup weiter, dass die Schule nicht in einer »Wohlfühl- bzw. Komfortzone belassen« werden darf, egal wie positiv die Arbeit bewertet wurde. Um eine Abwehrhaltung gegen solche Evaluation im Kollegium zu überwinden, hilft einerseits eine Übung in Feedback und andererseits die zugesicherte Anonymität von Befragungen ›als vertrauensbildende Maßnahme‹. Das verweist auf die Aufgaben der Schulleitung in ihrer Verantwortung für die Entwicklung eines gemeinsamen Qualitätsverständnisses und eines Schulklimas, in dem Kooperation einen geachteten Stellenwert hat.

> **Information zu weiteren Evaluationswerkzeugen**
>
> **Feedback** (www.sep.isq-bb.de)
> Das Angebot des Instituts für Schulqualität der Länder Berlin und Brandenburg ISQ richtet sich an Individuen (Feedback!) und nicht an die Schule als Ganzes. Folgende Zielgruppen können das Selbstevaluationsportal – auch bundesweit – nutzen, um eine Rückmeldung zum eigenen Handeln einzuholen:
> - Lehrkräfte befragen Schülerinnen und Schüler zu ihrer Wahrnehmung des Unterrichts.
> - Schulleitungen befragen das Kollegium zu ihrer Wahrnehmung des Schulmanagements.
> - Mitglieder der Schulaufsicht befragen Schulleitungen zu ihrer Wahrnehmung von Aspekten ihrer Arbeit.
> - Seminarleitungen befragen Anwärterinnen und Anwärter zur Wahrnehmung der Seminartätigkeit.
>
> Möglich ist die Generierung von Vergleichswerten für Unterrichts- und Schulmanagementbefragungen ähnlicher Gruppen, wodurch sich die Fehleranfälligkeit einer Analyse (Was ist gut? Was muss verbessert werden?) verringert.
>
> **Pädagogische Entwicklungsbilanz** (http://www.schule-mit-peb.de)
> Mit **PEB** werden systematische Befragungen von Lehrkräften und Schülerinnen und Schülern durchgeführt, die durch Befragungen von Elternvertreter/innen und schulstatistische Daten ergänzt werden können. Ziel der Erhebung ist es, jeder Schule ein möglichst umfassendes Meinungsbild des Kollegiums

zurückzumelden und dieses mit den Wahrnehmungen der Schülerinnen und Schüler ausgewählter Jahrgangsstufen auf der Ebene der Einzelschule und mit Schulen der gleichen Schulform zu vergleichen. Im Fokus stehen dabei schulische und unterrichtliche Prozessmerkmale.

Qualitätszentrierte Schulentwicklung (http://www.qzs.de)
QZS ist ein Verfahren zur Schulentwicklung mit Hilfe von Qualitätsmanagement. Mit dem Verfahren systematisieren, evaluieren und dokumentieren Schulen ihre Arbeit. Dadurch werden die Schulen in ihren Kernaufgaben Bildung und Erziehung optimal unterstützt. Alle in den Orientierungsrahmen für Schulqualität der einzelnen Bundesländer beschriebenen Qualitätsbereiche können mit Hilfe des Verfahrens bearbeitet, evaluiert und optimiert werden.

Q2E (http://www.q2e.ch)
Q2E steht als Kürzel für »Qualität durch Evaluation und Entwicklung«. Der Name besagt, dass Schulqualität im Wechselspiel von Evaluation und Entwicklung schrittweise gewonnen werden kann – dass also die fortschreitende Optimierung als wichtigste Qualitätsgrundlage betrachtet wird. Damit orientiert sich das Q2E-Modell am Konzept des »Total Quality Management« (TQM), verbunden mit dem Anspruch, die charakteristischen Eigenheiten von Schule und Unterricht in die Qualitätsstrategie einzubeziehen.

1.2 ... und über die Bildung in unserer Region

In den Kommunen weiß man, wie sich die künftige Bevölkerungsentwicklung darstellt; man kennt den Bestand an Kindertagesstätten und Betreuungsplätzen, die Anzahl der Schulformen und -gebäude und die Kita-Besuchs-Quote; Wirtschaftsstatistiken und Sozialdaten geben Auskunft über die heutige und zukünftige quantitative Teilnahme an Bildungsprozessen; man weiß, welche Betriebe ausbilden, wo Fachkräftemangel herrscht und wo Entlassungen drohen. Die amtliche Schulstatistik zeigt an, wie viele Schülerinnen und Schüler mit und ohne Migrationshintergrund welche Schulformen besuchen. Auch Abschlussarten und Schulabbrecherquoten lassen sich daraus ablesen.

Wie können solche Daten genutzt werden? Lassen sich Ursachen für Entwicklungen erkennen? Für welche Fragestellungen bieten sie der Kommune eine Grundlage? Wenn über Daten eine gesicherte Basis für bildungspolitische Pläne und Entscheidungen generiert werden soll, muss der Prozess der Analyse und Interpretation mit Augenmaß und vor allem ergebnisoffen gestaltet sein.

An einem **Beispiel** lässt sich zeigen, wie genau Daten betrachtet – und verglichen – werden müssen, um falsche Schlussfolgerungen zu vermeiden (Bildung im Heidekreis 2014, S. 10):

»Von den insgesamt 122 bzw. 7,1% Schulabgängerinnen und -abgängern von allgemeinbildenden Schulen ohne Hauptschulabschluss im Jahr 2012 haben 87 eine Förderschule, 34 eine Hauptschule und weniger als drei eine Realschule besucht. Eine besondere Betrachtung verdienen aufgrund des hohen Anteils die Abgängerinnen und Abgänger der Förderschulen. Zu diesen ist zu sagen, dass 63 von ihnen nicht abgebrochen, sondern den Abschluss der Förderschule Lernen erhalten haben. Hinzu kommen acht Abgängerinnen und Abgänger der Förderschule geistige Entwicklung.

Dies zeigt, dass die Quote der Schulabgängerinnen und -abgänger ohne Hauptschulabschluss nicht gleichgesetzt werden kann mit dem Begriff »Schulabbruch«. Zudem kann die Quote nur bedingt mit dem niedersächsischen Durchschnitt verglichen werden, da in vielen Kommunen im Gegensatz zum Heidekreis an den Förderschulen 10. Klassen bestehen. Somit erhöht sich in diesen Kreisen und kreisfreien Städten die Zahl der Hauptschulabschlüsse an den Förderschulen und verringert sich die oben genannte Quote »Schulabgang ohne Hauptschulabschluss«.

Der Heidekreis (Niedersachsen) fragt in seinem Bildungsbericht u. a. nach einem »Zusammenhang zwischen sozioökonomischem Hintergrund der Kinder und Jugendlichen in der Region und [ihren] Bildungsübergängen bzw. -erträgen«. Auf Basis der verfügbaren Daten zeigt sich dort, dass 14,2 Prozent der Kinder unter 15 Jahren bezogen auf die Gesamtbevölkerung dieser Altersgruppe

- in Bedarfsgemeinschaften nach SGB II leben,
- deshalb vom Entgelt zur Ausleihe von Lernmitteln befreit sind und
- mit deutlichem Abstand vorrangig Haupt- und Förderschulen besuchen.

Am geringsten, wenn auch seit 2010/11 leicht steigend, ist der Anteil der Schülerinnen und Schüler mit Entgeltbefreiung an Gymnasien. Wenn zudem die Schuleingangsuntersuchungen erweisen, dass »20% der Kinder von Erziehungsberechtigten mit niedrigem Bildungsstand mit Sprachauffälligkeiten in Behandlung (9%, wenn der Bildungsgrad der Eltern hoch ist)« waren, liegt die Notwendigkeit zu handeln auf der Hand (vgl. Bildung im Heidekreis, S. 12/13 u. 61). Unmittelbar stellt sich dann die Frage, wer welche Möglichkeiten hat, dem Problem angemessen zu begegnen. Denn Bildung vor Ort liegt weder allein in der Verantwortung der Kommune, die die Daten sammelt, aufbereitet und bereitstellt, noch in der des für die Inhalte zuständigen Landes.

DIE HANDLUNG: ES GEHT WEITER MIT DER DISKUSSION IN DER ARBEITSGRUPPE

DIE LEITERIN SCHULE UND JUGENDHILFE schlägt vor, dass eine kleine Arbeitsgruppe einen Vorschlag zur Zusammenführung von Daten entwickelt, der dann in der Gesamtgruppe abgestimmt werden könne. Der Vorschlag solle sehr konkrete Daten umfassen, die in den Bildungsbereichen bereits erhoben werden und Hinweise auf unmittelbaren Handlungsbedarf ergeben. Es melden sich LEHRER B/BAU (als Abteilungsleiter Bau der BBS), LEHRERIN 1/GS (als

> Leiterin der Steuergruppe ihrer Schule), und der SCHULAUFSICHTSBEAMTE/SEK. Die Leiterin Schule und Jugendhilfe sagt zu, dass ein Mitbearbeiter ihrer Abteilung die Gruppe unterstützen wird.

2 Welche Qualitätsvorstellungen wir haben und wie sie uns leiten (sollen)

Obwohl der Begriff ›Qualität‹ grundsätzlich neutral ist, nutzen wir ihn in unserer Alltagssprache oft als positive Charakterisierung einer Sache. Der Duden online (www.duden.de) bietet u. a. folgende Bedeutungen an:
- Gesamtheit der charakteristischen Eigenschaften (einer Sache, Person); Beschaffenheit (der Skandal erreichte eine neue Qualität)
- Material einer bestimmten Art, Beschaffenheit (eine strapazierfähige Qualität)
- Güte (die Qualität des Materials – Waren guter, schlechter, erster Qualität)

Die Qualitätsnorm DIN EN ISO 9000 beschreibt Qualität als »Vermögen einer Gesamtheit inhärenter Merkmale eines Produkts, eines Systems oder eines Prozesses zur Erfüllung von Forderungen von Kunden und anderen interessierten Parteien«. Qualitätsansprüche zu erfüllen, treibt viele Menschen in den unterschiedlichsten Bereichen und Positionen um. Solche Ansprüche können von einer berechtigten Instanz vorgegeben oder von den Akteuren selbst gesetzt sein. Erfüllt werden sie am besten, wenn sie von denjenigen akzeptiert werden, deren Auftrag das ist. Schon deshalb ist es hilfreich, wenn vorab eine weitgehende Übereinstimmung aller Beteiligten zu der in Frage stehenden Qualität erreicht wird.

Der Blick auf die Bildung in einer Kommune weist schnell über ihre eigene Verantwortung hinaus. Um Potenziale zu erschließen und aufeinander abzustimmen, muss die Kommune mit dem Land und mit privaten wie öffentlichen Bildungsakteuren vor Ort Hand in Hand arbeiten. Wenn sie sich aufmacht, Quantität und Qualität ihres Bildungsangebots zu betrachten und einen Prozess der Verbesserung anzustoßen, gehören die Anfänge der Bildungsbiografie dazu, zumal gerade hier die Kommunen in eigener Kompetenz entscheiden. Deshalb muss die Dualität Schule – Region, das bisher strukturierende Element der Ausführungen, jetzt durch die Institutionen der frühkindlichen Bildung, Betreuung und Erziehung ergänzt werden.

2.1 Der den Kindertagesstätten vorgegebene Qualitätsrahmen

Aufgabe der Landkreise und kreisfreien Städte als Träger im Bereich der Kinder- und Jugendhilfe (§ 79 Abs. 1 SGB VIII) ist es, im Rahmen ihrer Gesamtverantwortung die verschiedenen Professionen zusammenzuführen, die Abstimmung über die erforderliche Quantität und Qualität der Einrichtungen, Dienste und ihrer personellen und sächlichen Ausstattung zu initiieren und die Umsetzung zu kontrollieren.

> **§ 79 SGB VIII Gesamtverantwortung, Grundausstattung**
>
> (1) Die Träger der öffentlichen Jugendhilfe haben für die Erfüllung der Aufgaben nach diesem Buch die Gesamtverantwortung einschließlich der Planungsverantwortung.
>
> (2) Die Träger der öffentlichen Jugendhilfe sollen gewährleisten, dass die zur Erfüllung der Aufgaben nach diesem Buch erforderlichen und geeigneten Einrichtungen, Dienste und Veranstaltungen den verschiedenen Grundrichtungen der Erziehung entsprechend rechtzeitig und ausreichend zur Verfügung stehen; hierzu zählen insbesondere auch Pfleger, Vormünder und Pflegepersonen. Von den für die Jugendhilfe bereitgestellten Mitteln haben sie einen angemessenen Anteil für die Jugendarbeit zu verwenden.
>
> (3) Die Träger der öffentlichen Jugendhilfe haben für eine ausreichende Ausstattung der Jugendämter und der Landesjugendämter zu sorgen; hierzu gehört auch eine dem Bedarf entsprechende Zahl von Fachkräften.

»Aufgabencharakter und Zuständigkeitsregelungen, aber auch das Selbstverständnis der Institutionen und der in ihnen handelnden Personen sind unterschiedlich. So ist die Jugendhilfe als kommunale Selbstverwaltungsaufgabe mit voller Durchführungsverantwortung und daraus resultierenden Finanzierungszuständigkeiten bundesweit im SGB VIII geregelt, während die Zuständigkeiten im Schulbereich auf Länderebene in den Schulgesetzen zwischen Ländern und Kommunen geteilt sind« (Dt. Städtetag 2010, S. 6).

Für eine gelingende Gestaltung im Bereich der frühkindlichen Bildung und Betreuung müssen »alle Akteure in diesem Politikfeld gemeinsam agieren. Grundsätzlich gehört der Bereich der frühkindlichen Bildung und Betreuung zur Kinder- und Jugendhilfe. Daneben steht die klassische Bildungspolitik, wie sie in den Kultusministerien verortet ist. Bildungs- und Betreuungspolitik könnten sehr viel effektiver und effizienter konzipiert und umgesetzt werden, wenn beide Ressorts verstärkt gemeinsam agierten« (Spieß 2012, S. 4). Darüber hinaus ist *öffentliche Verantwortung* nicht mit *staatlicher Verantwortung* gleichzusetzen, wie der 14. Kinder- und Jugendbericht deutlich macht: »Die meisten Entwicklungen in den Teilbereichen der Kinder- und Jugendhilfe laufen in der Verantwortung und im Auftrag der Kommunen, nicht aber unter ihrer Regie ab«. Am Beispiel der Kindertageseinrichtungen zeige sich, dass nicht überwiegend kommunale Einrichtungen, sondern solche in freier Trägerschaft (Kirchen, Wohlfahrtsverbände, Betriebe oder lokale Initiativen) ausgebaut werden. Diese an sich begrüßenswerte Beteiligung der Zivilgesellschaft sei jedoch nicht in jedem Fall von dem Interesse geleitet, für mehr soziale Gerechtigkeit zu sorgen, sondern berücksichtige in erster Linie die sie tragende gesellschaftliche Gruppierung: Ausbau der Betreuung für unter Dreijährige komme auf diese Weise »häufiger jenen Kindern zugute, die in ökonomisch sehr gut abgesicherten Familienverhältnissen aufwachsen (und anderen Kindern entsprechend weniger)« (BMFSFJ 2013, S. 38).

Das Sozialgesetzbuch hat neben dem Elternrecht auf Pflege und Erziehung der Kinder auch die Aufgabe der »staatlichen Gemeinschaft« festgehalten, darüber zu wachen, wie diese ihr Erziehungsrecht nutzen (§ 1 SGB VIII) – eine Aufgabe, die gerade in Fällen von Vernachlässigung und Missbrauch immer wieder Schlagzeilen macht und die Aufmerksamkeit auch auf die personelle Ausstattung der Jugendhilfe lenkt. Der Begriff der »staatlichen Gemeinschaft« verweist schon darauf, dass nicht nur eine einzelne staatliche Stelle sich darum kümmern soll, wie Kinder aufwachsen, sondern dass dazu viele Institutionen und Menschen gefordert sind: Erzieherinnen, Lehrer, Sozialarbeiter, Kinderärzte, Eltern und Hebammen und nicht zuletzt die Vertreter der Kommunalpolitik und -verwaltung. Allerdings sind weder diese einzelnen Professionen noch ihre Institutionen quasi automatisch ›Gemeinschaft‹! Vielmehr bringen sie verschiedene Sichtweisen mit entsprechenden Fragestellungen in die Diskussion ein:

- die pädagogisch-fachliche: Welche Kompetenzen sollen Kinder erwerben können? Wie gelingt die altersgerechte Vermittlung von Sprache und Wissen sowie von sozialen Kompetenzen und Werten? Welche Angebote von Musik-, Kunst- und Bewegungserziehung sind geeignet?
- die professionsbezogene: Wie müssen Erzieherinnen und Erzieher qualifiziert sein, um den Ansprüchen gerecht zu werden? Brauchen wir eine wissenschaftliche Bildung für sie?
- die qualitative: Welche Standards früher Bildung der Kinder sollten – auch im Hinblick auf einen reibungslosen Übergang zur Grundschule – erreicht werden?
- die quantitative: Wie entstehen genügend Krippen- und Kita-Plätze?
- die ökonomische: Wie können die quantitativen Ansprüche finanziert werden, wie die qualitativen? Wer zahlt eigentlich wofür – Konnexitätsprinzip? Aber auch: Kosten der Frühförderung sind Investitionen in die Zukunft der Kinder und der Gesellschaft.
- die organisatorische: Gehören die frühkindliche Bildung, Betreuung und Erziehung (FBBE) zum Sozial-/Fürsorgebereich oder zum Bildungsressort der Kommune?

Seit August 2013 haben Kinder ab dem zweiten Lebensjahr einen Rechtsanspruch auf Förderung in einer Kita oder in der Kindertagespflege. Die pädagogischen und organisatorischen Ziele der Einrichtungen beziehen sich auf die individuelle Entwicklung des Kindes zu einer eigenverantwortlichen und gemeinschaftsfähigen Persönlichkeit, seine Situation in der Familie und deren Bedürfnis, Erwerbstätigkeit und Kindererziehung besser miteinander vereinbaren zu können (§ 22 SGB VIII).

Bereits 2004 hat die Konferenz der Jugend- und Kultusminister der Bundesländer mit dem »Gemeinsamen Rahmen der Länder für die frühe Bildung in Kindertageseinrichtungen« eine umfassende Orientierung für die Bildungs- und Erziehungsarbeit vorgelegt. »Im Vordergrund der Bildungsbemühungen im Elementarbereich steht die Vermittlung grundlegender Kompetenzen und die Entwicklung und Stärkung persönlicher Ressourcen, die das Kind motivieren und darauf vorbereiten, künftige Lebens- und Lernaufgaben aufzugreifen und zu bewältigen, verantwortlich am gesellschaftlichen Leben teilzuhaben und ein Leben lang zu lernen«. Dabei wird die Interaktion des Kindes mit seiner sozialen und materiellen Umwelt als zentral für die Lern- und Entwicklungsprozesse beschrieben. »Die Bildungsbereiche verstehen sich als Aufforderung an alle Kindertageseinrichtungen und das pädagogische Personal, die Bildungsmöglichkeiten des Kindes in diesen Bereichen zu beachten und zu fördern« (JMK und KMK, S. 3-5):
- Sprache, Schrift, Kommunikation
- Personale und soziale Entwicklung, Werteerziehung/religiöse Bildung
- Mathematik, Naturwissenschaften, (Informations-)Technik
- Musische Bildung/Umgang mit Medien
- Körper, Bewegung, Gesundheit
- Natur und kulturelle Umwelten

Dabei sollen keineswegs »schulische Vorläuferkompetenzen« angestrebt werden. Dennoch sind Tendenzen zu beobachten, dass schon in der Kindertageseinrichtung an Lernbereiche der Grundschule angeknüpft wird. Dabei besteht leicht die Gefahr, dass sich ihr breiter angelegtes Bildungsverständnis auf die schulischen Eingangsvoraussetzungen reduziert.

Den allgemeinen Begriff der Förderung in der Kindertagesstätte und -pflege präzisiert § 22 SGB VIII mit der Formel *Erziehung, Bildung und Betreuung* und der Orientierung am Entwicklungsstand und an den Fähigkeiten des Kindes. Dazu gehört auch die Berücksichtigung seiner ethnischen Herkunft und evtl. Behinderungen, womit dem Ziel der Inklusion Rechnung getragen werden soll. Auch die Qualität der Fördermaßnahmen wird präzisiert (§ 22 a SGB VIII).

Dazu gehören:
1. die Entwicklung und der Einsatz (!) einer pädagogischen Konzeption
2. der Einsatz von Instrumenten und Verfahren zur Evaluation der Arbeit
3. die Zusammenarbeit der Fachkräfte mit allen Beteiligten ›rund ums Kind‹ – von den Eltern bis zu den Institutionen im Gemeinwesen und den Grundschulen

Schließlich sollen die Träger der öffentlichen Jugendhilfe entsprechend ihrer Gesamtverantwortung sicherstellen, dass die Grundsätze der Förderung auch in den Einrichtungen anderer Träger realisiert werden (§ 22a Abs. 5 SGB VIII). Dass dies für die Kreise und Städte als Auftraggeber nicht frei von Konfliktstoff ist, leuchtet unmittelbar ein, wenn z. B. Zahl und Qualität der Angebote nicht dem Bedarf entsprechen (besser ein weniger gutes als gar kein Angebot?). Aber auch die Art und Weise der Überprüfung »durch geeignete Maßnahmen« stellt hohe Ansprüche an das Personal. Die Autoren der NUBBEK – Studie[6] vermuten, dass Träger, Verwaltung und Fachpolitik nicht wissen, »welche Gruppen, Einrichtungen und Tagespflegestellen eine unzureichende bzw. grenzwertige Qualität der pädagogischen Prozesse aufweisen. Dies verweist auf Informations- und Steuerungsdefizite der verantwortlichen Instanzen.« Sie empfehlen, bei der Qualitätsentwicklung in den Einrichtungen vorrangig Verfahren mit anerkannten Standards für beste Fachpraxis und erprobte Methoden der systematischen Qualitätsentwicklung zu verwenden (NUBBEK, S. 14).

Stefan Sell (2012, S. 2) benennt verschiedene Dimensionen, die ineinandergreifend die Qualität von Kindertageseinrichtungen bestimmen:

- **Orientierungsqualität**: Leitvorstellungen, Überzeugungen und Werte der Einrichtung, aber auch die pädagogische Haltung des Teams und sein Bild vom Kind
- **Strukturqualität**: räumlich-materielle und personelle Rahmenbedingungen – der Erzieher-Kind-Schlüssel, die Gruppengröße, die Qualifikation und Berufserfahrung des pädagogischen Personals, Kontinuität bzw. Stabilität des Teams, Verfügungszeiten für das Personal oder das Raumangebot und die Raumgestaltung in der Einrichtung
- **Prozessqualität**: Gesamtheit des pädagogischen Umgangs mit dem Kind und die Erfahrungen, die dieses mit seiner sozialen und räumlich-materiellen Umwelt im Alltag der Einrichtung macht
- **Organisations- und Leitungsqualität**: Einfluss von Träger und Leitung auf die Prozessqualität, Führungsstil nach innen und nach außen gegenüber den Eltern, den Kooperationspartnern wie zum Beispiel Grundschulen sowie gegenüber der Öffentlichkeit
- **Kontextqualität**: Vorhandensein sowie die Qualität von internen und externen Unterstützungssystemen wie Erreichbarkeit, Vielfalt und Angemessenheit der Fortbildungsangebote und Fachberatung bis hin zur Inanspruchnahme von externer Supervision
- **Ergebnisqualität**: Auswirkungen, die mit den verfügbaren Strukturen und Prozessen erzielt werden. Das Problem: Mittel- und langfristige Effekte auf die kindliche Entwicklung können nicht unmittelbar in der Einrichtung gemessen werden, sondern tauchen häufig (und wenn überhaupt) mit einer zeitlichen Verzögerung von teilweise mehreren Jahren auf.

---

6 Tietze, Wolfgang u. a. NUBBEK – Nationale Untersuchung zur Bildung, Betreuung und Erziehung in der frühen Kindheit. Forschungsbericht. Weimar/Berlin: Verlag das netz.

2.2 Der schulische Qualitätsrahmen und das Qualitätsverständnis der Einzelschule

Die Vorstellungen darüber, was Schulqualität bedeutet, ist international in ähnlicher Weise formuliert. Qualitätskonzepte für »gute Schule« sind z. B. das schottische »How good is our school?«, das österreichische »QIS«, das Qualitätskonzept der niederländischen Schulinspektion (»inspectie van het onderwijs«) und nicht zuletzt das Modell der European Foundation for Quality Management (EFQM). Im Abgleich mit diesen Konzepten wurden auch in Deutschland Referenzrahmen für Schulqualität vorgelegt (z. B. in Niedersachsen, Brandenburg, Rheinland-Pfalz). »Der Referenzrahmen Schulqualität NRW [2014] dokumentiert, was unter »guter Schule« in allen schulischen Handlungsfeldern verstanden wird. Dabei greift er Forschungsergebnisse ebenso auf, wie Aspekte der aktuellen Schulqualitätsdiskussion und gesellschaftlicher Debatten über die Anforderungen an Schule. Des Weiteren werden die Qualitätsannahmen von Landesvorhaben, Projekten und Initiative zur Qualitätsentwicklung berücksichtigt und miteinander abgeglichen. Der Referenzrahmen formuliert also keine neuen »Maßstäbe«, sondern führt vielmehr in einem zentralen Dokument das zusammen, was auf der Grundlage von Forschungsergebnissen und in der schul- und bildungspolitischen Diskussion an Leitideen und Entwicklungszielen in den bedeutsamen Dimensionen der Schulqualität bzw. Schulgüte für relevant erachtet wird.«

»Der Referenzrahmen gibt damit Orientierung für
- Planungs- und Gestaltungsprozesse im Kontext der Entwicklung von Schulkultur und Unterricht,
- Maßnahmen schulinterner Evaluation,
- die Beratung und Unterstützung von Schulen durch die Schulaufsicht,
- die Qualitätsanalyse NRW, die ihre Beobachtungsinstrumente und Prüfkriterien an den Qualitätsaussagen ausrichtet,
- die Entwicklung von Zielvereinbarungen zwischen Schulen und Schulaufsicht,
- die Ausrichtung von Fortbildungs- und Unterstützungsangeboten,
- die Ausrichtung der Lehrerausbildung im Bereich der schulischen Qualitätsentwicklung

sowie

- schulpolitische Maßnahmen und Initiativen der Bildungsverwaltung« (http://www.schulministerium.nrw.de).

Referenzrahmen Schulqualität NRW				
Erwartete Ergebnisse und Wirkungen	Lehren und Lernen	Schulkultur	Führung und Management	Rahmenbedingungen und verbindliche Vorgaben
Fachliche und Überfachliche Kompetenzerwartungen	Ergebnis- und Standardorientierung	Demokratische Gestaltung	Pädagogische Führung	Rechtliche Grundlagen und Vorgaben
Schullaufbahn und Abschlüsse	Kompetenzorientierung	Umgang mit Vielfalt und Unterschiedlichkeit	Organisation und Steuerung	Finanzausstattung
Langfristige Wirkungen	Lern- und Bildungsangebot	Schulinterne Kooperation und Kommunikation	Ressourcenplanung und Personaleinsatz	Personal
	Lernerfolgsüberprüfung und Leistungsbewertung	Gestaltetes Schulleben	Personalentwicklung	Räumliche und materielle Bedingungen
	Feedback und Beratung	Gesundheit und Bewegung	Fortbildung und Fortbildungsplanung	Organisatorischer Rahmen
	Schülerorientierung und Umgang mit Heterogenität	Externe Kooperation und Vernetzung	Lehrerausbildung	Kommunales Schulumfeld
	Bildungssprache und sprachsensibler Fachunterricht	Gestaltung des Schulgebäudes und -geländes	Strategien der Qualitätsentwicklung	Unterstützungsangebote
	Transparenz, Klarheit und Strukturiertheit			Familiäre Kontexte
	Klassenführung und Arrangement des Unterrichts			
	Lernklima und Motivation			
	Ganztag und Über-mittagsbetreuung			

Abb. 20: nach »Inhaltsbereiche und Dimensionen des Referenzrahmens Schulqualität NRW«

Hier nur zur Erinnerung:

Qualitätszyklus

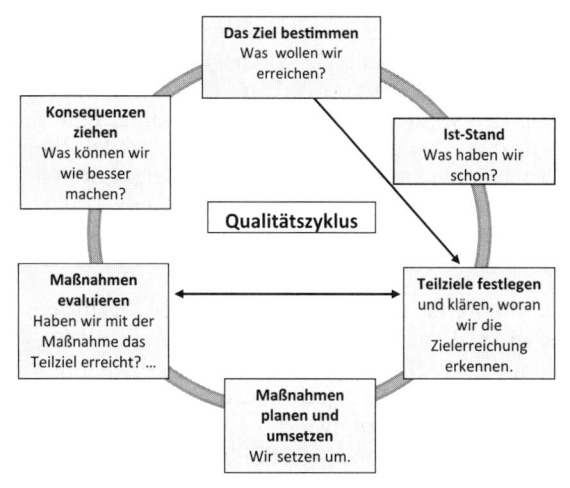

- **Das Ziel bestimmen** — Was wollen wir erreichen?
- **Ist-Stand** — Was haben wir schon?
- **Teilziele festlegen** und klären, woran wir die Zielerreichung erkennen.
- **Maßnahmen planen und umsetzen** — Wir setzen um.
- **Maßnahmen evaluieren** — Haben wir mit der Maßnahme das Teilziel erreicht? ...
- **Konsequenzen ziehen** — Was können wir wie besser machen?

Abb. 21: Der Qualitätszyklus

Gestaltungsautonomie – Selbstständigkeit – Eigenverantwortung

Es ist noch nicht so lange her, dass das *bewährte* System der Steuerung von Schulen über Vorgaben und Weisungen durch eine an (Qualitäts-)Zielen orientierte Gestaltungsautonomie der Einzelschule ersetzt wurde. Diese seit Beginn des Jahrtausends initiierten Veränderungen im Schulwesen sind durchaus als radikal, nämlich als an die Wurzeln gehend, zu bezeichnen. Dazu stellen Bräth, Eickmann und Galas fest:

> »Die Schule ist nicht einfach das letzte Glied in der Kette der Schulbehörden. Sie ist eine Einrichtung des kommunalen Trägers und des Landes besonderer Art und steht im Spannungsfeld nicht nur der Interessen ihrer Träger, sondern auch der Eltern, der Schülerinnen und Schüler sowie der in eigener pädagogischer Verantwortung unterrichtenden und erziehenden Lehrkräfte. Den Bildungsauftrag kann die Schule nur erfüllen, wenn sie in diesem komplexen Wirkungsgefüge über die erforderliche Eigenverantwortung zur Regelung ihrer Angelegenheiten verfügt.« (Bräth/Eickmann/Galas, S. 149)

Nun gehört zu den ›Angelegenheiten‹ der Schule zweifellos die Qualität des Unterrichts und damit der Auftrag, die Schülerinnen und Schüler zu den ihnen möglichen besten Abschlüssen zu führen. Dass mehr Eigenverantwortung auch zu besseren Leistungen der Schülerinnen und Schüler führe, entsprach der durch die OECD bestätigten Erwartung: »... dass eine größere Autonomie der Schulen und stärkere Einbeziehung der Lehrkräfte in die Entscheidungsprozesse in der Regel, zumindest im Ländervergleich, in einem positiven Zusammenhang mit den durchschnittlichen Ergebnissen im Bereich der Lesekompetenz stehen.« (OECD 2001, S. 209). Auch Holtappels et al. (2008) halten in den Ergebnissen der Begleitforschung des Modellprojekts »Selbstständige Schule« in NRW fest: »Auch wenn die Konstruktion eines Zusammenhangs zwischen Selbstständigkeit der Schule und Leistungsentwicklung ihrer Schüler wissenschaftlich strittig diskutiert wird, ist unverkennbar, dass die bundesweit zu beobachtende Tendenz hin zur Gewährung von mehr Selbstständigkeit der einzelnen Schulen auch dadurch angetrieben wurde und wird, dass die großen Leistungsstudien ›bewährte‹ Muster der deutschen Schulentwicklung ins Wanken gebracht haben.«

Eine gute Begründung für die Selbstständigkeit und Eigenverantwortung von Schule liegt in ihrem Kernziel, der Förderung der Persönlichkeitsentwicklung ihrer Schülerinnen und Schüler. Diese könne nur gelingen, wenn das Ziel der Persönlichkeitsentwicklung die eigenverantwortete Selbstständigkeit ist. Deshalb müsse auch die Qualitätsentwicklung der Schule als Organisation Ausdruck eigenverantwortlichen und selbstkritischen Handelns sein: Schule lebt dann vor, wozu sie erzieht. »Die staatliche Aufgabe liegt dann nicht so sehr in der Regulierung von Verfahren, sondern in der Gestaltung von Rahmenbedingungen, die letztlich die Bedingungen für das Gelingen in den Schulen sind. Das erfordert umdenken zu lernen, in den Schulen wie in den Bildungsverwaltungen. Verwaltungen müssen loslassen können, das Steuern von selbstständigem Handeln und Prozessen zulassen. Diese neue Form der Steuerung reguliert nicht, sondern bietet den Schulen eine Orientierung, die es ihnen ermöglicht, die Qualität ihrer Schule als Ganzes in den Blick zu nehmen« (Lohmann und Minderop 2007, S. 201).

Nun wird die durchaus paradoxe Ansage ›von oben‹: Sei selbstständig! nicht dazu führen, dass alle Betroffenen, namentlich die Lehrkräfte und Schulleitungen, begeistert alten Ballast abwerfen und engagiert die neuen Wege beschreiten, wie Oelkers treffend beschreibt: »Man tut gut daran, sich Schulen im Blick auf Zumutungen als ebenso robust wie listig vorzustellen, in diesem Sinne sind sie immer schon »autonom«. Das Problem stellt sich dort, wo das Ministerium steuern will oder von Gesetzes wegen auch steuern muss. Man kann sich das Problem klar machen, wenn man näher bestimmt, was unter dem Begriff »Schulautonomie« idealtypisch gefasst werden kann. Danach müssten Schulen:
a) über ein Globalbudget verfügen,
b) das Personal selbst aussuchen, anstellen und ggf. entlassen können,
c) die Schulleitung frei wählen können,
d) sich im Rahmen der staatlichen Vorgaben eigene Ziele und Profile geben,
e) besondere Leistungen belohnen können,
f) den eigenen Status verändern können, etwa in Richtung einer »Kommunalisierung der Bildung« (Oelkers 2013).

Die Handlung

Diese Aufzählung zeigt, welche Hindernisse sich auftun, denkt man die Eigenverantwortung bis zum Ende. Dennoch nutzen Schulen die ihnen zur selbstständigen Gestaltung überlassenen Bereiche. So lässt sich in der Regel aus den veröffentlichten Leitbildern ablesen, wie die Einzelschulen im Rahmen der allgemeinen Vorgaben ihre Qualitätsansprüche eigenverantwortlich definieren. Grundlegendes zum Leitbild einer Schule findet sich in vielfältigen Veröffentlichungen.

Hier nur zur Erinnerung:

Das Leitbild

- bezieht sich auf die Situation der Schule/auf die Bestandsaufnahme,
- zeigt das gemeinsame Grundverständnis über die Arbeit in der Schule,
- veranschaulicht die maßgeblichen Werte für die Lernkultur, die Schulgemeinschaft und ihre Rolle in die Region,
- basiert auf einer pädagogischen Diskussion unter Mitwirkung der Eltern und Schüler,
- ist klar formuliert und erlaubt eine Überprüfung im Alltagshandeln,
- wird in Fachkonferenzen, Teamsitzungen, bei Elternabenden, Versammlungen der Schülerschaft und in schulischen Arbeitsgruppen thematisiert
- und ist in der Öffentlichkeit bekannt.

DIE HANDLUNG: AUS DER DISKUSSION IN DER ARBEITSGRUPPE

SCHULAUFSICHT BBS

Was ich an Leitbildentwicklung in den beruflichen Schulen so mitbekomme, zeigt mir mal wieder, wie hinderlich innere Schulstrukturen auch sein können. So eine berufliche Bündelschule mit kaufmännischen und gewerblichen Abteilungen ist ein ganz schön großer Tanker. Den zu bewegen braucht viel Kraft. Über die sehr selbstständigen Fachbereiche hinaus zur Zusammenarbeit zu kommen, ist ganz schön aufwändig! Da merkt man erstmal, welche unterschiedlichen Vorstellungen von guter Schule die Kolleginnen und Kollegen haben. Aber der ganze Prozess trägt doch dazu bei, dass mehr Vertrauen entsteht.

LEHRERIN 2

Die Leitbildentwicklung ging bei uns in der Grundschule mit den paar Menschen schneller. Wir sind ja alle schon 10 – 15 Jahre dabei und mussten uns schon immer aufeinander verlassen können. Was anderes war die Einigung auf Ziele, nachdem wir unsere erste Evaluation mit SEIS hinter uns hatten. Das eine oder andere Ergebnis war schon verblüffend. Wer hätte z. B. gedacht, dass unsere Eltern den Eindruck haben, wir würden zu wenig Wert auf individuelle Förderung legen? Dabei ist das einer unserer Leitsätze! Also haben wir uns das Ziel gesetzt, unsere Schüler besser kennen zu lernen. Geholfen hat uns ein Fragebogen, den ich in einer Präsentation von Prof. Schratz zu »LERN-SEITS: Unterricht aus der Perspektive der Lernenden« gefunden habe.

SCHULAUFSICHT GRUNDSCHULE
Den sollten wir zu Protokoll geben. Vielleicht ist er ja auch für andere Schulen nützlich. Schließlich haben alle Fragen zur Inklusion was mit individueller Förderung zu tun.

JÜRGEN WIESNER
Wenn ich an die kleine Grundschule und die große berufliche Bündelschule denke – da liege ich mit meiner Oberschule ungefähr in der Mitte. Als ich vor einem Jahr Schulleiter der Oberschule wurde, musste ich erstmal eine Basis dafür schaffen, damit die Kolleginnen und Kollegen die Zusammenlegung ihrer alten Hauptschule und Realschule zu einer ganz neuen Struktur (Oberschule – gebundener Ganztag – Inklusion) verkraften. Aber gerade diese Struktur bot eine gute Chance, zu einem gemeinsamen Leitbild zu kommen. Wir sind noch mitten im Prozess, den eine Schulentwicklungsberaterin begleitet. Das ist ein wichtiger Punkt. So bleibe ich Teil des Prozesses und muss ihn nicht moderieren. An unserem Schulentwicklungstag vor Ende der Sommerferien haben wir mit dem sog. »Aufsteigenden Verfahren« gearbeitet und sind in erstaunlich kurzer Zeit zu Ergebnissen gekommen: Wir mussten uns zu zweit auf ein Thema einigen, dann wurde aus zweien wieder eins, bis alle sich auf diese Weise auf ein Thema geeinigt hatten. Ich füge den Fragebogen bei, mit dem wir begonnen haben und auch das Schema des Verfahrens – beides nach Zech (Rainer Zech, Leitbildentwicklung in Schulen). Ich bin sicher, dass gerade die breite Beteiligung des Kollegiums dazu beiträgt, dass das Leitbild in unserer täglichen Praxis lebendig sein wird.

LEITERIN SCHULE UND JUGENDHILFE
Vielleicht ist dieser Fragebogen auch ein Verfahrensvorschlag für die Entwicklung unseres Leitbildes als Region. Bitte stellen Sie mir die Dokumente zur Verfügung. Ich füge sie dann dem Protokoll bei.

Gemeinsame Ziele finden – Leitbildentwicklung

Dass es kein einfaches Unterfangen ist, wenn sich eine größere Anzahl von Individuen auf ein gemeinsames Leitziel ihrer professionellen Tätigkeit einigen soll, ist hinlänglich bekannt (s. a. Teil 1, 1.1). Wichtiger scheint mir die Frage, wie es dennoch gelingen kann.

Ein Beispiel: Leitbildentwicklung in der Sophienschule

Der Erfahrungsbericht der Schulleiterin eines niedersächsischen Gymnasiums (vgl. Helm & Heinrich 2007) macht den Grundsatz deutlich, dass ein breiter Konsens im Kollegium, bei Eltern und Schülern erforderlich ist,

- weil das Leitbild das pädagogische Grundverständnis der Schule ist,
- weil es die Zustimmung von Schulvorstand und Gesamtkonferenz finden muss und
- damit seine Umsetzung und damit die Qualitätsentwicklung von Schule erleichtert werden.

Ausgehend von ihrem Vorschlag, neben Kolleginnen und Kollegen die Eltern- und Schülervertreter der Gesamtkonferenz sowie den Schuleltern- und Schülerrat zu beteiligen, entwickelte sich der Prozess in folgenden Schritten:

1. Es bildete sich eine Gruppe aus 10 Teilnehmern:
   - Schulleiterin und stellvertretender Schulleiter
   - 3 Kolleginnen und Kollegen als Vertreter aller drei Aufgabenfelder
   - 3 Elternvertreter
   - 2 Schülervertreter
2. Konstituierende Sitzung: Brainstorming zu der Frage: Welche Aspekte muss unser Leitbild unbedingt enthalten? Nach einer intensiven Diskussion war man sich einig, dass Folgendes unabdingbar sei:
   - der Leitspruch »Tradition und Fortschritt«, ebenso
   - der Bezug zur Namenspatronin, Kurfürstin Sophie von Hannover und
   - die Begriffe Leistung, Verantwortung, Wertschätzung und Gemeinschaft.

   Zwei Mitglieder der Gruppe wurden beauftragt, unabhängig voneinander Formulierungsvorschläge zu erarbeiten und sie bei der nächsten Sitzung der Gruppe vorzustellen.
3. Zweite Sitzung: Einigung auf einen Leitbildvorschlag
   - das Streben nach Erfolg (striving for exellence)
   - die fundierte Vermittlung von Fachwissen und Kompetenzen
   - die Entfaltung von Kreativität
   - die Erziehung zu einer verantwortungsvollen toleranten Persönlichkeit
4. Kommunizieren des Leitbildvorschlags:
   - Aushang am »Schwarzen Brett« im Lehrerzimmer
   - Vorstellung beim Schulelternrat und dem Schülerrat
5. Diskussion und Abstimmung:
   In der Diskussion um den Punkt »Streben nach Erfolg« zielte de Kritik auf die starke Betonung des Leistungsgedankens und der Konkurrenzsituation sowie auf die Positionierung auf Platz 1 der Grundlagen pädagogischer Arbeit.
   Die Gesamtkonferenz, in deren Verlauf über das Leitbild abgestimmt werden sollte, veränderte dann Positionierung und Formulierung des Kritikpunktes und verabschiedete das Leitziel mit großer Mehrheit.

Teil 2 Orientierungsphase: Wie gehen wir den Dingen auf den Grund?

Das Beispiel zeigt als eines von vielen, dass eine schulische Leitbildentwicklung erfolgreich durchgeführt werden kann mit
- einer zielgerichteten Führung,
- einer kooperativ gestalteten Vorbereitung,
- einer verbindlichen Struktur zur Erarbeitung eines Vorschlags,
- einer ergebnisoffenen Diskussion,
- einer breiten Kommunikation des Vorschlags und
- einer Abstimmung aller Beteiligten.

»**Non bona nisi quae modesta**« (Nichts ist gut, was nicht bescheiden ist.)
Kurfürstin Sophie von Hannover

Leitbild der Sophienschule

Seit 1897 werden an der Sophienschule junge Menschen im Geiste unserer Namensgeberin, der Kurfürstin Sophie von Hannover, unterrichtet und erzogen. Sie war eine gebildete, humorvolle Frau mit ungewöhnlich scharfem Verstand, sehr belesen, an allem Neuen interessiert und für die damalige Zeit außergewöhnlich tolerant. An der von Sophie repräsentierten Tradition orientiert sich die Schule bis heute. Sinn und Verstand, Herz und Kopf unserer Schülerinnen und Schüler wollen wir ansprechen und bilden. Dies soll geschehen in einer gelungenen Synthese aus Tradition und Fortschritt.

Die zentrale Aufgabe muss es dabei sein, Schülerinnen und Schülern alle wichtigen Voraussetzungen dafür zu vermitteln, dass sie ihr Leben nach der Schulzeit selbstständig gestalten können.

Grundlagen unserer Arbeit sind dabei:
- die Erziehung zu einer verantwortungsvollen und toleranten Persönlichkeit
- die Freude am Erfolg
- die fundierte Vermittlung von Fachwissen und Kompetenzen
- die Entfaltung von Kreativität

Diese Ziele wollen wir in einem Schulklima, das von gegenseitiger Wertschätzung und individueller Förderung gekennzeichnet ist, erreichen.

Neugierig geworden?

Zech, Rainer. Leitbildentwicklung in Schulen. – http://www.artset-lqs.de/cms/fileadmin/user_upload/Leitbildentwicklung_in_Schulen.pdf – Abruf 22.10.2014. Zech erläutert die Bedeutung des Leitbildes als Leistungsversprechen und Führungsinstrument. Er sieht das gelingende Lernen als Zentrum schulischer Leitbilder und bietet nachvollziehbare Arbeitshilfen. Dazu gehört auch der Hinweis auf weiterführende Literatur, z. B.:

Ehses, Christiane. Ohne Kooperation keine Qualitätsentwicklung. Die Logik des Systems Schule erkennen, entlastet und lenkt den Blick auf die Möglichkeiten. In: Buchen, Herbert, Horster, Leonhard, Rolff, Hans-Günter (Hrsg.), Schulleitung und Schulentwicklung. Erfahrungen - Konzepte - Strategien.

> Raabe Fachverlag für Bildungsmanagement. Berlin, 2005. Der Aufsatz zeigt, dass und wie Schulentwicklung gelingen kann, wenn »Einzelkämpfertum« überwunden und Schule als Gesamtsystem kollektiv handlungsfähig wird.

2.3 Über die Einzelschule hinaus – Qualität im und durch den Schulverbund

Um die eigene schulindividuelle Qualität zu verbessern, kann es richtig sein, sich mit anderen zu einer größeren Einheit zusammen zu tun (siehe Teil 1,3.1). Eine solche Vernetzung kann sowohl zwischen Schulen einer Schulform/-art als auch zwischen Schulen unterschiedlicher Schulformen/-arten entstehen. Entscheidend sind in jedem Fall der Mehrwert des Verbundes gegenüber der Leistungsfähigkeit der Einzelschule sowie die Einigung auf eine Leitidee/ein Leitbild und gemeinsame Ziele. Welche Aktivitäten ein Schulverbund entwickelt, wird sich nach den Gegebenheiten vor Ort und den anstehenden Herausforderungen richten.

Beispiel Schulverbund Vechta:

14 Haupt-, Real- und Oberschulen im Landkreis Vechta, Niedersachsen, haben sich zu einem Schulverbund zusammengeschlossen (**HRSvec**). Sie sehen sich vor vielfältige Anforderungen gestellt und streben das Ziel einer **gemeinsamen Arbeitsplattform** an, um mehr zu erreichen:
- »Wichtige **Kooperationspartner** finden schnell Kontakt zu vielen Schülerinnen und Schülern.
- Ein Schulverbund kann aus den Lehrkräften aller Schulen **kompetente Arbeitsgruppen** für alle Fachbereiche bilden.
- Ein Schulverbund verhandelt mit allen **Gesprächspartnern** auf Augenhöhe.
- **Zusatzangebote** für Schülerinnen und Schüler werden ökonomischer eingekauft und genutzt.
- Der Vorwurf »Schüler, die in die Ausbildung kommen, können nichts« ist falsch und wird widerlegt.«

Als einen der Schwerpunkte ihrer gemeinsamen Arbeit haben die Partner im Schulverbund die ›Berufsorientierung‹ gewählt, damit die insgesamt über 1000 Schülerinnen und Schüler jedes Jahrgangs das komplette Angebot zur Berufsorientierung zeitversetzt in Anspruch nehmen können (http://schulverbund-vechta.de).

Beispiel Schulverbund Wendland:

Als Schulverbund von vier kleinen Grundschulen hat sich der **Schulverbund Wendland** (Niedersachsen) folgendes Leitbild gegeben:

»Unser Leitbild
Wurzeln und Flügel sind das Wichtigste, was wir Kindern mitgeben wollen. Damit Kinder wachsen und ihre (eigene) Persönlichkeit entwickeln können, brauchen sie Menschen, die ihnen Raum und Zeit geben und ihnen mit viel Liebe, Vertrauen, Wertschätzung und Zuwendung ermutigend und geduldig begegnen und ihre Würde achten. Dann können Kinder die Welt mit Neugierde, Selbstvertrauen, Begeisterung und Offenheit entdecken und Lebensfreude, Liebesfähigkeit, Vertrauen und Verantwortungsgefühl für sich und die Umwelt entwickeln und ein friedliches Miteinander leben. Alle Lehrerinnen und Lehrer des Schulverbundes fühlen sich dem Leitbild verpflichtet und handeln in dessen Sinne. Um diese Ziele zu erreichen, arbeiten wir in den Kollegien der vier kleinen Grundschulen teambezogen und schulübergreifend in Fachkonferenzen und einer gemeinsamen Steuergruppe«.

Aus der Liste der Arbeitsschwerpunkte hat sich der Schulverbund u. a. die Teilnahme am Projekt »Umweltschule in Europa« mit gemeinsamen Handlungskonzepten vorgenommen (http://www.schulverbund-wendland.de).

Beispiel Schulverbund Papenburg:

Mit ihrem »**Schulverbund Papenburg Obenende**« wollen die Grundschulen Michaelgrundschule, die Splittingschule und die Waldschule in Papenburg (Niedersachsen) die Qualität von Unterricht und Schulleben gemeinsam sichern und optimieren. Durch systematischen Austausch soll die Schulentwicklung belebt werden. Arbeitsteilung und die gemeinsame Nutzung von Ergebnissen sollen die Einzelschulen entlasten:
- Entwicklungsprozesse einzelner Schulen am Papenburger Obenende sollen zusammengeführt und durch gemeinsame Entwicklungsprogramme und -initiativen gestützt werden.
- Gemeinsame Entwicklungsnotwendigkeiten sollen erhoben, Entwicklungsschwerpunkte vereinbart und Schulentwicklungsarbeit schulübergreifend angegangen werden.
- Die Zusammenarbeit zwischen den Schulen und den verschiedenen Schulpartnern soll intensiviert werden.
- Der Verbund soll die Eigenständigkeit der jeweiligen Einzelschule stärken.
- Schulindividuelle Entwicklungsinteressen und -notwendigkeiten werden respektiert und gesichert«
(vgl. www.schulverbund-obenende.de).

Die Handlung

DIE HANDLUNG: WIE EIN SCHULVERBUND ENTSTEHT

Am Rande des Arbeitsgruppentreffens verabreden die beiden Grundschulkolleginnen, LEHRERIN 1/GS X (LEITERIN DER STEUERGRUPPE) und LEHRERIN 2/GS Y (KOMM. SCHULLEITUNG), zunächst per E-Mail Argumente für einen Schulverbund aller vier Grundschulen in der Samtgemeinde zu sammeln, die die Kolleginnen der eigenen und der beiden anderen Schulen, die Schulaufsicht und die Stadt überzeugen sollen.

Datum: heute
Von: LEHRERIN 2@SCHULE-Y_SCHULEITUNG.DE
An: LEHRERIN 1@SCHULE-X_STEUERGRUPPE.DE
Betreff: Schulverbund
Hallo L2, wie versprochen, hier meine Sammlung von Argumenten, die für einen Schulverbund sprechen:
- Erhalt der Schulen im Stadtteil
- Nutzen für die unterrichtsfachliche Qualität
- Entlastung bei der Schulentwicklung
- Bildung einer gemeinsamen Steuergruppe
- gemeinsame Evaluation mit SEIS als Schulgruppe
- auf Basis der SEIS-Daten Entwicklung eines Schulprogramms mit Maßnahmenplan
- größere Flexibilität bei Fortbildungsmaßnahmen, z. B. bei der Einladung externer Experten durch Abstimmung der Budgets

Wichtig ist mir, dass neben den Gemeinsamkeiten auch die schulindividuellen Besonderheiten berücksichtigt werden.
Herzlichen Gruß
LEHRERIN 2/SCHULE Y (KOMM. SCHULLEITUNG)

Datum: heute
Von: LEHRERIN 1@SCHULE-X_STEUERGRIUPPE.DE
An: LEHRERIN 2@SCHULE-Y_SCHULLEITUNG.DE
Betreff: AW Schulverbund
Liebe L2, da hast du schon eine Menge zusammengetragen! Lass mich ergänzen:
- Wir könnten strukturierter mit den Kitas und den weiterführenden Schulen zusammenarbeiten.
- Auf mehrere Schultern verteilt, ließen sich die mit der Inklusion zusammenhängenden Fragen besser lösen.
- Für unsere Ganztagsangebote könnten wir leichter Partner finden.

Da gibt es doch das Beispiel von Grundschulen im Landkreis Emsland in Niedersachsen. Die haben Verabredungen getroffen, die wir uns auch mal ansehen können (siehe Anhang). Ich habe meine Schulleiterin über unse-

re Idee informiert und werde ihr vorschlagen, mit unserer Schulaufsicht zu sprechen. Du könntest schon mal bei der Samtgemeinde vorfühlen.
Viele Grüße
LEHRERIN 1/SCHULE X (LEITERIN DER STEUERGRUPPE)

Anhang: Arbeitsschwerpunkte Schulverbund Geester Grundschulen

Die Schulleiterinnen und Schulleiter der Geester Grundschulen haben sich auf folgende Schwerpunkte verständigt, die arbeitsteilig angegangen werden sollen:
- Hochbegabung
- Angebote im Nachmittagsbereich
- Individuelle Lernentwicklung
- Zusammenarbeit mit weiterführenden Schulen
- Brückenjahr, Kooperation mit Kindergarten, Eingangsphase, Schulkindergarten
- Schulinterne Fortbildungen
- Elterninformationen zur Schulfähigkeit, Einschulung und zu weiterführenden Schulen, Informationsabende für Eltern
- Schulbuchausleihe und allgemeine Informationen
- Homepage für den Schulverbund
- Konferenzordnung
- Sicherheitskonzept
- Sammlung von Konzepten für das Schulprogramm – Ideensammlung Leitbild (vgl. Hohnschopp 2007, S. 268/9)

Die Gespräche, die LEHRERIN 1/GS als kommissarische Schulleiterin und die SCHULLEITERIN DER GRUNDSCHULE X geführt haben, verliefen positiv: Das Schulamt der Samtgemeinde als Schulträger der Grundschulen signalisierte Interesse am Schulverbund und sicherte zu zu prüfen, wie das Vorhaben unterstützt werden könnte, z. B. durch Zusammenführung der vier Budgets, bei der Organisation und Finanzierung der Schülerbeförderung und bei gemeinsamer Fachraumnutzung. Auch die Schulaufsichtsbeamtin zeigt Interesse an diesem Schulverbund, weil sie sich einen Mehrwert für die Unterrichtsqualität verspricht. Eine mögliche Unterstützung wird grundsätzlich zugesagt, nach Prüfung im Detail z. B. bei der Organisation eines Vertretungspools, bei der Möglichkeit eines unkomplizierten Lehrerwechsels zwischen den Schulen (durch Abordnung o. ä.) und zur Frage einer Zusammenführung der vier Budgets des Landes.

Einen Schulverbund gründen

Am **06. Juni 2014**, vier Wochen nach der Bildungskonferenz, treffen sich auf Initiative von LEHRERIN 2/GS Y (KOMM. SCHULLEITUNG) die Leiterinnen der

Die Handlung

vier Grundschulen der Samtgemeinde und die LEHRERIN 1/GS X (LEITERIN DER STEUERGRUPPE). Sie streben einen Schulverbund der Grundschulen an, der aus ihrer Sicht für alle Beteiligten ein Gewinn wäre. Als mögliche gemeinsame Aktivitäten sehen sie:
- die Zusammenarbeit bei der Unterrichtsentwicklung in den Fächern
- gemeinsame Fortbildungen
- die Entlastung bei der Schulentwicklung (Selbstevaluation mit SEIS, gemeinsame Steuergruppe)
- eine bessere Zusammenarbeit mit Kitas in der Samtgemeinde und mit den weiterführenden Schulen im Kreis
- die gemeinsame Klärung von Fragen zur Inklusion
- eine bessere Organisation der Kooperation mit Partnern im Ganztag (gemeinsame Verträge)
- die Organisation eines Vertretungspools (Lehrkräfte, päd. Mitarbeiter)
- die Möglichkeit eines flexiblen Lehrereinsatzes z. B. bei gemeinsamen Projekten
- die gemeinsame Nutzung der Fachräume
- gemeinsame Nutzung der Budgets des Schulträgers sowie des Landes

Sie sind sich rasch darin einig, dass die engere Zusammenarbeit sorgsam vorbereitet werden muss, um auch möglicher Zögerer oder Gegner in ihren Kollegien und in der Elternschaft überzeugen zu können.

Das Ergebnis dieses Treffens ist ein **Arbeits- und Terminplan**:

Was ist zu tun?	Was genau?	Bis wann?	Verantwortung?
Vorbereitung einer Information für die vier Kollegien über die Chancen des Schulverbundes	• Entwurf einer Präsentation: Unsere Stärken gemeinsam nutzen • Abstimmung der Terminplanung	27.06.	Steuergruppe Schule X
Abstimmung und Entscheidung	• Überprüfung des Präsentationsentwurfs – für Lehrkräfte und Eltern geeignet? • ggf. Abstimmung einer überarbeiteten Fassung	25.07.	Leitungen
Sommerferien			
Information der vier Kollegien	innerhalb einer Woche: • Präsentation • Bericht über die Haltung von Schulträger und Schulaufsicht • Diskussion und Votum	12.09. – 19.09.	Leitungen

Information der Vorstände der Schulelternräte der 4 Schulen	Präsentation, Diskussion und Votum	26.09. – 17.10.	Leitungen
Information der Schulelternräte durch die Vorstände und die Schulleitungen	Präsentation, Diskussion und Votum		Leitungen
Information der Klassenelternschaften durch ihre Vorsitzenden und die Klassenlehrkräfte	Präsentation, Diskussion und Votum		Leitungen Klassenleitungen
Herbstferien			

Bei einem weiteren Treffen in den Herbstferien stellen die Schulleiterinnen fest, dass die Ergebnisse der Informationsveranstaltungen durchweg positiv sind. Seitens der Schulelternräte waren lediglich einzelne Befürchtungen, die Einzelschule könne ihr eigenes Profil verlieren, geäußert worden. Die Schulleiterinnen verständigen sich darauf, dass die individuellen Profile jeder Schule im Vertrag festgeschrieben werden sollen, wie es den Eltern zugesagt worden sei. Allerdings müsse eine Koordination des Schulverbunds organisiert werden. Auf Vorschlag der Kolleginnen ist die LEITERIN/ GS X ALS GRÖSSTER SCHULE bereit, dies in den ersten beiden Jahren zu übernehmen. Ein Wechsel in der Koordinierungsfunktion soll nach Absprache etwa alle 2 Jahre erfolgen.

Beim nächsten Treffen nach den Herbstferien wird ein gemeinsamer pädagogischer Tag aller vier Kollegien und ihrer Schulelternräte geplant. Dieses erste Zusammentreffen aller Kolleginnen und Kollegen sehen sie als wichtigen Meilenstein. Schließlich soll der Schulverbund ein Werk aller werden! Der Tag wird so organisiert, dass sich die Kollegien besser kennenlernen und zugleich eine Auswahl konkreter Aktivitäten des künftigen Verbundes treffen können. Der entsprechende Antrag an die Schulaufsicht wird – nach telefonischer Vorabinformation – formuliert. Die Schulaufsicht signalisiert Zustimmung und ein möglicher Termin für den pädagogischen Tag wird abgestimmt. Arbeitsteilig wollen die Schulleiterinnen vorab wichtige Daten ihrer Schulen zusammenstellen, ihre Budgets (Schulträger und Land) abgleichen und sich gegenseitig über deren Verwendung informieren.

Planung des pädagogischen Tages
- Erste Zusammenführung der vier Kollegien und der Vorstände der Schulelternräte
- Auswahl und Konkretisierung der künftigen gemeinsamen Aktivitäten

Plenum: Priorisierung der von Kollegen und Eltern gewünschten Aktivitäten des künftigen Schulverbundes;

Mögliche Arbeitsgruppen:
- gemeinsame Schulentwicklung
  (Zusammensetzung, Leitung und Aufgaben einer gemeinsamen Steuergruppe/Selbstevaluation mit SEIS als Schulgruppe – Ansprechpartner, erste Vorstellungen zu einem gemeinsamen Leitbild: Was wollen wir als Schulverbund über das hinaus, was wir als Einzelschule leisten können? – Vorschlag zu einer Leitbildgruppe)
- fachliche Zusammenarbeit
  (Auswahl der Fächer, Zusammensetzung der Fachgruppen, Federführung, Aufgaben z. B. Sichtung und Abgleich der schuleigenen Lehrpläne, gemeinsame Lehr- und Lernmaterialien, Lernkontrollen, Vergleichsarbeiten)
- gemeinsame Fortbildung
  (Bestandsaufnahme, erste Auswahl aktueller Themen, Implementationsstrategien und -strukturen)
- gemeinsame Nutzung der Fachräume
  (Bestandsaufnahme der Räume und ihrer Nutzungsmöglichkeiten, z. B. Geräte, Instrumente, technische Ausstattung, Vorschlag für eine Arbeitsteilung bei der Betreuung)
- Zusammenarbeit mit den Kitas in der Samtgemeinde und mit den weiterführenden Schulen im Kreis
  (Bestandsaufnahme und Diskussion der bisherigen Aktivitäten, Ideensammlung für eine bessere Koordinierung, Bildung je einer schulübergreifenden Arbeitsgruppe für die mit den Übergängen verbundenen Fragen)
- gemeinsame Klärung von Fragen zur Inklusion
  (Bestandsaufnahme und Diskussion der bisherigen Aktivitäten und des anstehenden Handlungsbedarf, Bildung einer schulübergreifenden Arbeitsgruppe, Federführung)
- Organisation der Kooperation mit Partnern im Ganztag
  (Bestandsaufnahme der Kooperationspartner und deren Aktivitäten, Bildung einer schulübergreifenden Arbeitsgruppe, Federführung, Aufgaben, z. B. gemeinsame Fortbildung und Verträge)

Plenum: Präsentation der Ergebnisse

Als weitere Schritte werden geplant:

Was ist zu tun?	Was genau?	Bis wann?	Verantwortung
Durchführung des pädagogischen Tages am 07.11.2014			
Erstellung des Kooperationsvertragsentwurfs	• Vorbild: Geester Grundschulen • Berücksichtigung der Ergebnisse des pädagogischen Tages	05.12.14	Schule W
Zustimmung der Schulgremien in den vier Schulen einholen (Schulvorstände/Schulkonferenzen)	Präsentation des Kooperationsvertrages, Diskussion und Abstimmung	06.02. – 13.02.2015	Leitungen
Zustimmung des Schulträgers einholen	Antrag auf Gründung eines Schulverbundes der vier Grundschulen der Samtgemeinde entsprechend Kooperationsvertrag	20.02. – 27.03.2015	Leitungen
Zustimmung der Schulaufsicht einholen	Antrag auf Gründung eines Schulverbundes der vier Grundschulen der Samtgemeinde entsprechend Kooperationsvertrag		Leitungen
Osterferien			
Gemeinsame Abendveranstaltung zur Feier der Vertragsunterzeichnung	• Raum? • Externer Redner? • »Schulfremde« Gäste?	Juni 2015	Planung Schule W

Schulträger und Schulaufsicht haben dem Kooperationsvertrag zugestimmt. Das Schulamt bereitet die Zusammenführung der vier Schulträgerbudgets unter der Bedingung vor, dass eine der Schulleitungen die Gesamtverantwortung übernimmt. Es wird einen Organisationsplan für die Nutzung der Sekretariats- und Hausmeisterstunden geben. Nach Festlegung der Fachraumnutzung durch den Verbund soll die Schülerbeförderung entsprechend angepasst werden.

Die Schulaufsicht sagt nach Rücksprache mit dem Ministerium die gemeinsame Nutzung der vier Schulbudgets (für Fortbildung, Reisekosten, Zuschlag für Ganztagsschule, Lernmittel) ab dem nächsten Schuljahr ggfs. als Modellversuch zu. Auch hier wird die Verantwortlichkeit einer Schulleitung gefordert. Zur Organisation eines Vertretungspools soll in einer Arbeitsgruppe aller Schulen unter Leitung der Schulaufsicht ein Vorschlag erarbeitet werden. Hinsichtlich des von den Schulleitungen gewünschten flexibleren Lehrereinsatzes sollen in einem Gespräch mit den Schulleiterinnen die Bedingun-

gen geklärt werden. Alle Aktivitäten, auf die sich die Kollegien geeinigt hatten und die Gegenstand des Vertrages sind, werden ausdrücklich begrüßt:
- die Zusammenarbeit bei der Unterrichtsentwicklung in den Fächern und gemeinsame Fortbildungen
- die gemeinsame Nutzung der Fachräume
- die Organisation der Kooperation mit den Kitas, mit den weiterführenden Schulen im Kreis und mit Partnern im Ganztag (gemeinsame Verträge)
- die Entlastung bei der Schulentwicklung (Selbstevaluation mit SEIS, gemeinsame Steuergruppe)
- die Zusammenarbeit in Fragen der Übergänge und der Inklusion
- die gemeinsame Koordinierung der Kooperation mit den Partnern im Ganztag

Mit dem Start des Schuljahrs 2015/16 beginnt die Umsetzung der Vereinbarungen. Um die gemeinsame Schulentwicklung im Herbst starten zu können, wird eine schulübergreifende Steuergruppe gebildet, die einen ersten Leitbildentwurf für den Schulverbund unter der Überschrift ›Stärken gemeinsam nutzen‹ erarbeitet. Darin wird der Mehrwert an Qualität durch den Verbund deutlich. Die erste gemeinsame Selbstevaluation als SEIS – Schulgruppe wird für die ersten drei Wochen des zweiten Halbjahrs (Februar 2016) geplant.

Neugierig geworden?

Unter dem Leitziel »Kräfte bündeln – Kraft entfalten« wurde 2001 der Schulverbund Pustertal (Südtirol), ein Zusammenschluss aller Pflichtschulen (Kindergärten, Grund- und Mittelschulen) des Pustertals, einer Privatschule, zweier Oberschulen sowie einer Fachschule auf Bezirksebene auf der rechtlichen Grundlage eines eigenen Statuts gegründet. »Die Kindergärten und Schulen ermitteln im Dialog Aufgaben, an denen sie gemeinsam arbeiten und wachsen. Dabei werden die vorhandenen Kompetenzen zusammengeführt. Wichtige Unterstützungssysteme konnten bereits gemeinsam aufgebaut werden. Auch das Gefühl des Aufgehobenseins in einem Gesamtsystem kann positive Kräfte für die autonomen Einzelschulen und Kindergärten entfalten«.
http://www.snets.it/sv-pustertal

2.4 Der den Kommunen vorgegebene Rahmen und das Qualitätsverständnis der einzelnen Kommune

Kommunen haben mit dem Recht zur Selbstverwaltung (Art. 28 Grundgesetz) den Auftrag zur Daseinsvorsorge, der sich in den Gemeindeordnungen der Bundesländer unterschiedlich konkretisiert. Gemeint sind »die Schaffung, Sicherung und Entwicklung (notwendiger) sozialer Lebensbedingungen der Bürger«

aber keineswegs nur die Sicherung des Existenzminimums. Vielmehr müssen Nachhaltigkeit – soziale Gerechtigkeit und Demokratie – zum entscheidenden Kriterium für Daseinsvorsorge werden« (vgl. Fuchs 2005, S. 2).

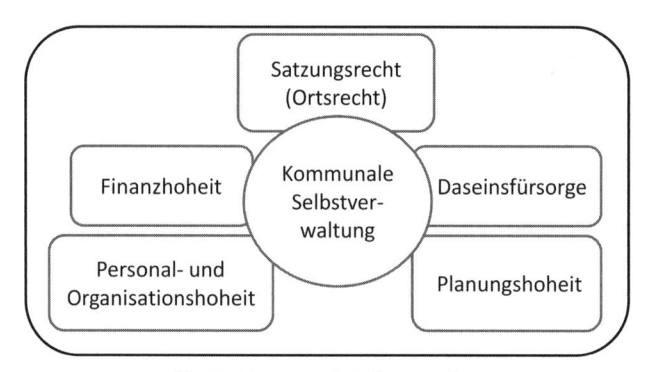

Abb. 22: Kommunale Selbstverwaltung

Daseinsvorsorge umfasst neben der Grundversorgung mit Energie, Wasser und der Entsorgung von Abfall und Abwasser, dem öffentlichen Nahverkehr, dem Straßenbau und der Straßenreinigung, dem Gesundheitswesen und Katastrophenschutz auch die Jugend- und Familienhilfe, Leistungen nach dem SGB und Aufgaben im Zusammenhang mit Berufsvorbereitung und Arbeitsvermittlung. Mit der Förderung von bildungsnahen Einrichtungen wie Bibliotheken, Musikschulen und Museen, der Förderung außerschulischer Jugendarbeit, der beruflichen Beratung und den schulpsychologischen Diensten, der Schulträgerschaft und nicht zuletzt mit der vorschulischen Bildung und Betreuung übernehmen Städte und Gemeinden im Rahmen der Daseinsvorsorge wichtige Aufgaben in der Bildung (vgl. Hebborn 2009). Außer der Jugend- und Familienpolitik hat auch die Wirtschaftspolitik eine große Nähe zur Bildung vor Ort.

Innerhalb dieses Rahmens haben viele »Landkreise, Städte und Gemeinden oft mit intensiver Beteiligung der Bürgerinnen und Bürger und auf der Basis von Stärken-Schwächen-Analysen« (SWOT, Abb. 29) Zukunftsvorstellungen für ihre Region, beispielsweise in Form von Leitbildern entwickelt (vgl. haushaltssteuerung.de). Solche Leitbilder entsprechen u. U. angesichts der unterschiedlichen Interessen der Akteure innerhalb und außerhalb der kommunalen Verwaltung lediglich dem kleinsten gemeinsamen Nenner. Wenn sie aber im Wortsinne die leitenden Bilder für die Entwicklung und Verfolgung gemeinsamer Ziele sein sollen, bedingt dies einen hohen Grad an Konkretheit – jenseits aller allgemeinen Formulierungen. Jardine (2004, S. 108) fokussiert Leitbilder mächtiger Wirtschaftsunternehmen und merkt dazu kritisch an:

»Inwieweit die üblichen Leitbilder allerdings dazu taugen, Licht ins Dunkel zu bringen, ist fraglich. Siemens: »Wir fördern unsere Mitarbeiter und motivieren sie zu Spitzenleistungen.« Ach nee. Engel & Völkers Immobilien: »Wir verbinden Innovationen und Traditionen und wollen immer besser werden.« Sag an. Burda: »Kommunikation und vernetztes Denken schaffen Ideen und Synergien für unsere Zukunft.« Das wollen wir hoffen. Tee Gschwendner: »Gemeinsam erleben wir Genuss, Qualität und Partnerschaft.« Sonst noch was? Wie wäre es mit einer besseren Informationspolitik und mehr Transparenz statt der grafisch aufgemotzten Verbreitung von Binsen und Plattitüden?«

Kommunale Leitbilder sollten ein Spiegel der Erwartungen sein, die die Bürger an die Lebensqualität in ihrer Kommune haben. Welche Faktoren bestimmen diese Qualitätserwartungen? Umfangreiche Hinweise bietet das europaweite Erhebungsprojekt »Urban Audit«. Gesammelt werden aus verschiedenen statistischen Quellen der Länder Daten zu folgenden Aspekten **der Lebensqualität in europäischen Städten:**

1. Demografie	4. Bürgerbeteiligung	7. Verkehr
1.1 Bevölkerung	4.1 Bürgerbeteiligung	7.1 Verkehrsmuster
1.2 Staatsangehörigkeit	4.2 Lokale Verwaltung	
1.3 Haushaltsstruktur		8. Informationsgesellschaft
	5. Ausbildung (-Angebot)	8.1 Nutzer und Infrastruktur
2. Soziale Aspekte	5.1 Bildung und Fortbildungsangebot	8.2 Lokale E-Verwaltung
2.1 Wohnen	5.2 Bildungsabschlüsse	8.3 IKT-Sektor
2.2 Gesundheit		
2.3 Kriminalität	6. Umwelt	9. Kultur und Freizeit
	6.1 Klima/Geografie	9.1 Kultur und Freizeit
3. Wirtschaftliche Aspekte	6.2 Luftqualität und Lärm	9.2 Tourismus
3.1 Arbeitsmarkt	6.3 Wasser	
3.2 Wirtschaftstätigkeit	6.4 Abfallwirtschaft	
3.3 Einkommensdisparitäten/Armut	6.5 Flächennutzung	

»In Deutschland erfasst die Datensammlung jetzt [2012] 125 Städte in ihren Verwaltungsgrenzen, davon alle Großstädte mit mehr als 100.000 Einwohnern und alle Städte mit 50.000 bis 100.000 Einwohnern, die zugleich Oberzentren sind. ... Die auf Sekundärstatistik basierenden Daten des Urban Audit beschreiben die Lebensqualität der Städte unabhängig vom subjektiven Lebensgefühl der Bürger« (S. 7/8). Daher ist die Umfrage zur Wahrnehmung der Lebensqualität (Perception Survey der EU) eine wichtige Ergänzung, die alle drei Jahre in 75 ausgewählten europäischen Städten als Bürgerbefragung zur Lebensqualität durchgeführt wird. Neben den sieben von der EU ausgewählten deutschen Städten haben 20 weitere deutsche Städte parallel zur EU ihre Bürgerinnen und Bürger befragt[7]. Ziel war es, die lokalen Wahrnehmungen der Lebensqualität anhand von subjektiven Einschätzungen der Bürger zu messen. Dazu wurden in einer Telefonumfrage je etwa 500 Personen pro Stadt zur Zufriedenheit mit einzelnen Lebensbedingungen bzw. zu ihrer Zustimmung zu einzelnen Aussagen befragt. Der eingesetzte Fragebogen entspricht dem bei der EU-Befragung verwendeten Fragenmodul (vgl. Neurauter et al. 2010).

Ein zentraler Aspekt der städtischen Lebensqualität ist die »Zufriedenheit mit dem Angebot an städtischer Infrastruktur und den kommunalen Dienstleistungen«. Wichtige Bereiche sind:
- Verkehr,
- Schule,
- Gesundheitswesen
- Freizeitbereich mit dem Grünflächenangebot,
- Sportmöglichkeiten,
- kulturelle Einrichtungen etc.

»Die persönliche Einschätzung der Befragten bezüglich des Arbeitsmarktangebotes, der Wohnungsversorgung und der Umweltproblematik gehören auch zum Befragungsmodul. Ebenso wie Fragen zur Integration von Ausländern, zur bürgernahen Verwaltung und dem verantwortungsvollen Umgang mit öffentlichen Mitteln. Die Zufriedenheit in der jeweiligen Stadt zu wohnen, als auch Fragen zur eigenen finanziellen Situation und zum Sicherheitsempfinden werden in die persönliche Bewertung einbezogen« (KOSIS 2013, S. 27/28).

---

7 unter dem Dach der KOSIS-Gemeinschaft (Kommunales Statistisches Informationssystem) Urban Audit und in Kooperation mit dem Verband Deutscher Städtestatistiker (VDSt)

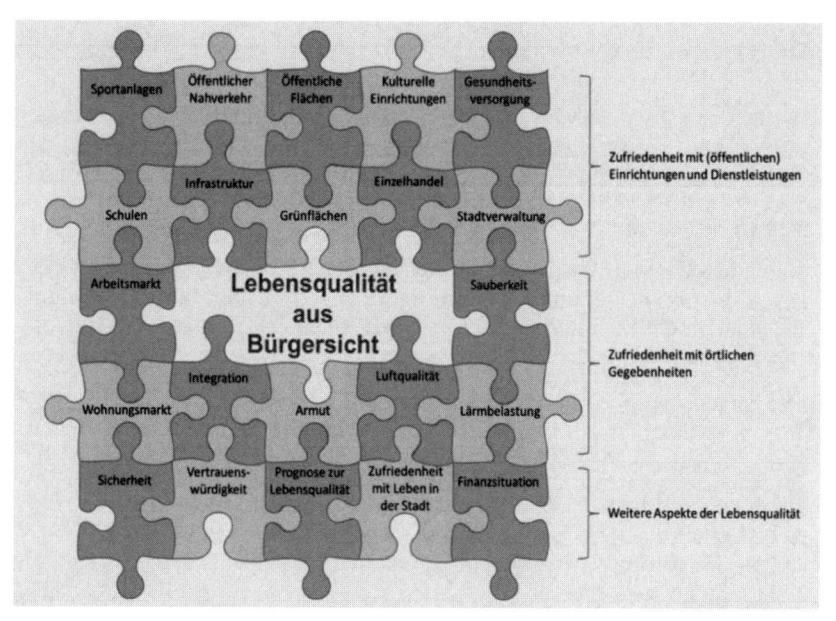

Welche Qualitätsvorstellungen wir haben und wie sie uns leiten (sollen)

Abb. 23: Subjektive Einschätzung zur Lebensqualität einer Stadt (KOSIS 2013, S. 28)

Diese Aspekte lassen erkennen, welche Bereiche Bürgerinnen und Bürgern für ihre Lebensqualität wichtig sind und damit zum Leistungsversprechen der Kommune gehören sollten. Ihre Auswertung bietet Hinweise auf Handlungsbedarf. »Auch wenn die Auswahl der beteiligten deutsche Städte keine Verallgemeinerung auf die Gesamtheit der deutschen Städte zulässt, so ermöglichen doch die große Bandbreite unterschiedlicher Größenklassen, geografischer Lage und die jeweilige Wirtschaftsstruktur der teilnehmenden Städte differenzierte regionale Vergleiche. Die Ergebnisse dieser Städtestudie geben wichtige Hinweise für die beteiligten Städte, wo eventuell »der Schuh drückt«. Durch den Städtevergleich lassen sich Stärken und Schwächen einer Stadt aufzeigen. Aus diesen können dann weitere Ansätze für vertiefende Analysen abgeleitet werden« (KOSIS 2013, S. 28).

Teil 2 Orientierungsphase: Wie gehen wir den Dingen auf den Grund?

Die Handlung: Es geht weiter

Nahländer Kreisblatt

www.Nahlaender.de   Nahland, 15.07.2014   74. Jahrgang/07.Woche/Nr. 36/2,20 EURO

Von Dorothea Minderop

Nahland – Vor vier Wochen hat die Redaktion des Nahländer Kreisblatts ihre Leserinnen und Leser um ihre Meinung zur Lebensqualität in ihrer Kommune gebeten. Online und per Brief konnten Sie einen Fragebogen beantworten.

Der Fragebogen:
Was beeinflusst Ihre Lebensqualität in der Kommune bzw. Ihre Entscheidung, dorthin zu ziehen? Bitte kreuzen Sie an, zu welcher Altersgruppe Sie gehören.

O bis 20 Jahre
O 21 – 35 Jahre
O 36 – 50 Jahre
O 51 – 70 Jahre
O Über 70 Jahre

Sie können 5 Punkte einzeln oder gebündelt auf folgende Aspekte vergeben:

1. das Wohnungs- bzw. Immobilienangebot
2. das Freizeitangebot
3. die Netzgeschwindigkeit
4. das Arbeitsplatzangebot
5. die Qualität der Schule(n)
6. das Weiterbildungsangebot
7. die Qualität der Kita- und Betreuungsangebote
8. die Versorgung mit Haus- und Fachärzten
9. das Verkehrsnetz des ÖPNV

Wir waren sehr gespannt darauf, welche Aspekte Ihnen für Ihre Lebensqualität im Landkreis besonders wichtig sind. Heute können wir Ihnen die Ergebnisse präsentieren. An der Befragung haben sich 872 Leserinnen und Leser beteiligt.

Die Handlung

Alter	Anzahl	Wohnung	Freizeit	Netz	Arbeitsplatz	Schule	WB	KiTa	Ärzte	ÖPVN	Summe
bis 20 Jahre	26		24	43	11	52					130
20 – 35 Jahre	278	126	53	90	413	410		231	42	25	1390
36 – 50 Jahre	215	75	26	62	355	447	35		51	24	1075
51 – 70 Jahre	267	71	63	75	322	478	77	134	85	30	1335
über 70 Jahre	86	32	27	18		55	19		145	124	420
Summen	872	304	193	288	1101	1442	131	365	323	203	4350

In allen Altersgruppen haben Sie mit 33% Ihrer Punkte die Qualität der Schulen an die erste Stelle gesetzt, die 20 – 70-Jährigen sogar mit 35% der Punkte. Die jungen Eltern (20 – 35 Jahre) und die Großeltern (51 – 70 Jahre) sahen die Qualität der Kita- und Betreuungsangebote nach dem Arbeitsplatzangebot an dritter Stelle. Dieses erhielt 29% der Punkte der 21- – 70-Jährigen.

So wichtig sind Ihnen die Entwicklung der nächsten Generationen und die Möglichkeit, hier gut arbeiten und leben zu können. Wir hoffen auf viele Leserbriefe und Reaktionen aus Politik und Kreisverwaltung.

Nach der Veröffentlichung dieser Auswertung erhielt die Zeitung folgenden Leserbrief:

Sehr geehrte Damen und Herren, ich gehöre zur Altersgruppe der über 70-Jährigen und habe Ihre Umfrage nicht beantwortet, weil wichtige Aspekte fehlen, die die Lebensqualität gerade der älteren Generation bestimmen: Gibt es eine ortsnahe Versorgung mit Lebensmitteln, kann man da noch zu Fuß hingehen? Wie sieht das Angebot an Tagesbetreuung und Pflegediensten aus? Welche Qualität hat das Seniorenheim? Gibt es als Alternative sog. Mehrgenerationenhäuser? Wie steht es um die Zugänglichkeit für Mobilitätseingeschränkte in Kino, Theater und Museum? Ist unsere Erfahrung in der Kommune gefragt? Vielleicht starten Sie ja mal eine Befragung, die den schon bald größten Teil der Bevölkerung betrifft! Ein Tipp: Die Alten wissen, was Sie fragen müssen! Mit freundlichen Grüßen G.M.

Wenn es richtig ist, dass sich die Lebensqualität in einer Kommune durch die Art und Weise bestimmt, wie sie ihren Auftrag der Daseinsvorsorge im Interesse ihrer Bürgerinnen und Bürger und ihm Rahmen ihrer Ressourcen gestaltet, müssen die Menschen dort ein Klima solidarischen Miteinanders, gerade auch zwischen den Generationen, erleben können. Ob es gelingt, diesem Anspruch zu entsprechen, zeigt sich im Handeln der kommunalen Verantwortungsbereiche, in dem sich ihre Qualitätsvorstellungen und -normen konkretisieren.

Eine allgemeine Darstellung der Qualität von Kommunen kann schon angesichts ihrer unterschiedlichen Ausgangslagen und Rahmenbedingungen nicht gelingen.

Selbst ein übergreifendes Verständnis einer Kommune von ihrer Bildungsqualität ist nicht ohne weiteres vorauszusetzen. Schließlich arbeiten dort viele an unterschiedlichen Stellen und mit unterschiedlichen Sichtweisen und Verantwortungen am Thema Bildung. »Bildung dient in ihrer gesellschaftlichen Funktion der Reproduktion und dem Fortbestand der Gesellschaft, der Sicherung, Weiterentwicklung und Tradierung des kulturellen Erbes, der Herstellung und Gewährleistung der gesellschaftlichen und intergenerativen Ordnung, der sozialen Integration und der Herstellung von Sinn. In das, was als Bildung definiert wird, fließen somit auch Vorstellungen darüber ein, was die Gesellschaft zusammenhält und welche Werte für die Gesellschaft leitend sind« (BMFSFJ 2005, S. 31). Als Ziele ausformuliert werden sie u. a. in den Schulgesetzen der Länder konkretisiert und in den Bildungseinrichtungen gelebt, deren zentrale die Schulen sind.

Der Zugang zu schulischer Bildung und erfolgreiche Bildungsbiografien entscheiden ganz wesentlich über die individuelle Lebensgestaltung und zugleich über die Integration in die Gesellschaft. Deshalb gehört auch die Qualität der Einrichtungen frühkindlicher Bildung und Erziehung, der Schulen und der Weiterbildung ganz selbstverständlich zu den Leitbildern von Kommunen. Aussagen zur Zukunft der Bildung zeigen die beiden folgenden Beispiele:

Auszug aus dem Leitbild der Stadt Mülheim/Ruhr (Nordrhein-Westfalen)

Wir wollen ...
1. Bildung ganzheitlich betrachten und weiterentwickeln,
2. der frühkindlichen Bildung einen noch höheren Stellenwert zumessen,
3. einen Schulabschluss für möglichst alle Jugendlichen und Erwachsenen,
4. eine gute deutsche Sprachkompetenz bereits bei Schuleintritt erreichen,
5. gute englische Sprachkenntnisse bei allen Schulabgängern, damit sie im internationalen Wettbewerb bestehen können,
6. in den Schulen Wissenschaft, Kunst und Kultur besser miteinander vernetzen,
7. die Schulen materiell und personell besser ausstatten – keine finanzielle Kürzung im Bildungsbereich,
8. vermeiden, dass die Finanzsituation der Eltern über den Schulerfolg entscheidet,
9. die Bildungsunterschiede in den einzelnen Stadtteilen ausgleichen,
10. die Inklusion* für alle Mülheimer Kinder und Jugendlichen erreichen,
11. die Erwachsenenbildung bedarfsgerecht und raumorientiert ausbauen,
12. einen breiten politischen Konsens in wichtigen Bildungsfragen erzielen.

* Wertschätzung der Vielfalt und Gleichberechtigung aller Bürgerinnen und Bürger

> **Auszug aus dem Leitbild des Landkreises Altenkirchen (Westerwald, Rheinland-Pfalz)**
>
> Wir wollen . . .
> - die bestehende Vielfalt an schulischen und außerschulischen Angeboten im Kreis besser bekannt machen und ausbauen,
> - eine bessere Übereinstimmung zwischen Angebot und Nachfrage von anerkannten Bildungsträgern erreichen,
> - die Vernetzung und Kooperation von Schulen und anderen Bildungsträgern verbessern,
> - für mehr Ausbildungsplätze eintreten und die berufliche Bildung weiter stärken,
> - außerschulische kreative Angebote für Jung und Alt fördern.

> **Neugierig geworden?**
>
> http://www.haushaltssteuerung.de/kommunale-leitbilder.html
>
> Hier wird eine Vielzahl von kommunalen Leitbildern geboten, deren Aussagen zur Bildungsqualität sich naturgemäß ähneln. Interessant ist vor allem die Darstellung der Beteiligungsverfahren, die zur Entwicklung der Leitbilder geführt haben.

3 Wie wir gemeinsam die Bildungsqualität vor Ort verbessern (können)

Bildung vor Ort ist ein Schlüssel für die Lebensqualität der Bürgerinnen und Bürger und damit zugleich ein wesentlicher Aspekt der gemeinsamen Verantwortung von Kommune und Land. In nahezu allen Feldern sind die Verantwortlichen/Zuständigen auf die Zusammenarbeit miteinander und mit verschiedensten anderen Akteuren angewiesen, ohne die die gewünschte Qualität nicht erreicht werden kann.

- So kann Inklusion nur in enger Vernetzung von Schule und Kommune gelingen. Beide sind darauf angewiesen, dass der Partner unterstützend und ergänzend die eigenen Aktivitäten begleitet.
- So braucht Sprachförderung in der Kita (Zuständigkeit: Kommune) die Weiterarbeit in der Grundschule (Zuständigkeit: Land). Gleiches gilt für alle Fragen des Übergangs zwischen diesen beiden Bildungsbereichen.
- So ist Ganztagsschule ohne Vernetzung mit der Jugendhilfe und außerschulischen Partnern nicht denkbar.

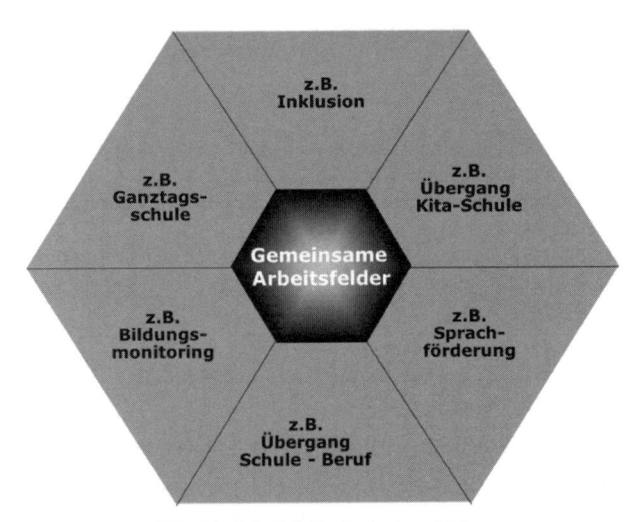

Abb. 24: Arbeitsfelder in Sachen Bildung

Dennoch ist der eigene Blick auf das Bildungssystem und seine Ergebnisse immer wieder stark geprägt von der jeweiligen Position im Gesamtgefüge. Gymnasien klagen über die Qualität von Grundschulen, berufsbildende Schulen fordern mehr Anstrengungen von den Sekundarschulen. Unternehmen und Betriebe klagen bei einem Teil der Schulentlassenen über unzureichende Kenntnisse im Rechnen und in der deutschen Sprache, wie sich durch alle Jahrzehnte des 20. Jahrhunderts verfolgen lässt (vgl. Ebinghaus 1999, S. 8/9). In den 60er Jahren stellt der DIHT fest: »Bei 20 Prozent der Lehrlinge war die Beherrschung der Rechtschreibung mangelhaft. Bei weiteren 17 Prozent konnte von einer Sicherheit in der Rechtschreibung nicht die Rede sein. Das Ergebnis im Rechnen ist noch ungünstiger. Bei 25 Prozent der Lehrlinge war die Leistung im Rechnen mangelhaft, bei weiteren 25 Prozent bestanden erhebliche Lücken.« (DIHT 1965). Im Übrigen sind es die damals 15-Jährigen, die heute die mangelnde Ausbildungsreife der Jugend beklagen.

Nun zeigt PISA 2012: Die schulischen Leistungen der 15-Jährigen sind in allen drei Testbereichen (Mathematik, Naturwissenschaften, Leseverständnis) statistisch signifikant verbessert. Auch der Zusammenhang zwischen sozialer Herkunft und Bildungserfolg hat sich seit 2000 abgeschwächt. Können wir also aufatmen? Wohl nicht, wenn es immer noch stark vom Elternhaus abhängt, ob ein Kind es schafft, ein Gymnasium zu besuchen oder zu studieren. Und noch immer bringen etwa 15 Prozent der deutschen Schüler am Ende ihrer Schullaufbahn nicht die notwendigen Kompetenzen für eine erfolgreiche Berufsausbildung mit. Ihre Perspektivlosigkeit zeigt sich dann nicht nur in den Statistiken der Arbeitsagenturen und im kommunalen Haushalt. Sie ist Sprengstoff im Zusammenleben. Und genau deshalb sind gegenseitige Schuldzuweisungen nicht hilfreich.

Eines ist deshalb ohne weiteres einleuchtend und schon gelebte Praxis: In der nicht zufälligen, sondern strukturell verankerten Zusammenarbeit (fachlich und überfachlich) der abgebenden und aufnehmenden Schulen miteinander (vertikale Vernetzung) und mit ihren Partnern in Kommune und sozialem Umfeld (horizontale Vernetzung) gelingen Lösungen. Da helfen kommunale Beratungsstellen, die richtige Entscheidung zu treffen. Familien werden unterstützt und Schulpsychologen bieten Kindern Analysen ihrer Begabungen und Trainings an, um ihr Selbstbewusstsein in der neuen Rolle zu stärken. Soll die Bildungsbiografie jedes Einzelnen besser gelingen, müssen die Einzelsysteme sich mit dem Blick zurück und nach vorne in Grenzüberschreitung üben und aus den Schnittstellen der Übergänge Brücken bauen. Dazu gilt es, ihre jeweilige Verantwortung und ihre Handlungsmöglichkeiten im Bildungsprozess der Kinder und Jugendlichen zu klären:
- Wie treffe ich Vorsorge, um den Übergang in meinen Bereich und aus ihm heraus möglichst reibungslos zu gestalten?
- Welche Daten brauche ich und gebe ich weiter?
- Wie können die Qualitätsvorstellungen der einzelnen Stationen in der »Bildungskette« einander angeglichen werden, damit das Lernen nicht unterbrochen wird?

Aus der Perspektive der individuellen Kinder bzw. Jugendlichen lässt sich ihr Zusammentreffen mit institutionalisierten und individuellen Akteuren im Laufe ihrer Bildungsbiografie beispielsweise wie in der Abbildung 25 darstellen:

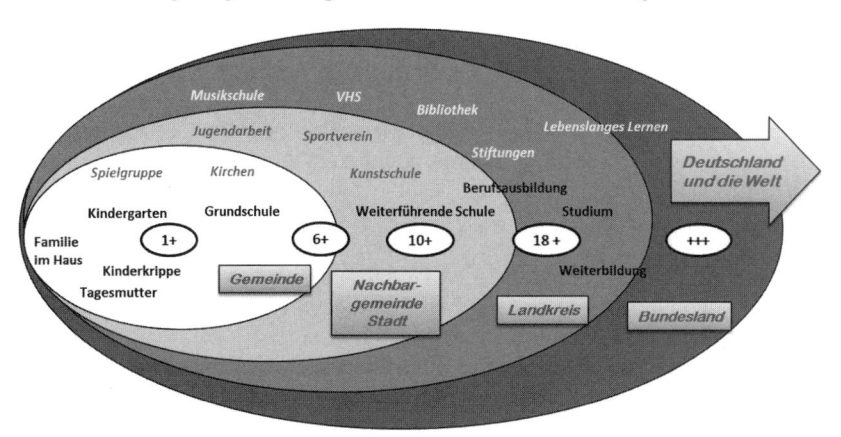

Abb. 25: Die Bildungslandkarte aus der Sicht der Kinder und Jugendlichen, nach Vorndran 2013

3.1 Wenn aus dem Kind ein Schulkind wird – Übergang Kita-Schule

Mit dem Schuleintritt erlebt das Kind eine wichtige Veränderung seines Tagesablaufs, der bisher familiär bestimmt war. Das macht neugierig, aber auch unsicher. Da ist der Stolz, nun endlich größer zu sein, aber auch die Sorge, nichts bleibe, wie es war. Kinder und Eltern spüren schon in der Vorbereitung auf den *großen Tag* die nahende Veränderung. Ebenso mag es den abgebenden Erzieherinnen ergehen und auch den Lehrkräften, die diesen ersten Schultag gestalten. Wenn es gute Kooperationsbeziehungen zu den Kitas gab, kennen sie die Kinder schon, die schon einmal – am besten regelmäßig – die neue Umgebung erkunden konnten. Dann haben Erzieherinnen und Lehrerinnen gelernt, ihre unterschiedlichen pädagogischen Vorstellungen zu akzeptieren, haben miteinander an einem gemeinsamen Bildungsverständnis gearbeitet und vor allem haben sie miteinander und mit den Eltern über die Kinder, ihre Talente und Schwierigkeiten gesprochen. Und sie haben Wert darauf gelegt, nicht nur die ›Schulfähigkeit‹ des Kindes, sondern gleichermaßen die ›kindfähige‹ Schule (vgl. KMK und JFMK 2004, S. 8) zu bedenken. Dazu haben sie Rahmenbedingungen vorgefunden, die die Zusammenarbeit weiter fördern, z. B. Zeit und gemeinsame Fortbildungen.

**Beispiel: Begegnungsjahr mit acht Schritten –
Kita Wunderwelt und Grundschule Jacobsallee in Essen**

1. Der **erste** Termin ist ein Elternabend vor der Schulanmeldung:
Themen des Abends sind die verschiedenen Aktivitäten im Begegnungsjahr, Informationen zum Thema Schulfähigkeit und allgemeine Infos zur Schule.
2. Der **zweite** Termin ist der Tag der Schulanmeldung:
Die Schulleitung überprüft die einzelnen Kompetenzen der Kinder mit Hilfe der Startbox (die Startbox ist ein Instrument zur Feststellung der Schulfähigkeit). Bei Auffälligkeiten werden die Eltern direkt angesprochen, um so möglichst schnell Fördermaßnahmen oder Überprüfungen durch den Arzt einleiten zu können.
3. Der **dritte** Termin ist der Besuch in der Kita Wunderwelt durch die Schule:
Mit Einverständnis der Eltern wird hier über die Entwicklung der Kinder gesprochen. Fördermaßnahmen oder weitere Gespräche mit den Eltern werden vereinbart und die Beobachtungen im Dokumentationsbogen notiert.
4. Der **vierte** Termin ist die Hospitation der Kinder in ihrer künftigen Schule:
Die Vorschulkinder besuchen im März gemeinsam mit ihrer Erzieherin die Schule und nehmen am Unterricht der Klasse 1 oder 2 teil.
5. Der **fünfte** Termin ist der Spiele-Nachmittag in der Schule:
An diesem Tag kommen alle Vorschulkinder in die Schule. Im Klassenraum werden mit den Kindern die in der Startbox vorgeschla-

genen Spiele gespielt und die Ergebnisse im Beobachtungsbogen notiert. Lehrer und Schulleitung haben die Möglichkeit, in unterschiedlichen Gruppen zu hospitieren um später weitere Fördermaßnahmen vorzuschlagen.

6. Der **sechste** Termin ist der Elternabend für die Eltern der neuen Erstklässler:
An diesem Abend werden die Eltern über den Ablauf der Einschulung informiert.
7. Der **siebte** Termin dient dem Kennenlernen der Patenklasse:
An diesem Tag kommen Kinder der Kita Wunderwelt in die Schule. Sie lernen ihre Paten (die Patenkinder sind jeweils die Kinder der zukünftigen dritten Schuljahre) kennen.
8. Der **achte** Termin ist der Tag der Einschulung:
Auch hier ist die Kitaleitung dabei. Der Tag der Einschulung beginnt mit einem Gottesdienst. Im Anschluss findet eine kleine Feier auf dem Schulhof statt.

Nach den Herbstferien werden die Erstklässler in die Kita eingeladen: Hier sprechen die Kinder über ihre ersten Schulerfahrungen und Erlebnisse. Bereits seit Jahren besteht eine rege Kommunikation zwischen der Kindertagesstätte und der Grundschule. Mit der Zeit wurden aus den lockeren, ungeplanten Zusammenkünften strukturierte und festgelegte Termine, die beide Seiten als verbindlich ansehen.

Kindertagesstätte Wunderwelt, Tel.: 0201-401032; Schule an der Jacobsallee, www.jacobsallee.de

Kratzmann und Schneider weisen auf einige Studien hin, die die Bedeutung eines vorangegangen Kindergartenbesuchs für den Zeitpunkt der Einschulung sowie für den späteren Schulerfolg aufgezeigt haben: »Kinder, die den Kindergarten über einen längeren Zeitraum besucht haben, verfügen über höhere Kompetenzen und werden seltener vom Schulbesuch zurückgestellt« (Kratzmann und Schneider 2008, S. 3).

Gerade an der Schwelle zwischen der Entwicklungsförderung in der Kita und der Aufnahme in die lernfördernde Institution Schule wird es oft besonders deutlich, dass es Kinder mit einer Zuwanderungsgeschichte schwerer haben. »In Deutschland wächst eine erhebliche Zahl an Kindern und Jugendlichen auf, für die es zum Alltag gehört, dass ihre Eltern nicht hierzulande geboren sind und dass ihre Großeltern zumindest zum Teil nicht in Deutschland leben. Sie erleben Heterogenität in vielen alltäglichen Dingen von Kindesbeinen an. Sie entwickeln daraus Stärken und Kompetenzen, sie müssen aber oft auch mit den Widersprüchlichkeiten und Ungleichzeitigkeiten, mit den widerstreitenden Mustern der Lebensführung ganz unterschiedlicher Kulturen, Lebensstile und Wertesysteme zurechtkommen, sie erleben die Ambivalenzen kultureller Heterogenität vielfach am eigenen Leib.« (BMFJS 2013, S. 56).

Teil 2 Orientierungsphase: Wie gehen wir den Dingen auf den Grund?

Die Studienpartner der »Nationalen Untersuchung zur Bildung, Betreuung und Erziehung in der frühen Kindheit« (NUBBEK) stellen in einer Broschüre ihre Fragestellungen und Hauptergebnisse im Überblick dar. Gleichzeitig verweisen sie auf den ausführlichen Forschungsbericht[8]. Die NUBBEK-Untersuchung sieht Bildung und Entwicklung eines Kindes in Abhängigkeit von verschiedenen Faktoren und Systemebenen. Die außerfamiliäre Betreuung eines Kindes wird dabei als ein Setting verstanden, das durch verschiedene Merkmale der Orientierungs-, Struktur- und Prozessqualität sowie der Qualität des Familienbezugs gekennzeichnet ist:

INPUT	OUTPUT	OUTCOME
Familienexternes Betreuungssetting (Betreuungssetting Familie)		
Orientierungsqualität z.B. Auffassungen über Bildung + Erziehung	Prozessqualität Bildung, Erziehung, Betreuung	**Kindliche Betreuung/ Entwicklung** Sprache, Kognition, sozial-emotionale, motorische Entwicklung, Alltagsfertigkeiten
Strukturqualität z.B. Gruppen-größe, Erzieherinnenausbildung	Qualität des Familienbezugs Vernetzung mit anderen Stellen	**Familie** Elternzufriedenheit, Möglichkeiten der Erwerbstätigkeit, sozioökonomische Situation

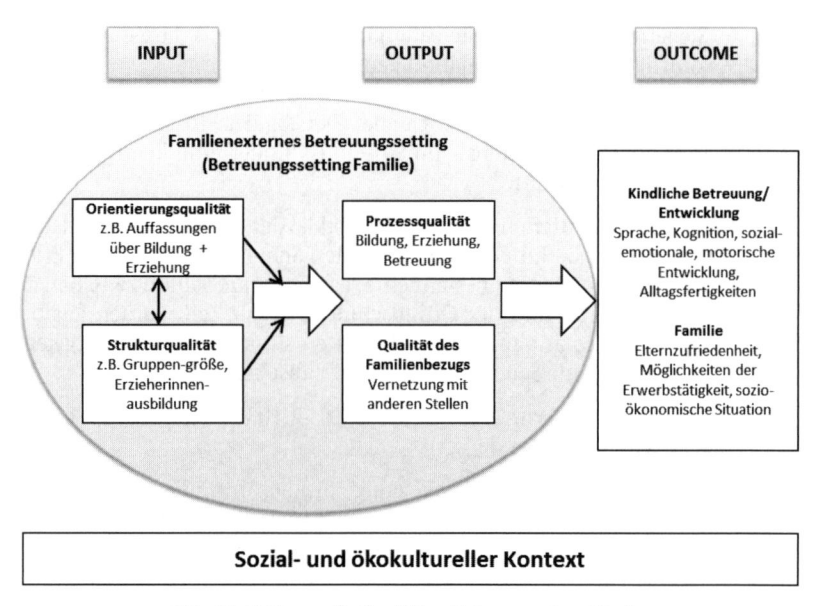

Sozial- und ökokultureller Kontext

Abb. 26: Setting außerfamiliärer Betreuung eines Kindes

In Abhängigkeit von dem Verständnis der Erzieher und Erzieherinnen von ihren Aufgaben der Bildung und Betreuung (*Orientierungsqualität*) und der Gruppengröße, Ausstattung und Ausbildung des Personals (*Strukturqualität*) entwickeln sich die Qualität des pädagogischen Handelns hinsichtlich Bildung, Betreuung und Erziehung in den Einrichtungen (*Prozessqualität*) und die Vernetzung nach außen (*Qualität des Familienbezugs*). Entsprechend zeigen sich die Sprache, Kognition und sozial- emotional-motorische Entwicklung sowie die Alltagsfertigkeiten des Kindes.

---

8 Tietze, W., Becker-Stoll, F., Bensel, J., Eckhardt, A. G., Haug-Schnabel, G., Kalicki, B., Keller, H., Leyendecker, B. (Hrsg.) (in Vorbereitung). NUBBEK – Nationale Untersuchung zur Bildung, Betreuung und Erziehung in der frühen Kindheit. Forschungsbericht. Weimar/ Berlin: verlag das netz.

Wenn nun festgestellt wird, dass gerade Einrichtungen, in denen viele Kinder einen Migrationshintergrund haben, eine besonders niedrige pädagogische Prozessqualität aufweisen (vgl. NUBBEK, S. 8) verstärken sich Tendenzen zur Segregation im Bildungswesen. Um dem im Rahmen kommunaler Bildungsplanung entgegen zu wirken, sollten diese Einrichtungen z. B. durch hoch qualifiziertes Personal und günstige Rahmenbedingungen, wie einem verbesserten Erzieher-Kind-Schlüssel besonders gefördert werden. Auch ein früherer Eintritt in außerfamiliäre Betreuung würde insbesondere den deutschsprachlichen Kompetenzerwerb unterstützen. Die dazu erforderliche enge Zusammenarbeit der Einrichtungen mit den Familien kann durch direkte Ansprache erreicht und durch öffentliche Kampagnen und Netzwerkbildung im unmittelbaren Sozialraum gefördert werden (vgl. NUBBEK, S. 15).

Ein Beispiel – das lokale »Bildungsnetz Mittelfeld« (siehe auch Teil 1, 4.3)

Im Bildungsnetz Mittelfeld haben sich die Akteure darauf geeinigt, dass sie folgende Ergebnisse erwarten:
- Alle Kinder bestehen die Tests zur Einschulung.
- In Mittelfeld beteiligen sich immer mehr Jugendliche an den Angeboten zu Bildung und Kultur.
- Es gibt keine jugendlichen Schulabbrecher mehr.
- In Mittelfeld erreichen immer mehr Jugendliche einen (Aus-)Bildungsabschluss.
- In Mittelfeld beteiligen sich immer mehr Erwachsene an den Sprach- und Bildungsangeboten.
- In Mittelfeld sinkt die Rate der Gewalttätigkeiten.
- In Mittelfeld steigt die Zahl der Nachbarschaftsinitiativen kontinuierlich an (z. B. Gruppe aktive Mittelfelder Bürger, Mieterläden, Umsonstladen, »Willi« – freiwillig in Mittelfeld)

Auch Trede (2013, S. 9) fordert ein »Denken über Zuständigkeitsgrenzen hinaus«: »Ohne verbindliche Vernetzung mit Vertretern aus anderen Aufgabengebieten der Kinder- und Jugendhilfe, aus dem Gesundheitswesen, aus den Schulen, der Eingliederungshilfe oder der Arbeitsverwaltung lässt sich effektive Hilfe kaum verwirklichen«.

Weitere Beispiele

Denken und Handeln über Zuständigkeitsgrenzen hinweg wurde in **Mecklenburg-Vorpommern** realisiert: Gemeinsam mit Vertreterinnen und Vertretern des Ministeriums für Bildung, Wissenschaft und Kultur, des Ministeriums für Soziales und Gesundheit, der Hochschule Neubrandenburg, der Universität Rostock, des Landesamtes für Gesundheit und Soziales/Landesjugendamtes, der LIGA der Spitzenverbände der freien Wohlfahrtspflege, des Landesjugendhilfeausschusses, der Kommunalen Landesverbände, des Grundschulverbandes sowie der Staatlichen Schulämter wurde die Bildungskonzeption für 0- bis 10-jährige Kinder entwickelt, die nach einer landesweiten Diskussion mit allen an der frühkindlichen Bildung Beteiligten mit dem Kindertagesförderungsgesetz (KiföG) vom 03.11.2014 verbindlich wurde. (vgl.www.bildung-mv.de)

Auch die Grundidee des landesweit vernetzten **Niedersächsischen Instituts für frühkindliche Bildung und Entwicklung (nifbe)** beruht auf der konkreten Zusammenarbeit von Wissenschaft und Praxis. Die Akteure werden von gemeinsamen Grundfragen bewegt: Wie lernen Kinder und wie können sie bestmöglich bei der Entwicklung von emotionalen, sozialen, kognitiven oder motorischen Kompetenzen unterstützt werden? Und: Welche interdisziplinären Wechselwirkungen sind dabei zu beachten? Dieser Ansatz macht Vernetzungen in vielfältiger Hinsicht möglich und nötig. Dazu gehören u. a. Kooperationen zwischen Familienbildung und Kita, Kita und Schule, Praxis und Forschung. (vgl. www.nifbe.de)

Die Handlung: Aus der Diskussion in der Arbeitsgruppe

Lehrerin 1/GS (Mitglied der Steuergruppe)
Wir sind schon seit Jahren eng verbunden mit den Kitas im Stadtteil. Den Übergang zu organisieren ist Daueraufgabe einer Kollegin aus der Steuergruppe. Gemeinsam mit den Kitas haben wir Routinen entwickelt. Die Kindergartenkinder machen gemeinsam mit unseren Erstklässlern Musik in der Pausenhalle – da sind dann die Klassenräume zu klein! Jede Woche gibt es 60 Minuten gemeinsames Bewegen – bei gutem Wetter auf dem Hof. Die Kinder gehen unkompliziert miteinander um – selten, dass die Großen sich mal aufspielen. Wir laden auch die Eltern der Kita-Kinder und der 1. Klasse dazu ein. Einige können das Angebot nicht wahrnehmen – sie sind berufstätig. Aber den ersten Schultag legen wir immer auf einen Samstag, damit die Familien mit der Erstklässlern den Start feiern können. Da ist dann die ganze Schule auf den Beinen.

Schulaufsicht Grundschule
Solche Rituale sind ja sehr wichtig. Mir kommt es aber auch darauf an, dass den Erzieherinnen klar ist, was die Grundschule an Kompetenzen erwartet. Da müssen sie mit den Kolleginnen der Schule auch mal intensiver über Bildung und Erziehung sprechen. Manche von der Älteren haben da ja noch die »Verwahranstalt« im Kopf.

Leitung freier Träger
Ich fürchte, das ist mal wieder so ein ausgeprägter Schulblick, mit dem Sie da auf die Kitas schauen. Wir haben ganz andere Erfahrungen. Unsere Kitas

sind sehr daran interessiert, die Kleinen gut auf den Schulalltag vorzubereiten. Das Thema »Verwahranstalt« ist doch schon seit Jahren vom Tisch – auch dank der ausgezeichneten Fortbildung für unsere Fachkräfte. Allerdings käme es darauf an, dass die Grundschullehrkräfte die Erzieherinnen als gleichwertig kompetente Fachkräfte anerkennen. Nur dann wird ein echter Austausch auf Augenhöhe möglich. Schauen wir doch noch einmal auf die Präsentation der AG Kita-Schule bei der Bildungskonferenz. Da haben wir doch schon festgehalten, was zur Kooperation zwischen Kitas und Grundschulen erforderlich ist!

Wenn in allen Papieren und Initiativen die Zusammenarbeit der Akteure beschworen wird, um den Übergang in die Schule als eine chancenreiche Phase zu gestalten, muss auch die Kooperation der hinter Schule und Kindertageseinrichtung stehenden Körperschaften – Land, Kommune und freie Träger – beleuchtet werden. Nicht umsonst bitten KMK und JFMK die Länder und die örtlichen Träger der öffentlichen Jugendhilfe, das ihnen Mögliche zu tun, damit beide Partner der frühen Bildung und Erziehung systematisch zusammenwirken und so den Prozess des Übergangs im Interesse des Kindes entsprechend gestalten (vgl. KMK und JFMK 2009). Dies könnte über eine Vernetzung vor Ort gelingen, wie das folgende **Beispiel** zeigt:

Arbeitskreis Kindergarten – Grundschule Porz-Süd

Im Arbeitskreis Grundschulen und Kindergärten im Kölner Stadtteil Porz-Süd arbeiten die drei Grundschulen Irisweg, Schmittgasse und Hinter der Kirche mit neun Kindertageseinrichtungen, Alte Apotheke, Bohnenbitze, Christrosenweg, Goldfsch, Houdainer Straße, Lukaskirche, Poststraße, St. Martin und Wichtelhaus regelmäßig und systematisch zusammen. Der Arbeitskreis trifft sich etwa alle drei bis vier Monate zum Informations- und Erfahrungsaustausch, zur Kontaktpflege und vor allem, um gemeinsame Aktivitäten und neue Projekte zu planen und vorzubereiten.

Ein wichtiger Baustein der Zusammenarbeit ist der Informationsabend für die Eltern der fünfjährigen Kinder, der jährlich im Herbst eines Jahres vom Arbeitskreis durchgeführt wird. Ziel dieses Abends ist es, die Eltern über die Förderungsmöglichkeiten in der Kindertageseinrichtung und in der Schule zu informieren sowie ihnen Wege aufzuzeigen, die Kinder selbst stärker zu fördern.

Beim Info-Abend im September 2011 konnten die Eltern zu sechs verschiedenen Themen jeweils für zehn Minuten zu bestimmten Fragestellungen (zum Beispiel »Was sollte mein Kind sprachlich können, wenn es in die Schule kommt?«) Anregungen von den Lehrkräften sowie den Erzieherinnen und Erziehern erhalten sowie im Gespräch mit den anderen Eltern weitere Ideen entwickeln. Nach zehn Minuten wechselten die Gruppen an den nächsten Thementisch. Mit dieser lockeren, aber sehr konzentrierten Arbeitsmethode wurden viele Beispiele gesammelt, wie Eltern ihre Kinder zu Hause, im Familienleben, in allen wichtigen Bereichen auf die Schule vorbereiten können.

Nähere Informationen über den Arbeitskreis Grundschulen und Kindergärten Porz-Süd über die beiden Grundschulen:
Gemeinschaftsgrundschule Irisweg: www.ggs-irisweg.de
Gemeinschaftsgrundschule Schmittgasse: www.schmittgasse.de

Obwohl es Mut machende Beispiele der Kooperation gibt, stellt der Deutsche Städtetag noch 2010 fest, dass die Systeme Kinder- und Jugendhilfe und Schule nach ihren eigenen systemimmanenten Vorgaben und Inhalten, also im Rahmen ihrer eigenen Handlungslogik arbeiten, statt die Aufgabe des Übergangsmanagements als eine gemeinsame zu verstehen. Er schlägt deshalb Vereinbarungen zur Kooperation zwischen den für Schule und Jugendhilfe zuständigen Fachbereichen vor: »In diesen Kooperationsvereinbarungen sollten die gemeinsamen Ziele und Maßnahmen zur Entwicklung und Förderung von Kindern sowie zur Vorbereitung des Übergangs in die Grundschule beschrieben werden. Die Eltern sollten als wichtige Erziehungs- und Bildungspartner einbezogen werden. Auf Einrichtungsebene sollten die miteinander kooperierenden Institutionen gemeinsam die notwendigen (Mindest-) Voraussetzungen für die erfolgreiche Gestaltung von Übergängen erarbeiten sowie die Ziele, Formen und Maßnahmen der Zusammenarbeit und die Ansprechpartner für die Kooperation ebenfalls in einer Kooperationsvereinbarung festhalten (vgl. Städtetag 2010).

> **Neugierig geworden?**
>
> In zweijähriger Zusammenarbeit haben die Bildungsverantwortlichen in zwei europäischen Regionen – auf der einen Seite die Stadt Gera in Ostthüringen/Deutschland, auf der anderen Seite das Pustertal in Südtirol/Italien Empfehlungen für den Übergang zwischen Kita/Kindergarten und Grundschule entwickelt und erprobt. Eine lesenswerte Broschüre, die ausführlich den Arbeitsprozess beschreibt. Download: http://www.bildungssprvenge.com/fileadmin/user_upload/dateien/engl/Publikation/Bildungsspruenge_Band_20.pdf

3.2 Die erste Weichenstellung – Sekundarstufe I

Wie beim Übergang vom Elementarbereich zur Primarstufe gilt auch hier: Übergänge sind einschneidende Prozesse. Sie fordern vom Kind, Kontinuität im Lernen zu bewahren und sich zugleich auf das Neue einzulassen. Schon ersteres ist schwierig genug, wenn sich die Empfehlung oder sogar Entscheidung über die Schulwahl bereits zu Beginn der dritten Klasse anbahnt und die Freude am Lernen unter den Druck der Ergebnisse gerät – ein Druck, der u. U. im sozialen Netz ansteckend wirkt und den die Eltern »nur« weitergeben.

Verschiedene empirische Studien haben mögliche Ursachen des Zusammenhangs zwischen dem sozio-ökonomischen Status der Eltern und dem Besuch der weiterführenden Schulform erforscht. Es bleibt festzustellen, dass unterschiedliche Faktoren eine Rolle spielen können. Dazu gehören u. a. die Wertvorstellungen und Bildungsnähe der Eltern, die sozialräumliche Lage der Grundschule, die Notengebung in Relation zum Klassendurchschnitt, die unterschiedlichen Lernzuwächse in den verschiedenen sozialen Milieus.

Nach Aussage des 14. Kinder- und Jugendberichts wird der Prozess der Entscheidung für eine weiterführende Schule nach dem Ende der Grundschulzeit »für die Heranwachsenden zu der in aller Regel ersten weichenstellenden Sozialerfahrung ihres Lebens. Auf diese Weise erleben sie in vergleichsweise jungen Jahren nicht nur erstmals eine an ihre schulische Leistung gekoppelte biografische Weggabelung, damit entscheidet sich vielfach für sie zugleich auch – oder wird dadurch wesentlich vorgezeichnet –, in welchem sozialen Umfeld, in welchem Sozialmilieu und Freundeskreis die Heranwachsenden in dem anschließenden Lebensjahrzehnt aufwachsen, also jener Lebensphase, in der mehr als in allen anderen wesentliche Weichen für den sozialen Status und die soziale Positionierung, für die eigene spätere Lebensführung und den eigenen Lebensstil gestellt sowie die entscheidenden Grundlagen für die personale und soziale Identität gelegt werden« (BMFSFJ/b 2013, S. 157). Im persönlichen Erleben der Schülerinnen und Schüler spielt neben dem Verlust der langjährigen Klassengemeinschaft eine Rolle, wie die notwendige »Neuorientierung im Kreis weitgehend unbekannter Mitschüler und veränderter sozialer Strukturen [gelingt – Einf. D.M]. Darüber hinaus verändern sich nicht nur die Schulfächer, sondern auch die Anforderungen, die an das Lernen und die zu erbringenden Leistungen gestellt werden« (Baumert et al., 2000, S. 19).

Die Debatte um den gelingenden Übergang in die Sekundarstufe rankt sich um den geeigneten Übergangszeitpunkt (4. oder 6. Klasse?), um die Schulwahlentscheidung (Schulempfehlung oder/und Elternentscheidung?) und nicht zuletzt stehen Fragen im Raum »wie ein gemeinsamer Beratungsprozess aussehen sollte, wie gut die Empfehlung der Lehrkräfte den Erfolg auf der weiterführenden Schule vorhersagt, und wie der Übergang gestaltet sein sollte« (Ophuysen 2011, S. 3). Auch wenn schließlich das Gymnasium die erste Wahl ist, spüren die Beteiligten ein mehr oder weniger großes Unbehagen: die Lehrkräfte, wenn ihre Noten den Ausschlag geben, die Eltern, die die Informationsflut der Ratgeberliteratur und auf dem »Schulmarkt« (Tage der offenen Tür) bewältigen und nicht zuletzt die Kinder, die darauf drängen, den Weg mit ihren Freunden gehen zu wollen. Da für die Kinder in dieser Lebensphase die Eltern die entscheidende Instanz sind, kommt es besonders darauf an, dass Elterngespräche nicht nur punktuell und zumeist asymmetrisch – z. B. bei Leistungs- und/oder Disziplinarproblemen – sondern als systematischer Austausch und auf Augenhöhe zwischen den beiden Experten für das Wohl des Kindes geführt werden.

Nicht nur hier, aber gerade an der Schwelle zur Sekundarstufe könnte eine bessere Passung nicht nur der Lerninhalte und Leistungserwartungen, sondern besonders von Lernformen, Schulklima und Lernkulturen erforderlich sein. So könnte erreicht werden, dass die z. B. durch Freiarbeit und Stationenlernen eingeübte Selbstständigkeit der Kinder über die Schwelle des Schulwechsels hinaus erhalten bleibt und weiter gefördert werden kann – auch eine Art schulformübergreifender Lehrerfortbildung! Darüber hinaus würde eine systematische Verständigung darüber, welche Vorstellungen in den Systemen der Primar- und Sekundarstufe über die eigene Schulqualität entwickelt wurden, die Bemühungen um das gute Ankommen der Kinder im Lebensraum der nächsten Schule stärken.

»Eine Studie von van Ophuysen (2005), in der Lehrkräfte nach ihren praktizierten Maßnahmen und deren Wichtigkeit für den Übergang befragt wurden, zeigt, dass eine Vielzahl von verschiedenen Maßnahmen, die als wichtig eingeschätzt werden, im Schulalltag auch praktiziert werden, z. B. informeller Austausch mit Kolleginnen und Kollegen, Abschlussfest der Klasse, Stufenwechsel als Unterrichtsthema, Informationsveranstaltungen. Jedoch werden insbesondere den stufenübergreifenden Gestaltungsmaßnahmen z. B. regelmäßige Besuche, eine feste Kontaktperson, gegenseitige Hospitationen, Austausch über Unterrichtsmethoden und -inhalte ein hoher Stellenwert beigemessen, diese allerdings kaum praktiziert« (Ophuysen & Harazd 2011. S. 6). Was dennoch zum Gelingen helfen kann zeigt **ein Beispiel:**

> Das »Pädagogische Konzept der Sekundarschule Warburg mit Teilstandort Borgentreich« »gemeinsam für das Leben lernen« umfasst auch ein Konzept zum Übergang von der Grundschule zur Sekundarschule:
>
> »Die Zusammenarbeit zwischen Elternhaus und Sekundarschule soll dabei einen Schwerpunkt bilden und bereits mit den Übergangsgesprächen der abgebenden Grundschulen beginnen. Wir sind bestrebt, diese Beratung so objektiv, so umfangreich, so sachgerecht und so informativ zu gestalten, dass den Eltern die Entscheidung für die weiterführende Schule, die ihrem Kind ein Erfolg versprechendes Lernen bietet, möglichst einfach fällt. Die Kooperation zwischen Grundschule und Sekundarschule stellt dabei einen fließenden Übergang für jedes Kind sicher.
>
> Das Konzept umfasst dabei folgende Bausteine:
> - Während der Übergangsberatung in den abgebenden Grundschulen steht ein Ansprechpartner der Sekundarschule vor Ort bereit.
> - Die Schüler besuchen gemeinsam mit ihren Eltern und Lehrern den Unterricht der Sekundarschule. Für die Eltern bietet sich zu diesem Anlass die Möglichkeit zum weiteren Austausch mit Ansprechpartnern und Schülern der Sekundarschule.

- Zum Ende der Klasse 4 lernen die zukünftigen Fünftklässler im Rahmen eines Kennenlerntags ihre neuen Klassenkameraden und Lehrer kennen.
- Besonders in den ersten Schulwochen legen wir Wert auf das soziale Lernen. In diesem Rahmen fahren die Schüler auf eine mehrtägige Klassenfahrt, die der Stärkung des Wir-Gefühls dient. Des Weiteren führen sie themenbezogene Projekte durch.
- Um jeden Schüler dort abzuholen, wo er steht, werden in den Hauptfächern die Leistungsfähigkeiten zur individuellen und zielorientierten Weiterentwicklung getestet«.

http://www.borgentreich.de/fileadmin/Dateien/Sekundarschule/Konzept_Sekundarschule_Warburg-Borgentreich-23.10.12.pdf. Download 16.12.2014

Neugierig geworden?

Solzbacher, Behrensen, Sauerhering, Schwer (2012). Jedem Kind gerecht werden? Sichtweisen und Erfahrungen von Grundschullehrkräften. Köln: Carl Link. 2012. S. 206 ff.

Auf Basis einer umfänglichen online-Befragung an Grundschulen stellen Solzbacher et al. fest, dass über die Schullaufbahnempfehlung hinaus zwar Lernentwicklungsgespräche zwischen Grundschulen und weiterführenden Schulen stattfinden, diese jedoch selten zu einer intensiven Kooperation führen. In den qualitativen Interviews begründen die Grundschullehrkräfte dies u. a. mit der Vielzahl weiterführender Schulen, ihren unterschiedlichen Ansprüchen und einer verbreiteten Unkenntnis über die Curricula der Grundschule.

3.3 Die Qual der Wahl – Sekundarstufe II

Nach dem Ende der Sekundarstufe I stellen sich Schülerinnen und Schüler ausgehend von den eigenen Begabungen, Stärken und Wünschen, den Vorstellungen der Eltern und nicht zuletzt den Möglichkeiten vor Ort erneut Entscheidungsfragen:
- Weiter bis zum Abitur? Und wenn ja, im Gymnasium, in der Gesamtschule oder in der berufsbildenden Schule?
- Oder eine Ausbildung im dualen System?

Diese Fragen betreffen gerade bei den nun 15- – 16-Jährigen ihre Beziehungen im Klassenverband und Freundeskreis. Oft mag der Rat der Peergroup den der Eltern in den Schatten stellen. Hinzu kommt angesichts nachlassender Schülerzahlen das große Interesse der Schulen, ihre Schülerinnen und Schüler zu halten und/oder neue von der Qualität ihres Angebots zu überzeugen. Sie bieten Informationen an Tagen der offenen Tür, über ihre Homepage und ihr Schulprofil. Gerade im sozialen Nahbereich der Städte überwiegt die Konkurrenz der Systeme im letzten Schuljahr der Sek I oft die Bereitschaft zur Zusammenarbeit.

Kann an diesem Wendepunkt in der Bildungsbiografie eine systematische Kooperation zwischen abgebenden und aufnehmenden Systemen überhaupt gelingen? Sind die Lehrkräfte nicht damit überfordert, einerseits ihre Verantwortung gegenüber ihren Schülerinnen und Schülern in Beratung und Bewertung wahrzunehmen, Wohl und Image der eigenen Schule im Blick zu behalten und zugleich mit den parallelen Systemen und mit den nachfolgenden Schulformen in einen Austausch über fachliche Ansprüche und Möglichkeiten der ›Stabübergabe‹ einzutreten? Wieder stellt sich den Schulleitungen aller Seiten die Aufgabe, Strukturen zu entwickeln, in denen diese Ansprüche gelebt werden können.

Ein Beispiel: Der Schulverbund Melsungen

Am 25.09.1980 wurde der **Schulverbund Melsungen** (Schwalm-Eder-Kreis, Hessen) mit dem Ziel gegründet, den Übergang der Schülerinnen und Schüler der Abgangsklassen der Gesamtschulen in das zentrale Oberstufengymnasium (Klassen 11–13) möglichst problemlos zu gestalten.

Seither arbeitet die Geschwister-Scholl-Schule (GSS) sehr eng und erfolgreich mit den Gesamtschulen in Felsberg (Drei-Burgen-Schule), Guxhagen (Guxhagen), Melsungen (GSM) und Spangenberg (Burgsitzschule) sowie den Beruflichen Schulen in Melsungen (Radko-Stökl-Schule) zusammen, um den Schülerinnen und Schülern eine optimale Vorbereitung sowohl für ein auf das Abitur folgende Studium als auch für eine anschließende Berufsausbildung zukommen zu lassen.

Durch **intensive Absprachen** sowohl im curricularen als auch im personalen Bereich soll sichergestellt werden, dass sich die Schülerinnen und Schüler beim Übergang von der Mittel- zur Oberstufe ohne größere Probleme den geänderten schulischen Anforderungen gewachsen fühlen können. Deshalb finden in regelmäßigen Abständen Koordinationskonferenzen statt, bei denen die Fachlehrer der Schulverbundschulen sich über die Lerninhalte in ihren Fächern austauschen und ihre Lehrplanarbeit aufeinander abstimmen.

Ein weiterer wichtiger Aspekt ist die **personale Verzahnung**. Die wechselseitige Abordnung von Lehrerinnen und Lehrern ermöglicht ein gegenseitiges Verständnis für die Anforderungen und Arbeitsweisen der jeweils anderen Schulstufe und erreicht dadurch für die Schülerinnen und Schüler einen weitgehend problemlosen Übergang zwischen den Schulstufen.

Nach über zwanzigjähriger Tätigkeit des Schulverbundes Melsungen kann ein **positives Fazit** für dieses Modell einer über die Einzelschule hinausweisenden Zusammenarbeit zum Wohle der betroffenen Schülerinnen und Schüler gezogen werden (siehe http://www.gss-melsungen.de).

3.4 Auf in die Praxis – Übergang zur Berufsausbildung

Es ist nicht verwunderlich, dass gerade die berufsbildenden Schulen schon früh Kooperationen mit den allgemein bildenden Sekundarschulen ihres Einzugsbereichs eingegangen sind: Den Austausch über die beiderseitigen Möglichkeiten und Anforderungen zu pflegen, nützt nicht nur den Jugendlichen, sondern auch den Schulen. Eine hohe Vermittlung in Ausbildung ist für die Haupt- Ober- oder Realschule ein Qualitätsausweis und die berufsbildende Schule kann ihr Angebot besser auf den Bedarf ausrichten. Nicht zuletzt prüft auch die externe Evaluation (Inspektion, Qualitätsanalyse ...), ob und wie sich die Zusammenarbeit zwischen den Systemen gestaltet.

»Elf Prozent der Betriebe verweisen [hinsichtlich der Ausbildungshemmnisse] auf Schwierigkeiten in der Zusammenarbeit mit der Berufsschule. Betrachtet man genauer, was die Unternehmen konkret bemängeln, so sind es vor allem Unterrichtsausfall, Fachlehrermangel, die Unsicherheit von Schulstandorten oder Auszubildende zu vieler unterschiedlicher Berufe in einer Klasse. Einmal mehr werden lange Anfahrtswege genannt, damit verbunden mangelnde Kommunikationsmöglichkeiten zwischen Betrieb und Schule und die Notwendigkeit von Blockunterricht« (DIHK 2014, S. 22). Vor allem aber wird eine fehlende Ausbildungsreife beklagt, wozu im Unterschied zur berufsspezifischen Eignung »diejenigen Fähigkeiten und Arbeitstugenden zu zählen sind, die für alle Ausbildungsberufe wichtig sind – gleich, ob es sich um eine besonders anspruchsvolle oder um eine weniger anspruchsvolle Ausbildung handelt. ... Einigkeit besteht auch dahingehend, dass unter »Ausbildungsreife« nur solche Aspekte subsumiert werden können, die schon bei Antritt der Lehre vorhanden sein müssen. Fähigkeiten und Fertigkeiten, die erst während der Lehre erworben werden sollen und im Ausbildungsplan als Lernziele aufgeführt werden, gehören nicht dazu« (Ehrenthal et al. 2005).

In der Debatte um die jährliche Ausbildungsplatzsituation wird als Argument für die regelmäßig fehlende Passung zwischen der Zahl/den Wünschen der Bewerber und der Ausbildungsplätze einerseits eine fehlende Ausbildungsreife, andererseits der Rückzug der Betriebe aus der Ausbildung präsentiert. Allerdings stellen Engruber und Ulrich (2014)[9] fest: »Wenn jungen Menschen mit maximal einem mittelmäßigen Hauptschulabschluss bei entsprechenden Ausbildungsmarktbedingungen ohne Verzögerung die Aufnahme einer Ausbildung

---

9 In der BIBB-Übergangsstudie 2011 haben die Autoren 87 statistische Zwillinge identifiziert, von denen ein Part bei der Lehrstellensuche erfolgreich war, während dies bei dem anderen nicht der Fall war.

gelingt, ist das Argument, dass vor allem individuelle Defizite oder fehlende Ausbildungsreife für die Ausbildungslosigkeit Jugendlicher die entscheidenden Determinanten seien, kaum noch tragfähig.« Auch sei neben dem betrieblichen Ausbildungsplatzangebot »als weitere organisationale Determinante für den Verbleib der Jugendlichen die Anzahl der jeweils in der Region vorhandenen Angebote im Übergangsbereich bedeutsam.« Das sei dadurch zu erklären, dass »die eingeplanten bzw. eingerichteten Plätze im Übergangssystem möglichst auch besetzt werden sollen (ebenso Eberhard 2012) und die Jugendlichen zudem kaum Alternativen haben, da die Zahl der Plätze im Übergangssystem negativ mit der bereitgestellten Zahl vollqualifizierender außerbetrieblicher Plätze korreliert« (ebd. S. 44).

Wie Ulrich schon 2010 festgestellt hat, muss auch die Logik des Zugangs zur Ausbildung beachtet werden, nämlich die »Regel, die zwar den »Problemfällen« staatlich organisierte Hilfe beim Ausbildungszugang zukommen lässt, rein marktbenachteiligte Jugendliche aber mit ihren Übergangsproblemen weitgehend alleine lässt«. Wer also lediglich aufgrund des Mangels an geeigneten Ausbildungsstellen schlechtere Startchancen hat, hat zugleich weniger Chancen auf alternative Lösungen, z. B. eine außerbetriebliche Ausbildung.

Die Handlung: Aus der Diskussion in der Arbeitsgruppe

Jürgen Wiesner:
Die Schülerinnen und Schüler der 8. und 9. Jahrgänge haben oft kaum eine konkrete Vorstellung davon, welche Anforderungen die Berufswelt an sie stellen wird. Ja, sie haben Praktika gemacht, aber das war eher eine Abwechslung von der Schule mit der lästigen Aufgabe der Berichte. Wir müssen früher beginnen und wir brauchen eine systematischere Zusammenarbeit mit den beruflichen Schulen, den Beratungs- und Praktikumsstellen.

Lehrer B/Bau (Fachleiter Bauabteilung berufsbildende Schulen)
Wir haben z. B. regelmäßig tagende Arbeitskreise auf Fachebene, um mit den Kollegen die curricularen Möglichkeiten und Anforderungen zwischen Schule und Ausbildung abzugleichen. Viel bedenklicher finde ich, dass manche Schüler es cool finden, die Praktika einfach abzusitzen, statt sich aktiv einzubringen.

Bildungsreferent HWK
Das beklagen auch die Handwerksbetriebe. Welcher Ausbildungsbetrieb kann es sich schon leisten, dermaßen unmotivierte Jugendliche aufzunehmen? Schließlich muss bei der späteren Ausbildung doch für beide was rausspringen. Aber es fehlt ja nicht nur an Motivation der Jugendlichen. Gravierender sind die fachlichen Defizite. Das ist doch Kerngeschäft der Schule!

Gerade[10] haben 12.962 Unternehmen in einer Online-Umfrage der DIHK bestätigt, dass mangelnde Ausbildungsreife von Schulabgängern weiterhin das zentrale Ausbildungshemmnis ist. Es ist schon manchmal nicht zu verstehen, wie jemand mit so wenig Wissen in Deutsch und Mathematik einen Schulabschluss erreichen kann. Auch bei den sog. Softskills hapert es. Wir gleichen ja viel aus. Aber kleine Betriebe können kaum die Zeit dafür aufbringen!

SCHULAUFSICHT BERUFSBILDENDE SCHULEN
Über die Frage, was nun Ausbildungsreife ist, kann man ja trefflich streiten. Bei der Berufsberatung gehört sie zu Berufseignung. Da gibt es auch Kriterien, die aber wissenschaftlich nicht abgesichert sind. Und ob die nun tatsächlich erfolgversprechend bei der Ausbildungsplatzsuche sind, sei noch dahingestellt. Schließlich klagen die Kammern schon seit den 50er Jahren in schöner Regelmäßigkeit, dass Schulabgänger mit unzureichenden Kenntnissen in Rechnen und der deutschen Sprache in das Berufsleben eintreten. Aber ich muss jetzt mal eine Lanze für die Schule brechen! Was wird nicht alles versucht. Aber Schule kann nun mal nicht alles ausgleichen, was im Elternhaus versäumt wurde, z. B. in Sachen Pünktlichkeit, Disziplin und Höflichkeit. Ganz zu schweigen von Kritikfähigkeit und Durchhaltevermögen. Zur Berufsorientierung gibt eine Fülle von Programmen und Projekten, mit denen auch Geld verdient wird! Verständlich, aber die Schule hat das Problem, neben den eigenen Ideen mit einer großen Vielfalt von Angeboten konfrontiert zu sein, deren Qualität auch nicht ohne weiteres erkennbar ist. Deshalb haben wir als Aufsichtsbehörde eine Liste der Programme zur Berufsorientierung erstellt und begründete Empfehlungen ausgesprochen.

Bei der Gestaltung des Übergangs in die berufliche Ausbildung geht es zunächst um die persönliche Vorbereitung der Jugendlichen auf die Berufswahlentscheidung. Das verlangt einerseits das Wissen um die persönliche Eignung für ein Berufsfeld und die Entwicklung eigener Vorstellungen und Ansprüche. Die Vielzahl an Selbsteinschätzungsprogrammen und -projekten ist nicht ohne weiteres hilfreich. Sie kommen durchaus zu unterschiedlichen Aussagen, die den in seiner Berufswahl ratlosen Schüler weiter verunsichern können. Auch hier wäre wohl weniger – und vor allem Fundiertes – mehr. Nicht zu unterschätzen sind zudem – wie bei jedem Übergang – die notwendigen Veränderungen im Rollenverhalten der Jugendlichen.

Alternativlos ist jedoch die Gemeinsamkeit im Handeln: Frühzeitige Berufsorientierung vor Ort in systematischer Zusammenarbeit der allgemeinbildenden und beruflichen Schulen, der Unternehmen und ihrer Verbände und der Kom-

---

10 DIHK August 2014

mune scheinen den Erfolg zu versprechen, möglichst alle Jugendlichen zu einem für sie erreichbaren Schul- und Berufsabschluss zu führen[11].

Ein Beispiel: Die Jugendberufsagentur Hamburg

In den sieben Hamburger Bezirken gibt es für junge Menschen unter 25 Jahren eine zentrale Anlaufstelle, um sich Beratung oder Hilfe zu holen, wenn es um die schulische und berufliche Zukunft geht. Alle Einrichtungen sind über den zentralen HamburgService telefonisch unter der Nummer 115 erreichbar. In der Jugendberufsagentur arbeiten alle zuständigen Stellen innerhalb eines Hauses zusammen: die Berufsberatung oder HIBB mit Auskünften zu Bildungsangeboten der berufsbildenden Schulen oder auch Leistungen vom Jobcenter team.arbeit.hamburg. Damit das reibungslos klappt, tauschen sich die Mitarbeiterinnen und Mitarbeiter der verschiedenen Partner regelmäßig in Fallbesprechungen aus oder holen sich »auf kurzem Weg« Unterstützung.

Die Jugendberufsagentur bietet auch eine »**aufsuchende Beratung**« an. Immer dann, wenn Jugendliche sich nicht wie vereinbart bei ihren Beraterinnen und Beratern zurückmelden, Schulpflichtige nicht in ihrer zuständigen berufsbildenden Schule erscheinen oder Fachkräfte der Jugendberufsagentur dies im Einzelfall befürworten, wird die Jugendberufsagentur aktiv. Dann erfolgt die Kontaktaufnahme telefonisch, per SMS, auf dem Postweg und im Einzelfall auch durch Hausbesuche. Dazu haben alle Partner der Jugendberufsagentur aufsuchende Beratungselemente eingeführt.

Das neue **Konzept der Berufsorientierung** in den Schulen sieht ab 2014/15 vor, dass Schülerinnen und Schüler der Jahrgangsstufe 8 ihre berufsbezogenen Interessen und Fähigkeiten klären, Bewerbungsverfahren und Berufsfelder kennenlernen. In Klasse 9 sammeln sie dann in Block- oder Langzeitpraktika Erfahrungen in der Berufs- und Arbeitswelt und vertiefen diese im Unterricht. Die Jahrgangsstufe 10 bereitet gezielt auf den Übergang in Ausbildung oder die gymnasiale Oberstufe sowie auf weitere Angebote der Sekundarstufe II vor.

Die **Netzwerkstelle** ist das zentrale Bindeglied zwischen den Schulen und regionalen Standorten der Jugendberufsagentur. Hier wird das Übergangsmanagement für alle Schülerinnen und Schüler der Stadtteilschulen koordiniert. Daraus resultieren folgende Kernaufgaben:

- Monitoring der Aktivitäten in der Jugendberufsagentur
- Geschäftsstelle des Planungsteams

---

11 http://www.jugend-staerken.de Den Übergang Schule – Beruf in der Kommune optimal gestalten« Ansätze und erprobte Instrumente der Modellkommunen von »JUGEND STÄRKEN: AKTIV IN DER REGION

- Koordination der staatlichen Angebote in Ausbildungsvorbereitung und Ausbildung
- Aufsuchende Beratung
- Schulpflichtüberwachung
- Datenverarbeitung

(vgl. JEDE UND JEDER WIRD GEBRAUCHT www.hamburg.de/jugendberufsagentur).

Der DIHK fasst die Ergebnisse seiner online-Unternehmensbefragung 2014 zur Frage der Berufsorientierung so zusammen: »Berufsorientierung sollte deshalb in allen Schulformen und für alle Schüler verbindlich angeboten werden, und zwar unbedingt auch an den Gymnasien. Denn auch Abiturienten müssen gut auf ihre Studien- oder Berufswahl vorbereitet werden. Für viele von ihnen könnte eine berufliche Ausbildung eine attraktive Alternative zum Studium sein, wenn sie mehr über Karriereperspektiven wüssten, die die berufliche Aus-und Fortbildung bieten. Eine gute Berufs- und Studienorientierung könnte auch Studienabbrüchen vorbeugen, die vielfach aus Unkenntnis über die Anforderungen im Studium und die vielen attraktiven Aus-und Weiterbildungsoptionen in der beruflichen Bildung resultieren«.

Neugierig geworden?
Deutscher Industrie- und Handelskammertag e. V.| Berlin | Brüssel (DIHK). Online-Unternehmensbefragung 2014. http://www.dihk.de. Download 21.08.2014. Es wurden 12.962 Unternehmen unterschiedlicher Größen und verteilt auf die Bundesländer befragt. Nicht erkennbar ist, ob hier von einer statistisch repräsentativen Umfrage ausgegangen werden kann, aber die Ergebnisse sollten zumindest als Tendenzen Beachtung finden.
Leitfaden lokales Übergangsmanagement. Im Auftrag der Bertelsmann Stiftung hat das Deutsche Jugendinstitut diese Broschüre erstellt, die obwohl älter (2007!) nichts von ihrer Aktualität verloren hat. Entscheidende Frage des dritten Kapitels: Wie kann durch Bündelung der Handlungsmöglichkeiten der verschiedenen Akteure im Voraus gewährleistet werden, dass Brüche in den Wegen Jugendlicher von vornherein vermieden werden?
BIBB 2014 »Den Übergang Schule – Beruf in der Kommune optimal gestalten«. Die Broschüre bietet u. a. erprobte Instrumente der Modellkommunen von JUGEND STÄRKEN: AKTIV IN DER REGION zur Steuerung und Koordinierung des Übergangsbereichs durch die Kommune. (http://www.jugend-staerken.de)
Ehrenthal, Bettina/Eberhard, Verena/Ulrich, Joachim Gerd (2005). Ausbildungsreife – auch unter den Fachleuten ein heißes Eisen – Ergebnisse des BIBB-Expertenmonitors. Bonn. Archivserver der Deutschen Bibliothek http://d-nb.info/977728749. Eine lesenswerte Zusammenfassung und Erläuterung der ermittelten Daten.

3.5 Auf in die Wissenschaft – Übergang zu den Hochschulen

Das Abitur schon als bestanden in Sichtweite, beginnt für die Jugendlichen eine besondere Ich-Suche, die ihre jüngeren Altersgenossen schon bei der Wahl einer Ausbildungsstelle bewältigt haben. Wie stelle ich mir mein künftiges Berufsleben vor? Welche Stärken habe ich? Wo müsste ich für meinen Traumberuf noch nacharbeiten? Wo finde ich den Studienplatz, der nicht nur gute Lehre und Förderung bietet, sondern auch den eigenen finanziellen Möglichkeiten und nicht zuletzt den Freizeitwünschen entspricht?

Neben den Empfehlungen der Eltern und Peers und der Orientierung an den schulischen Erfolgen sind die eigenen Kompetenzen maßgebend. Auch das Wissen über die mit einem Studium jeweils verbundenen künftigen beruflichen Möglichkeiten wird die Entscheidungsfindung beeinflussen. Diese Entscheidungen werden bereits im Verlaufe der gymnasialen Oberstufe im Rahmen der Studien- und Berufsorientierung vorbereitet. Gerade in Universitätsstädten gehören dazu auch sog. Hochschultage und u. U. ein Studium auf Probe, um Schülerinnen und Schülern einen Einblick in die Strukturen und inhaltlichen Angebote zu vermitteln. Auch die Arbeitsagentur hält für Schüler allgemeinbildender Schulen des Sek II-Bereiches und für Jugendliche mit Fachhochschul- oder Hochschulzugangsberechtigung Beratungsangebote vor. Dabei sehen sie sich mit einer Vielfalt an Studiengängen konfrontiert – ein Spektrum, das oft weit über die Erwartungen hinausgeht.

Verbindliche Kooperationen zwischen Schulen und Fachbereichen einer Hochschule können die Studienorientierung an Schulen ergänzen und je nach Ausgestaltung den Schülerinnen und Schülern der Oberstufe die zu erwartende »neue Praxis« nahe bringen. Solche Vorbereitung auf das Studium kann helfen, angesichts der unterschiedlichen Tradition und Praxis des Lehrens und Lernens in Schule und Hochschule Orientierungs- und Entscheidungsprobleme, hohe Abbrecherquoten, Studienfachwechsel und überlange Studienzeiten zu vermeiden.

Neugierig geworden?

Bornkessel, Philipp/Asdonk, Jupp (Hrsg.) (2012). »Der Übergang Schule-Hochschule. Zur Bedeutung sozialer, persönlicher und institutioneller Faktoren am Ende der Sekundarstufe II«. Bielefeld. Wie sich institutionelle Lernbedingungen und Lernstrukturen auf den Übergang von der Schule zur Hochschule auswirken, welchen Einfluss sozioökonomische und soziokulturelle Lebensbedingungen auf die Selbsteinschätzung von Kompetenzen und die Entscheidungsprozesse am Ende der Schullaufbahn haben und inwieweit individuelle Ressourcen und Persönlichkeitsmerkmale in die Gestaltung des Übergangs eingehen behandelt Bd. 36 der Reihe »Schule und Gesellschaft« (vgl. http://www.uni-bielefeld.de/).

Zum Gelingen der Übergänge zwischen den Bildungsstufen werden viele Akteure gebraucht. Das zeigt noch einmal die Komplexität des Anspruchs, Lernen in hoher Qualität und ohne Brüche zu verwirklichen. Keiner von ihnen kann das Problem alleine bewältigen; sie sind aufeinander angewiesen – ganz nebenbei nicht der schlechteste Grund für ein Netzwerk!

Ein solchermaßen abgestimmtes Bildungsangebot vorzuhalten, ist zweifellos ein wichtiger Standortfaktor für eine Kommune. Bürgermeisterinnen, Landräten und kommunalen Parlamenten, die das schon verstanden haben, sind Lösungsansätze gelungen. Dort sehen wir,

- wie zwischen den Schulen eine neue Art der Kooperation entsteht, wie sie sich austauschen und die Übergänge gestalten, wie sie mit Betrieben und Einrichtungen Partnerschaften eingehen,
- wie die Wirtschaftsförderung mit dem Bildungsressort über einen Plan für ein leerstehendes Schulgebäude berät,
- wie in der Jugendarbeit über treffsichere Angebote diskutiert wird,
- wie die Erfahrungen der Älteren für die Familien genutzt werden,
- wie Migranten in Gastfamilien aufgenommen werden, damit sie die Sprache schneller lernen ... und nicht zuletzt,
- wie ein neuer Zusammenhalt entsteht.

Die Verständigung auf ein gemeinsames Leitbild ist dann ein wichtiger Schritt zur Idee eines Netzwerks Bildung, in dem die Qualitätsvorstellungen nicht mehr unverbunden nebeneinander stehen, sondern ineinander greifen und sich ergänzen.

3.6 Nach der (Aus-)Bildung – die Weiterbildung

Der Anspruch, über Bildung nicht nur im Kindes- und Jugendalter zu sprechen, hat zum Begriff des Lebenslangen Lernens geführt, der, wenn er als bedrohlich empfunden wird, auch schon mal in »Lebensbegleitendes Lernen« umgewandelt wird.

Neugierig geworden?

Die PIAAC-Studie der OECD zum Kompetenzniveau Erwachsener bei Lesekompetenz, alltagsmathematischer Kompetenz und technologie-basierter Problemlösekompetenz bescheinigt den Erwachsenen in Deutschland vergleichbare Ergebnisse wie die der PISA-Studien für Schülerinnen und Schüler. Zu den wichtigsten Erkenntnisse gehört (OECD 2013, S. 1), dass – wie in den meisten Ländern – eine bedeutende Minderheit der Bevölkerung ein sehr niedriges Niveau bei Lesekompetenz [nämlich 17,5%] und alltagsmathematischer Kompetenz [nämlich 18,4%] aufweist, und ein hoher Anteil der Erwachsenenbevölkerung [nämlich 44,8%] über geringe Kompetenzen bei der Beschaffung, Analyse und Übermittlung von Informationen mit Hilfe geläufiger Computeranwendungen verfügt. Der OECD-Bericht weist u. a. auf

> einen wichtigen Zusammenhang hin: Bei Personen mit einer Lesekompetenz auf oder unter Kompetenzstufe 1[12] ist es wesentlich wahrscheinlicher als für Erwachsene der Kompetenzstufe 4/5, dass sie anderen misstrauen, dass sie ihren Einfluss auf den politischen Prozess als gering einschätzen, dass sie sich nicht an ehrenamtlichen Aktivitäten beteiligen und dass sie ihren Gesundheitszustand als schlecht beurteilen (vgl. OECD 2013, S. 7).

Das weite Feld der Weiterbildung wird von einer Vielzahl von Akteuren bestellt! Und oft ist nicht so ganz klar, ob das eigene Weiterlernen auch »Weiterbildung« ist. Da hilft die Definition des Deutschen Bildungsrats (1970, S. 197). Danach ist Weiterbildung die »Fortsetzung oder Wiederaufnahme organisierten Lernens nach Abschluss einer unterschiedlich ausgedehnten ersten Bildungsphase«. Sie bilde mit vorschulischen und schulischen Lernprozessen ein zusammenhängendes Ganzes. Der hohe Stellenwert des lebenslangen Lernens zeigt sich u. a. im gemeinsamen Ziel von Bund, Ländern und Sozialpartnern: Sie haben sich beim Dresdner Bildungsgipfel im Oktober 2008 darauf verständigt, die Weiterbildungsbeteiligung der Erwerbsbevölkerung bis 2015 auf 50 Prozent zu steigern (Bundesregierung/Regierungschefs der Länder 2008, S. 14).

Als europäisches Berichtssystem unterscheidet die AES-Berichterstattung (Adult Education Survey) drei Weiterbildungssegmente (vgl. Bilger et al., S. 36):
a) betriebliche Weiterbildung
- Aktivitäten, die ganz oder überwiegend während der bezahlten Arbeitszeit oder einer bezahlten Freistellung für Bildungszwecke erfolgen.
- Aktivitäten, deren direkte Kosten (z. B. Gebühren, Lernmaterial) ganz oder anteilig durch den Arbeitgeber übernommen werden.

b) Individuelle berufsbezogene Weiterbildung: Aktivitäten, die »hauptsächlich aus beruflichen Gründen« erfolgen.
c) Individuelle nicht-berufsbezogene Weiterbildung: Aktivitäten, die »mehr aus privaten Gründen« erfolgen.

Allgemeine (individuelle, nicht berufsbezogene) Weiterbildung

Neben allgemein interessierenden Themen wie der Umgang mit Computer und Internet, der Erwerb von Sprachkenntnissen, Versicherungs-, Renten- und Steuerfragen sowie persönliche/familiäre Fragen gehören zur allgemeinen Weiterbildung der nachträgliche Erwerb allgemeiner Bildungsabschlüsse sowie Kurse für Neuzuwanderer und bereits hier lebende Migranten, die ihnen die Verständigung im Alltag und die Teilhabe an der deutschen Gesellschaft erleichtern sollen.

---

12 Kompetenzstufe 1: Nutzung weitverbreiteter und bekannter Anwendungen wie E-Mail-Programme oder Internet-Browser, um Aufgaben zu bewältigen, für die nur wenige Arbeitsschritte, einfache Schlussfolgerungen und wenig oder keinerlei Navigieren durch verschiedene Anwendungen erforderlich sind.

Berufsbezogene Weiterbildung – Betriebliche Weiterbildung ist der HIT!

Die Weiterbildung im und für den Beruf ist ein wesentliches Element zum Erhalt, zur Erweiterung und Veränderungsanpassung individueller professioneller Kompetenzen. »Nach den Ergebnissen des Adult Education Survey (AES) 2012 betrug die Teilnahmequote an berufsbezogener Weiterbildung der 25- bis 64-jährigen Bevölkerung in Deutschland 42 Prozent. Hierbei gab es eine Reihe von Unterschieden nach verschiedenen Merkmalen. So nahmen z. B. Frauen, Ältere, Personen mit Migrationshintergrund und Personen ohne Berufsabschluss seltener an berufsbezogener Weiterbildung teil« (BIBB-Datenreport 2014). »Im Jahr 2012 umfasst die betriebliche Weiterbildung 69% aller Weiterbildungsaktivitäten, 13% entfallen auf das individuelle berufsbezogene und die verbleibenden 18% auf das nicht berufsbezogene Weiterbildungssegment« (BMBF 2013, S. 17).

Wie sehr auch das Interesse der Betriebe am Erhalt und Ausbau der Beschäftigungsfähigkeit ihrer Arbeitnehmer gestiegen ist, zeigt sich im Übrigen darin, dass sich 2011 53 Prozent der Betriebe an der Finanzierung von beruflichen Weiterbildungsmaßnahmen beteiligten, was einem Anstieg um 9 Prozent gegenüber 2010 entspricht. Zugleich sind jedoch sowohl das entsprechende Kursangebot der Volkshochschulen als auch die Teilnahme an staatlich zugelassenen Fernlehrgängen im Vergleich zum Vorjahr rückläufig. Offensichtlich streben Menschen Weiterqualifizierung bzw. Kompetenzerweiterung eher an, wenn es sich um eine berufsbezogene Weiterbildung ihres Betriebes handelt.

Soziale Selektion auch in der Weiterbildung?

Liest man die Ergebnisse des AES Trendbericht 2012 »gegen den Strich«, beteiligen sich 51 Prozent der Menschen zwischen 18 und 64 überhaupt nicht an irgendwelcher Weiterbildung (BMBF 2013, S. 2). So erscheint fraglich, ob sich die Teilnahme von 49 Prozent tatsächlich als Erfolg feiern lässt: »Das Ziel einer Weiterbildungsbeteiligung von 50 % im Jahr 2015, das Bund und Länder sich 2008 beim Dresdner Bildungsgipfel gesetzt hatten, ist damit schon jetzt nahezu erreicht« (Bundesministerium für Bildung und Forschung 2013). Zudem hat der Nationale Bildungsbericht noch im Jahr 2012 festgestellt, »dass sich soziale Disparitäten vor allem in der betrieblichen Weiterbildung verfestigt zu haben scheinen« (Anbuhl 2013, S. 11). Auch der »AES Trendbericht 2012« bestätigt, dass gut ausgebildete junge Männer mit Vollzeitstellen ihr Wissen ständig auffrischen können. »Wer Teilzeit arbeitet, geringfügig beschäftigt ist, wenig verdient und keinen guten Schulabschluss hat, bekommt auch später deutlich weniger die Chance zur Weiterbildung. Dabei werden Betriebe angesichts des demographischen Wandels darauf angewiesen sein, gerade die bisher benachteiligten Gruppen zu qualifizieren, um ihren Fachkräftebedarf zu decken« (Anbuhl 2013, S. 13).

129

> **Neugierig geworden?**
>
> Eine Studie im Auftrag der Bertelsmann Stiftung: »Weiterbildung atypisch Beschäftigter« stellt fest, dass wer wenig gelernt hat, wenig dazu lernt: »Nur jeder vierte Geringqualifizierte (26,4%), aber mehr als jeder zweite Hochqualifizierte (51%) unter den atypisch Beschäftigten nimmt an einer Weiterbildung teil«. (www.bertelsmann-stiftung.de).

3.7 Selbstständig und lebenslang lernen: non-formal und informell

In den Debatten über Ziele und Maßnahmen zum lebenslangen Lernen geht es inzwischen verstärkt um Bewertung und Anerkennung des informellen Lernens in Arbeits- und Lebenszusammenhängen, das die Maßnahmen der allgemeinen und beruflichen Weiterbildung ergänzt.

Non-formale und informelle Bildung haben neben der formalen Bildung einen hohen Stellenwert im Lebens- und Bildungsverlauf des Einzelnen. Zur Unterscheidung und Abgrenzung finden sich zahlreiche Definitionen, denen folgende Aspekte gemeinsam sind:

A. »Als **formale Bildungsorte** gelten insbesondere jene Institutionen, die nicht nur ein dezidiertes Ziel der Bildung ihrer Nutzerinnen und Nutzer verfolgen, sich also ausdrücklich mit Bildungsfragen beschäftigen, sondern die Bildungsprozesse zugleich auch nach definierten Regeln und rechtlichen Vorgaben strukturieren« (BMFSFJ 2005, S. 32).
B. **Non-formale Lern- und Bildungsräume** bieten zwar organisierte, aber freiwillig zu wählende Angebote. Die Lerninhalte sind offener gestaltet, sodass die Teilnehmerinnen und Teilnehmer Inhalte und Ausgestaltung beeinflussen können.
C. Unter **informellen Lernorten** versteht man Orte, an denen Lernen vor allen Dingen ungeplant, zufällig und nebenbei stattfindet, z. B. die Familie oder Gleichaltrigengruppen (vgl. IRIS e.V., S. 7).

Rauschenbach (2013, S. 1) spricht von vier Dimensionen der Bildung und ordnet der formalen Schulbildung den Erwerb kultureller Kompetenzen zu, mit denen sich Menschen die Wissensbestände einer Gesellschaft und ihre Kulturtechniken erschließen können. In der vor, neben und nach der Schule stattfindenden ›Alltagsbildung‹ dagegen sieht er den Erwerb
- instrumenteller Kompetenzen, die Menschen befähigen, sich als aktiv Handelnde in der stofflichen Welt der Natur, der Dinge und der Waren zu bewegen,
- sozialer Kompetenzen, dank derer Menschen sich auf andere Menschen einlassen, am Gemeinwesen aktiv teilhaben und soziale Verantwortung übernehmen können und
- personaler Kompetenzen, die es dem Einzelnen ermöglichen, mit sich selbst, mit seiner eigenen Gedanken- und Gefühlswelt, seiner Körperlichkeit und seiner Emotionalität, mit Seins- und Sinnfragen umzugehen.

In der Vorbereitung z. B. durch die Familie im Bereich frühen Lernens und in der zwingend erforderlichen Ergänzung formal-schulischer Bildung vor allem im Bereich sozialer und personaler Fähigkeiten sieht Rauschenbach die bedeutende Rolle dieser Alltagsbildung.

Kulturelle Bildung

Die nach Analyse der PISA-Ergebnisse umgesetzten Maßnahmen zur Qualitätsverbesserung schulischer Bildung scheinen dazu geführt zu haben, dass für kreative Ausdrucksformen wie Kunst, Musik, Theater weniger Zeit zur Verfügung steht. Das vernachlässigt u. a., dass kulturelle Ausdrucksformen Veränderungen der Gesellschaft aufnehmen, experimentell nach Lösungen suchen und gesellschaftliche Diskurse initiieren.

Der im Auftrag der KMK vorgelegte Bericht »Bildung in Deutschland 2012« bietet eine Analyse zur kulturellen Bildung. Nach der dort zugrunde gelegten Definition kultureller/musisch-ästhetischer Bildung umfasst sie »eine kulturelle Praxis, die dazu beiträgt, Individuen zu einem selbstbestimmten Leben, zur Entdeckung und Entfaltung ihrer expressiven Bedürfnisse sowie zur aktiven Teilnahme an Kultur zu befähigen. In einer Welt, deren soziale, politische und ökonomische Prozesse von einer Fülle ästhetischer Medien geprägt werden, wird kulturelle/musisch-ästhetische Bildung zu einer wichtigen Voraussetzung für autonome und kritische Teilhabe an Gesellschaft und Politik. ... Je nach Altersphasen, nach individuellen Lebenszusammenhängen und sozialen Beziehungen, je nach Geschlecht und im Einzelfall auch nach regionalen Bedingungen muss von unterschiedlichen Erfahrungen und verschiedenartigen Rahmungen für diese Lernprozesse ausgegangen werden« (Autorengruppe 2012, S. 157).

Ob sich Menschen jeden Alters aktiv künstlerisch betätigen oder sich auf eine ihren Interessen entsprechende rezeptive Wahrnehmung beschränken, in jedem Fall müssten passende Gelegenheitsstrukturen vorhanden sein. Das beginne mit Anregung und Unterstützung durch das Elternhaus und müsse in den Kindertageseinrichtungen sowie den Schulen weitergeführt und ergänzt werden. »Hinzu kommen die Einrichtungen der non-formalen Bildung – etwa der kulturellen Jugendbildung, der Vereine und der außerschulischen Kinder- und Jugendarbeit –, aber auch anderer sozialer Zusammenhänge, in denen sich junge Menschen vorrangig bewegen. Insbesondere das breite Spektrum informeller Gelegenheiten für kulturelle Aktivitäten im privaten Bereich, den verschiedensten Formen der Laien- und Amateurkultur sowie der jugendkulturellen Szenen, zeigt das breite Bedürfnis, sich musisch-ästhetischer Ausdrucks- und Kommunikationsformen zu bedienen – auch wenn diese Bereiche einer systematisierten Darstellung nur schwer zugänglich sind« (vgl. ebd. S. 157).

Ermutigend ist, dass gerade der musisch-ästhetische Bereich nicht dem allgemeinen Trend der Bildungsbenachteiligung von Kindern und Jugendlichen aus sozial schwächeren Familien folgt: »Bemerkenswert ist die deutlich geringere soziale Selektivität bei der Ausübung kultureller/musisch-ästhetischer Aktivitäten im Vergleich zum rezeptiven Verhalten in unterschiedlichen Altersgruppen. Die Bedeutung insbesondere musikalischer Aktivitäten bei Kindern und Jugendlichen mit Migrationshintergrund geht teilweise über das Aktivitätsniveau vergleichbarer sozialer Gruppen der Kinder und Jugendlichen ohne Migrationshintergrund hinaus« (Autorengruppe 2012, S. 11).

Politische Bildung

Zur politischen Bildung gehören Angebote, die sich mit der Gesellschaft und den Beziehungen der Menschen in der Gesellschaft befassen. Dazu gehören z. B. auch Seminare zur Vertretung von Arbeitnehmerinteressen im Betrieb. Mit ihrem Angebot an Lernarrangements wie Seminaren, Tagungen, Vorträgen befördert politische Bildung u. a. die »Partizipation sowie Selbst- und Mitbestimmung als Einübungsmerkmale einer aktiven Staatsbürgerschaft« (vgl. Hafenger 2008, S. 353). Hafenger spricht auch die öffentliche Verantwortung für eine funktionierende politische Bildung an, die einerseits in der Jugendarbeit verortet ist, aber über den Weg der finanziellen Unterstützung und Auftragsvergabe von privaten Trägern angeboten wird. Hier gilt es die Balance zu halten zwischen Gängelung und dem Anspruch auf Rechenschaftslegung.

Gesundheitsbildung

Gesundheitsbildung beginnt in der Familie und ist Auftrag aller außerfamilialen Bildungsinstitutionen. Ein systematisches Training in der frühen Kindheit, die Vermittlung von Wissen und einübende Praxis in der Schule bilden eine Grundlage für gesundes Leben im Erwachsenenalter. Dass sich soziale Benachteiligung auch auf die Gesundheit auswirkt, haben Auswertungen schulärztlicher Untersuchungen in Hamburg nachgewiesen: »Sozial benachteiligte SchülerInnen aus Haupt- und Realschulen sind öfter krank, verunglücken vermehrt, müssen häufiger ins Krankenhaus, haben einen schlechteren Impfschutz und verhalten sich darüber hinaus weniger gesundheitsgerecht als MitschülerInnen in Gymnasien. Einschulungsuntersuchungen der letzten Jahre in Hamburg haben ergeben, dass bei Kindern, deren Eltern arbeitslos oder deren Väter angelernte Arbeiter sind, mit Abstand am häufigsten behandlungsbedürftige Befunde erkannt werden« (Blättner et al., S. 10).

Den Ursachen auf den Grund zu gehen, bedeutet dann nicht nur, dass Eltern ermutigt werden, ihr eigenes Gesundheitswissen zu erneuern bzw. zu erweitern. Offensichtlich müssen vor Ort Hilfen organisiert werden, um die soziale Situation der Familien zu verbessern. Dass es dazu einer quasi grenzüberschreitenden Zusammenarbeit bedarf, stellt bereits die Ottawa-Charta zur Gesundheitsförderung (1986) fest: »Gesundheitsförderung verlangt vielmehr ein koordiniertes Zusammenwirken unter Beteiligung der Verantwortlichen in Regierungen, im

Gesundheits-, Sozial- und Wirtschaftssektor, in nichtstaatlichen und selbstorganisierten Verbänden und Initiativen sowie in lokalen Institutionen, in der Industrie und den Medien. Menschen in allen Lebensbereichen sind daran zu beteiligen als einzelne, als Familien und Gemeinschaften«. Davon ausgehend, dass Gesundheit dort stattfindet, dort hergestellt wird, wo man alltäglich lebt, kann die »kommunale Nähe der Volkshochschule« sehr hilfreich für die Entwicklung eines lokal/regional abgestimmten Gesundheitskonzepts sein. »Dann gilt es, unterstützende Systeme und Organisationen zu haben, die es ermöglichen, in diesem Rahmen handeln zu können« (Blättner et al., S. 12).

> **Neugierig geworden?**
>
> Der deutsche Bildungsserver bietet umfassende Informationen zur Gesundheitspolitik, Praxis der Gesundheitsbildung und zur Forschung. http://www.bildungsserver.de/Gesundheitsbildung-in-der-Erwachsenenbildung-3234.html

Und wo finden wir das?

Gerade über die non-formalen Lern- und Bildungsräume der Jugendarbeit können junge Menschen ihre Interessen entdecken und/oder weiter entwickeln. Für die Kommune ist dies keine freiwillige Aufgabe, wie § 11 SGB VIII beschreibt. »Von den für die Jugendhilfe bereitgestellten Mitteln haben sie einen angemessenen Anteil für die Jugendarbeit zu verwenden« (§ 79 Abs. 2 SGB VIII), deren Charakteristika Freiwilligkeit, Flexibilität und Kreativität sind. Die öffentliche Jugendhilfe muss den Gesetzestext auch im Rahmen ihrer Gesamtverantwortung (§ 79 SGB VIII) sehr ernst nehmen: Förderung der Persönlichkeitsentwicklung ist wesentlicher Teil von Bildung und als solcher wichtige kommunale Aufgabe.

Bürgerinnen und Bürger können diese Vielfalt allerdings nur nutzen, wenn nicht nur die Kundeninformation der jeweiligen Anbieter einen Einblick in die inhaltliche und organisatorische Qualität bietet. Darüber hinaus ist ein Überblick über die lokalen bzw. regionalen Anbieter sowie über ihre Angebote und ihre Qualitätsbemühungen erforderlich. Hier sind die Kommunen in ihrer Qualitätsverantwortung gefordert. Sie unterhalten nicht nur in eigener Trägerschaft Einrichtungen der Weiterbildung, sondern fördern mit öffentlichen Mitteln auch nichtstaatliche und private Träger. Deshalb gehören Volkshochschulen zu den bekanntesten Weiterbildungsanbietern und sind im ländlichen Bereich oft die einzigen. Ihre lokale bzw. regionale Anbindung legt es nahe, dass sie Anliegen aus Orts- und Stadtteilen aufgreifen und sich als Forum anbieten. Sie engagieren sich u. a. als Initiatoren und Moderatoren lokaler Netzwerke und Kooperationen (z. B. im Programm »Lernende Regionen«). Innerhalb der »kommunalen Bildungslandschaften« wollen Volkshochschulen ihren Beitrag zu einem »kohärenten Bildungs- und Übergangsmanagement leisten«. Damit sind sie für die Kommune nicht nur Standortfaktor, sondern tragen zur Entwicklung des Gemeinwesens bei (vgl. DVV 2012, S. 10).

Wenn es der Kommune gelingen soll, über die lokal bzw. regional vorhandenen Angebote einen Überblick zu bieten, muss sie die neben und mit ihr Verantwortlichen ins Boot holen und die Aufgabe der Koordinierung übernehmen.

DIE HANDLUNG: ERSTE VEREINBARUNGEN SIND GETROFFEN

Die wesentlichen Aspekte der Beratungen der Arbeitsgruppe und die getroffenen Vereinbarungen wurden im Protokoll festgehalten, das alle Beteiligten erhalten.

Ergebnisprotokoll der ersten Sitzung der Arbeitsgruppe

Die Diskussion der Teilnehmerinnen und Teilnehmer konzentriert sich auf folgende Aspekte:
- Annahmen zu Handlungsbedarf aufgrund der in den Schulen und regional vorhandenen Daten in folgenden Feldern:
  - Gestaltung der Übergänge zwischen der frühkindlichen Bildung und Erziehung und der Grundschule sowie zwischen der Sekundarstufe und der beruflichen Bildung
  - Stärkung der Selbstevaluation in den Schulen (SEIS)
  - Kooperationsverträge zwischen Kita und Schule
  - Unterstützung der Berufsorientierung in den Schulen
- Die Qualitätsvorstellungen jedes Bereichs sollten in ein regionales Leitbild integriert werden.
- Alternativen zum weiteren Verfahren
  - Verbindlichkeit des Leitbildes durch politische Legitimierung (Kreis/Land)
  - Leitsätze müssen im Gespräch lebendig werden (Bildungskonferenz)
  - Leitbild braucht zunächst eine breite Akzeptanz
  - Beschluss auch durch die Schulaufsicht
  - Bindung aller vertretenen Bereiche einschließlich der Verwaltungen

Vereinbart wurde:
1. Zwei Arbeitsgruppen werden mit Unterstützung der Kreisverwaltung Vorschläge erarbeiten.
   - Auftrag der AG 1: Vorschlag zur Zusammenführung vorhandener Daten
     Mitglieder: LEHRER B (als Abteilungsleiter Bau der BBS), LEHRERIN 1/GS (als Leiterin der Steuergruppe ihrer Schule), der SCHULAUFSICHTSBEAMTE SEK. und ein Mitarbeiter der Kreisverwaltung
   - Auftrag AG 2: Vorschlag für ein Regionales Leitbild
     Mitglieder: SPRECHER DER BÜRGERSTIFTUNG, der BILDUNGSREFERENT HWK, JÜRGEN WIESNER, ANNE und ein VERTRETER DER FREIEN TRÄGER

2. Diskussion der Vorschläge und des weiteren Verfahrens in einer gemeinsamen Sitzung mit dem Landrat in etwa 8 Wochen. Der Termin wird mit dem Büro des Landrats abgestimmt.

Datum: heute – Leiterin des Amtes für Schule und Jugendhilfe

Als Anhang sind beigefügt: Fragebogen Prof. Schratz: LERNSEITS – Fragebogen zum Qualitätsverständnis – Abbildung zum »Aufsteigenden Verfahren«

Anhang 1: Fragebogen nach A. Tomlinson, zitiert nach Schratz 2012

Bitte helft mir, euch besser kennen zu lernen, damit ich euch besser unterrichten kann! (nach A. Tomlinson)

Finde heraus, was dich wirklich interessiert

1. Was machst du am liebsten, wenn du nicht in der Schule bist? (Bitte sag mir auch, warum du etwas magst!)
2. Wann warst du das letzte Mal richtig stolz auf dich? Erkläre auch, warum du dich so gefühlt hast.
3. Was kannst du in der Schule gut? Woher weißt du, dass du etwas gut kannst?
4. Was fällt dir in der Schule schwer und weshalb?
5. Wie lernst du am besten?
6. Wie kannst du NICHT lernen, was erschwert dir das Lernen?
7. Was ist dein/e Lieblingsbuch? Lieblingsfilm? Lieblingsmusik? Lieblingssport?
8. Worüber würdest du wirklich gerne etwas lernen?
9. Worin möchtest du wirklich gerne besser werden? Weshalb?
10. Was sollte ich über dich wissen, das mir hilft, dich besser zu unterstützen?
11. Beschreibe dich in 15 Jahren! Was wirst du machen? Was wird dich freuen?

Anhang 2: Fragebogen zum Qualitätsverständnis

Identität und Auftrag	Wer sind wir? Was ist unser selbst gewählter und/oder organisationsspezifischer Auftrag?
Werte	Wofür stehen wir? Welche Werte leiten unser Handeln?
Kunden	Wer sind unsere Zielgruppen, Kooperationspartner und Abnehmer?

Allgemeine Organisationsziele	Was ist unser Organisationszweck? Welche allgemeinen Ziele verfolgen wir?
Fähigkeiten	Was können wir? Über welches Know-how verfügen wir? Wo liegen unsere Stärken?
Leistungen	Was bieten wir? Welche besonderen Angebote machen wir?
Ressourcen	Woraus schöpfen wir unsere Kraft? Welche besonderen Hilfsquellen haben wir für unsere Arbeit zur Verfügung? Worauf können wir zurückgreifen?

Anhang 3

Abb. 27: nach Zech: Leitbildentwicklung in Schulen, Das »Aufsteigende Verfahren«

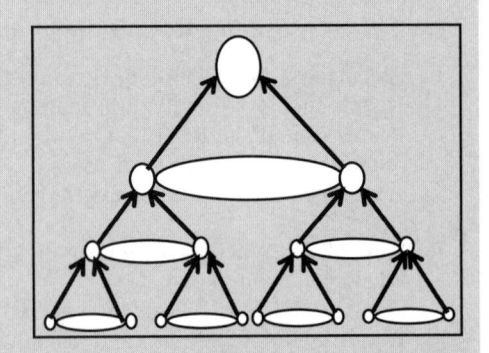

Erläuterung:

»Bei dem sogenannten ›Aufsteigenden Verfahren‹ können beliebig viele Personen beteiligt werden. Der Clou liegt darin, dass während des gesamten Prozesses stets nur zwei Meinungen zur selben Zeit miteinander in Einklang gebracht werden müssen. Zu Beginn steht eine individuelle Arbeit, am Ende das Produkt der gesamten Gruppe, in dem die Ansichten, Meinungen, Wünsche und Ideen jeder Person enthalten sind« (Zech):
- Zu Beginn beantwortet jede Person für sich in Einzelarbeit die sieben Fragen des Fragebogens zur Leitbildentwicklung.
- Im nächsten Schritt arbeiten zwei Personen zusammen und bringen ihre beiden individuellen Antworten zu einer gemeinsamen zusammen.
- Aus diesen Paaren bilden sich im folgenden Schritt Vierergruppen, wobei die Paare aus der Vorrunde zusammenbleiben.
- In diesen Vierergruppen liegen wiederum nur zwei Leitbildentwürfe vor, die zu einem gemeinsamen zusammengeführt werden müssen.
- Jeweils zwei Vierergruppen bilden eine Achtergruppe, die ihre beiden mitgebrachten Leitbildentwürfe zu einem vereinigen.
- Schließlich sitzen sich nur noch zwei Gruppen mit zwei Leitbildentwürfen gegenüber und erarbeiten eine Schlussversion.

Teil 3

DIE HANDLUNG: VON ZIELEN UND LÖSUNGEN

Die beiden Arbeitsgruppen haben sich in mehreren Sitzungen getroffen, Zwischenbilanzen gezogen und schließlich ihre Vorschläge erarbeitet.

Die Mitglieder der **AG 1 ›Datensammlung‹** haben nach einer eingehenden Diskussion arbeitsteilige Aufgaben verteilt. Es soll recherchiert werden, welche Daten auf kommunaler Ebene, auf Landesebene und über die Wirtschaftsverbände zugänglich sind. Schließlich haben sie die Ergebnisse zusammengefasst. Sie schlagen die Zusammenführung folgender Daten für einen künftigen Bildungsbericht[13] vor:

1. Rahmenbedingungen im Landkreis Nahland (demografische Entwicklung, Wirtschaftsstruktur und Arbeitsmarkt, Soziale Lage, Finanzsituation der öffentlichen Haushalte)
2. Bildungsstruktur (Standorte der Bildungseinrichtungen Kita/Allgemein bildende Schulen, berufliche Schulen)
3. Frühkindliche Bildung und Betreuung
4. Allgemein bildende Schulen
5. Berufliche Schulen
6. Weiterbildung (Anbieter, VHS, Agentur für Arbeit/Jobcenter)

In einem ersten Schritt sollte eine Bestandsaufnahme folgende Daten umfassen:
- demografische Entwicklung
- allgemein bildende Schulen: Bildungsbeteiligung, Schulabschlüsse, Übergänge Kita – Grundschule und Schule-Beruf
- berufliche Bildung: Schulabschlüsse, Ausbildungssituation (Angebot und Nachfrage)

Die Mitglieder der **AG 2 ›Regionales Leitbild‹** haben zunächst den Fragebogen – Anhang 2 des Protokolls (s. S. 135) – auf die konkrete Situation zugeschnitten und Antworten formuliert:

Identität und Auftrag	Wer sind wir? Was ist unser Auftrag?	Bildungsakteure der Region; ein qualitativ hochstehendes Bildungsangebot zur Verfügung stellen
Werte	Welche Werte leiten unser Handeln?	die Überzeugung, dass in gemeinsamer Verantwortung Verbesserungen erreicht werden können

---
13 Animiert durch die Bildungsberichte des Landkreises Nienburg und des Heidekreises

Kunden	Wer sind unsere Zielgruppen, Kooperationspartner?	alle Bürgerinnen und Bürger; Schülerinnen und Schüler und ihrer Eltern
Allgemeine Organisationsziele	Welches Leitziel verfolgen wir?	die Bildungschancen für alle Kinder, Jugendlichen und Erwachsenen verbessern
Fähigkeiten und Leistungen	Über welches Know-how verfügen wir? Wo liegen unsere Stärken?	langjährige Erfahrungen in unseren Institutionen; Bereitschaft, neue Herausforderungen anzunehmen und anzugehen
Ressourcen	Welche Hilfsquellen haben wir für unsere Arbeit zur Verfügung? Worauf können wir zurückgreifen?	Die Organisationsstruktur unserer Institutionen ermöglicht die Unterstützung (Zeit, Finanzen) des Prozesses.

Die gefundenen Antworten waren eine Basis für die weitere Arbeit. Lange und durchaus kontrovers wurde um ein gemeinsames Bildungs- und Qualitätsverständnis gerungen. Schließlich war man sich einig darin, gemeinsam einen biografischen Bildungsbegriff ›Bildung von der Kita bis ins Alter‹ vertreten zu wollen. Ausschlaggebend war die Vermutung, dass sich darin alle Akteure im Landkreis wiederfinden könnten – von der Kita über die Schule, die Ausbildung, das Studium und die Weiterbildung. Ein weiterer wesentlicher Aspekt war die gemeinsame Verantwortung für die Bildung in der Region über institutionelle Grenzen hinweg: ›Grenzüberschreitung ist kein Tabu‹. Das Ergebnis der Diskussion ist der folgende Vorschlag[14] für ein Leitbild:

Der Kreis Nahland steht für einen biografischen Bildungsbegriff und übernimmt in Zusammenarbeit mit Kooperationspartnern die Verantwortung für ein Bildungsangebot im Landkreis, das den unterschiedlichen Bildungsbedarfen der Schülerinnen und Schüler Rechnung trägt. Weiterbildungsmöglichkeiten sollen allen Bürgerinnen und Bürgern präsent und für sie erreichbar sein.

Wir stellen Bildung und Erziehung der Kinder und Jugendlichen in den Mittelpunkt unserer Arbeit: Jede und jeder soll seine Begabungen ausschöpfen und den ihr/ihm möglichen Bildungsabschluss erreichen kön-

---

14 Animiert durch das Leitbild 2016 der Bildungsregion Emsland (Niedersachsen)

nen. Wir begleiten und unterstützen ihren bildungsbiografischen Weg systematisch und professionell bis zum Übergang in Beruf oder Studium.
Der Landkreis Nahland arbeitet mit dem Land in einer Verantwortungsgemeinschaft vertrauensvoll zusammen.

Beide Arbeitsgruppen haben ihre Vorschläge den Mitgliedern der Gesamtgruppe übersandt. In einer gemeinsamen Sitzung mit dem Landrat wurden sie diskutiert und schließlich so als eine erste Fassung verabschiedet. Ergänzt wurde zudem eine zuversichtliche Vision, die in der Formulierung festgehalten wurde:

›Abgrenzung war gestern – Gemeinsamkeit ist heute‹

Der Landrat bedankt sich für die engagierte Arbeit und sagt zu, die Ergebnisse den Bereichen der Kreisverwaltung vorzustellen und die Ideen seiner Mitarbeiterinnen und Mitarbeiter dazu einzuholen. Wenn der Entwurf dann noch einmal überarbeitet werden müsse, werde er die AG bitten, das zu übernehmen. Im Kreisrat soll dann darüber diskutiert werden, ob und wie die Bürgerinnen und Bürger und die Entscheidungsträger in den Gemeinden in den Prozess einzubeziehen sind. Möglicherweise könnte dazu – nach den guten Erfahrungen – zu einer weiteren Bildungskonferenz eingeladen werden. Abschließend müsse der Entwurf dem Kreisrat zur Diskussion und Abstimmung vorgelegt werden. Damit parallel die Arbeit weitergehen könne, werde er einen Mitarbeiter für die Sammlung der Daten (erster Schritt) freizustellen. Die Frage der gemeinsamen Verantwortung mit dem Land für die Bildung im Kreis und mögliche Konsequenzen werde er mit dem Kultusministerium besprechen. Über die weiteren Schritte würden die Teilnehmerinnen und Teilnehmer der Arbeitsgruppe informiert.

Zu den in den Worten des Landrats formulierten anstehenden Aufgaben haben Jürgen Wiesner und Anne einen Arbeitsplan skizziert:

	Planungsschritte	beteiligt	Format
1	Vorstellung des Entwurfs in der Kreisverwaltung	Bereichsleiter	Leitungssitzung
1a	Auftrag zur Datensammlung	Mitarbeiter der Kreisverwaltung	Arbeitsgruppe
2	Diskussion in den Bereichen	Mitarbeiterinnen und Mitarbeiter	Teamsitzungen
3	Einarbeitung von Veränderungen	AG	Gemeinsame Sitzung

Teil 3 Startphase: Was wollen wir und wen brauchen wir dazu?

4	Diskussion zur Bürgerbeteiligung im Kreistag	Kreisrat	Plenarsitzung
4 a	Einbeziehung des Kultusministeriums	Landrat	Gespräch
5	Bildungskonferenz	Bürgerinnen und Bürger, Bildungsakteure, Gemeinden	Moderierte Konferenz
6	Einarbeitung von Veränderungen	AG	Gemeinsame Sitzung
7	Verabschiedung des Regionalen Leitbildes	Kreisrat	Plenarsitzung

Man geht auseinander. Es bleibt die Gewissheit, dass das Leitbild im Konsens der Beteiligten entstehen und Basis der künftigen Zielentscheidungen sein wird.

Teil 3 Startphase: Was wollen wir und wen brauchen wir dazu?

> Wie wir uns über unsere Stärken und den Veränderungsbedarf verständigen, dazu Ziele formulieren, die Netzwerkidee verbreiten und wie wir Hindernisse beim Netzwerken überwinden können.

Merke: Veränderung braucht nächst der Vision und den Ressourcen vor allem Zeit! Peter Senge (1995) schreibt dazu:
- Je stärker du drückst, desto stärker schlägt das System zurück.
- Die Probleme von heute beruhen auf den Lösungen von gestern.
- Das Systemverhalten wird besser, bevor es schlechter wird.
- Der leichte Ausweg führt gewöhnlich zurück ins Problem.
- Die Therapie kann schlimmer sein als die Krankheit.
- Ursache und Wirkung sind raumzeitlich nicht eng verknüpft.
- Man kann den Kuchen haben und ihn essen – nur nicht gleichzeitig.
- Wer einen Elefanten in zwei Hälften teilt, bekommt nicht zwei kleine Elefanten.

1 Wie wir uns gemeinsam auf Ziele einigen (können)

»Besser, man hat einen Grund
Ach nö.
Das lohnt sich nicht.
Und man weiß doch, wie das endet.
Das wird doch wieder nichts.
Außerdem ist das total gegen den Trend.
Und überhaupt, warum ich?
Das ist auch viel zu gefährlich.
Was da alles passieren kann.
Die Folgen sind gar nicht absehbar.
Da sind noch so viele Fragen offen.
Und die Kosten.
Kann das überhaupt funktionieren?
Die Experten sind skeptisch.
Der Markt ist dafür auch noch nicht bereit.
Ich weiß ja nicht. – ...Na gut, ich steh‹ auf« (Prolog 2004, S. 0)

›Eigentlich‹ wissen (?) wir doch, wo es in der eigenen Institution hakt, wo es nicht so gut läuft und woran man »mal« arbeiten müsste. Aber wer ist nicht eher im Alltäglichen verfangen und mit dem Eigenen beschäftigt? Da wird das große Ganze schnell zur Nebensache, zumal wir ja nicht wissen, ob die eigene Wahrnehmung von anderen geteilt wird. Wir müssten also darüber sprechen können, wo wir die kritischen Felder sehen, ohne die Sorge, als Besserwisser dazustehen und in die Isolation zu geraten. Hilfreich ist es, wenn es schon Orte und Gelegenheiten gibt, wo sich die unterschiedlichen Sichtweisen begegnen können, auch wo die erfahrungsgesättigten Vermutungen durch den Abgleich mit den Daten bestätigt oder widerlegt werden können. Wenn nicht, müssen solche Gelegenheiten geschaffen und zur Routine werden – in jeder Organisation und dann auch in den Kooperationsbeziehungen –, weil sonst alles beim Alten bleibt.

Je komplexer diese Beziehungen der Akteure sind, desto wichtiger ist es, damit im ›eigenen Haus‹ zu beginnen. Das gilt für die Schule genauso wie für ihre Partner in der Region und die Region (den Landkreis – die Stadt) selbst. Schon bereits vorhandene und frei verfügbare Daten bergen Erkenntnisschätze. Sie sind konkret und scheinen deshalb unschlagbar. Sie können wie Dynamit Widerstandswände aufbrechen und einem Veränderungswillen zum Durchbruch verhelfen. Auch ohne ein ausgewiesener Statistikfuchs zu sein, lassen sich aus der Analyse von Daten über die Bildung in einer Schule bzw. in einer Region Trends erkennen, die einen unmittelbaren Handlungsbedarf belegen. Solche Handlungsfelder aufzuspüren und zu benennen, ist der erste Schritt zur Verbesserung der Situation.

Vermittelt z. B. die Bestandsaufnahme einer Schule, dass die Wiederholerquote höher ist als im Jahr zuvor und die die Versetzung verhindernden Noten durch die neue Lehrkraft in den Fächern Englisch und Französisch vergeben wurden, sind die Fachkonferenzen gefragt, die Standards der Leistungsbeurteilung zu überprüfen. Wird bei der Aufstellung des Schulentwicklungsplans einer Kommune festgestellt, dass eine Sekundarschule erheblich weniger angewählt wurde, als in den Planzahlen des Vorjahres erkennbar war, muss nach Ursachen geforscht werden. Da bietet es sich an, z. B. die Abschluss- und Wiederholerquoten der Schulen zu vergleichen, die nun mehr Schüler aufgenommen haben. Aber auch ein Wechsel in der Schulleitung oder ein hoher Unterrichtsausfall durch langfristige Erkrankungen von Lehrkräften können als Ursachen in Frage kommen. Allerdings muss man sich der Gefahr vorschneller Schlüsse bewusst sein: Werden Daten verknüpft, sollte man sich davor hüten, aus Korrelationen scheinbar naheliegende Schlüsse über Ursachen und Wirkungen zu ziehen.

> **Information:**
>
> »Eine Korrelation beweist keinen Ursache-Wirkungs-Zusammenhang (Kausalität), denn eine Korrelation kann auf sehr verschiedene Weise zustande kommen. Sie kann zufällig entstehen oder häufiger einen Zusammenhang an der Oberfläche erfassen, dessen Ursache erst geklärt werden muss« (Online Lexikon für Psychologie und Pädagogik http://lexikon.stangl.eu/64/korrelation/)

Nun ist es verführerisch zu glauben, aus dem Abgleich von Daten ergäben sich die Zielentscheidungen quasi von selbst. Vielmehr geht der Festlegung kurz-

und langfristiger Ziele ein Prozess der Abwägung und Abstimmung voraus, in dem zunächst Einigkeit über die zu bearbeitenden Handlungsfelder erreicht wird.

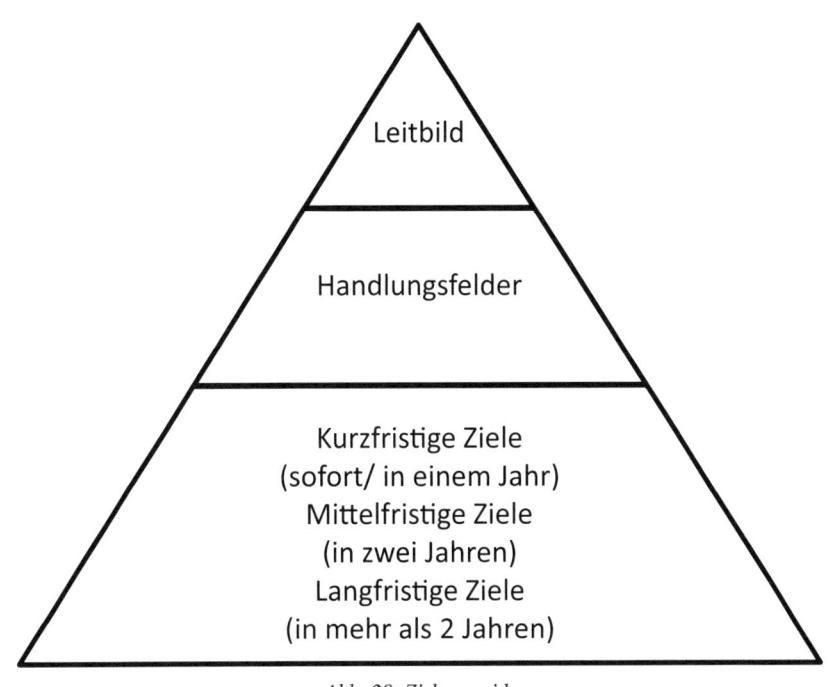

```
                    /\
                   /  \
                  /Leit\
                 / bild \
                /--------\
               /          \
              / Handlungs- \
             /   felder     \
            /----------------\
           / Kurzfristige Ziele\
          /  (sofort/ in einem  \
         /        Jahr)           \
        /   Mittelfristige Ziele   \
       /      (in zwei Jahren)      \
      /     Langfristige Ziele       \
     /      (in mehr als 2 Jahren)    \
    /_____\
```

Abb. 28: Zielpyramide

Dazu gehört auch, sich auf die eigenen Stärken zu besinnen. Was können wir schon? Worin sind wir erfolgreich? Denn daran gilt es anzuknüpfen, wenn man Schwächen erfolgreich bekämpfen will.

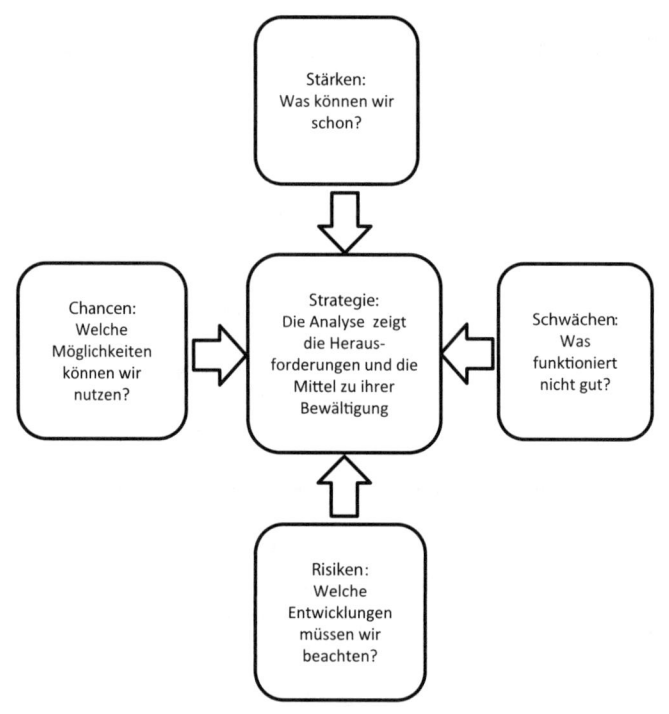

```
                    ┌─────────────┐
                    │  Stärken:   │
                    │ Was können  │
                    │   wir schon?│
                    └─────────────┘
                          ⇩
┌──────────────┐    ┌─────────────┐    ┌──────────────┐
│   Chancen:   │    │  Strategie: │    │  Schwächen:  │
│    Welche    │ ⇨  │ Die Analyse │ ⇦  │     Was      │
│Möglichkeiten │    │   zeigt die │    │ funktioniert │
│  können wir  │    │Herausforde- │    │  nicht gut?  │
│   nutzen?    │    │rungen und   │    │              │
└──────────────┘    │die Mittel zu│    └──────────────┘
                    │ihrer Bewäl- │
                    │   tigung    │
                    └─────────────┘
                          ⇧
                    ┌─────────────┐
                    │   Risiken:  │
                    │    Welche   │
                    │ Entwicklun- │
                    │ gen müssen  │
                    │wir beachten?│
                    └─────────────┘
```

Abb. 29: Stärken-Schwächen-(SWOT-)Analyse
(SWOT = Akronym aus strengths, weaknesses, opportunities, threats)

Die Strategie für künftiges Handeln ergibt sich aus folgenden Fragen:

1. Haben wir die Stärken (strengths), um unsere Chancen (opportunities) zu nutzen?
2. Verpassen wir Chancen wegen unserer Schwächen (weaknesses)?
3. Haben wir die Stärken, um Risiken (threats) zu bewältigen?
4. Welchen Risiken sind wir wegen unserer Schwächen ausgesetzt?

Die Antworten auf diese strategischen Fragen klingen leicht wie »gute Vorsätze«. Eine die Qualität steigernde Relevanz für die Praxis gewinnen sie erst, wenn daraus Ziele werden, die konkret und nicht nur im kleinen Kreis von ›Eingeweihten‹ bekannt sind. Vielmehr müssen sie von allen Beteiligten als handlungsleitend akzeptiert sein. Sie müssen dazu smart formuliert werden, damit jedem klar ist, wohin der Weg geht und woran der Erfolg der Arbeit überprüft werden kann. Smart ist ein Akronym aus:

S = Spezifisch: *Wir wissen genau, was wir erreichen wollen und stellen sicher, dass alle das gleiche Verständnis von der Sache haben.*

M = Messbar: *Die Zielerreichung ist als künftiger, in Zahlenwerten dargestellter Zustand und in der Gegenwart formuliert. Längerfristig festgelegte Ziele brauchen erkennbare Zwischenziele.*
A = Akzeptiert: *Das Ziel entspricht den Wertvorstellungen und Handlungsmöglichkeiten der Beteiligten. (auch: Angemessen oder Attraktiv)*
R = Realistisch: *Das Ziel ist erreichbar; es stehen genügend Ressourcen zur Verfügung.*
T = Terminiert: *Klare Zeitangaben zur Zielerreichung sind festgelegt; Zwischenziele sind terminiert.*

Das klingt einleuchtend, ist aber einfacher gesagt, als es getan ist.
- Ein Ziel haben wir dann **spezifisch** formuliert, wenn wir uns dabei z. B. auf ein gemeinsames Leitbild berufen können, das Abbild dessen ist, was das Handeln in unseren jeweiligen Organisationen tatsächlich anleitet.
- Statistische **Kennzahlen** helfen, Ziele messbar zu formulieren. Wie wirksam eine aus dem Ziel gefolgerte Maßnahme ist, wird sich dann an der Veränderung der Kennzahl im Zeitablauf zeigen.

> **Information:**
>
> »Eine Kennzahl ... stellt eine statistische Angabe dar, die in der Regel als ›Zahl der...‹, ›Quote der...‹, ›Anteil von ...‹ oder ähnlich berechnet wird. Eine solche Angabe ermöglicht meist nur partielle und situative Aussagen zu Quantitäten und vor allem aber zu Qualitäten, beispielsweise die ›Quote der Übergänge auf weiterführende Schulen‹ oder die ›Anzahl der Abschlüsse mit Hochschulreife‹ (Projektteam:13).

- Als attraktiv bzw. akzeptiert werden wir ein Ziel nur dann ansehen, wenn wir es in unseren Wertekanon einordnen können, mit anderen Worten: Es muss mit uns etwas zu tun haben. Aber es sollte auch eine Herausforderung darstellen, der wir mit unseren Kompetenzen angemessen begegnen können.
- Ziele sind für uns nur dann realistisch, wenn wir absehen können, dass wir für ihre Umsetzung in Maßnahmen ausreichende finanzielle personelle und zeitliche Ressourcen haben werden.
- Ein Ziel richtig zu terminieren, scheint auf den ersten Blick die einfachste Bedingung für ein smartes Ziel zu sein. Dabei wird oft übersehen, welche Hürden bis zu seiner Erreichung überwunden werden müssen.

1.1 Zielentwicklung in einer Schule

Um nicht im Abstrakten zu verharren, möchte ich beispielhaft den Weg einer fiktiven Schule zu solchen Zielen beschreiben (s. a. Abb. 21, S. 85) Es soll ein dreizügiges Gymnasium im offenen Ganztagsbetrieb sein:

Die Schulleitung hat eine Arbeitsgruppe damit beauftragt, eine erste Bestandsaufnahme der schulischen Aktivitäten und der datenmäßig bereits erfassten

Ergebnisse durchzuführen. Die Arbeitsgruppe entwickelt einen kurzen Fragebogen zum Schulklima und zur Zusammenarbeit im Kollegium. Im Übrigen nutzt sie die für alle Kolleginnen und Kollegen zugänglichen Informationsquellen. Eine Selbstevaluation der gesamten Schule hat noch nicht stattgefunden.

- Mittels des Fragebogens wird u. a. festgestellt, dass
  - die Kolleginnen und Kollegen übereinstimmend das gute Schulklima betonen: Man begegne sich freundlich und im Verhältnis zu den Schülerinnen und Schülern sei man um einen respektvollen Umgang bemüht. Konflikte würden im Dialog geklärt.
  - einige Lehrkräfte gelegentlich Schülerinnen und Schüler um Feedback zum Unterricht bitten.
  - die Fachkonferenzen jährlich zur Abstimmung über die Schulbuchbeschaffung und die Verteilung von Entlastungsstunden tagen.
- Anhand des Schwarzen Bretts lassen sich Anzahl und Inhalte der zurzeit durchgeführten Projekte ermitteln.
- Die Stundenpläne weisen Anzahl und Angebote der im Ganztag tätigen Kooperationspartner aus.
- Die jährliche Statistik zeigt eine im Landesvergleich höhere Wiederholerquote und eine seit zwei Jahren rückläufige Schülerzahl.

Die im Anschluss durchgeführte SWOT-Analyse zeigt u. a. folgende Ergebnisse:

SWOT-Analyse des fiktiven Gymnasiums			
Stärken	Schwächen	Chancen	Risiken
Gutes Schulklima	Hohe Wiederholerquote	Fortbildung der Lehrkräfte	Rückläufige Schülerzahlen
Viele Projekte	Keine Evaluationsroutine	Mitwirkung der Eltern	Konkurrenz gleicher Schulformen
Offener Ganztag	Fehlende fachliche Kooperation	Schulentwicklungsberatung	Neue Aufgabe: Inklusion

Diese Vorlage führt im Schulvorstand (oder in der Schulkonferenz) zu intensiven, auch kontroversen Diskussionen. Dabei wird der Wille zur Verbesserung von der durchgängigen Klage der Lehrkräfte über zu viele neue Aufgaben (individuelle Förderung, Inklusion!) überlagert. Der Schulleitung gelingt es, durch Hinweis auf die »Chancen« Offenheit für die Beantwortung der strategischen Fragen zu erreichen:

Strategische Fragen	Beispielhafte Antworten
Haben wir die Stärken, um unsere Chancen zu nutzen?	Das gute Schulklima motiviert eine noch stärkere Mitwirkung der Eltern.
Verpassen wir Chancen wegen unserer Schwächen?	Ohne systematische Evaluation werden Handlungsbedarf und die Notwendigkeit einer Unterstützung nicht entdeckt.
Haben wir die Stärken, um Risiken zu bewältigen?	Die zusätzliche Förderung im Ganztag unterstützt die Umsetzung der Inklusion.
Welchen Risiken sind wir wegen unserer Schwächen ausgesetzt?	Es gibt einen Zusammenhang zwischen rückläufigen Schülerzahlen und der hohen Wiederholerquote.

Strategie

Schließlich einigt man sich auf folgende **Analyse**: Die Lehrkräfte haben viel Raum, um eigene Projekte zu realisieren. Allerdings fließen die Ergebnisse kaum in die gesamtschulische Entwicklung ein, es fehlt der Austausch über die Prozesse und Ergebnisse. Gute Ideen verpuffen deshalb. Würden die vielen interessanten Projekte auf ihre Umsetzungsmöglichkeit für die ganze Schule überprüft, gewänne die Schule für alle Mitarbeiterinnen und Mitarbeiter und für die Schülerinnen und Schüler an Attraktivität. Zudem führen die fehlende fachlich-inhaltliche Auseinandersetzung und Kooperation u. a. dazu, dass Beurteilungsstandards nicht abgestimmt sind und jeder dazu seine eigenen Vorstellungen entwickelt. Das gilt auch für die Methoden individueller Förderung, was die Umsetzung der Inklusion in der Schule erschwert. Die Analyse zeigt zudem, dass eine stärkere Mitwirkung der Eltern nicht nur den Ganztag unterstützen, sondern auch zu einem positiven Image der Schule beitragen könnte – ein wichtiger Aspekt angesichts rückläufiger Schülerzahlen. Als Handlungsfelder ergeben sich demnach einerseits die Verbesserung der innerschulischen Kooperation und Vernetzung sowie die Stärkung der Kooperation mit den Eltern, andererseits die Systematisierung von Feedback und Selbstevaluation als Basis des Verbesserungsprozesses (Abb. 20). Damit ist der innere Zusammenhang von Unterricht und Schule im Rahmen einer systematischen Schulentwicklung angesprochen. Keines der Handlungsfelder kann isoliert und auch nicht ›mal eben abgearbeitet‹ werden. Zeit braucht man dazu und Unterstützung. Deshalb erteilt der Schulvorstand/die Schulkonferenz der Arbeitsgruppe den Auftrag, zunächst erste Ideen zu entwickeln, wie die **Herausforderungen der Handlungsfelder** gemeinsam bewältigt werden können.

Die Mitglieder der Arbeitsgruppe schlagen vor,
- die systematische Schulentwicklung (Leitbild, Schulprogramm) mit Unterstützung von Schulentwicklungsberatung anzugehen,
- fachliche Ziele in den Fachgruppen regelmäßig abzustimmen,
- die Fortbildungsangebote gezielt zu nutzen,
- individuelle Förderpläne als Basis inklusiven Unterrichts zu entwickeln,
- die Projektvielfalt zu reduzieren und sich auf eine Erprobung zeitnah anzubahnender Veränderungen zu konzentrieren.

Eine beachtliche Agenda, deren Umsetzung davon abhängt, ob es gelingt, die Lehrkräfte und ihre Personalvertretung, die Schulelternvertretung und die Klassenelternschaften von ihrer Notwendigkeit zu überzeugen. Um letztlich Einigkeit über die zu bearbeitenden Handlungsfelder zu erreichen, muss dazu ein offener Prozess organisiert werden, der es den Beteiligten ermöglicht, Bedenken zu äußern, sich mit Änderungswünschen einzubringen, aber natürlich auch ihre Zustimmung zum Ausdruck zu bringen. Hier sei noch einmal auf Altrichter (2014, S. 31, s. a. Teil 1, S. 12) verwiesen, der deutlich macht, dass die Akzeptanz der Beteiligten die entscheidende Bedingung dafür ist, ob und wie Neuerungen die schulische Praxis verändern.

Kein einfaches Unterfangen, bedenkt man, wie groß das Beharrungsvermögen routinierten Handelns ist. Nur wenn die Kommunikationskultur einer Schule es erlaubt, offen über Chancen und Risiken zu sprechen, können auch die Zögernden ihre Komfortzonen verlassen. Die Schulleitung ist deshalb gut beraten, dies durch ihr eigenes Dialogverhalten zu fördern. Verbündete in allen Gremien zu gewinnen und genügend Zeit für die Diskussion einzuplanen, sind dann wichtige Schritte im Veränderungsprozess.

> **Neugierig geworden?**
> Armin Lohmann und ich haben in dem bei Wolters Kluwer 2008 erschienenen Band »Führungsverantwortung der Schulleitung« im Kapitel »Komfortzonen verlassen – Schule verändern« auf S. 151 Regeln für ein sinnvolles kommunikatives Handeln der Schulleitung beschrieben. Immer noch lesenswert, finde ich.

Der Verständigungsprozess wird mit einer mehrheitlichen Einigung auf drei Handlungsfelder abgeschlossen:
- Die Projektvielfalt wird reduziert und man konzentriert sich auf eine Erprobung zeitnah anzubahnender Veränderungen.
- Die systematische Schulentwicklung (Leitbild, Schulprogramm) wird mit Unterstützung von Schulentwicklungsberatung angegangen.
- Fachliche Ziele werden in den Fachgruppen regelmäßig abgestimmt.

Nun müssen zu diesen Feldern konkrete Ziele so formuliert werden, dass das gewünschte Ergebnis jedem vor Augen steht und in überschaubarer Zeit er-

reichbar ist. Der Schulvorstand/die Schulkonferenz vereinbart deshalb folgende **smarte Ziele für das Schuljahr 2015/16:**
- Bis zum Endes des Schuljahres 2015/16 ist eine Bestandsaufnahme aller geplanten Projekte und vorhandener Projektergebnisse durchgeführt. Die damit beauftragten Kolleginnen und Kollegen erhalten dafür befristet Zeitressourcen.
- Durch Votum der Schulgremien ist bis zum Endes des ersten Schulhalbjahres eine Steuergruppe mit konkreten Funktionen beauftragt (u. a. Initiierung, Koordinierung und Konkretisierung von Schulentwicklungsprozessen, Kommunikation ins Kollegium, Brücke zu externen Beratern und Experten).
- Bis Ostern 2016 ist mit Unterstützung durch die Schulentwicklungsberatung ein gemeinsames Leitbild entwickelt.
- Die fachlichen Ziele und Beurteilungskriterien sind jeweils zu Schuljahresbeginn (erstmalig zum Schuljahr 2016/17) in den Fachteams abgestimmt und den Schülerinnen und Schüler bekanntgegeben.

Mit dem fertigen Arbeitsprogramm – gedruckt und veröffentlicht – geht berechtigter Weise erst einmal ein Aufatmen durch das Kollegium. Wenn es dann auch gelingt, diese Ziele wie terminiert zu erreichen, gibt es einen Grund zu feiern. Denn damit ist die Basis für einen Qualitätsentwicklungsprozess gelegt, der künftig das Miteinander und das Handeln in der Schule prägen wird. Schule muss sich als ein lebendiges System immer wieder darin üben, neuen Herausforderungen angemessen zu begegnen. Dass deshalb auch die selbst gesetzten Ziele nicht in Stein gemeißelt sind, versteht sich von selbst.

> **Neugierig geworden?**
>
> »Schulentwicklungsplanung I – Schulprogramm – Handlungsempfehlungen zur Erstellung und Umsetzung«. Erfahrung in Schulpraxis und Wissenschaft zeichnet den Autor und die beiden Autorinnen (Lohmann, Oechslein, Risse) des bei Wolters Kluwer 2014 erschienenen Bandes aus. Das Buch bietet viele nützliche Hinweise zum Prozess der Schulprogrammentwicklung und entsprechende Beispiele, ohne der Gefahr von Rezepturen zu erliegen.

DIE HANDLUNG: DIES UND DAS

Datum: heute
Von: JÜRGEN.WIESNER@SCHULE.AM.HAIN.DE
An: ANNE@MODELLSCHULE.DE
Betreff: dies und das
Hallo Anne, gerade haben wir eine große Bilanzkonferenz hinter uns gebracht. Unser Leitbild vor Augen haben wir so etwas wie eine Beschlusskontrolle versucht. Wir wollten wissen, ob und wie unsere beschlossenen Leitlinien in den unterrichtlichen und schulischen Alltag integriert sind. Ich bin

noch ganz erschöpft, möchte dir aber einen ganz frischen (!) Eindruck geben. Wir hatten drei Kollegen unserer Nachbarschule gebeten, als kritische Freunde unsere Ergebnisse vor der Folie unserer Ziele unter die Lupe zu nehmen. Sehr heilsam! In aller Kürze: Die Zusammenarbeit funktioniert besser, seit wir gebundene Ganztagsschule und damit auch mehr zusammen sind. Die Abstimmung zwischen den Fachkollegen zeigt, dass Unterricht als partnerschaftliche Angelegenheit zwischen Schülern und Lehrern verstanden wird, die die ganze Schule zu verantworten hat. Entprivatisierung! Mit der Inklusion tun wir uns allerdings schwerer als vermutet – vor allem seit im letzten Schuljahr einige Kinder mit Down-Syndrom zu uns gekommen sind. Wir werden noch einiges an Fortbildung investieren müssen, um den guten Willen zu erhalten, den die Kolleginnen und Kollegen bisher einbringen. Es genügt eben nicht, eine andere (bessere?? Welche??) Haltung zu erwarten – man muss auch die Kraft, die Zeit, die finanziellen Mittel und nicht zuletzt die Kompetenzen dazu haben. Viel wäre schon gewonnen, wenn Land und Kommune dabei an einem Strang ziehen würden. Viel mehr als gute Absicht hören wir da kaum. Jetzt werden wir jedenfalls unseren Maßnahmenplan anpassen müssen. Aber ich bin sicher, dass die bessere Vernetzung im Kollegium dazu beiträgt, die Kräfte auf die Umsetzung der Inklusion zu konzentrieren. Soweit für heute. Jetzt nach Hause!
Viele Grüße
JÜRGEN WIESNER

Datum: heute
Von: ANNE@MODELLSCHULE.DE
An: JÜRGEN.WIESNER@SCHULE.AM.HAIN.DE
Betreff: AW. Dies und das
Lieber Jürgen, deine Erschöpfung kann ich gut verstehen. Bei so einer Bilanz geht es ja auch immer um unsere Führungskompetenz! Wir fühlen uns mit dem, was wir in Sachen Inklusion erreicht haben, auf der sicheren Seite. Allerdings sind wir auch noch nicht durch die Präsenz geistig behinderter Schülerinnen und Schüler geprüft worden. Damit rechne ich im nächsten Schuljahr. Wir sind auf Leitungsebene schon mit der Kita der Lebenshilfe im Gespräch. Die ersten Austauschbesuche der Kolleginnen und Kollegen und der Erzieherinnen haben schon stattgefunden und die Berichte klingen ganz zuversichtlich. Unsere Steuergruppe hat in der letzten Gesamtkonferenz angeregt, die Ziele für das nächste Schuljahr neu zu fassen. Wir werden auch das eine oder andere zurückstellen, um allen Kindern gleichermaßen gerecht werden zu können. Wir wollen dafür einen zusätzlichen pädagogischen Tag beantragen – mal sehen, was die Schulaufsicht meint. Jetzt mach erstmal Pause. Wir sehen uns dann.
Gruß ANNE

1.2 Zielentwicklung in einer Kommune

Das Leitbild einer Kommune ist die Basis für die Entwicklung von Zielen auf ihrer politischen wie operativen Ebene. Soll ein Leitbild entstehen, dass darüber hinaus einen Konsens aller an Bildung Beteiligten auf kommunaler Ebene abbilden soll, muss erreicht werden, dass alle ihre Sichtweisen einbringen können. Wer ist hier »alle«?

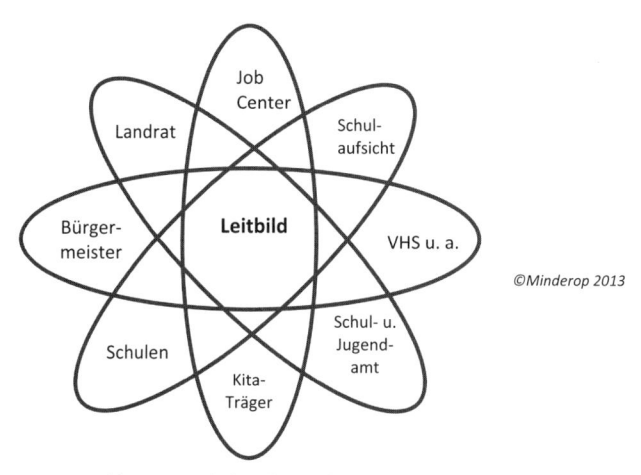

Abb. 30: Mögliche Akteure bei der Leitbildentwicklung

Wo es die Kommune als ihre Aufgabe versteht, diesen Prozess der Bildungsakteure zu moderieren, hat das schließlich formulierte und veröffentlichte Leitbild positive Wirkung auf die Beteiligten und motiviert sie, Verantwortung zu übernehmen. Denn es wurde die Grenze der Institutionen überschritten, ob Kommune, Schulaufsicht oder regionaler Partner, und jede trägt ihren Teil zum Gelingen des Ganzen in gemeinsamer Verantwortung bei. So geschehen z. B. im Heidekreis (Niedersachsen).

Ein Beispiel:

Seit 2007 wächst im Heidekreis mit großem Engagement des Landrates und der Kreisverwaltung ein abgestimmtes Handeln aller Akteure innerhalb der Kommune. Maßgeblich war gleich zu Beginn die Gründung des ›Vereins zur Verbesserung der Bildungschancen im Heidekreis e.V.‹ mit 75 Gründungsmitgliedern und dem Landrat als Vorsitzenden. Erste gemeinsame Projekte setzten am unmittelbar erkennbaren Handlungsbedarf an. Schließlich haben dann mehr als 100 regionale Akteure zusammen mit Expertinnen und Experten unter professioneller Moderation die wichtigsten bildungsbezogenen Herausforderungen im Landkreis diskutiert und

Handlungsansätze für eine Weiterentwicklung erarbeitet (www. Bildungsbuero-heidekreis.de – Bildungsmonitoring). Das Leitbild der Bildungslandschaft wurde im Kreistag beschlossen und von den Städten und Gemeinden sowie von zahlreichen Schulen unterschrieben.

Leitbild der Bildungslandschaft Heidekreis
Wir alle, die in der Region Heidekreis an Bildung beteiligt sind, verstehen uns als Verantwortungsgemeinschaft zu diesem Thema.

Die Grundlage für die Wahrnehmung unserer gemeinsamen Verantwortung ist ein »Masterplan Bildung«, den wir gemeinsam und einvernehmlich miteinander aufstellen, umsetzen und fortschreiben werden.

Bildung bedeutet für uns lebenslanges Lernen. Unser Leitspruch lautet denn auch: Bildung ist Leben, Leben ist Bildung. In diesem Sinne tragen wir Sorge für ein vielfältiges, breit gefächertes Bildungsangebot, das allen Bürgerinnen und Bürgern zugänglich ist und ihnen ermöglicht, ihre Begabungen und Fähigkeiten zu entfalten und weiter zu entwickeln. Nicht zuletzt sollen sie alle einen ihren Fähigkeiten entsprechenden Abschluss erwerben können.

Dieses Angebot fußt auf der Herstellung größtmöglicher Transparenz bzgl. des Bildungsbedarfs, der Bildungsanbieter und der Bildungsangebote; diese Transparenz bildet die zentrale Voraussetzung für ein abgestimmtes Handeln.

Unser zentrales Ziel ist es, auf Basis einer unabhängigen Bildungsberatung aufeinander abgestimmte, passgenaue Bildungsangebote zur Verfügung zu stellen und insbesondere auf eine reibungslose Gestaltung der Bildungsübergänge hinzuwirken.

Wir nutzen alle im Landkreis vorhandenen Ressourcen im Bildungsbereich, um die Lebensqualität für die Menschen zu erhöhen und insbesondere Benachteiligten eine Perspektive zu eröffnen. Das heißt auch, dass wir uns im Rahmen unserer Möglichkeiten gemeinschaftlich für die Finanzierung erforderlicher Maßnahmen engagieren. Unsere enge Vernetzung und die Verbindlichkeit, Verlässlichkeit und Kontinuität in der Zusammenarbeit bilden die Gewähr für eine nachhaltig vertrauensvolle Kooperation.

Wir fördern nicht nur die Entwicklung und Wahrnehmung von Bildungsangeboten, sondern wir arbeiten auch stets an unserer eigenen Qualifikation, um die Qualität der pädagogischen Arbeit und der Angebote zu halten und auszubauen. Dazu arbeiten wir bei Bedarf auch intensiv mit den regionalen Hochschulen zusammen.

Wir messen den Erfolg unserer Aktivitäten durch Aufbau und Pflege eines transparenten und permanenten Monitorings und eine regelmäßige

Wie wir uns gemeinsam auf Ziele einigen (können)

Evaluation. Dazu zählt auch das Benchmarking mit anderen Landkreisen in Niedersachsen.

Mit der Beantwortung der SWOT-Fragen (Abb. 29) kann auch in einem Landkreis/einer Kommune der Weg zu konkreten Zielen beginnen. Nehmen wir einmal an, die Bestandsaufnahme habe u. a. ergeben, dass zahlreiche Ausbildungsplätze im Handwerk nicht besetzt werden können, die Quote der Schulabbrecher über dem Landesschnitt liegt und die Sprachförderung der Kinder mit Zuwanderungsgeschichte nicht dem Bedarf entspricht.
Dann könnte die SWOT-Analyse so aussehen:

SWOT-Analyse in einer Kommune			
Stärken	Schwächen	Chancen	Risiken
Ausgewogenes Schulangebot	Unbesetzte Ausbildungsplätze im Handwerk	Kompetenzen der Bildungsakteure in der Region	Geburtenrückgang
Außerschulische Sprachfördermaßnahmen für Migranten	Hohe Schulabbrecherquote	Vielfältiges Angebot an Ausbildungsplätzen	Negatives Wanderungssaldo junger Familien
Kooperationsbereitschaft der Akteure	Fehlende Qualifikation von Erzieherinnen hinsichtlich Sprachförderung der Kinder mit Zuwanderungsgeschichte	Lehrerprofessionalität hinsichtlich Berufsorientierung	Abwanderung der Betriebe wegen Facharbeitermangel

Aus der Beantwortung der strategischen Fragen ergäbe sich dann die folgende Analyse:

Strategische Fragen	Beispielhafte Antworten
Haben wir die Stärken, um unsere Chancen zu nutzen?	Die Kooperationsbereitschaft der Bildungsakteure kann genutzt werden, um die Kenntnisse der Lehrkräfte über berufliche Praxis aktuell zu halten (Berufsorientierung).

Strategische Fragen	Beispielhafte Antworten
Verpassen wir Chancen wegen unserer Schwächen?	Die Vielfalt der Ausbildungsplätze kann wegen der hohen Schulabbrecherquote nicht genutzt werden.
Haben wir die Stärken, um Risiken zu bewältigen?	Erfolge bei der Sprachförderung von Migranten wirken dem Facharbeitermangel entgegen.
Welchen Risiken sind wir wegen unserer Schwächen ausgesetzt?	Abwanderung von Betrieben wegen fehlender Fachkräfte und Wegzug junger Familien wegen fehlender Arbeitsplätze.

Analyse:
Kernproblem der Region ist einerseits die Abwanderung von Betrieben wegen des Mangels an qualifizierten Mitarbeitern. Es ist zu vermuten, dass Jugendliche wegen zu geringer Qualifikation (Abbrecherquote) keinen Ausbildungsplatz finden, mit Folgen für die Facharbeiterausbildung vor Ort. Andererseits ziehen junge Familien fort, weil sie keinen Arbeitsplatz finden und ihnen die Sicherheit fehlt, eine gute Kinderbetreuung zu finden.

Herausforderungen:
Verbesserung der bildungsbiografischen Übergänge, insbesondere beim Übergang Schule – Beruf, Erhöhung des Anteils der Schülerinnen und Schüler mit erfolgreichen Schulabschlüssen und Reduzierung der Wiederholerquote.

Ideen zur Bewältigung:
- Systematische Aktualisierung der Lehrerkompetenzen zur Berufsorientierung und -vorbereitung durch verbindliche Kooperation der Bildungsakteure
- Unterstützung des Kita-Personals in Fragen der Sprachförderung und Integration von Kindern mit Zuwanderungsgeschichte
- Verbesserung der vertikalen Vernetzung zwischen abgebenden und aufnehmenden Schulen (Übergänge)

Es wird deutlich, dass nicht nur die Berufsorientierung und -vorbereitung systematischer ausgebildet werden müssen, sondern dass schon die Sprachförderung von Kindern mit Zuwanderungsgeschichte ein wichtiger Schritt ist, um dem Mangel an Fachkräften frühzeitig zu begegnen.

Daraus könnten in der Kommune folgende smarte Ziele formuliert werden:
Ziel 1: Bis zum 31.12.2016 sind die Leitung und eine Erzieherin je Kita zur Sprachförderung von Kindern mit Zuwanderungsgeschichte geschult. Die Kosten sind für die Jahre 2015 und 2016 im Haushalt der Kommune gesichert.
Ziel 2: Zur Gestaltung des Übergangs kooperieren bis zum 30.07.2016 alle Grundschulen verbindlich mit mindestens zwei weiterführenden Schulen im

Landkreis. Die Grundschulen erhalten zur Vorbereitung der Vernetzung Projektmittel in Höhe von je 400 Euro.
Ziel 3: Die sechs Sekundarschulen des Kreises erhalten in Zusammenarbeit mit der Handwerkskammer und in Abstimmung mit der Schulaufsicht ein Angebot für eine Fortbildung ihrer Lehrkräfte zur Berufsorientierung und -vorbereitung. Die Kosten tragen anteilig die HWK und der Landkreis. Die Organisation der Fortbildung übernimmt in Abstimmung mit den Schulen die HWK.

Selbstverständlich genügt es nicht, wenn solche smarten Ziele etwa allein durch kenntnisreiche Mitarbeiterinnen und Mitarbeiter der Kreisverwaltung entwickelt werden. Wichtig ist vielmehr die Beteiligung, das ›Miteigentum‹ der Betroffenen. Dazu muss das Verfahren transparent sein und die Betroffenen müssen die Chance haben, sich mit ihren Argumenten einzubringen. Mit solcher Wertschätzung ihrer Kompetenzen wird die Basis für eine veränderte Einstellung und Praxis gelegt. So werden die in der Fortbildung erworbenen Kenntnisse zur Sprachförderung die Erzieherpraxis nicht verändern, wenn ihnen nicht die Einsicht folgt, dass damit ein wichtiger Beitrag für die Kinder und für die Gesellschaft geleistet wird. Sollen also die Ergebnisse nicht nur als **Output** zählbar sein (z. B. 26 Teilnahmen an der Fortbildung), sondern wirksam werden (die Kinder lernen, besser deutsch zu sprechen), zeigt sich das erst in einer veränderten Einstellung und entsprechendem Verhalten der Zielgruppenmitglieder z. B. der Erzieherinnen (**Outcome**) sowie in Veränderungen des betreffenden sozialen Systems (**Impacts**), wie der Kita. Diese könnten u. U. in einer veränderten Organisation des Tagesablaufs oder in der Gruppenzusammensetzung erkennbar sein.

Hier wird deutlich: Wenn Veränderung als notwendig erkannt ist, genügt es nicht, dass sich Einzelne engagieren, sich z. B. fortbilden, neue Kenntnisse erwerben und neue Methoden erproben. Es braucht das Miteinander im und mit dem jeweiligen sozialen System, um durch Optimierung des Handelns die Ziele besser erreichen zu können. Solches Miteinander entwickelt sich, wenn es gut geht, aus mehr oder weniger zufälligen Kooperationen zu Netzwerkknoten, die dazu animieren, den nächsten Knoten zu knüpfen.

Bartz unterscheidet bei Veränderungen einer Organisation – hier der Schule – zwischen Optimierung (die Dinge richtig machen) und Innovation (die richtigen Dinge machen). Wo optimiert werde, gehe es um die Verbesserung von Handlungsroutinen der Aufbau- und Ablauforganisation, »um so weiter arbeiten zu können wie bisher. Dabei lernen die beteiligten Akteure in der Weise des Single-Loop-Learning: Der Abgleich von Ergebnissen und Zielen macht Fehler deutlich und das Handeln wird so korrigiert, dass die vorgegebenen Ziele besser erreicht werden« (Bartz 2013, S. 157).

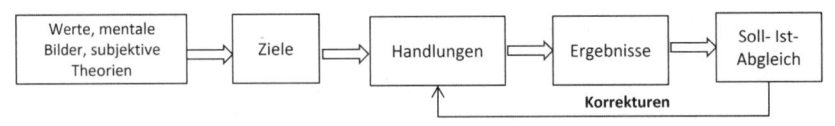

Teil 3 Startphase: Was wollen wir und wen brauchen wir dazu?

```
[Werte, mentale Bilder, subjektive Theorien] → [Ziele] → [Handlungen] → [Ergebnisse] → [Soll-Ist-Abgleich]
                                                           ↑           [Korrekturen]
```

Abb. 31: Single-Loop-Learning nach Bartz 2013

Wo allerdings schon die Basis der Organisation, ihre handlungsleitenden Werte, dem gegenwärtigen Handlungsbedarf nicht mehr gerecht werden, genügen weder die Korrektur von Maßnahmen noch eine Revision der Ziele. Vielmehr geht es um Innovation, nämlich um »die Transformation der Werte und subjektiven Theorien selbst« (Bartz 2013, S. 158).

```
[Werte, mentale Bilder, subjektive Theorien] → [Ziele] → [Handlungen] → [Ergebnisse] → [Soll-Ist-Abgleich]
          ↑                    ↑                  ↑          [Korrekturen]
    Transformation         Revision
```

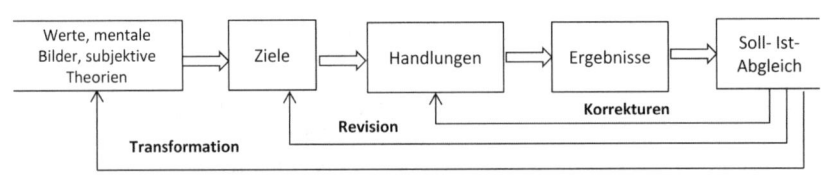

Abb. 32: Double-Loop-Learning nach Bartz 2013

DIE HANDLUNG: ES GEHT WEITER

Sie erinnern sich? Das Leitbild des Kreises Nahland sollte im Konsens aller Beteiligten entstehen.

Der Leitbildentwurf wurde sowohl mit den Amtsleitern der Kreisverwaltung als auch in den Ämtern intensiv diskutiert. Die Bürgermeister der kreisangehörigen Gemeinden begrüßten in der Runde der Hauptverwaltungsbeamten den Entwurf grundsätzlich, sahen sich aber nicht angemessen repräsentiert. Sie wünschten folgende Veränderung des letzten Satzes: »Der Landkreis Nahland **und seine kreisangehörigen Kommunen** arbeiten mit dem Land in einer Verantwortungsgemeinschaft vertrauensvoll zusammen«. Nach Einarbeitung dieser Veränderung debattierte der Kreisrat den Entwurf. Es wurde angeregt, die Rolle der Bildung für alle Bürgerinnen und Bürger und die Vielfalt des Angebots stärker zu betonen. Es gehe bei der Bildung ja um mehr als um Schule. Die Frage, ob erneut eine Bildungskonferenz einberufen werden sollte, damit das Leitbild die erforderliche Akzeptanz in der Region erhält, wurde kontrovers diskutiert.

Die Mehrheit entschied sich aus Kostengründen gegen eine Bildungskonferenz. Vielmehr sollte die bestehende Arbeitsgruppe um Vertreterinnen und Vertreter aller relevanten Bildungsakteure des Kreises sowie um einen Vertreter des Kultusministeriums erweitert werden und als Planungsgruppe den Leitbildentwurf zur Beschlussreife führen. Der Landrat sagte zu, sich deswegen mit dem Ministerium in Verbindung zu setzen und die Institutionen um Benennung eines Vertreters/einer Vertreterin für die Planungsgruppe zu bitten, der/die mit Entscheidungskompetenz ausgestattet ist.

Eine Vertreterin der Opposition forderte für die nächste Sitzung eine Vorlage zur Organisation der Arbeitsprozesse nach Verabschiedung des Leitbildes und der damit verbundenen Kosten.

Auf Einladung des LANDRATS trafen als Planungsgruppe mit ihm zusammen:

die BÜRGERMEISTERIN der Samtgemeinde Belingen als Vertreterin der Kommunen,
die LEITERIN DES AMTES FÜR SCHULE UND JUGENDHILFE,
der VORSTAND DES KREISELTERNRATS,
eine VERTRETERIN DES KREISSCHÜLERRATS,
ein VERTRETER DER FREIEN TRÄGER,
der BILDUNGSREFERENT HWK,
der SPRECHER DER BÜRGERSTIFTUNG,
der SL/GYM für die Gymnasien,
JÜRGEN WIESNER für die Sekundarschulen,
ANNE für die Gesamtschulen und
je ein Vertreter der SCHULAUFSICHT für BERUFSBILDENDE SCHULEN, SEKUNDARSCHULEN und für die GRUNDSCHULEN
der zuständige ABTEILUNGSLEITER KULTUSMINISTERIUM

Basis der Diskussion war die Fassung des Leitbildentwurfs nach der von den Kommunen gewünschten Ergänzung.

Aus der Diskussion der Planungsgruppe

JÜRGEN WIESENER (geht zum Flipchart und schreibt die Anregungen auf) Wir müssen das festhalten, damit nichts verloren geht.

VORSTAND DES LANDESELTERNRATS
Ich möchte noch einmal darauf hinweisen, wie wichtig es ist, dass die Eltern mit im Boot sind. Kita, Schule und Eltern müssen im Interesse der Kinder an einem Strang ziehen, damit sie nicht zwischen widersprüchlichen Einstellungen hin- und hergerissen werden. Deshalb muss auch etwas zur Rolle der Eltern im Leitbild stehen.

VERTRETER DER FREIEN TRÄGER
Ich halte es für einen Fehler, wenn nur von Schülerinnen und Schülern die Rede ist. Wir wissen doch um die Relevanz der frühkindlichen Bildung und Erziehung sowohl für die Entwicklung der Persönlichkeit als auch für die Bildungsbeteiligung breiter Schichten. Und wir müssen darauf achten, dass sich auch die Menschen angesprochen fühlen, die jetzt aus Krieg und Not zu uns kommen.

Anne
Da stimme ich Ihnen zu, aber wir müssen auch die Schulen in ihrer zentralen Funktion für alle Kinder und Jugendlichen würdigen.

Vertreter der freien Träger
Vielleicht sollten wir Schülerinnen und Schüler durch Kinder und Jugendliche ersetzen?

Abteilungsleiter KM
Diese Anregungen zeigen, dass wir deutlicher machen müssen, von welchem Bildungsverständnis wir ausgehen. Wenn Gemeinsames gewollt und koordiniert werden soll, müssen wir sicher sein, dass wir von derselben Sache in derselben Weise sprechen.

Bildungsreferent HWK
Richtig, das hatte ich anfangs schon betont. Bildung passiert ja nicht nur in unseren Institutionen. Vielmehr lernen nicht nur Kinder und Jugendliche, sondern alle Menschen täglich und außerhalb unserer formalen Bildungsgänge – das vergessen wir leicht.

Leiterin des Amtes für Schule und Jugendhilfe
Und gelernt wird ein Leben lang!

Landrat
Liegt hier nicht der Schlüssel zu einem gemeinsamen Verständnis, wie es ja auch schon in der Arbeitsgruppe diskutiert wurde? Müssen wir nicht unseren jeweiligen Bildungsbegriff so erweitern, dass er das formale, non-formale und das informelle lebenslange Lernen umfasst, wie das schon in den EU – Programmen gefordert wird?

Sprecher der Bürgerstiftung
Das sehe ich auch so. Dennoch werden ganz konkret die einzelnen Bereiche zu bearbeiten sein. Auch müssen wir uns darauf verständigen, wie wir Ergebnisse und Erfolge unseres gemeinsamen Handelns messen wollen.

SL/Gym
Aber darüber können wir doch erst sprechen, wenn wir an konkreten Zielen arbeiten.

Jürgen Wiesner
Ja, wie wir messen wollen, können wir erst dann klären, aber dass wir das wollen, sollte schon im Leitbild stehen: Also systematische Evaluation ...

Landrat
... und regelmäßiges Bildungsmonitoring. Einer meiner Mitarbeiter hat ja bereits mit der Sammlung vorhandener Daten begonnen und die Kolleginnen und Kollegen der Arbeitsgruppe haben festgehalten, welche Daten wir

kennen und regelmäßig vergleichen müssen, um die richtigen Entscheidungen für die Bildung vor Ort treffen zu können. Darüber habe ich schon mit einigen Kreistagsabgeordneten gesprochen. Ich denke auch, dass ein Bildungsbericht viele Bürgerinnen und Bürger davon überzeugen wird, dass wir mit dem Bildungsnetzwerk richtig liegen.

...

Es wurde weiter über Aspekte gesprochen, die zu den Leitlinien gehören sollten, JÜRGEN WIESNER hat schließlich am Flipchart notiert:
- Qualitätsverbesserung der Arbeit in Schulen und anderen Bildungsinstitutionen
- Rolle der Eltern – Zusammenarbeit mit der Schule
- Rolle der Bildung für alle hier lebenden Menschen (Integration)
- Gestaltung reibungsloser Übergänge
- Vielfalt des Angebots – Zusammenarbeit mit allen Kulturen
- Kinder und Jugendliche statt Schülerinnen und Schüler
- Gemeinsames Bildungsverständnis: formale, non-formale, informelle lebenslange Bildung
- Systematische Evaluation, Monitoring
- Eltern motivieren, mit Schulen und ihren Kooperationspartnern eine Erziehungspartnerschaft einzugehen

Eine Redaktionsgruppe bestehend aus dem VERTRETER DER SCHULAUFSICHT/ SEK., der LEITERIN DES AMTES FÜR SCHULE UND JUGENDHILFE, dem VERTRETER DER BÜRGERSTIFTUNG, des LANDESSCHULBEIRATS und der BÜRGERMEISTERIN DER SAMTGEMEINDE BELINGEN legt nach eingehender Diskussion einen abgestimmten Leitbildentwurf vor.

Abgrenzung war gestern – Gemeinsamkeit ist heute

Wir setzen uns als Partner im Landkreis Nahland für die Verbesserung von Bildungschancen innerhalb und außerhalb von Bildungsinstitutionen ein. Dabei verstehen wir Bildung als einen lebenslangen Prozess von der frühkindlichen Bildung und Erziehung bis zu Bildungsinitiativen im Alter und motivieren die Eltern, mit den Bildungsinstitutionen ihrer Kinder eine Erziehungspartnerschaft einzugehen.

Wir sorgen gemeinsam für ein vielfältiges, aufeinander abgestimmtes Bildungsangebot, das den hier lebenden Menschen aller Kulturen zugänglich ist und das ihren unterschiedlichen Bildungsbedarfen Rechnung trägt. Sie sollen ihre Begabungen und Fähigkeiten in allen Phasen ihrer Bildungsbiografie entwickeln können.

Wir achten darauf, dass die Inklusion im Zusammenleben gelebte Praxis ist, arbeiten gemeinsam an der systematischen Verbesserung der

Qualität der Arbeit in den Bildungsinstitutionen und sorgen für eine reibungslose Gestaltung der Bildungsübergänge.

Wir nutzen im Rahmen unserer Möglichkeiten alle verfügbaren Ressourcen für die gemeinsamen Ziele.

Wir messen den Erfolg unserer Aktivitäten durch regelmäßige Evaluation sowie durch den Aufbau und die Pflege eines Bildungsmonitorings.

Als Landkreis und kreisangehörige Kommunen stehen wir mit den Partnern in der Region und in einer Verantwortungsgemeinschaft mit dem Land für die Verbindlichkeit und Verlässlichkeit unseres abgestimmten Handelns.

Der erneute Abstimmungsprozess in der Kreisverwaltung und in den Kommunen wird erfolgreich beendet. Auch die übrigen Partner in der Region begrüßen die Leitlinie des künftigen Bildungsnetzwerks. In der Annahme, dass sich u. U. weitere Kommunen dem Vorbild des Kreises Nahland anschließen könnten, informiert das Kultusministerium nach der internen Abstimmung (Beauftragter des Haushalts, schulfachliche Referate, Hauptpersonalrat der Lehrkräfte) den Landesschulbeirat[15] über das Vorhaben. Schließlich findet die Vorlage eine breite Zustimmung im Kreisrat Nahland.

Zugleich ergeht die Aufforderung an die Kreisverwaltung, einen Vorschlag zur Zielfindung und zur Umsetzungsstruktur des künftigen Bildungsnetzwerks einschließlich der damit verbundenen Kosten vorzulegen.

2 Wie wir das Netzwerken verbreiten (können)

Als Instrumente können Netzwerke vielen Zwecken dienen. Was Netze Gutes tun und können, haben Armin Lohmann und ich 2008 so beschrieben:

»Sie fangen Fische.
Sie schützen vor unliebsamen Eindringlingen, wie z. B. Mücken.
Sie bündeln zur Winterzeit das Futter für die Vögel.
Sie sorgen dafür, dass uns die Apfelsinen nicht um die Füße kullern.
Sie fangen fallende Akrobaten auf.

Was können Netze?
Sie halten zusammen, was sonst vereinzelt wäre.
Sie verknüpfen Fäden zu einem sinnvollen Ganzen.

---

15 Der Landesschulbeirat berät das Ministerium bei allen Angelegenheiten von grundlegender Bedeutung für die Schule. Ihm gehören u. a. Vertreterinnen und Vertreter der Lehrkräfte, Erziehungsberechtigten, Schülerinnen und Schüler, der Hochschulen, der Industrie- und Handelskammern und der Handwerkskammern, der kommunalen Spitzenverbände, der Kirchen sowie Vertreterinnen und Vertreter der Organisationen der Arbeitgeber- und Arbeitnehmerverbände an.

Sie sind transparent.
Sie bieten Halt.
Sie tragen Lasten.
Sie sind die virtuelle Basis für Kommunikation«.

Aber heute (10.01.2015 nach dem furchtbaren Anschlag auf das Satire-Magazin »Charlie Hebdo«) möchte ich mich Carolin Emcke anschließen, die vor denen warnt, »die mit schlichten Vereinfachungen grobmaschige **Fangnetze des Populismus** *auswerfen« (SZ vom 10./11.01.2015, S. 7) – Netze, deren prinzipielle Reichweite und Offenheit zur Verbreitung von Zielen missbraucht wird, die unseren Werten entgegenstehen.*

»Soweit zu Netzen.

Netzwerke sind Werke.
Sie sind gestaltet.
Sie haben einen zielgerichteten Aufbau.
Sie schaffen Kontakte.
Sie bieten inhaltliche Orientierung und Stärkung.
Sie ermöglichen Vergleiche.
Sie bündeln Kraft, Ideen, Kritik und
schaffen Kreativität im Plural« (Lohmann & Minderop 2008, S. 205)

2.1 Sich und anderen den Nutzen verdeutlichen

Ein Handeln/ein Verfahren erweist sich in der Regel im Nachhinein als nützlich: Ein bestimmtes Ziel/eine Verbesserung konnte durch dieses Handeln/mit diesem Verfahren erreicht, ein Bedürfnis befriedigt werden. Nun stehen die Initiatoren auch von Netzwerken vor einem Dilemma. Einerseits können sie ihre Zuversicht über die Nützlichkeit des Unterfangens nur aus ihrer Erwartung und eigenen Erfahrung oder aus der Kenntnis über schon Gelungenes schöpfen. Andererseits müssen sie den Nutzen erklären, um für ihre Idee zu werben und Mitstreiter zu begeistern. Was bleibt, ist immer der Versuch, an einem gemeinsamen Problem Vernetzung zu erproben und so den Nutzen offensichtlich werden zu lassen. Ein solcher Versuch braucht also zunächst eine Problemlage, die von einigen als eine gemeinsame erkannt wird und dann den Mut der Initiatoren, neue Wege zu gehen. Wenn das gelingt und wie es dann weiter geht, soll wiederum in dem meinen Lesern jetzt schon gewohnten Dreischritt (Schule – Schulnetz – Region) gezeigt werden.

Vorab noch ein kurzer Blick auf mögliche Gegner:
»… bei Netzwerken, die den Namen auch verdienen«, geht es um »Nutzen und Verantwortung« (Kruse zitiert nach Lotter 04/2005). Es ist genau diese Kombination, die – nicht immer schon auf den ersten Blick – Gegner und Befürworter erkennbar macht: Die einen erhoffen sich vom Netzwerk einen Innovationsschub. Dafür wollen sie sich engagieren und ihre Ressourcen einbringen. Sie »suchen nämlich kein neues Organisationsmodell, sondern Dinge, die es im

alten System nicht gibt: Freiheit, Respekt, Anerkennung, eine Chance« (Lotter 04/2005). Die anderen fürchten gerade, durch neue Verbindungen und Verantwortungen aus ihren Routinen gerissen zu werden. Wollen wir sie gewinnen, muss erklärt werden können, wozu es nützt, die Komfortzone zu verlassen und ein Netzwerk aufzubauen und zu pflegen.

Es muss nicht sofort sein oder gar gleichzeitig, dass sich der Nutzen für alle Partner einstellt. Aber auf mittlere Sicht muss er spürbar werden – bei allen.

Hans-Christian Blunk meint, dass Netzwerkarbeit erst dann für die Partner relevant wird,»wenn das Können des anderen mein eigenes Können nicht nur ergänzt, sondern sein Können meine eigene Arbeit grundlegend transformiert: Wenn ich also durch meine Partner auf neue Ideen komme (und sie durch mich), wenn ich meine Arbeit durch sie neu verstehe und wir gemeinsam Konzepte entwickeln, die mir und ihnen allein nicht im Traum eingefallen wären.« (Blunk, 2003). Nur auf diese Weise bilde sich wirklicher Mehrwert. Respekt für die Leistung des anderen und Selbstbewusstsein, was die eigene Leistungsfähigkeit betrifft, seien unabdingbare Voraussetzungen für eine gleichberechtigte Partnerschaft. Niemand gebe freiwillig einen Teil seiner Souveränität ab, wenn er nicht wisse, dass er dafür etwas vom anderen bekomme.

Wie Netzwerken in Schulen nützlich wird

Ohne ein als gemeinsam erkanntes Problem werden Lehrerinnen und Lehrer nicht so leicht ihre gewohnten Routinen verlassen. Deshalb hängen die Fragen, ob Vernetzung in der Schule praktisch wird und wie die Lehrkräfte das Credo »Ich und mein Fach, ich und mein Unterricht« verlernen, davon ab, ob sie ihre pädagogisch-fachlichen Ziele alleine nicht (mehr) zu ihrer Zufriedenheit erreichen können. Das erleben sie, wenn ›mehr vom gewohnten Gleichen‹ nicht mehr hilft, ihren eigenen Ansprüchen und denen der Institution Schule gerecht zu werden. Es wird ihnen u. U. vor Augen geführt, wenn sie sich der zunehmenden Komplexität fachlicher Anforderungen nicht gewachsen fühlen, wenn stetig nachlassende Schülerleistungen sie an ihrer pädagogischen Kompetenz zweifeln lassen oder neue überfachliche Ansprüche (Schulentwicklungsaufgaben, Integration von Flüchtlingskindern, Inklusion) mit den bekannten Routinen und Methoden nicht zu bewältigen sind.

Welchen Nutzen Lehrerinnen und Lehrer sich davon versprechen, wenn sie miteinander kooperieren, haben Böhm-Kasper et al. (2009, S. 8) in drei Kategorien erfragt:
- »›Arbeitsentlastung‹ durch Kooperation (inwieweit also z. B. Zeit bei der Unterrichtsvorbereitung gespart werden kann),
- ›emotionale Entlastung‹ (z. B. mal ›Dampf ablassen können‹ nach frustrierenden Unterrichtserlebnissen)
- ›fachlicher Nutzen‹ (z. B. Lernen von Kolleginnen und Kollegen, Weiterentwicklung des eigenen Unterrichts)«

Im Ergebnis war festzustellen, dass die befragten Lehrkräfte die emotionale Entlastung als besonders wichtig und den fachlichen Nutzen – zwar geringfügig – als weniger wichtig empfanden. Der Arbeitsentlastung wurde dagegen ein deutlich geringerer Nutzen zugesprochen (vgl. Böhm-Kasper et al., S. 10). Solche Ergebnisse lassen uns zunächst etwas ratlos zurück: Es sprach doch alles dafür, dass Kooperation eine Erleichterung gerade hinsichtlich der Arbeitsorganisation bringt. Sollte es nicht entlasten, wenn man mit Kolleginnen und Kollegen z. B. Ideen zu einer Unterrichtseinheit austauscht, sie vielleicht sogar gemeinsam plant und durchführt? Wie dankbar waren wir doch manchmal, wenn die eigene Kreativität gerade mal Pause machte? Und konnte nicht gelegentlich auch eine (selbstverständlich kleine!) Lücke im eigenen Fachwissen in der Zusammenarbeit gefüllt werden? Gerade grundlegende Ansprüche an Pädagoginnen und Pädagogen, wie der nach individueller Förderung, fordern nicht selten ein Ausbalancieren in einem Spannungsverhältnis: hier der einzelne Schüler – dort die Gruppe. Dabei wird »die Frage vernachlässigt, welche Rahmenbedingungen den Willen, sein Bestes zu geben, stützen müssen« (Solzbacher et al. 2012, S. 1). Dass dazu die Kooperation im Kollegium gehört, zeigt

ein Beispiel:

97 Prozent der Befragten (n= 699) gaben in einer online-Befragung von Grundschullehrkräften aus Niedersachsen zu ihren Sichtweisen und Erfahrungen an, »dass für individuelle Förderung in der Grundschule die Kooperation im Lehrerkollegium benötigt wird« (Solzbacher et al. 2012, S. 61).

Sich über die traditionellen Aufgaben der Fachgruppe hinaus zu Lerngemeinschaften zusammenzuschließen, gelingt in einem Klima wertschätzender Kooperation als gute Voraussetzung für gemeinsames Lernen, nicht nur im Fach, sondern in der Schule. Denn es geht um Schülerinnen und Schüler, die die Schule besuchen (müssen!) und die nicht nur Fachvermittler brauchen. Fachübergreifendes Lernen bedeutet ja nicht nur für Schüler, die Perspektive zu wechseln (»Aber wir haben doch jetzt Deutsch!«), sondern auch für die Fachleute des Lehrens: Lerngemeinschaften der unterschiedlichen Fachleute geben dem Lernen den Vorrang, ermöglichen Schülerinnen und Schülern Einsicht in die Komplexität von Erscheinungen und machen das ganze Spektrum von Weltgeschehen an einem Beispiel erfahrbar. So wird im Fach und über das Fach hinaus z. B. deutlich, »Atomenergie hat eben neben der naturwissenschaftlich-mathematischen auch eine ethische und historisch-politische Dimension, hat [Historiker eingf. D.M], Dichter, Schriftsteller und bildende Künstler in die Auseinandersetzung gezwungen« (Minderop 1995): In welcher Situation (Geschichte/Politik) hat Dürrenmatt (Deutsch) über die Weltformel (Physik) geschrieben und formuliert, dass nicht zurückgenommen werden kann, was einmal gedacht wurde (Ethik – Verantwortung)?

> **Hier nur zur Erinnerung einige Ideen** für den Weg zur Lerngemeinschaft (vgl. Bonsen/Rolff 2006):
>
> - Führen und gemeinsames Auswerten von Lerntagebüchern,
> - Durchführung und gemeinsame Auswertung von Hospitationen,
> - Entwicklung und Austausch von Arbeitsmitteln,
> - Organisation und Auswertung von Schüler-Feedback,
> - Klärung und Überprüfung von Leistungsstandards,
> - Austausch und Auswertung von Klassenarbeiten und Parallelarbeiten,
> - Gemeinsames Erstellen von Förderplänen
>
> Und zu ergänzen: Gemeinsame Zeiträume und strukturierende Unterstützung!

Wie entwickeln sich Kooperationen zu einem solchen Netzwerk lernender Lehrkräfte? Antwort: Allmählich und in kleinen Schritten! Wie immer beim Start von etwas Neuem: Jemand hat eine Idee und trägt sie ins Kollegium (!), wird dort nicht abgewehrt (»Das auch noch!«), sondern bekommt die Chance, zu umreißen, was er/sie sich vorstellt. Die Chance? Wo? In der Pause im Lehrerzimmer oder in einer dafür vorgesehenen Struktur (Zeit, Routine)? Die muss schon sein, wenn die Idee ankommen soll und das hat nicht zuletzt etwas mit der Schulführung zu tun. Ihre kommunikative Kompetenz im Umgang mit den Lehrkräften prägt das Klima einer Schule entscheidend und unterstützt die Bereitschaft zur offenen Diskussion. Zugleich hat sie es in der Hand, den Initiatoren von Veränderung Gehör zu verschaffen.

Schulleiterinnen und Schulleiter können Abwehr gegen Neues mindern, wenn sie Gelegenheit zum Ausprobieren im »Inselversuch« bieten. »Er ist ergebnisoffen, hat aber klar beschriebene Erprobungsziele. Er findet in einem begrenzten Bereich, in einem Jahrgang oder z. B. in zwei miteinander kooperierenden Fachbereichen statt. Die Organisation – sprich z. B. Zeit- bzw. Stundenpläne – werden systematisch umgebaut, um den Entwicklungsteams Freiraum für pädagogische Entwicklung und Erprobung zu bieten. Das ist ein Erfolgsgarant des Inselversuchs« (Lohmann & Minderop 2008, S. 226). Wenn sie eingeladen sind zu hospitieren, können die Kolleginnen und Kollegen beobachten, wie eine Idee von Wenigen praktisch umgesetzt wird. Wenn die ersten erfahren haben, wie die Ideen fließen, im Netz verdichtet werden und sich zur greifbaren Lösung formen, kann Zustimmung wachsen und ein Transfer ins Gesamtkollegium vorbereitet werden.

Kooperieren und Netzwerken sind keine Gegensätze. In der Schule sind es Instrumente, um das Lernen zu verbessern – das der Lehrkräfte, wie der Schülerinnen und Schüler. Wie schon in der unterrichtlichen Gruppenarbeit, muss deshalb die Aufgabe so gestaltet sein, dass sie die Zusammenarbeit herausfordert. Lerngemeinschaften – fachliche wie überfachliche – zwingen zum regelmäßigen routinierten und zielgerichteten Austausch. Dabei passieren auch

unerwartete Dinge: Neben der Diskussion zum Ziel kommt z. B. zum Vorschein, dass da Menschen miteinander umgehen, die über ihre professionelle Kompetenz hinaus Interessantes zu bieten haben. Solche Seiteneffekte sind der Charme des Netzwerks, die zu neuen, ursprünglich nicht geplanten Verknüpfungen führen:
- Die Theater-AG plant ein eigenes Stück. »Eine gute Idee für kreative Ideen im Musikunterricht. Die Begleitmusik machen wir selbst.«
- Ein Schüler hat Probleme, sich für seinen Traumberuf zu entscheiden. »Er kann im Kleinbetrieb meines Freundes ausprobieren, ob seine Vorstellungen über einen Beruf der Realität standhalten«.
- »Mein Bruder ist Schreiner. Ich frage ihn, ob er in deiner Klasse seinen Beruf vorstellt.«

Ihren Einfluss auf die innerschulische Zusammenarbeit machen Schulleiterinnen und Schulleiter u. a. geltend, wenn sie Routinen, Strukturen und Rituale für eine effektive Schul- und Unterrichtsentwicklung organisieren. Das »…ist nicht immer leicht, vor allem wenn Lehrerinnen und Lehrer jahrzehntelang eine individuelle Autonomie erlebt haben, die sie nun der kooperativen Autonomie der Schule unterordnen sollen« (Lohmann 2011, S. 503). Strukturen bezeichnet Lohmann als »eine Mischung von pädagogischer Wertsetzung und deren Umsetzung. Damit letztere nicht aus dem Ruder läuft und zu unkoordiniertem Handeln einzelner Lehrkräfte und zu Willkür führt, wird die Verständigung in Strukturen eingebettet. Sie sind eine Art Geländer, eine geordnete Organisation, die den Funktionen, dem Handeln der Einzelnen einen Platz zuweist, um von dort möglichst im Konsens der anderen, fehlerlos agieren zu können« (Lohmann 2013, S. 217). So beschränken Strukturen zwar das Handeln der individuellen Akteure, schaffen aber zugleich einen »Handlungsraum, der das selbstständige Handeln der Lehrkräfte ermöglicht« (a .a. o. S. 219).

> **Hier nur zur Erinnerung** einige Ideen für Strukturen, die das Zusammenwirken individuellen und kooperativen Lehrerhandelns stärken:
> - Klausuren der Klassenteams zu aktuellen pädagogischen Fragen
> - Jahresbilanzkonferenzen der Fachgruppen und Jahrgangsteams
> - Klausur des Kollegiums unter zuvor festgelegter (anregender!) Fragestellung
> - Bilanz- und Orientierungsgespräche zwischen Schulleitung und Lehrkräften

Rituale wiederum bedienen nicht nur die Sachebene, indem sie »…demonstrieren, auf welche Verhaltensnormen und Erziehungswerte man sich verständigt hat«. Sie stärken vor allem das Gemeinschaftsgefühl in einem Kollegium, verweisen zugleich auf gemeinsame Traditionen. »Sie unterbrechen und strukturieren die Arbeit. … Sie geben Gelegenheit, innezuhalten und sich in der Gemeinschaft auf die Leitgedanken zu besinnen, bevor man den nächsten

Schritt geht oder eine erfolgreiche Arbeit abschließt« (vgl. Lohmann & Minderop 2008, S. 158).

Teamarbeit – Voraussetzung und Ergebnis des Netzwerkens

Die Bildung von Klassen- und Jahrgangsteams ist ein wichtiger Schritt zu einer Schule, in der neben der fachlichen Abstimmung auch die Ideen fächerübergreifender Inhalte und Hospitationsstrukturen eine Chance zur Realisierung haben. Vorausgesetzt ist allerdings, dass die Schulkultur, also die den Alltag oft unbewusst prägenden Werte und Normen, entsprechend verändert sind (vgl. Bessoth 2007, S. 53). Schule wird dann auch von den Schülerinnen und Schülern als gemeinsames Ganzes erlebt.

»Team« – ist das mehr als Gruppe? Wo immer auch einige Menschen eine Aufgabe gemeinsam zu erledigen haben, spricht man schnell vom Team. In der Fachliteratur werden einerseits Unterschiede zwischen Arbeitsgruppe und Team herausgearbeitet, andererseits werden beide Begriffe auch synonym verwendet, z. B. von Elmar Phillip (vgl. Phillip 2006, S. 730 – 732). Aus seiner Darstellung mag man allerdings Unterschiede herauslesen. Er hat 12 Erfolgskriterien für Teamentwicklung benannt, auf die ich mich im Folgenden beziehe:

Im Team
1. gibt es eine wertschätzende Beziehung zwischen den Einzelnen,
2. ist das Ziel gemeinsam geklärt,
3. übernimmt eine Aufgabe, wer darin kompetent ist,
4. ist Feedback (konkret, kurz, kurzfristig, konstruktiv) Bestandteil offener Kommunikation,
5. ist Leitung selbstverständlich, für die Aufgabe qualifiziert und kann innerhalb des Teams wechseln,
6. wird Eigenständigkeit vorausgesetzt und hält man sich an Rahmenvorgaben,
7. wird die Arbeit materiell (Zeit, Raum, Training) und immateriell (Lob, Feedback) vom Auftraggeber unterstützt,
8. wird durch Zwischenziele für sichtbare Erfolgserlebnisse gesorgt,
9. werden Aktivitäten konkret verantwortet: wer? – mit wem? – bis wann?,
10. gibt es eine Balance zwischen Aufgabenerledigung und Beziehungspflege,
11. trägt man den Phasen der eigenen Entwicklung reflektierend Rechnung und
12. wird die Wirksamkeit der eigenen Organisation regelmäßig kritisch hinterfragt.

Wie sehr Teams zugleich Voraussetzung und Ergebnis des Netzwerkens innerhalb der Organisation sind, legt die folgende Beschreibung nahe.

Die Teammitglieder identifizieren sich mit dem gemeinsamen Ziel. Sie sind in alle Entscheidungen eingebunden und sind auf diese Weise ›Besitzer‹ ihrer gemeinsamen Aufgabe, die sie selbst mit entwickelt haben. Jeder stellt seine

Kompetenzen zur Verfügung. Man arbeitet in einem Klima des gegenseitigen Vertrauens und äußert Meinungen, Kritik und Gefühle offen. Konflikte sind normal und werden konstruktiv gelöst. Scharmer vergleicht den Nutzen von Teams für eine Organisation mit den Elementen des Bodens, die seine Fruchtbarkeit und die Qualität der Ernte bedingen und fordert die gleiche Aufmerksamkeit für »das unsichtbare Gefüge von Teams« wie sie der Landwirt durch Kultivierung seiner Felder aufbringt. »Das Resultat ist besseres Wachstum« (Scharmer 2010, S. 207). Ähnlich argumentiert Bessoth (2007, S. 54), wenn er in Anlehnung an Reeves (2006) davon spricht, dass für die »Lernführung« an Schulen entscheidend sei, dass das ›ganze Kind‹ in den Blick genommen werde und daher jedem klar sei, dass »die Aufgabe nicht unkoordiniert durch den Arbeitseinsatz isoliert wirkender Lehrpersonen erreicht werden kann.«

Neugierig geworden?

Elmar Phillip (2013). Teamentwicklung. In Buchen, Rolff (Hrsg.), Professionswissen Schulleitung. 3. erw. Auflage. Weinheim: Beltz. Neben den 12 Erfolgskriterien der Teamentwicklung beschäftigt sich Philipp in diesem Beitrag u. a. ausführlich mit der Rolle Professioneller Lerngemeinschaften (PLG) im Rahmen von Teamentwicklung und schulischem Qualitätsmanagement.

Richard Bessoth, Teamarbeit. Der Aufsatz in der PädF 2/2007 gibt einen interessanten Einblick in den Zusammenhang und Nutzen von Teamarbeit und Professionellen Lerngemeinschaften.

Wie Teambildung als Arbeitsprinzip einer Schule und Basis gemeinsamen Lernens auf allen Ebenen organisiert sein kann, zeigt

ein Beispiel:

Die Georg-Christoph-Lichtenberg-Gesamtschule Göttingen »besteht aus vielen unterschiedlichen Teams, die für ihren jeweiligen Bereich möglichst weitgehende Entscheidungskompetenzen haben. Dieses Modell wurde Anfang der 1970er Jahre für diese Schule entwickelt und das Schulgebäude wurde auch baulich an diesem Konzept ausgerichtet.
Die größten Einheiten sind die Jahrgänge. In der Sekundarstufe I bilden sie den räumlichen, personellen und organisatorischen Rahmen für jeweils ca. 180 Schülerinnen und Schüler sowie 12-15 Lehrkräfte. Mit eigenen Teamräumen für die Lehrer, Cluster, Klassen-, Freiarbeits-, Differenzierungs- und PC-Räumen sowie eigenen Entscheidungskompetenzen bzgl. Stunden- und Vertretungsplan, Schuljahresgestaltung und Investitionen funktionieren sie als kleine Schulen in der großen. Jährliche Wechsel gibt es nicht. Jede Stammgruppe bleibt die gesamte Zeit der Sekundarstufe I in ihrem Raum und behält, wenn möglich, ihre Tutoren und Fachlehrer.

Jeder Jahrgang der Sekundarstufe I ist in sich in sechs Stammgruppen mit je 30 Kindern gegliedert, die sich wiederum aus jeweils fünf Tischgruppen zu je sechs Kindern zusammensetzen. Jede der Stammgruppen wird von einem Tutorenteam aus mindestens zwei Lehrern begleitet. Der Fachunterricht im Jahrgang wird weitgehend durch die Kollegen des Jahrgangsteams, zu dem immer auch Sozialpädagogen und Förderschullehrer gehören, erteilt. Auch ihre Fachlehrer und Tutoren behält eine Stammgruppe, wenn möglich, über die gesamte Zeit der Sekundarstufe I. ... Auch in anderen schulischen Aufgabenfeldern arbeiten wir in überschaubaren und eigenverantwortlich agierenden Teams. Dies gilt für die Kollegiale Schulleitung ebenso wie für die Sozialpädagogen in der Spielezentrale, die Verwaltung, die Bibliothek, die Hausmeister und die Mensa« (http://www.igs-goe.de/grundlagen).

Wie Netzwerke zwischen Schulen Nutzen entfalten

Das kennen wir: Erfahrungsaustausch kann auf einer persönlichen Ebene quasi unter Nachbarn stattfinden, weil man sich eben kennt. Darauf können aber nicht alle Schulen – vor allem im ländlichen Raum – zurückgreifen. Dennoch wächst auch dort aus den alltäglichen Herausforderungen und erst recht mit dem Vorliegen eigener Bestandsaufnahmen das Bedürfnis nach Austausch, der zielgerichtet zu Lösungen führt. Hier liegt die Schwierigkeit des ersten Schrittes: Wie beginnen?

Schulen, die sich mit SEIS (s. a. Teil 2, Kap. 1.1) selbst evaluieren, können in der SEIS-Schuldatenbank[16] die Schulen finden, die an genau den Herausforderungen arbeiten, die ihnen selbst besonders wichtig sind. Voraussetzung ist, dass die Schulen von der Möglichkeit Gebrauch machen, vor oder nach der Datenerhebung in der SEIS-Software bis zu fünf Entwicklungsschwerpunkte anzugeben. Dabei kann es sich entweder um Stärken handeln oder um Bereiche, in denen man zukünftig schwerpunktmäßig arbeiten möchte (vgl. www.seis-deutschland.de). Diese Möglichkeit, ihre eigenen Erfahrungen und Prozesse darzustellen und von anderen zu profitieren, kann jede Schule für sich nutzen. Praxisforen in einem Schulnetzwerk können den Austausch systematisieren und zur Basis schulübergreifender Entwicklung werden. Vorab erstellt dann jede Schule eine Präsentation zu dem Schwerpunktthema, das als ausgewiesene Stärke aus ihrem SEIS-Schulbericht hervorgegangen ist. Sie erläutert ihre Herangehensweise und ihre Schwierigkeiten. Die teilnehmenden Schulen wählen dann aus dem gesamten Spektrum der SEIS-Kriterien diejenigen Themen aus, an denen sie im Verlauf des Praxisforums arbeiten möchten. Jemand (eine Schulentwicklungsberaterin, ein SEIS-Koordinator, ein Schulleiter...) muss dabei die Organisation in die Hand nehmen (Bereitstellung von Veranstaltungsort und -technik, ggfs. ein Expertenvortrag zum Thema, Vorbereitung und Un-

---

16 befindet sich im geschützten Bereich der SEIS-Software

terstützung des organisatorischen Ablaufs). Hilfreich ist es, wenn eine regional präsente Schulaufsicht evtl. Hindernisse (Raum, Kosten, Dienstbefreiung) für das vernetzte Handeln aus dem Weg räumt und die vereinbarten Ziele unterstützend begleitet. Ganz nebenbei sichert das auch ihr Renommee in den Schulen.

In den schulübergreifenden Lernnetzwerken innerhalb des ›Netzwerks innovativer Schulen in Deutschland‹ der Bertelsmann Stiftung haben jeweils vier, fünf oder sechs Schulen, »die gleiche oder sehr ähnliche Entwicklungsschwerpunkte verfolgen ... sich den Erfahrungs- und Wissensaustausch, den Methoden- und Instrumentenaustausch, gegenseitige Beratung, Reflexion und Evaluation sowie gemeinsame Fortbildung zur Aufgabe« gemacht (Czerwanski 2003, S. 7), wobei sie ihren Schwerpunkt tendenziell entweder auf den Austausch oder auf die gemeinsame Entwicklungsarbeit legten. Die besondere Situation des Projekts bot als Rahmenbedingungen auf Basis einer Kooperationsvereinbarung mit der Stiftung u. a. ein kleines selbst verwaltetes Netzwerkbudget und gemeinsame Konferenzen z. B. der Koordinatoren und Fortbildungen.

Per Fragebogen nach dem Nutzen der Netzwerkarbeit befragt, gaben die Hauptverantwortlichen der insgesamt 54 beteiligten Schulen Auskunft. So erlebten 90 Prozent (n= 92) positive Wirkungen auf die Kooperation im eigenen Kollegium, 80 Prozent (n= 92) auf die Evaluation der eigenen Arbeit und auf das Schulleben als Ganzes (n= 85). »Immerhin noch knapp zwei Drittel (64% – n= 89) meinen, das Klima im Kollegium sei positiv von der Lernnetzwerkarbeit berührt« (ebd. S. 206). Dem hohen Maß an Zufriedenheit mit den Wirkungen der Netzwerkarbeit entsprechen auch die Aussagen der direkt in das Lernnetzwerk eingebundenen Lehrkräfte (n= 93) zu ihrer zeitlichen Belastung: Diese wurde zwar von 71 Prozent als hoch und von 18 Prozent als sehr hoch, aber auch von 85 Prozent als angemessen eingeschätzt (ebd. S. 210).

Das bestätigt, was auch meine Erfahrung gezeigt hat: Wenn die Schulen Gelegenheit erhalten, sich über ihre Ergebnisse auszutauschen, sind Ängste und Konkurrenzen zumeist vergessen. Dann geht es um: Wie habt ihr das gemacht? Kann ich mal kommen, um mir das anzusehen? Kannst du das mal bei mir im Kollegium vorstellen? ... Und ganz schnell wird klar, dass nicht das Bestaunen von exzellenter Praxis zu Veränderung führt, sondern der nächste Schritt in die eigene neue Praxis. Im Geben und Nehmen entsteht so über den persönlichen Kontakt eine Vernetzung der Schulen, die über den Veranstaltungstag hinaus trägt. Hier wird noch einmal der Unterschied zwischen Kooperationen und Netzwerken deutlich: Letztere »verhaken« sich bewusst ineinander, weil sie von der gemeinsamen Lösungssuche bessere Ergebnisse erwarten, als wenn sie sich alleine oder mit dem einen oder anderen Kooperationspartner auf den Weg machen. Dennoch hieße es, die Augen vor der Wirklichkeit zu verschließen, wollte man angesichts des realen Nebeneinanders stärkerer und schwächerer Schulen in einer Region nicht auch sehen, dass die einen eine bessere Position um die weniger werdenden Schüler einnehmen als die anderen. Für jene, die weniger auf andere angewiesen sind, um ihre Ziele zu erreichen, müssen schon ein besonderer Anreiz für die Einbindung in ein Netzwerk und der Nutzen vor allem für ihre Schülerinnen und Schüler erkennbar sein. Der könnte einerseits darin bestehen, dass im Zuge vertikaler Vernetzung Übergänge so gestaltet werden, dass für die Kinder und Jugendlichen Chancen besser genutzt und Schwächen besser aufgefangen werden können (s. a. Teil 2).

Welchen Nutzen Beteiligte in einem solchen Vorhaben gesehen haben, zeigt das **Beispiel** der Grundschule Schandelah (Niedersachsen) und ihrer Partnerinnen in drei Kitas. Zur »Netzwerkgruppe Schandelah« gehörten neben vier Lehrkräften des 1. bzw. 2. Schuljahrs und der Schulleiterin je zwei Vertreterinnen der Kitas, ein kirchlicher Leiter und die gemeinsame Leiterin zweier Kitas. Das Thema ihres Projekts war der Übergang Kita – Grundschule (vgl. Minderop 2013, S. 251 ff.).

	Erreicht/ eingetroffen	Teilw. erreicht/ eingetroffen	Noch nicht erreicht/ eingetroffen	Weiß nicht
Projektziele				
1. Bis zum Schuleintritt sollen 80 % der Kinder die Zahlen bis 6 in ihrer Mächtigkeit erfassen – Juli 2008	IIII	II	I	II
2. Durchführung von 3 gemeinsamen Veranstaltungen für Eltern zu Erziehungsthemen bis Juli 2009	IIIIII	I	I	
3. Training zur Gesprächsführung in schwierigen Beratungssituationen mit dem Ziel der Teamberatung Kita/Schule			IIIII	III
4. Erstellung von Informationsmaterial zu fachlichen und sozialen Maßstäben und Erwartungen beider Einrichtungen (Kita-GS) bis Mai 2008	IIII	I	II	II
5. Entwicklung eines vereinheitlichten Beobachtungs-/Entwicklungsbogens für alle Einrichtungen zur Kompetenzbeschreibung im Sinne einer lückenlosen Lernbiografie mit Betonung der besonderen Fähigkeiten bis Juli 2008	IIIIIII			I
erwarteter Nutzen				
für die Mitarbeiter (Erzieherinnen – Lehrkräfte):				
Kompetenzerweiterung	IIIIII	II		
Partnerschaftlicher Umgang miteinander auf Augenhöhe	IIIIIII			I
Synergieeffekte	IIIII	III		

	Erreicht/ eingetroffen	Teilw. erreicht/ eingetroffen	Noch nicht erreicht/ eingetroffen	Weiß nicht
Mitarbeiter beider Institutionen werden in ihrer Zusammenarbeit wahrgenommen; das Gegeneinander-Ausspielen wird minimiert	IIIIIIII			
für die Kinder:				
bessere Vorbereitung auf die Schule	IIIIIII	I		
lückenloses weiches Hinübergleiten von den Kindergärten in die Grundschule	IIIII	III		
für die Eltern:				
Transparenz der fachlichen und sozialen Maßstäbe und Erwartungen beider Einrichtungen (Kita-GS)	IIIII	IIII		
Eltern nehmen Zusammenarbeit Kita-GS als homogen wahr	IIIIII	I		I
Die Zusammenarbeit mit beiden Institutionen und die Beratung durch beide werden verbessert.	IIIII	III		

Ziele und Zielerreichung Netzwerk Schandelah 29.10.2008
(Dokumentation – unveröffentlichtes Dokument 2008)

Einhellig wurde von allen Beteiligten der Nutzen vor allem in der Verbesserung der Kommunikation gesehen. Dass hier Handlungsbedarf bestand, hatten die SEIS-Ergebnisse der Schule in den Jahren 2005 und 2007 gezeigt. »Betroffen ist neben der internen Kommunikation innerhalb des Kollegiums auch die externe Kommunikation der Schule mit Eltern, Kirche, Gemeinde und KiTas« (ebd. S. 3). Auch die überwiegende Erreichung der meisten Ziele konnte bereits ein Jahr nach Projektbeginn bestätigt werden. Zugleich werden die noch erforderliche Nacharbeit (Ziele 1 und 4) sowie die noch nicht erfolgte Durchführung des Trainings zur Gesprächsführung deutlich.

Als Anreiz für starke Schulen, sich in ein Netzwerk einzubinden, könnte auch in den für die eigene Schulentwicklung interessanten Verbindungen zu »gesellschaftlich oft sehr angesehenen privaten Akteuren (wie z. B. Stiftungen und anderen privaten Sponsoren)« (Altrichter 214, S. 45) gesehen werden. Auch eine schulübergreifende Vernetzung mit Hochschulen, kulturellen Einrichtungen im regionalen Umfeld und interessanten Persönlichkeiten aus anderen Ländern und Kulturen kann die Profilierung der Einzelschule stärken. Damit öffnet sich das Schulnetzwerk in die Region mit der Möglichkeit, für neu auftretenden Handlungsbedarf weitere Partner hinzuzugewinnen. So kann z. B. angesichts der zunehmenden Zahl an Flüchtlingen deren Integration zu ihrem und zum Wohle der kommunalen Gemeinschaft nur gelingen, wenn unter ihnen

Partner gewonnen werden, die ihre besonderen Kompetenzen zur Verfügung stellen.

> **Neugierig geworden?**
>
> **Herbert Altrichter und Elgrid Messner** haben in ihrem Aufsatz »Ressource Schulverbund und Schulnetze« die Potenziale verschiedener Formen schulischer Kooperationen und Zusammenschlüsse für die Schulentwicklung dargestellt. In: Buchen/Horster/Rolff (Hrsg.) (2009). Schulverbünde und Schulfusion – Notlösung oder Impuls? Stuttgart: Raabe.
>
> **Richard Sigel und Andrea Lehner** beziehen sich in ihrem Aufsatz »Schulentwicklung in Lokalen Netzwerken« u. a. auf Erfahrungen aus dem »lokalen Netzwerk Schulentwicklung« (LONES) und stellen interessante »Gewinnphänomene« dieses Netzwerks dar (PädF 2/2007).

DIE HANDLUNG: ES GEHT WEITER MIT EINEM NEUEN PROBLEM

Datum: heute
Von: JÜRGEN.WIESNER@SCHULE.AM.HAIN.DE
An: ANNE@MODELLSCHULE.DE
Betreff: vertikale Vernetzung
Liebe Anne, ich bin gerade mal wieder unsicher, ob ich meinen Kolleginnen und Kollegen zumuten kann, sich neben allem anderen auch mit der Situation der Flüchtlingskinder zu beschäftigen. Die Gemeinschaftsunterkunft in Nahland ist schon beinahe überfüllt und fast ein Drittel der Flüchtlinge sind Kinder. Ihre Zahl wächst ja gerade jetzt stark und sie tragen so großes Leid mit sich herum, dass es nur schwer gelingt, zu ihnen durchzudringen. Ich erlebe die Hilflosigkeit der Behörden angesichts des neuen Ansturms. Es gibt zu wenig Räume und zu wenige Übersetzer. Gut, dass die Kinder bei uns gleich in Kitas und Schulen unterkommen. Das ist ja nicht in allen Bundesländern so. Aber wir sind auch hier nur sehr wenig darauf vorbereitet, den Kindern und Jugendlichen angemessene Hilfsangebote zu machen. Weder in den Kitas, Grundschulen und in den weiterführenden Schulen noch in der Kinder- und Jugendhilfe gibt es genügend geeignete Ansprechpartner.

Ich sehe immer mehr die Notwendigkeit, im Netzwerk mit den Grundschulen unseres Einzugsbereichs für dieses Problem zu sensibilisieren und gemeinsame Strategien zu entwickeln. Wir haben ja inzwischen gelernt, zu einer gemeinsamen Sprache und zu gemeinsamen Maßstäben zu gelangen, wenn es um den Übergang der hiesigen Kinder zu uns geht. Aber wir müssen darüber sprechen, wie es gelingen kann, die Flüchtlingskinder in ihrer Not anzunehmen und ihnen die Chance zu geben, wieder Kind zu sein, sich zu integrieren und in eine sichere Zukunft zu gehen.

Auch kommen die Kinder nicht gerade dann, wenn bei uns die Schule beginnt – sie sind einfach da und auf uns angewiesen. Dass damit auch ihre Eltern betreut werden müssen, ist klar. Es gibt schon einige Initiativen und mir fallen auch Möglichkeiten ein. Aber mir fehlt eine Systematik – sonst bleibt es Zufall, dass wir das eine Kind erreichen, das andere nicht. Wie siehst du das?
Schreib mal.
Gruß JÜRGEN

Von: ANNE@MODELLSCHULE.DE
An: JÜRGEN.WIESNER@SCHULE.AM.HAIN.DE
Betreff: AW. Vertikale Vernetzung
Lieber Jürgen, gut dass du das Thema ansprichst und du hast recht, wir müssen uns kümmern – und das systematisch. Ich könnte mir einen ›Runden Tisch‹ vorstellen, um nach einer ersten Bestandsaufnahme zu sehen, was es alles schon gibt. Das müsste dann aufeinander abgestimmt werden, damit die knappen Ressourcen nicht verschleudert werden.
Wer sollte daran teilnehmen? Wir haben doch mit unseren Initiativen zur vertikalen Vernetzung mit den Grundschulen schon einen guten Ansatzpunkt. Die könnten ihre Partner aus den Kitas mitbringen. Und wenn wir ganz mutig sind, laden wir auch die anderen Sekundarschulen und Gymnasien ein. Natürlich müssen wir die Eltern und sicher auch die wichtigsten Wirtschaftsvertreter einbeziehen. Da sind wir dann schon bei einer horizontalen Vernetzung. Ich bin sicher, dass es bei uns eine Menge Potenzial gibt, gerade für ehrenamtliches Engagement. Erinnerst du dich? Wir haben schon in der AG Leitbild darüber gesprochen, dass gerade auch die Menschen aus anderen Kulturen angesprochen werden sollen. Es genügt wohl nicht, über sie zu sprechen. Wir müssen das Gespräch mit ihnen suchen. Neulich habe ich gelesen, dass die Bildungs-und Integrationsregion Paderborn sog. Bildungsbotschafter (s. S. 186) ausbildet...

Ich merke gerade, dass wir da ein ziemlich großes Rad drehen würden. Das schaffen wir nicht als Schulleiter alleine. Und es geht ja auch nicht nur die Schulen an! Wer hilft bei der Organisation? Wenn wir doch nur schon Strukturen für unsere Bildungslandschaft hätten! Das wäre eine Aufgabe für ein Bildungsbüro. Aber wie sagt Ruth Kohn[17]: »Wenn du wenig Zeit hast, nimm dir am Anfang viel davon!«

Wir sollten mit der LEITERIN SCHULE UND JUGENDHILFE über die Idee eines »Runden Tisches Asyl« reden ... Ich habe noch gestern mit ihr gesprochen: In der Kreisverwaltung wird intensiv an der Vorlage für den Kreistag gearbeitet. Du

---

17 Ruth Charlotte Cohn (1912 – 2010) war die Begründerin der Themenzentrierten Interaktion und eine der einflussreichsten Vertreterinnen der humanistischen und der psychodynamischen Psychologie.

Teil 3 Startphase: Was wollen wir und wen brauchen wir dazu?

> weißt schon. Strukturen und Kosten in Sachen Bildungslandschaft. Es wird spannend!
> Liebe Grüße
> **ANNE**

Information:

Die **UNICEF-Studie »In erster Linie Kinder«** zeigt, dass Flüchtlingskinder in der deutschen Realität regelmäßig in allen Lebensbereichen benachteiligt werden. (http://www.unicef.de/presse/2014/fluechtlingskinder-in-deutschland):

- Flüchtlingskinder sind oft in Unterkünften untergebracht, die ihnen und ihren Familien wenig Raum für Privatsphäre lassen, sie leben in beengten Verhältnissen mit fremden Personen. Innerfamiliäre Konflikte sind oft nicht ohne die Anwesenheit Dritter zu besprechen. Darunter leiden insbesondere Jugendliche in der Pubertät.
- ...
- **Die Einschulung in eine deutsche Schule**[18] stellt für Flüchtlingskinder eine große Hürde dar. Es stehen nicht genügend Schulplätze und nicht genügend passende Sprachlernangebote zur Verfügung. Auch die Kinder- und Jugendhilfe erreicht Flüchtlingskinder oft nicht, bzw. nimmt sie nicht als Zielgruppe wahr.

Am 4. Dezember 2014 hat der Bundestag Veränderungen im Asylrecht beschlossen:

Die sogenannte Residenzpflicht soll grundsätzlich nach drei Monaten Aufenthalt im Bundesgebiet aufgehoben werden. Gleichzeitig sollen die Soziallasten zwischen den Ländern gerecht verteilt werden. Dazu wird für Asylbewerber und Geduldete, deren Lebensunterhalt nicht gesichert ist, der Wohnsitz festgelegt, an dem Sozialleistungen erbracht werden.
Nach der Erstaufnahmezeit soll es künftig vorrangig **Geld- statt Sachleistungen** geben, um die Selbstbestimmung der Asylbewerberinnen und Asylbewerber zu stärken. Nur während des Aufenthalts in den Erstaufnahmeeinrichtungen wird man an Sachleistungen festhalten. Um Versorgungsengpässe zu vermeiden bleiben sie jedoch weiterhin möglich.
Die »Vorrangprüfung« für den **Arbeitsmarktzugang**, nach der für das konkrete Stellenangebot keine deutschen Arbeitnehmer, EU-Bürger oder entsprechend rechtlich gleichgestellte Ausländer zur Verfügung stehen durften, entfällt nun in bestimmten Fällen für Hochschulabsolventen und Fachkräfte in Engpassberufen und für Menschen, die seit 15 Monaten ununterbrochen erlaubt, geduldet oder mit einer Aufenthaltsgestattung in Deutschland sind.
http://www.bundesregierung.de/Content/DE/Artikel/2014/10/2014-10-29-verbesserungen-fuer-asylbewerber-beschlossen.html

---

18 Vgl. auch: http://www.schlau-schule.de/lehrkonzept/so-arbeitet-schlau.html

Regionales Netzwerk: Nutzen für Schulen und ihre Partner

Welche Unterstützung können regionale Netzwerke, in die außerschulische Partner eingebunden sind, der Einzelschule bieten? Bei welchen Problemen und zu welchem Ziel? Den Schulen geht es in erster Linie um die Qualität des Unterrichts, also um die pädagogisch-fachlichen und kulturellen Bildungs- und Erziehungsaufgaben, dann aber auch um die Organisationsentwicklung. Scheint es zunächst so, als sei sie für ihre Kernaufgabe, den Unterricht, bestens gerüstet, führt doch manche Reaktion von innen und außen, von Schülerinnen und Schülern, Eltern, »Abnehmern«, zu Zweifeln: Vertrauen wir zu sehr auf die Vermittlung fachlicher Inhalte? Und das im immer noch verbreiteten Irrglauben an die homogene Lerngruppe (Lernen im Gleichschritt)?

Ergebnisse von Modellversuchen bestätigen, dass Schüler und Schülerinnen durch Anschauung in der Praxis besser lernen können. Durch die Zusammenarbeit z. B. mit Meistern und Betrieben arbeiten sie motivierter, gewinnen neue Einsichten in mögliche berufliche Perspektiven und bauen Ängste ab. Ängste davor, für den Arbeitsmarkt nicht gut genug zu sein und niemals einen Job zu finden. Auch die Lehrer und Lehrerinnen profitieren von einem Netzwerk, das solche Kooperationen systematisch bereitstellt: Sie begegnen dort nicht nur neuen Erkenntnissen, sondern erkennen – geschult von im Assessment erfahrenen Unternehmensmitarbeitern – Potenziale bei ihren Schülern, die im Unterricht so nie sichtbar werden können und erfahren die Chancen handlungsorientierten Lernens. Ist der Anspruch, Schule sei auch verantwortlich für soziales Lernen und die Persönlichkeitsentwicklung von Schülerinnen und Schülern nur ein Lippenbekenntnis? Werden sie mit ihrem Streben, ihren Talenten und Ängsten als heranwachsende Personen wahr- und angenommen? Netzwerke geben nicht auf alle diese Fragen Antworten. Aber wenn es gelingt, sie zu Lerngemeinschaften zu entwickeln, hat die Einzelschule bessere Chancen, ihren Bildungsauftrag zur Zufriedenheit auch der Gesellschaft zu erfüllen.

Schülerinnen und Schüler, die in ihrer Gemeinde tatsächlich vorhandene soziale, kulturelle oder ökologische Aufgaben übernehmen, können das in der Schule erlernte Wissen in authentischen Problemkontexten anwenden. Mit dem Erwerb und der Festigung sozialer Kompetenzen wird ihr zivilgesellschaftliches Verantwortungsbewusstsein gestärkt (vgl. Sliwka, 2003). Was Lehrkräfte genauso wie Schülerinnen und Schüler überzeugt, ist die Beschäftigung mit realen Problemen und die Tatsache, dass es wichtig ist, sie zu lösen. Lernen und dabei gebraucht zu werden ist innerhalb der Schulen nicht immer leicht zu vermitteln. Um das systematisch in die Bildung und Erziehung der Kinder und Jugendlichen einbeziehen zu können, brauchen Schulen Netzwerke mit Partnern, die sich dauerhaft verpflichten, sich mit ihren Kompetenzen einzubringen. Den Nutzen für die Schülerinnen und Schüler beschreibt Margret Rasfeld als Fazit über Erfahrungslernen an der Evangelischen Schule Berlin Zentrum: »Jugendliche lernen aus solchen Erfahrungen. Sie erfahren ihre eigenen Grenzen und Potenziale – Erlebnisse, die unvergesslich bleiben. Sie erfahren, was es heißt, Konflikte in einer Gruppe auszuhalten und sie pragmatisch und gemeinschaftlich zu lösen. Sie lernen, auf Mensch und Umwelt zu achten und Vertrauen gegenüber fremden Mitmenschen aufzubauen. Und, zurückgekehrt, sind sie dankbar, was sie zu Hause haben, eine Dusche, ein Bett, einen Kühlschrank, ein warmes Essen« (SchVw spezial 5 | 2014, S. 37 ff.).

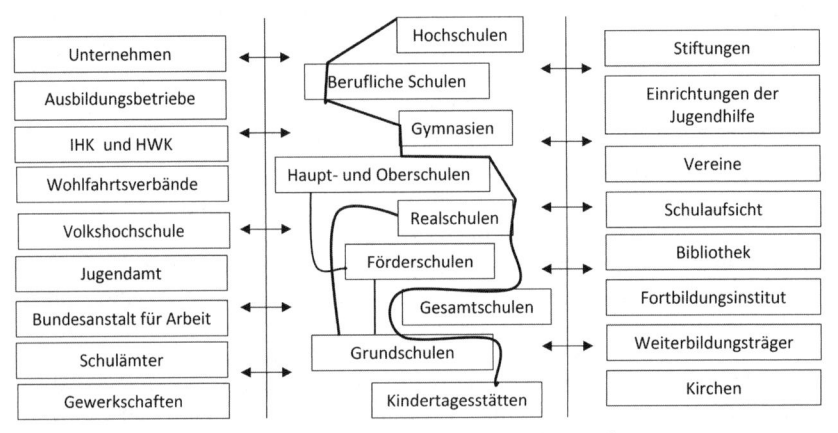

Abb. 33: Beispiele vertikaler und horizontaler Vernetzung in einer Region

Nach Lohmann (2013) erwarten Fullan & Scott (2009), »dass die wirksamsten und erfolgreichsten Schulen diejenigen sind, die mit ihren Umgebungen enge Beziehungen pflegen und aktiv Einfluss auf sie ausüben, sich aber wiederum auch beeinflussen lassen. In diesen Schulen arbeiten pädagogische Führungskräfte, die auch als ›community leaders‹ über die eigene Schulgrenze hinaus in die Umgebung, in das System wirken, also zu ›System Leaders‹ werden.« Konkret bedeutet das, dass Schulleiterinnen und Schulleiter als System Leader bereit sind, eine Rolle zu schultern, bei der es nicht nur um die Verbesserung in der eigenen Schule geht, sondern weiterer Schulen und schließlich der Region.

Stephan Gerhard Huber zitiert David Hopkins, der diejenigen Schulleiterinnen und Schulleiter als System Leader bezeichnet »die bereit sind, auf Systemebene in der Region Führungsaufgaben zu übernehmen, indem sie sich darum bemühen, dass andere Schulen ebenso wie ihre eigene Schule Erfolg haben. Es zeigt sich (Hopkins, 2010), dass System Leadership ein wichtiger Ansatz ist, um Schulleistungen zu verbessern, Schulentwicklung über mehrere Schulen hinweg zu unterstützen, Leitungs- und Führungsexpertise breiter zu streuen und Führungskräftenachwuchsentwicklung zu fördern. Notwendig dafür ist, dass das Verständnis von pädagogischer Führung sich von dem Bild eines Managements, das politische Vorgaben ausführt und vorgegebene

Reformen umsetzt, zu dem Konzept einer Leadership entwickelt, die eigenverantwortlich innovative professionelle Lerngemeinschaften aufbaut« (Huber 2011).

> **Neugierig geworden?**
>
> Stephan Gerhard Huber weist in seinem Vortrag »System Leadership – Bildungsgerechtigkeit durch Verantwortungsübernahme von Führungskräften im Bildungssystem« u. a. auf den Zusammenhang von politischen Bildungsentscheidungen und dem Ziel der Bildungsgerechtigkeit hin. Das allein sollte zum Lesen ermutigen.
>
> (bildungslandschaften.ch/.../files/110217_SystemLeadership_Huber.pdf)

Netzwerke brauchen Eigenständige Schulen

Dass Schulleiterinnen und Schulleiter die Freiheit und Unabhängigkeit brauchen, sich in eigener Verantwortung einer solchen Aufgabe stellen zu können, führt unmittelbar zu der Frage, was Schulen aus sich selbst heraus entscheiden und damit auch verändern können. Mit anderen Worten: Wenn wir über Schulen und ihre Kooperationen und Aktivitäten in Netzwerken mit kommunalen, zivilgesellschaftlichen und individuellen Partnern in der Region sprechen, geht es auch um den Grad an Eigenverantwortung bzw. Selbstständigkeit, der ihnen im jeweiligen Kontext zusteht. Eigenverantwortung von Schule als staatlich finanzierte und verantwortete Institution kann nur bedeuten, dass jede einzelne Lehrkraft und alle gemeinsam selbst für die Qualität ihrer Schule die Verantwortung übernehmen können. Sie können sich nicht verbindlich in ein Netzwerk einbringen, solange sie bei jedem ihrer Schritte in einem engen, durch hierarchische Strukturen bestimmten Regelungskorsett stecken. Erst wenn sie sich nach eigenständiger Abwägung von Nutzen und Investition für eine Teilnahme entscheiden, spielt das Netzwerk in ihrem Alltag eine Rolle und können die gemeinsamen Netzwerkaktivitäten die innerschulischen Prozesse beeinflussen. Dann kann erwartet werden, dass die Unterstützung durch die Partner Chancen zur Verbesserung der eigenen Arbeit bietet und damit dem Lernen der Schülerinnen und Schüler nützt.

Zwar werden in allen Bundesländern den Schulen mehr Freiräume zur eigenverantwortlichen Organisation überlassen. Aber der damit verbundene Rollenwechsel der maßgeblichen Akteure – Schulaufsicht und Schulleitung – ist nicht immer verstanden, geschweige denn Praxis geworden. Angesichts des Beharrungsvermögens routinierter Verhaltensmuster auf beiden Seiten sind Konflikte nicht zu vermeiden. Schließlich müsste die staatliche Aufgabe nicht mehr so sehr in der Regulierung von Verfahren liegen, »sondern in der Gestaltung von Rahmenbedingungen, die letztlich die Bedingungen für das Gelingen in den Schulen sind. Das erfordert ein Umdenken: Schulen müssen lernen, ihre Prozesse selbstbewusst und selbstständig zu steuern; Bildungsverwaltungen müssen lernen loszulassen und das Gespräch über Ziele mit den Schulleitungen auf Augenhöhe zu suchen. Diese neue Form der Steuerung reguliert nicht, sondern bietet den Schulen eine Orientierung, die es ihnen ermöglicht, ihre Qualität als Ganzes in den Blick zu nehmen«(vgl. Lohmann und Minderop 2007, S. 201)

Wenn nun auch »Netzwerken« zu den Angelegenheiten der Schule gehören soll, lässt sich erahnen, wie schwierig es für sie ist, sich zwischen zwei so unterschiedlichen Systemen, der hierarchisch geordneten Schulaufsicht und der Handlungskoordination eines Netzwerks, zu bewegen.

Die Führung in solchen Netzwerken erfordert einen Überblick über die Problemlagen und Stärken der Schulen und ihrer Partner. Schließlich geht es nicht nur um die Qualitätsverbesserung einer einzelnen Organisation, sondern um das Ausbalancieren unterschiedlicher Systeme mit dem Ziel, das Leben und Lernen der Kinder und Jugendlichen einer Region zu stärken, letztlich also darum, für mehr Bildungsgerechtigkeit zu sorgen. Dazu müssen »alle Akteure ihren Beitrag leisten, v. a. gemeinsam, aufeinander abgestimmt, in Absprache, ineinandergreifend. Um ein solches kohärentes Gesamtsystem zu erreichen, sind – auch unter Governance-Perspektive – die Führungskräfte der verschiedenen Einrichtungen und auf den verschiedenen Systemebenen besonders gefordert« (Huber 2011).

Dieses Ziel rechtfertigt zusätzliche Anstrengung schon deswegen, weil ein Misserfolg nicht nur die betreffen würde, die sich gemeinsamer Aktivitäten verweigern, sondern die Kinder und Jugendlichen, ihre Eltern und Lehrkräfte. Nun ist der moralische Appell keineswegs das geeignete Mittel, um Freunde für ein regionales Bildungsnetzwerk zu werben. Aber hilfreich ist es, die Dimensionen ökonomischer und gesellschaftlicher Konsequenzen eines Misserfolgs zu prognostizieren. Dazu lassen sich konkrete Daten in Entwicklungsreihen ebenso wie Beispiele anderer Regionen heranziehen.

Nutzen für die Partner in der Region

Wenden wir den Blick in eine andere Richtung und fragen, welchen Nutzen außerschulische Partner von der Vernetzung mit Schulen und anderen Institutionen für ihre eigene Klientel und für die Qualität ihrer Arbeit erwarten können. Wenn wir davon ausgehen, dass z. B. in einem Landkreis ein abgestimmtes Bildungsangebot entstehen soll, gehören zu den mitgestaltenden regionalen Akteuren u. a.
- die Schul- und Jugendämter des Kreises bzw. der kreisangehörigen Städte und Gemeinden
- die Arbeitnehmer- und Arbeitgeberorganisationen
- die Industrie- und Handwerkskammern
- die wichtigsten Betriebe und Unternehmen

- die Organisationen der Wirtschaftsförderung
- die Jobcenter
- die Jugendverbände
- die Kirchen
- die Organisationen der politischen Parteien
- die Organisationen der Zivilgesellschaft wie Vereine, Stiftungen
- die freien Träger der Jugendhilfe und Jugendarbeit

Die Liste ließe sich fortsetzen.

Die Vertreter der Wirtschaft können auf eine lange Tradition der Zusammenarbeit mit Schulen vor allem der Sekundarstufe und Weiterbildungsträgern verweisen. Sie engagieren sich in der Berufsorientierung, wenn sie als Praktiker mit den Schülerinnen und Schülern in den Schulen sprechen und Praktika in ihren Betrieben anbieten. Die bestmögliche Organisation des Übergangs in Ausbildung und Beruf entspricht ihrem Interesse und der Nutzen für die Betriebe der Region liegt auf der Hand. Es ist hinlänglich erwiesen, dass eine Vernetzung in dem »Bildungsraum«, in dem sich Jugendliche zwischen 16 und 25 Jahren bewegen, beiden Seiten, den Nachfragern wie den Anbietern von Ausbildungs- und Arbeitsplätzen zugutekommt. Wer die Fachkräfte der Zukunft ausbildet, hat gute Chancen, dass sie in der Region bleiben.

Schulen sind wichtige Partner für

- Jugendverbände und die Organisationen der politischen Parteien, die daran interessiert sind, dass Schülerinnen und Schüler ihre Ziele und Aktivitäten kennenlernen. Sie werben für ihre Anliegen, indem sie Erfahrungsfelder anbieten.
- Organisationen der Zivilgesellschaft wie Vereine und Stiftungen, die ihren Zielen z. B. bei jungen Menschen ihrer Region soziales Engagement und demokratische Teilhabe zu fördern, näher kommen wollen. Verbunden mit dem Anspruch auf Transfer erfolgreicher Projekte setzen sie ihr Know-how und nicht zuletzt Zeit und finanzielle Mittel für Entwicklungsvorhaben ein und erfahren durch Feedback und Evaluation deren Wirkung.
- freie wie kommunale Jugendhilfe (§ 1 SGB VIII), zu deren Auftrag es u. a. gehört, positive Lebensbedingungen für junge Menschen und ihre Familien sowie eine kinder- und familienfreundliche Umwelt zu erhalten oder zu schaffen.

> **Information:**
>
> **§ 1 SGB VIII** Recht auf Erziehung, Elternverantwortung, Jugendhilfe
>
> (1) Jeder junge Mensch hat ein Recht auf Förderung seiner Entwicklung und auf Erziehung zu einer eigenverantwortlichen und gemeinschaftsfähigen Persönlichkeit.
> (2) Pflege und Erziehung der Kinder sind das natürliche Recht der Eltern und die zuvörderst ihnen obliegende Pflicht. Über ihre Betätigung wacht die staatliche Gemeinschaft.
> (3) Jugendhilfe soll zur Verwirklichung des Rechts nach Absatz 1 insbesondere
> 1. junge Menschen in ihrer individuellen und sozialen Entwicklung fördern und dazu beitragen, Benachteiligungen zu vermeiden oder abzubauen,
> 2. Eltern und andere Erziehungsberechtigte bei der Erziehung beraten und unterstützen,
> 3. Kinder und Jugendliche vor Gefahren für ihr Wohl schützen,
> 4. dazu beitragen, positive Lebensbedingungen für junge Menschen und ihre Familien sowie eine kinder- und familienfreundliche Umwelt zu erhalten oder zu schaffen.

Die Vernetzung ermöglicht es den Jugendhelfern, rasche Verbindungswege zu Betroffenen wie zu den am Prozess Beteiligten zu finden und auf dieser Basis z. B. dazu beizutragen, dass Benachteiligungen abgebaut werden. Zu den im § 1 SGB VIII angesprochenen Verantwortlichkeiten gehören auch die Anstrengungen der Jugendarbeit zur Schaffung »positiver Lebensbedingungen« u. a. für die Jugendlichen in Flüchtlingsunterkünften. Dass sie dazu auf materielle wie immaterielle Unterstützung angewiesen sind, schafft über Veröffentlichung in Print- und online-Medien ein Netzwerk von ehrenamtlich Engagierten, privaten Firmen, Stiftungen, Vereinen und Förderorganisationen. So berichtet die Süddeutsche Zeitung am 24./25.01.2015 u. a. von einem Hamburger Musikprojekt, dass sich die international verbindende Kraft des Hip-Hop zunutze macht: »... überall, wo es Flüchtlingslager in Deutschland gibt, wird auch gerappt. In Hamburg ist daraus das Musikprojekt The Refugee[19]s erwachsen. Jugendämter veranstalten Hip-Hop-Workshops für Migranten« (SZ 19/2015, S. 15).

Beispiel:

Wie in einem aktuellen Handlungsfeld Akteure zu einem Netzwerk zusammengeführt werden und der Nutzen für alle Beteiligten wirksam werden kann, wurde bei einer Fachtagung des Niedersächsischen Landesamtes für Soziales, Jugend und Familie für Fachkräfte aus den Bereichen Jugendarbeit, Jugendsozialarbeit und Jugendschutz im Januar 2015 intensiv diskutiert.

---

19 S.a. http://www.1000bruecken.de/

Wie wir das Netzwerken verbreiten (können)

Dabei ging es u. a. um die Frage, was denn die Jugendlichen selbst angesichts der Freiwilligkeit ihre Beteiligung davon haben, dass sich z. B. der Leiter ihres Jugendzentrums in das Bildungsnetzwerk einbindet. Einige Teilnehmerinnen und Teilnehmer betonten, es gehe in ihrer Arbeit doch wesentlich darum, Jugendliche zur Selbstbestimmung zu befähigen, an ihren Interessen anzuknüpfen und Angebote mit ihnen gemeinsam zu gestalten. Deshalb sähen sie in einem Netzwerk, das über den jeweiligen Sozialraum hinausgehe, also z. B. den Landkreis umfasse, keinen Mehrwert. Im Verlauf der Diskussion wurde deutlich, dass die im Netzwerk involvierten Personen unterschiedlicher Profession und Ebene innerhalb ihrer Organisation immer auch Vermittlungsinstanz zwischen den im Netzwerk gemeinsam verfolgten Zielen und den Interessen und Bedürfnissen ihrer jeweiligen Klientel sind. Nur wenn sie selbst sich die Ziele zu Eigen machen und die vereinbarten Maßnahmen bis in ihr Betätigungsfeld hinein mittragen, werden sich diese auch zum Nutzen der Kinder und Jugendlichen auswirken können.

Die Frage nach Situationen, die nach einem Netzwerk rufen, weil nur institutionenübergreifend die gewünschte Wirkung erreichen werden kann, wurde an einem besonders aktuellen Handlungsfeld erarbeitet: »Die Flüchtlinge kommen zu uns«. Es entstand folgendes Bild:

Die Flüchtlinge sollen willkommen sein.	Was brauchen sie? Wohnraum, Kleidung, Nahrung, Geld Ansprechpartner, Begleitung, Vormund Dolmetscher, medizinische Versorgung Informationen zu Alltagsfunktionen Sprachkurs, Beschäftigung Kita und Schule Jugendhilfe und Jugendarbeit gesellschaftliche Teilhabe	Das kann nur in gemeinsamer Abstimmung wirksam werden.	Wer hat das? **Kommune** • Sozialamt • Ausländeramt • Wohnungsamt, • Jugendamt (Jugendhilfe, Jugendarbeit) • Schulamt **Land** • Schulen • Integrationslotsen u.ä. **Zivilgesellschaft** • Pro Asyl • Kirchen • Vereine, Verbände • Ehrenamt
Wer ist verantwortlich? Land: Zuweisung Kommune: Aufenthalt Bund: BA für Migration BA für Arbeit		**Ein Netzwerk Asyl braucht** 1. ein gemeinsames Ziel 2. Verbindlichkeit 3. einen Kümmerer 4. Ressourcen 5. Öffentlichkeit	

Abb. 34: Handlungsbedarf und Netzwerk in einem Handlungsfeld

An diesem Beispiel zeigt sich, wie Lösungen für ein komplexes Problem, in das viele Institutionen und Personen eingebunden sind, in der Handlungskoordination des Netzwerks gefunden werden können: Weder die Schule noch das Sozialamt haben als Institution allein die Entscheidungs- und Realisierungsmacht, um den Flüchtlingen Schutz, Förderung und Alltagserfahrung zu bieten.

Da hilft das Netz: Es fängt sie auf. Die einzelnen Handlungsoptionen im Wortsinne »kreuz und quer« zu verbinden und die daraus entstehenden Knoten verbindlich zu knüpfen, ist die Kunst des Netzwerkens.

Abb. 35: das Netz

Dazu müssen die Akteure die Grenze ihrer Organisation virtuell verlassen, sie und sich selbst von außen betrachten, um den Ort zu finden, von dem aus sie den Faden aufgreifen können. Das ist auch der Ort, an dem sich Potenziale entwickeln und Zukunft Gestalt annimmt (vgl. Scharmer, Theorie U – Presencing). Deshalb ist Grenzöffnung das Gebot der Stunde, um im Hinüber und Herüber als Mitschöpfer zum Nutzen des Netzwerks beizutragen und zugleich davon zu profitieren.

Wieviel leichter wird es für die Schule, das Flüchtlingskind zu integrieren, wenn es am Nachmittag in der Familie eines Mitschülers mit anderen spielen kann und dort von seinen Eltern abgeholt wird. Wieviel leichter wird Integration für den Sozialarbeiter, wenn jugendliche Flüchtlinge schon gemeinsam mit anderen nach dem Sport im Verein in den Jugendtreff kommen. Wieviel einfacher wird Verständigung für alle Beteiligten, wenn in Nachbarschaftshilfe die Begleitung zur Behörde und zum Arzt sichergestellt ist.

Ein Beispiel aus dem Bildungsnetz Mittelfeld (s. a. Teil 1, S. 43)

Die Vertreterin des Familienzentrum Gnadenkirsche berichtet mir: »Im September 2014 kam eine Flüchtlingsfamilie in das Familienzentrum, die eine Betreuung für ihre Tochter suchte. Die Grundschule musste das Mädchen für ein Jahr zurückstellen und hat die Familie an uns verwiesen. Wir stellten sehr schnell fest, dass kaum eine Institution Erfahrungen bzw. Kenntnisse über die Aufnahme und Betreuung von Flüchtlingen bis zu diesem Zeitpunkt hatte. Im Bildungsnetz wurde von unterschiedlichen Einrichtungen über ähnliche Erfahrungen berichtet. Es gründete sich aus dem Bildungsnetz heraus eine Arbeitsgruppe. Dazu gehörten mit der Koordinatorin des Familienzentrums die Schulleiterin der Grundschule im Stadtteil, eine Lehrkraft des Schulkindergartens, eine Schulärztin, die Vertreterin des DRK und der Lebenshilfe für die Frühförderung. Die Koordinatorin organisierte Treffen und Gespräche. Es fanden drei Arbeitstreffen statt,- vor allem aber fließen die Informationen über den kurzen Draht persönlicher Kontakte.

Gemeinsam wurde ein Ordner erstellt, der Informationen zu den Rubriken Recht, Gesundheit, Sprache, Bildung/Betreuung, Ressourcen, Kontakte, Formulare bietet. Dieser Ordner befindet sich im Familienzentrum und steht allen Einrichtungen im Stadtteil zur Nutzung zur Verfügung. Zugleich ist ein Wegweiser für die Arbeit mit Flüchtlingen in Mittelfeld entstanden«.

Auch so kann es gehen: Nicht nur das behördliche Handeln, auch das ehrenamtliche Engagement muss sich ins Netz einbinden lassen. Da ist die Kommune vor Ort der geeignete Partner, der mit sorgsamer Moderation das Knüpfen unterstützt.

> **Neugierig geworden?**
>
> **Claus Otto Scharmer (2015).** Theorie U. Von der Zukunft her führen – Presencing als soziale Technik. Heidelberg: Carl Auer.
> »Theorie U« ist einerseits eine fundiert dargelegte Theorie. Gleichzeitig ist es aber auch ein Praxishandbuch für eine »Führung von der entstehenden Zukunft her«. Scharmer selbst schreibt dazu, dass es ihm nicht darum geht, »eine theoretische Übung durchzuführen, sondern eine andere Art zu handeln zu entwickeln« (Rolf Schneidereit, Leiter des Instituts für Stakeholder-Dialog. www. stakeholder-dialog.com). Faszinierend sind auch die »Life-Auftritte« von Otto Scharmer auf Youtube, die dazu animieren, die Aufmerksamkeit auf die Entwicklung von Potenzialen zu richten, wie sie in institutsübergreifenden Netzwerken entstehen können, in denen die Quellen der Macht nicht mehr in der eigenen Organisation liegen.

Nutzen für die Kommune

Dass auch auf kommunaler Ebene die Herausforderungen komplexer werden, haben die dort politisch Verantwortlichen längst erkannt. Ihre Lehrmeister sind u. a. die Prognosen der demografischen Entwicklung, aber auch ihre Wirtschaftsdaten, oft genug auch die damit einhergehenden ökologischen Probleme. Ihnen ist bewusst, dass eine traditionelle Herangehensweise der Komplexität der Probleme nicht mehr gerecht wird. Mit Schwierigkeiten in dem einen oder anderen Bereich umzugehen, war alltäglich und zu bewältigen. Jetzt sieht es so aus, dass alles mit allem mehr zusammenhängt und nur in einer Handlungskoordination jenseits von Hierarchie und Markt bearbeitet werden kann.

Nun lösen ja Bildungsnetzwerke nicht alle diese Probleme. Aber sie setzen an einem Punkt der Problemkette an, der ein hohes Maß an Beteiligung verspricht. Wer sich gemeinsam mit den Akteuren der Region um die Qualität der Bildung kümmern will, wird viele ins Boot holen und wird manchen Seiteneffekt erleben, der zu anderen Problemkreisen aufschließt und Lösungsansätze eröffnet, die sonst nicht entwickelt worden wären. So steht der Übergang Schule – Beruf im direkten Zusammenhang mit dem Fachkräftemangel, dieser mit der Ansiedlung und mit dem Erhalt von Betriebsstätten, dies wiederum verlangt die Beachtung ökologischer Standards und die Sicherung einer lebenswerten Umwelt – alles bedeutsame Standortfaktoren.

Noch einmal brandeins, wo Lotter nach Prof. Kruse ausführt: »Wenn du ein besseres System willst, mach dich nützlich. Die Summe dessen, was dabei herauskommt, schafft eine höhere Qualität. Das ist kollektive Intelligenz, bei der jeder einzelne Knoten sich immer wieder von neuem anstrengen muss, um bei dem anderen Gehör zu finden. Kruse nennt das Resonanzfähigkeit – also das Vermögen, von anderen wahrgenommen, als nützlich betrachtet zu werden. Und zu akzeptieren, dass andere nützlich, manchmal auch nützlicher sind als man selbst. Für das gemeinsame Ergebnis tut man seinen Job, seine Pflicht« (Lotter 04/2005) und – füge ich hinzu – erwirbt das Recht, seine Interessen und seine Kompetenzen einzubringen.

Wenn Netzwerkpartner dann tatsächlich zu einem gemeinsamen Ziel zusammenrücken, wirken sich die Veränderungen in dem einen Haus auf die anderen Häuser und damit auf die regionale Bildungslandschaft als Ganzes aus. Wie ein zwischen den Akteuren abgestimmtes Vorhaben in einer Region gelingen kann, zeigt für das Handlungsfeld »Integration« das folgende

Beispiel: Bildungs- und Integrationsregion Paderborn: Bildungsbotschafter
(Minderop 2014, S. 88)

Ausgangslage:
Die Stadt Delbrück ist mit ca. 30.100 Einwohner/innen die zweitgrößte Stadt im Kreis Paderborn. In Delbrück leben ca. 1.150 Menschen mit ausländischem Pass, etwa 4.000 sind ausländischer Herkunft. Anfang 2014 sind 300 syrische Flüchtlinge dazugekommen. Zusammen stam-

men sie aus 73 verschiedenen Ländern. Die größten Gruppen bilden die Spätaussiedler/innen und die syrisch-orthodoxen Christen.

Der Schulerfolg der Kinder und Jugendlichen mit Migrationshintergrund, die ohnehin schlechtere Chancen im deutschen Bildungssystem haben, ist in starkem Maße von der Unterstützung abhängig, die sie von ihren Eltern erfahren. Diese Eltern mit Migrationshintergrund will das Projekt »Bildungsbotschafter« erreichen, um sie bei der schulischen Entwicklung ihrer Kinder zu unterstützen. Die ehrenamtlich tätigen »Bildungsbotschafter« haben selbst eine Zuwanderungsgeschichte, stehen deshalb ihren Mitbürgern nahe und können vertrauensvoll angesprochen werden.

Ziele:
Das Projekt »Bildungsbotschafter« wendet sich an Migranten und Migrantinnen. Mit dem Aufbau eines Netzwerkes soll es ihnen ermöglicht werden,
- die Eigenarten des deutschen Bildungs- und Schulsystems kennen zu lernen und
- kompetente Ansprechpartner zu finden, wenn sie Fragen haben und sich darüber informieren möchten, was ihre Kinder für ihren Bildungs- und Schulerfolg brauchen.

Umsetzung:
Das Projekt »Bildungsbotschafter« wurde vom Bildungs- und Integrationszentrum Kreis Paderborn konzipiert und begann mit einer Auftaktveranstaltung am 16.03.2010 in Delbrück. Der Auftaktveranstaltung gingen zahlreiche Vorgespräche mit Kita- und Schulleitungen, den Vertretern der Migrantenorganisationen sowie Absprachen mit den leitenden Personen der Stadt Delbrück (Bürgermeister, Schulverwaltungsamt) und der Familie-Osthushenrich Stiftung voraus. Von Januar 2010 bis März 2010 haben die Initiatoren 16 Migrantinnen mittels eigener Kontakte oder durch Kita- und Schulleitungen als Bildungsbotschafter gewinnen können. Sie sind Ansprechpartner für andere Eltern in Delbrück, die die gleiche Muttersprache sprechen. Sie weisen andere Eltern auf Informationsveranstaltungen hin, begleiten sie zu Veranstaltungen und geben Tipps, wo man weitere Hilfe bekommen kann.

Bei der Auftaktveranstaltung haben ca. 40 Teilnehmer, darunter Bildungsbotschafterinnen, Kita- und Schulleitungen, Ideen für Aktivitäten und Veranstaltungen im Netzwerk entwickelt, um die Projektziele besser erreichen zu können. Zu den Ergebnissen gehören insbesondere folgende Vorschläge:

Aufgaben der Bildungsbotschafterinnen:
- Kooperation zwischen Schulen und Firmen
- Erfahrungsaustausch zwischen Schulen und Bildungsbotschafterinnen

- sprachliche Unterstützung bei den Elternabenden und an Elternsprechtagen
- Ansprechpartner bei den Elternabenden
- Gesprächsangebote
- Hospitieren in der Kita
- Hausbesuche (nicht als Kontrolle)
- Berührungsängste abbauen
- kulturelles Angebot (Kochkurse, Singen, Tanzen)
- individuelle Förderung von einzelnen Kindern, insbesondere Kindern, die ohne Deutschkenntnisse in Delbrücker Schulen kommen
- Mit-Organisation von internationalen Projektwochen an Schulen
- Organisation eines Eltern-Cafés
- Dolmetschen

Aufgaben des Bildungs- und Integrationszentrums:
- Information der Kitas und Schulen über das Projekt und Ideen zur Umsetzung
- kontinuierlicher Kontakt mit den Bildungsbotschafterinnen
- Organisation von Weiterbildungen zur interkulturellen Kompetenz und Kommunikation für Bildungsbotschafterinnen, Kita- und Schulleitungen
- Infoveranstaltungen organisieren, z. B. zum Übergang in die weiterführende Schule
- Infos über die Angebote der anderen Organisationen auf einer Webseite bereitstellen, die mit der Webseite der Stadt Delbrück verlinkt ist
- Organisation von Veranstaltungen zum deutschen Bildungssystem mit Bildungsbotschafterinnen

Erfolge:
2014 gehören 18 Bildungsbotschafterinnen, 7 Kindergärten und 5 Grundschulen, 5 weiterführende Schulen sowie 5 Organisationen für Migranten zu dem Netzwerk der Bildungsbotschafter. Bislang konnte man für das Projekt noch keinen männlichen Bildungsbotschafter gewinnen. Dies wäre sicherlich eine Bereicherung.
Bildungsbotschafterinnen, Kitas und Schulen arbeiten im Netzwerk unterschiedlich intensiv mit. Dort, wo der Anteil der Migrantenkinder eher gering ist, fühlt man sich von diesem Projekt weniger angesprochen. Die Teilnehmerinnen und Teilnehmer am Netzwerktreffen im Januar 2011 zeigten sich mit ihrer Arbeit im Netzwerk und mit der Unterstützung des Bildungs- und Integrationszentrums überwiegend zufrieden oder sehr zufrieden.
Im Schuljahr 2013/14 sollen die folgenden Ziele erreicht werden:
- Evaluation des Projektes in Delbrück.
- Transfer des Projektes nach Bad Lippspringe

Kontakt:
Bildungs- und Integrationszentrum Kreis Paderborn, Bahnhofstraße 23a, 33102 Paderborn – Nafsika Sotiriou-Barth, Tel.: 05251 308 – 4632, sotiriou-barthn@kreis-paderborn.de; **Weitere Informationen:** Broschüre: Bildungsbotschafter Delbrück
http://www.kreis-paderborn.org/bildungsbuero/projekte/bildungsbotschafter

So kann es gelingen: Kompetenzen einbringen und neue gewinnen

Alle Partner, ob Schulen intern oder in Kooperation mit anderen, ob Mitstreiter von Schulen in der Kommunalverwaltung, in der Jugendhilfe oder in der Wirtschaft, erwarten Nutzen unterschiedlicher Art vom Netzwerken. Ob er sich einstellt, hängt nicht zuletzt von ihrem Willen ab, ihre Kompetenzen für das Gelingen einzusetzen. Und weil »Veränderungen auf einer Ebene des Systems notwendigerweise zu Veränderungen auf den anderen Ebenen« (Rahm 2014) führen, wird was im Netzwerk gelernt wird, auch in der einzelnen Organisation wirksam werden.

Was Netzwerken braucht …	Was beim Netzwerken gelehrt werden kann …
Offenheit und Vertrauen Die Partner sind bereit, eigene Vorstellungen darzustellen, andere kennenzulernen und zu akzeptieren.	**Offenheit und Vertrauen** Anliegen offen formulieren und sie in die Obhut der Partner geben
Wertschätzung Die Partner respektieren die Beiträge anderer und nehmen Vorschläge konstruktiv auf.	**Dialogfähigkeit** das eigene Fühlen und Denken offen legen, Positionen begründen und das Anliegen der Partner ernst nehmen
Kooperations- und Teamfähigkeit Die Partner teilen ihr Wissen für die Erreichung des gemeinsamen Ziels, unterstützen sich bei einer systematischen Lösungssuche und übernehmen die Verantwortung für gemeinsames Handeln.	**Selbstkompetenz** die eigenen Stärken kennen, selbstbewusst vertreten und die eigene Rolle im Netzwerk akzeptieren
Kreativität Die Partner entdecken Ungewöhnliches und lassen neue Ideen fließen.	**Innovationsfähigkeit** Ideen und Handlungskonzepte entwickeln, die über das bisher Erreichte hinausführen

Was Netzwerken braucht ...	Was beim Netzwerken gelehrt werden kann ...
Lernfähigkeit Die Partner sehen sich als Lernende und sind bereit sich zu qualifizieren. In Schulnetzwerken ist die Perspektive der Lernenden Ausgangspunkt aller Aktivitäten.	**Reflexionsfähigkeit** die gegenseitigen Stärken kennen, sich mit den vorgegebenen Situationen und gemeinsam entwickelten Lösungsansätzen auseinandersetzen und sie vor dem Hintergrund der gemeinsamen Ziele reflektieren
Motivationsfähigkeit Die Partner verstehen es, andere für Ideen, Visionen zu interessieren bzw. zu begeistern.	**Ausdauer und Organisationsfähigkeit** Aufgaben zielbewusst und ausdauernd verfolgen, die entwickelten Konzepte strukturieren und zu praktikablen Handlungsabläufen organisieren
Kritikfähigkeit Die Partner evaluieren systematisch und gemeinsam die Ergebnisse der Netzwerkentwicklung, interpretieren sie und bewerten sie für die weitere Entwicklung.	**Feedback** Rückmeldungen ernst nehmen und ohne Wertung Rückmeldung geben
Planungsfähigkeit Die Partner entwickeln gemeinsame Ziele, setzen diese Vorstellungen in Relation zu den aktuellen Rahmenbedingungen und schätzen deren Veränderbarkeit auf Risiken und Chancen ein. Hieraus entwickeln sie koordinierte Handlungsabläufe, Methoden oder Verfahren.	**Planungsfähigkeit** die Problemstellung analysieren und strukturieren, daraus Lösungsansätze in Relation zu den Rahmenbedingungen entwickeln und neue Handlungsoptionen verfolgen

Abb. 36: *Kompetenzen für und Lernen durch Netzwerken, animiert durch Lohmann/Minderop 2008, S. 215*

2.2 Öffentlichkeit herstellen

Angesichts des unübersehbaren Trends zur medialen Verbreitung von Informationen und ihrer öffentlichen Kommentierung (gefällt mir/folgen) muss den Initiatoren eines Bildungsnetzwerks klar sein, dass sie ebenfalls diesen Trend bedienen müssen. Ein gut durchdachtes Medienkonzept, das sowohl digitale wie Printmedien sowie die lokalen Sender umfasst, trägt dazu bei, dass Bürgerinnen und Bürger sich über die Netzwerkidee, ihre Hintergründe und aktuellen Bezugsthemen frühzeitig informieren können.

Die Ergebnisse des Reuters Digital News Survey 2014[20] zur Nutzung von Informationsangeboten haben Uwe Hasebrink und Sascha Hölig vom Hans-Bredow-Institut für Deutschland am 11. Juni 2014 beim 5. Hamburger Mediensymposium »Wie informiert sich die Gesellschaft?« in Hamburg vorgestellt. Drei Folien schienen mir in diesem Zusammenhang besonders interessant (Hasebrink & Hölig, Folien 8, 9 und 28). So gab etwa die Hälfte der 2063 Befragten an, dass zu den für sie wichtigsten Nachrichten die aus der Region bzw. Lokale Nachrichten gehören. Dabei konnten sie bis zu fünf Nachrichten-Arten auswählen.

Nachrichten über Deutschland	67
Internationale Nachrichten	64
Nachrichten über meine Region	51
Nachrichten über die nationale Politik	51
Lokale Nachrichten	47
Gesundheits- und Bildungsbereich	30
Wirtschaftsnachrichten	29
Sportnachrichten	28
Wissenschaft und Technik	27
Geschäfts- und Finanzwelt	17
Unterhaltung und Prominente	15
Lustige/verrückte Nachrichten	14
Kunst- und Kulturnachrichten	9

Nach Hasebrink & Hölig, Folie 8

Die Antworten auf die Frage »Welche der folgenden Kanäle haben Sie **letzte Woche** als Quelle für Nachrichten benutzt?« zeigen die eindeutige Präferenz des Fernsehens. Allerdings verzeichnen die Sozialen Netzwerke einen erheblichen Zuwachs, während die gedruckte Zeitung offensichtlich an Interesse bei den Nutzern verliert. Nahezu gleichbleibend mit etwas mehr als 50 Prozent wird das Radio als Übermittler von Nachrichten genutzt.

---

20 Der vollständige Bericht zum Reuters Institute Digital News Survey 2014 ist über die Webseite des Hans-Bredow-Instituts (www.hans-bredow-institut.de) abrufbar.

	2013	2014
Befragte	1064	2063
	in %	in %
Fernsehnachrichten	76	84
Radionachrichten oder -sender	51	52
Gedruckte Zeitungen	55	44
24h-Nachrichtensender	38	43
Zeitungen online	25	23
Soziale Netzwerke	18	23
Nachrichtenmagazine online	23	21
Sonstige Nachrichtenquellen online	28	20
Gedruckte Zeitschriften	31	20
TV- und Radioanbieter online	20	19

Nach Hasebrink & Hölig, Folie 9

Auf die Frage »Im Laufe einer durchschnittlichen Woche, auf welche Art und Weise nehmen Sie aktiv an der Nachrichtenberichterstattung teil? (Mehrfachnennung möglich) antworteten die Befragten wie folgt:

2063 Befragte	2014	2013	nach Altersgruppen			
Angaben in %			18-24	25-34	35-44	45-54	55+
Mit Freunden und Kollegen über ein Ereignis mit Nachrichtenwert sprechen (persönlich)	41	39	35	40	36	45	45
Bewerten oder als »gefällt mir« kennzeichnen von Nachrichten in sozialen Netzwerken	17	9	24	18	15	17	15
Abstimmen bei einer Online-Befragung	16	16	20	16	11	15	18
Teilen von Nachrichten über soziale Netzwerke	13	10	21	17	12	13	11
Mit Freunden und Kollegen über ein Ereignis mit Nachrichtenwert online sprechen	13	11	22	18	9	10	12
Kommentieren einer Nachricht in einem sozialen Netzwerk	11	8	14	16	9	14	8

Nach Hasebrink & Hölig, Folie 28

Hier geht es darum, wie kommunikativ die Befragten mit ihrer Kenntnis über Ereignisse und Trends umgehen. Sprechen sie darüber und wenn ja wie? Persönlich, in online-Foren oder kennzeichnen sie Nachrichten lediglich mit »gefällt mir« in sozialen Netzwerken? Letzteres hat seit 2013 zugenommen, aber insgesamt lässt sich feststellen: »Alle Formen der Partizipation werden von den Deutschen wenig genutzt«.

Welche Folgerungen kann man aus solchen statistischen Angaben für die Art der eigenen Öffentlichkeitsarbeit ziehen? Wie geht man in Schule, zwischen Schulen und in der Kommune mit der zunehmenden Rolle der Onlinemedien hinsichtlich der Verbreitung von Informationen und für die Meinungsbildung um?

Ich bin mir der Gefahr bewusst, jetzt »Eulen nach Athen zu tragen«, wenn ich darüber spreche, wie Schulen mit ihren für die Internen und Externen wichtigen Informationen umgehen (sollten). In vielen Schulen ist es gelebte Praxis, dass Schülerinnen und Schüler Zugriff auf interne Netzwerke haben und/oder sich mit ihren Lehrkräften per Mail austauschen. Auch diese haben ihre medialen Informationskanäle. Die Onlinemedien so zu gestalten, dass sie aktiv als Anregung für die Netzwerkbildung in der Schule im Sinne von Teamarbeit und Professionellen Lerngemeinschaften genutzt werden können, meint aber eine andere Qualität. Und braucht Fachleute, die sich darauf verstehen, ein auch für ›bloße Nutzer‹ handhabbares Instrumentarium zur Verfügung zu stellen.

Druckerzeugnisse der Schule, wie die Schulzeitung, haben dagegen eher im engeren Kreis der Eltern und Schüler eine Bedeutung. Flyer und Broschüren behalten sicher noch eine Weile ihren Werbecharakter, wenn sie diesem Zweck entsprechend gestaltet sind. Für jede dieser Formen der Weitergabe von Informationen gilt: Selbstgemachtes ist nett, aber selten professionell. Gleiches gilt für die Schulen in einem Netzwerk, die ihre Homepage nutzen wollen, um allen Beteiligten zu zeigen, wie sich z. B. Lerngemeinschaften mit ihren Partnerschulen entwickeln. Sie brauchen dazu ein Austauschforum und pflegen es durch Feedback auf die Beiträge. Dort dargestellte und verlinkte Informationen über die Öffnung des Netzwerks für Partner aus Wirtschaft, Kultur und Zivilgesellschaft z. B. im Rahmen des schulischen Ganztagsbetriebs können zu weiterer Beteiligung ermutigen.

Wenn zahlreiche Bürgerinnen und Bürger allen Alters sich dafür interessieren, was in der Region passiert, sie sich aber zugleich zu wenig untereinander darüber austauschen, müssen Wege gefunden werden, die dieser Ausgangslage entsprechen. Und das heißt konkret: Informationen über verschiedene Kanäle anbieten und Anreize sowie Gelegenheiten schaffen, darüber zu sprechen. Diese müssen so gestaltet sein, dass der erwartete Austausch von Vorstellungen bei der Entscheidungsfindung tatsächlich eine Rolle spielt – es muss als wichtig wahrgenommen werden, miteinander zu sprechen. Ohne Konsequenzen wird die Motivation rasch enden.

Besonders dringlich ist eine professionelle Öffentlichkeitsarbeit, wenn sich ein Landkreis oder auch eine kreisfreie Stadt auf den Weg macht, sich als Bildungslandschaft zu etablieren. Schließlich soll die Idee für die Öffentlichkeit sichtbar und konkret fassbar sein. Auch Menschen außerhalb von Bildungseinrichtungen können dann deren Wert und Bedeutung erfahren und Anlässe zu eigenem Engagement entdecken und kennenlernen. Bedenkt man, in welchem Maße nicht nur Jugendliche, sondern auch Erwachsene im privaten Kontext, Organisationen der Zivilgesellschaft sowie Unternehmen sich in den sozialen Netzwerken beteiligen, wäre es ein wichtiger Schritt zu mehr Transparenz, wenn auch die Akteure der Bildungslandschaft dort gefunden werden können. Nicht zu verachten ist dabei auch der Aspekt, dass Vertreterinnen und Vertretern aus Wirtschaft und Zivilakteuren durch eine breite Information die Möglichkeit eröffnet wird, Zeit, Kompetenzen, Know-how und natürlich auch finanzielle Ressourcen in die Bildungsentwicklung vor Ort einfließen zu lassen.

Ein besonderes **Beispiel** dafür, wie diese Art von Öffentlichkeit hergestellt und Partizipation als Thema in den öffentlichen Raum gebracht werden kann, hat die **Bildungslandschaft Wolfsburg** auf den Weg gebracht. Dazu kurz die Vorgeschichte:

Ziel der Stadt Wolfsburg ist es, die Vielfalt der Bildungsmöglichkeiten entlang der lebenslangen Bildungskette ganzheitlich zu denken, sie transparent zu machen und gemeinsam mit Bürgerinnen und Bürgern sowie Institutionen zu gestalten. Mit dem Aufbau eines Bildungsmanagements[21] hat die Stadt schon 2009 begonnen. In einem partizipativen Prozess wurde ein gemeinsames Bildungsverständnis entwickelt: »... verschiedene Wolfsburger Institutionen, Organisationen und Personen, die mittel- und unmittelbar in dem Handlungsfeld »Bildung« in Wolfsburg tätig sind, [wurden] eingeladen, sich an der Entwicklung einer institutionsübergreifenden »Wolfsburger Bildungslandschaft« zu beteiligen. Es entstand die Vision eines strukturierten Netzwerkes von Einrichtungen, die bislang mehr oder weniger isoliert die verschiedenen lernbiographischen Phasen der Menschen in Wolfsburg begleitet haben. Ziel dieses Netzwerkes ist ein neues Verständnis von »Bildung« über Strukturgrenzen hinaus, als einen stetigen und institutionsübergreifenden Prozess. Die inhaltliche Vernetzung soll Synergien erzeugen und diese für die bildungsbiographische Begleitung von Menschen nutzbar machen.« In strategischen Fragen zur Verwirklichung dieses Ziels »koordiniert, vernetzt, entwickelt und berät« das Bildungsbüro der Stadt Wolfsburg. (http://www.wolfsburg.de/bildung). Hier wurde auch die Kampagne »Begeisterung für Bildung« entwickelt.

---

21 »Bildungsmanagement bezeichnet die Gestaltung, Steuerung und Entwicklung von sozialen Systemen, die dem Zweck der Bildung von Menschen mit dem Ziel der Urteils- und Handlungsfähigkeit dienen« (Müller, 2007).

Wie wir das Netzwerken verbreiten (können)

Das Logo als Ausdruck der Bildungsbewegung »WIR WOLLEN WISSEN« stand ebenso fest wie die blaue Farbe im städtischen Corporate Design. Sie stehe für Wissenschaft, Weisheit und nicht zuletzt für Kommunikation. Mit dem starken Einsatz einer Farbe soll hohe Plakativität und Wiedererkennung erreicht werden.

Abb. 37: Logo Wolfsburg

Abb. 38: Plakataktion Wolfsburg

Mit Plakaten im öffentlichen Raum, die natürlich zugleich auf der Homepage www.wolfsburg.de/bildung dargestellt sind, »fragen wir Wolfsburger, was sie schon immer mal wissen wollten. Damit wird jeder einzelne zum Akteur der Bildungslandschaft und zum Multiplikator für die Bildungskampagne«.

In Wolfsburg ist man sich des hohen Stellenwertes einer funktionierenden Bildungslandschaft mit aufeinander abgestimmten Angeboten bewusst: Bildung bestimmt maßgeblich die Attraktivität der Stadt als Lebens- und Arbeitsmittelpunkt für Menschen und ansiedlungswillige Unternehmen. Die Kampagne »Wir Wollen Wissen« kommuniziert die ausgeprägte Vielfalt der Wolfsburger Bildungslandschaft und hat langfristig das Ziel, »Bildung« als Standortfaktor herauszuarbeiten. So wird nicht nur die Partizipation der Bürgerinnen und Bürger gestärkt, sondern auch die Stadt Wolfsburg bildungspolitisch zukunftsorientiert auf- und dargestellt«.

Man muss schon ein paar Euro übrig haben, um so aufwändig für Bildung zu werben, werden Sie jetzt vielleicht sagen. Das ist richtig und angesichts der finanziellen Situation von Kommunen kann man auch nicht behaupten, das sei ganz einfach. Andererseits: Sie kennen die Geschichte von dem Bauern, dessen Schafe immer weglaufen, weil der Zaun defekt ist – er hat keine Zeit, ihn zu reparieren, weil er die Schafe immer wieder einfangen muss ...

2.3 Beteiligung: Bildungskonferenzen ziel- und ergebnisorientiert gestalten

Kaum ein anderer Bereich spricht Bürgerinnen und Bürger so ganz unmittelbar an wie die Bildung. Alle sind wir zur Schule gegangen, alle haben wir bestimmte Vorstellungen davon, was Bildung, was gute Schule ist. Von Bildung versteht jeder etwas. Was dabei herauskommt: endlose Diskussionen ohne Ergebnisse – anhaltende Statements ohne Annäherung der Standpunkte. Weil eben zur Bildung in und außerhalb von Schule viel Unterschiedliches gedacht und gesagt wird.

Da werden Interessen deutlich: von Eltern am Wohlergehen und an guten Ergebnissen ihrer Kinder, von Erzieherinnen an kleinen Kindergruppen und besserer Qualifizierung, von Lehrkräften an kleinen Klassen, gut eingerichteten Schulen und wenig einengenden Vorschriften, von Ausbildern an gut gebildeten und disziplinierten Lehrlingen, von Arbeitgebern an guten Fachkräften, von Schulleiterinnen und Schulleitern an engagierten Kollegien, von Vertreterinnen und Vertretern der Volkshochschulen und anderer Weiterbildungsträger an bildungsfreudigen Mitbürgern, wohlgesonnenen Arbeitgebern und flexiblem Personal, von der Kommune an einem reibungslosen Schulbetrieb und schließlich vom Land an Engagement, Qualitätsbewusstsein und Erlasstreue des lehrenden Personals.

Diese Aufzählung ist natürlich einseitig zugespitzt – tatsächlich kann man annehmen, dass alle irgendwie an Bildung Beteiligten ein gemeinsames Interesse haben, nämlich an guter Bildung und Ausbildung der Kinder und Jugendlichen. Deshalb bin ich ein Fan von Bildungskonferenzen, die – gut vorbereitet und dokumentiert – den Bürgerinnen und Bürgern Gelegenheit bieten, zu Wort zu kommen, mit den eigenen Interessen, Sorgen und Anliegen wahrgenommen und gehört zu werden, und das öffentlich.

Was dabei für die Kommune herauskommt, die ja die Kosten der Versammlung tragen muss? Sie kann sie als Chance nutzen, den »Dreiklang Information, Kommunikation, Partizipation in unserer Alltagspolitik noch stärker zum Klingen [zu] bringen, damit wir Politik, ja, wieder sexy machen können für die Menschen« (Ulrich Maly, Präsident des Deutschen Städtetages, anlässlich der Hauptversammlung im April 2013).

Nicht zu unterschätzen ist, dass die Akteure beim Aufbau eines Bildungsnetzwerks/einer Bildungslandschaft auf die zustimmende Begleitung und das Engagement der Bürgerinnen und Bürger angewiesen sind. Achtung: Partizipation ist keine Einbahnstraße und funktioniert nicht von oben nach unten: Wir beteiligen euch (freundlicherweise!). Vielmehr muss sie der Überzeugung folgen, dass das Wissen und die Kompetenzen der Bürgerinnen und Bürger die zu treffenden Entscheidungen besser machen werden. Auch Schätze können gehoben werden: die Kompetenz eines Ausbilders, die Bereitschaft mitzumachen der Vorsitzenden des Sport- und des Kunstvereins, der Spendenwille des Sparkassenleiters, der Arbeitseinsatz von Handwerkern und nicht zuletzt die Aufbruchsstimmung, die weiter trägt als bis zum nächsten Tag.

Wie das gelingen kann, hat schon manche Stadt, mancher Landkreis unter Beweis gestellt: Die politisch Verantwortlichen sind präsent und machen ihren Willen deutlich, Bildung und ihre Weiterentwicklung in der Region zur Chefsache zu machen. Davon ausgehend wird die Konferenz so vorbereitet, dass entsprechend dem schon aus vorhandenen Daten erkennbaren Handlungsbedarf Arbeitsgruppen gebildet werden, deren Ergebnisse dokumentiert und allen Teilnehmerinnen und Teilnehmern zur Verfügung gestellt werden. U. U. kann sich im Verlauf der Gruppenarbeit bereits herauskristallisieren, wer sich auch künftig in die Bearbeitung eines Themas verantwortlich einbringen möchte. In jedem Fall wird die Frage nach der Bereitschaft zu einer Beteiligung in dem nachfolgenden Entwicklungsprozess gestellt, damit allen Beteiligten die Ernsthaftigkeit des Vorhabens noch einmal vor Augen geführt wird.

> Ein nachahmenswertes **Beispiel** für eine kreative Dokumentation einer Bildungskonferenz unter dem Titel »Junge – Junge« kann man – neben den fixierten Ergebnissen und Vereinbarungen – auf der Homepage der Bildungslandschaft Wolfsburg (www.wolfsburg.de/Bildung) bewundern:

Abb. 39: Dokumentation einer Bildungskonferenz unter dem Titel »Junge – Junge« (Wolfsburg)

Bildungskonferenzen können so Basis eines Zielfindungsprozesses sein, in den nicht nur die Bildungsinstitutionen, sondern eben auch die Bürgerinnen und Bürger ihre Interessen als Nutzer einbringen. Die dann folgende schwierige Klippe, von der breiten Partizipation zu Entscheidungen über Ziele zu gelangen, kann nur überwunden werden, wenn dies die in der Region politisch Verantwortlichen zu ihrer Sache machen. Denn es braucht geregelte Strukturen, um die Netzwerkarbeit in den beteiligten Organisationen so zu verankern, dass die Begeisterung am Neuen gepflegt, die Essenz der Ideen dokumentiert und Aktionen priorisiert werden können. All das macht Partizipation zu einem kostbaren Gut – von ihr muss der Impuls an die Entscheidungsebenen gehen, sich zu kümmern, Strukturen zu schaffen, in denen die Ideen Fuß fassen, um sich dann immer wieder der Kritik der Vielen stellen zu können.

In der Praxis finden sich auch andere Formen der Beteiligung. Die nachfolgende Grafik zeigt überblicksartig die Vielfalt der möglichen Verfahren und ordnet sie ihren Funktionen in Bezug auf die Entscheidung zu (Nanz und Frische 2012, S. 121).

Wie wir das Netzwerken verbreiten (können)

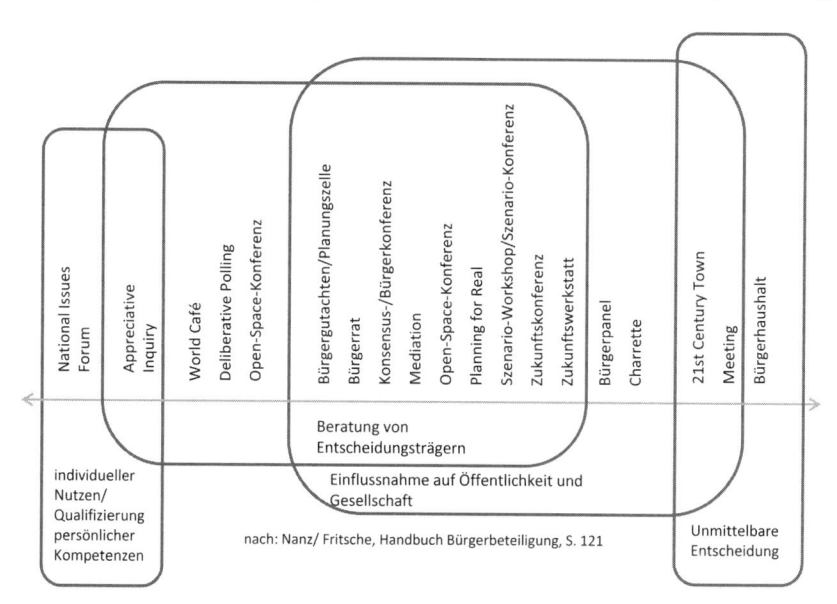

Abb. 40: Beteiligungsformen

Ich greife nur zwei der Formate heraus, die einerseits der Beratung von Entscheidungsträgern dienen und andererseits einen Einfluss auf die Öffentlichkeit haben: die Open Space Konferenz und die Zukunftskonferenz. Beide Formate können in unterschiedlichen Phasen eines Entwicklungsprozesses nützlich sein. Die folgenden Informationen sind der Seite http://www.partizipation.at des österreichischen Bundesministeriums für Land- und Forstwirtschaft, Umwelt und Wasserwirtschaft (Ministerium für ein lebenswertes Österreich!) entnommen.

Bei einer **Open Space Konferenz** (open space = engl. für offener Raum) gibt es ein Leitthema, aber keine festgelegten Referate oder vorbereiteten Arbeitsgruppen. Die Teilnehmerinnen und Teilnehmer bestimmen selbst, wer wie lange zu welchen Themen arbeiten will. Diese Konferenzart ist geeignet,
- »wenn es darum geht, mit einer großen Zahl an Beteiligten komplexe Fragestellungen zu bearbeiten,
- als Initialzündung für ein Vorhaben, das mit einer Ideensammlung auf breiter Basis beginnen soll,
- wenn viele, ganz unterschiedliche Personen an einem komplexen Thema arbeiten sollen.

Eine **Open Space Konferenz** sollte 2-3 Tage dauern und beginnt mit der Vorstellung des Leitthemas. Alle Teilnehmerinnen und Teilnehmer, die dies möchten, können eine Arbeitsgruppe zu einem Thema einberufen, das sie besonders

interessiert. Die Arbeit bei einer Open Space Konferenz beruht auf einem Gesetz und vier Prinzipien:
»**Das Gesetz der zwei Füße**« besagt, dass jede/r nur so lange in einer Arbeitsgruppe bleiben soll, solange er/sie dort einen Beitrag leisten und/oder etwas lernen kann. Es ist nicht nur erlaubt, sondern sogar erwünscht, die Arbeitsgruppe zu wechseln.
Die **vier Prinzipien** lauten
1. Wer immer auch kommt, er/sie ist gerade die richtige Person.
2. Was auch geschehen mag – es ist das einzige, was geschehen kann.
3. Wann immer es beginnt, es ist die richtige Zeit.
4. Vorbei ist vorbei.

Deshalb werden für alle Themen Arbeitsorte und -zeiten fixiert, die Bearbeitung der Themen erfolgt jedoch selbstorganisiert in sich immer wieder neu formierenden Kleingruppen. In der letzten Phase der Konferenz werden die als am wichtigsten empfundenen Fragestellungen herausgearbeitet, dafür notwendige nächste Schritte besprochen und »Themenpatenschaften« vergeben. So wird gewährleistet, dass auch nach der Konferenz die generierten Ideen weitergetragen werden. Am Ende der Konferenz erhalten alle Teilnehmerinnen und Teilnehmer einen Band mit den Gruppenprotokollen, in dem sie die Ergebnisse aller Gruppen nachlesen können. Den Organisatoren obliegt bei einer Open Space Konferenz nur die Aufgabe, für den logistischen Rahmen und den »freien Raum« zur Entfaltung des kreativen Potenzials zu sorgen, sie nehmen keine Eingriffe in den Inhalt der Konferenz vor«.

»Bei einer **Zukunftskonferenz** erarbeiten ausgewählte Teilnehmer aller betroffenen Interessengruppen nach einem festgelegten Ablaufschema Maßnahmen- und Aktionspläne für zukünftige Vorhaben. Diese Konferenzart ist geeignet bei langfristigen Planungen und Projekten auf kommunaler Ebene oder in Organisationen für zukunftsorientierte Fragestellungen. Sie gliedert sich in 5 Phasen:
- Reflexion der Vergangenheit
- Analyse der Gegenwart
- Entwicklung von Zukunftsentwürfen
- Herausarbeiten von Gemeinsamkeiten
- Planung konkreter Maßnahmen

Die Teilnehmerinnen und Teilnehmer arbeiten zunächst in homogenen Gruppen [z. B. nur Lehrkräfte oder nur Kommunalvertreter] von 6 bis 8 Personen zusammen. Im Laufe der Konferenz werden diese Gruppen systematisch durchgemischt, so dass jede Gruppe auch mit den anderen Gruppen in Kontakt kommt. Dadurch wird die Bereitschaft für die gemeinsame Suche nach neuen Lösungsansätzen erhöht.«

> **Neugierig geworden?**
> Die Seite http://www.partizipation.at bietet nicht nur Erläuterungen zu einer Fülle weiterer Methoden sowohl für kleine als auch für große Gruppen sondern auch Praxisbeispiele und interessante Themen rund um die Frage der Partizipation.

3 Wie wir Stolpersteine erkennen und liegen lassen (sollten)

Zum Wesen von Netzwerken gehört ihre prinzipielle Instabilität, bedingt durch ihre gegenüber einer hierarchischen Organisation größere Reichweite. Deshalb entstehen unkalkulierbare Dynamiken, aber auch neue Lösungen in komplexen Situationen. Netzwerke verlangen einen hohen Grad an Interaktivität – Kommunikation ist ihr Hauptwort. Ihre Prozesse verlaufen nicht linear, sondern pendeln zwischen den Teilnehmerinnen und Teilnehmern auf der Organisations- wie auf der Individualebene. Wenn also vorwiegend hierarchisch strukturierte Organisationen ihre Entscheider und Mitarbeiter auffordern, in Netzwerken mit anderen Organisationen mitzuwirken, bewirkt das nicht nur »bloße« Veränderungen der Struktur und der Sachebene, sondern verlangt immer auch Einstellungsänderungen. Netzwerken muss man wollen, oder es lassen. Akzeptanz der Beteiligten ist ihre Basis, ihre ›Währung‹ (s. a. Altrichter 2014, S. 31).

Nun werden Netzwerke in Schulen, zwischen Schulen und in einer Kommune von Menschen initiiert. Sie werben für ihre Idee und sind oft allzu sehr überzeugt, dass das Netzwerken ›ganz leicht und ganz schnell‹ geht. Dabei wird übersehen, dass ein solcher Veränderungsprozess von den Betroffenen in sehr unterschiedlicher Weise aufgenommen wird:

»**Gute Idee, das machen wir.**« Das sind die Verbündeten, die sowohl persönlich als auch sachlich vom Mehrwert des Netzwerks überzeugt sind. Sie können helfen, Widerstände zu überwinden.

»**Eigentlich ganz überzeugend, mal sehen.**« Das sagen die Gleichgesinnten, die die Entscheidung zwar richtig finden, aber persönliche Gründe haben, sich (noch) zurückzuhalten.

»**Ob das wohl was wird? Erstmal abwarten!**« Das meinen die Zögerer. Sie haben noch keine klare Meinung. Sie sind unentschieden, welcher ›Fraktion‹ sie sich anschließen sollen, warten u. U. die Mehrheitsmeinung ab.

»**Das ist bloß wieder ein neues Abenteuer. Da mache ich nicht mit**«. Die Gegner haben sowohl sachliche wie persönlich-motivierte Vorbehalte.

»**Dem kann ich mich nicht anschließen**«. So etwa äußern die Opponenten ihre abweichende Auffassung, ohne den Prozess zu behindern. Sie respektieren die Entscheidung der anderen.

Teil 3 Startphase: Was wollen wir und wen brauchen wir dazu?

Abb. 41: Auf Innovationen reagieren

3.1 Widerstand ist normal

Von André Gide soll die Aussage stammen »Jede neue Idee, die man vorbringt, muss auf Widerstand stoßen. Der Widerstand beweist übrigens nicht, dass die Idee richtig ist« (http://gutezitate.com).

Mit anderen Worten: Widerstand muss man ernst nehmen, er könnte zeigen, wo Fehler liegen. Das Gespräch mit den Gegenspielern, Opponenten wie Gegnern, zu suchen, ist deshalb heilsam, birgt allerdings auch die Gefahr, dass der laute ›Gegenwind‹ viel Kraft bindet, die dann im positiven Vorangehen fehlt. Dennoch wird das Netzwerk nicht handlungsfähig, wenn der Widerstand einfach übersehen wird. Ein Aushandlungsprozess kann nachholen, was u. U. im Lauf des Prozesses übersehen wurde: Da gibt es Menschen, die man für das Vorhaben braucht, die noch nicht verstanden haben, was das mit ihnen zu tun hat, was es ihnen nützt, kurz: Warum das alles notwendig ist. Werden diese Vorbehalte nicht bearbeitet, werden die Gegner distanziert das weitere Verfahren beobachten und warten, bis es (wie immer irgendwann!) zu Schwierigkeiten kommt – und dann darauf hinweisen, dass sie das ja immer schon gewusst haben. Allerdings muss von vornherein klar sein: Nicht jeder ist zu überzeugen. Das muss man so hinnehmen und darauf hoffen, dass die ersten Erfolge im Fortgang des Prozesses mehr Überzeugungskraft haben.

Besonders schwierig wird es, wenn Widerstand nicht offen vorgetragen wird, sondern verdeckt schwelt und durch die Beziehungsebene überlagert ist. Es ist wie beim Eisberg: Rationale Argumente sind an der Oberfläche sichtbar, die persönlich-emotionalen Befindlichkeiten, Ängste und Sorgen liegen jedoch in der breiten, nicht sichtbaren und deshalb – nicht nur in der Seefahrt! – gefährlichen Unterseite des Eisbergs. Nur die Lösungen sind andere: Auf hoher See hilft das sorgfältige Ausloten der Tiefen und das weiträumige Umfahren des Eisbergs. Beim Aufbau des Netzwerks helfen nur Kommunikation und Transparenz!

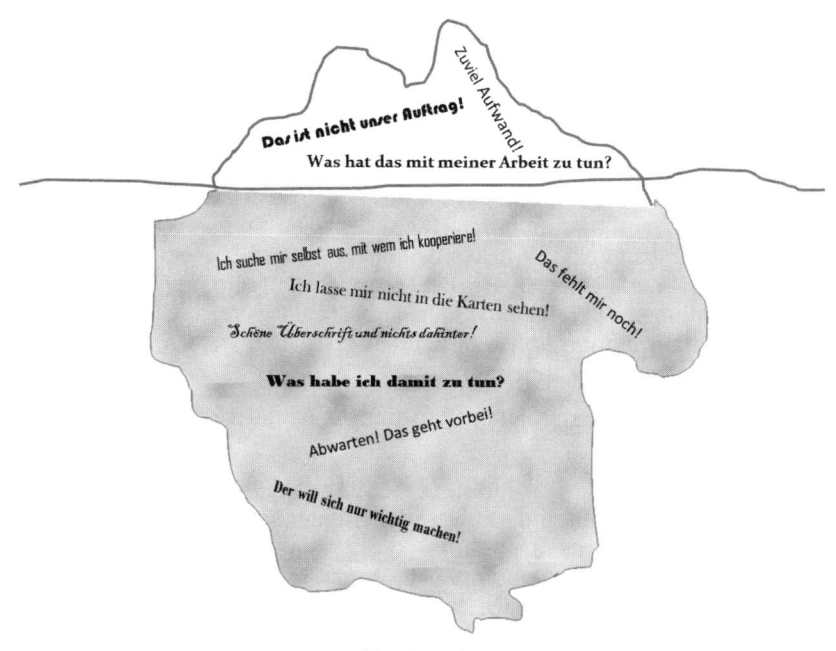

Abb. 42: Eisberg

Wer in ›normalen‹ Organisationen, seien es Schulen, Unternehmen, Verbände oder Verwaltungen, arbeitet, ist in die Routinen festgelegter Abläufe eingebunden. Dazu gehören i. d. R. Entscheidungswege und Bewertungen der eigenen Arbeit durch Vorgesetzte, was das Teilen von Wissen in Teams nicht immer befördert. Netzwerken aber verlangt Offenheit, Einblick zu gewähren in die eigenen Vorstellungen und Handlungsweisen. Mit beiden Systemen parallel umzugehen, kann sich schlimmstenfalls zum Drahtseilakt entwickeln. Verunsicherung ist immer garantiert.

Damit ist die untere Seite des Eisbergs angesprochen, der Wunsch nach Sicherheit und die emotionale Abwehr gegen neue Zumutungen. Dazu kommen Ängste vor dem Verlust einer Rolle, vor einer intensiveren Kontrolle des eigenen professionellen Verhaltens, davor, neuen Anforderungen nicht zu genügen und Neues lernen zu müssen. Solche Sorgen zeigen sich z. B. im Schweigen, im Fernbleiben von vereinbarten Sitzungen, auch darin, auf der Diskussion von worst-case-Szenarien zu bestehen oder die Vertiefung von Details einzufordern. Da hilft dann u. U. ein Gespräch unter vier Augen. Immer braucht man Beharrlichkeit und natürlich Konsequenz: wenn Prozesse beginnen, aber auch dann, wenn sie stocken oder in nicht geplante Richtungen abdriften.

3.2 Netzwerken unter der Glasglocke

Die Gemeinschaft der Netzwerkenden kann – wenn es schief läuft – sich zu einer geschlossenen Gesellschaft entwickeln, deren Verabredungen und Ergebnisse von ihren Mitgliedern wie ihr Eigentum behandelt werden: Das haben wir erarbeitet und das gehört uns. Dabei wird das Gemeinschaftsgefühl solcher in-groups sicher gestärkt. Aber der Grundsatz, Identifizierung mit Veränderungen sei nur erreichbar, wenn die Betroffenen beteiligt würden und die Sache in Besitz nähmen, wird ad absurdum geführt. Betroffen sind jedoch von den im Netzwerk vereinbarten Zielen neben den direkt Aktiven immer auch die übrigen Kolleginnen und Kollegen der Schule bzw. der Partnerschulen und die Bildungsinstitutionen der Kommune. Für sie bleibt die Türe geschlossen, wenn nicht in den Einzelinstitutionen Strukturen geschaffen werden, die Transparenz und Beteiligung gewährleisten.

Ein Stolperstein ist der Transfer der Erfahrungen bzw. der Erprobungen in die Organisationen.

Mögliche Strukturen, die den Transfer unterstützen können, sind u. a.
- eine öffentliche Pinnwand mit Sitzungsterminen und aktuellen Mitteilungen
- der regelmäßige Tagesordnungspunkt »Wir im Netzwerk« in den Sitzungen der Schulgremien bzw. in den Leitungsgremien der Bildungsinstitutionen vor Ort und der politischen Vertretungen
- die Einrichtung von begleitenden organisationsinternen Arbeitsgruppen zu den Netzwerkzielen
- der Austausch auf einem ›Marktplatz‹ des Netzwerks
- die Einladung an Interessierte in der eigenen Organisation zu erweiterten Sitzungen der Netzwerkgremien und zu organisationsinternen Fortbildungen
- die gemeinsame Feier von Erfolgen.

Die Handlung

Nicht zuletzt ist eine abwehrende Haltung der Schulaufsicht ein Stolperstein für eine funktionierende Netzwerkarbeit von Schulen untereinander und mit der Kommune. Sie hat es in der Hand, das Vorhaben z. B. durch die Genehmigung bzw. Verweigerung von Dienstreisen und Experimentierklauseln zu fördern oder zu verhindern. Nicht wenige Schulen haben solche Erfahrungen machen müssen.

Dennoch: Wie in allen für den Erfolg kritischen Situationen hilft nur die frühzeitige und offene Kommunikation.

Abb. 43: Kommunikation tut not

Dabei ist es entscheidend, dass die Schulleiterinnen und Schulleiter das Gespräch nicht abreißen lassen und die Fachkompetenz und den Einfluss der Aufsichtspersonen in die unmittelbare Arbeit im Netzwerk einbeziehen: Sitz und Stimme in den Netzwerkgremien macht die Verantwortung für das Gelingen unmittelbar erfahrbar.

DIE HANDLUNG: DER RUNDE TISCH ›ASYL‹

ANNE und JÜRGEN WIESNER haben mit ihren Kolleginnen aus den Grundschulen über das Problem der Flüchtlingskinder gesprochen und festgestellt: Es gibt viele Bemühungen einzelner Lehrkräfte und Erzieherinnen, in den Einrichtungen und Schulen eine Willkommenskultur zu initiieren. Aber es gibt auch viel Unsicherheit. Die Anregung zu einem Runden Tisch, um die Kompetenzen im Kreis zu bündeln, und ein Netzwerk aus Ehrenamtlichen und hauptamtlich Tätigen zu initiieren, hat die LEITERIN SCHULE UND JUGENDHILFE aufgegriffen. Nach Rücksprache mit dem Landrat hat sie die organisatorische Unterstützung der Initiative zugesagt. So konnte zu einer ersten Sitzung eingeladen werden. Es nahmen teil:

Teil 3 Startphase: Was wollen wir und wen brauchen wir dazu?

Die Initiatoren ANNE und JÜRGEN WIESNER

Aus der Kreisverwaltung:
die Leiter des Ausländeramts, des Wohnungsamts, der Wirtschaftsförderung und die LEITERIN SCHULE UND JUGENDHILFE;
für die Gemeinden: die BÜRGERMEISTERIN VON BELINGEN
für die Schulen:
LEHRERIN 1/GS als Sprecherin der Grundschulen und
LEHRER A/SEK für die Sekundarschulen
SL/GYM für die Gymnasien
für die Kitas: eine Vertreterin der Erzieherinnen und ein VERTRETER DER FREIEN TRÄGER

außerdem:
der BILDUNGSREFERENT DER HANDWERKSKAMMER
die LEITERIN DES KREISELTERNRATES
der SPRECHER DER BÜRGERSTIFTUNG
der VORSTAND DES SPORTVEREINS NAHLAND E.V.

Aus der Diskussion:

JÜRGEN WIESNER:
Meine Sorge gilt in erster Linie den Kindern, denen wir helfen müssen, dass sie nach dem Verlust von Heimat und Sicherheit wieder Kind sein können.

LEHRERIN 1/GS
Ja, das sehe ich gerade bei den Kleinsten. Sie schließen sich ab, wagen nicht mitzumachen, wenn in der Pause gespielt wird.

LEHRER A/SEK
Deshalb ist es so wichtig, die Eltern einzubeziehen. Zwei Kolleginnen sind in die Gemeinschaftsunterkunft gegangen und haben mit dem Dolmetscher versucht, die Eltern zu erreichen und sie zu einem Besuch eingeladen. Ein Elternpaar und eine Mutter kommen morgen mit ihren Kindern zu einem Tee in unser Elterncafé. Da gibt es einige Mütter, die schon vor Jahren hierhergekommen sind. Vielleicht gelingt es uns gemeinsam, die Zurückhaltung aufzubrechen.

LEITERIN DES KREISELTERNRATES
Ich könnte das Problem bei der nächsten Sitzung ansprechen. Es sind doch im Wesentlichen die Mütter, die sich für die Schulkinder engagieren, jedenfalls in den Grundschulen. Da wird es sicher manche geben, die sowas wie eine Patenschaft übernehmen würden. Neulich habe ich von dem »Rucksackprojekt«[22] gelesen. Das ist ein Sprachförderprogramm, das sich an Müt-

---

[22] Die Beschreibung des Projekts ist angelehnt an die Projektbeschreibung der Homepage: www.raa-berlin.de.

ter/Väter, ihre Kinder und das pädagogische Personal an den Kitas und den Schulen wendet. Es geht davon aus, dass die Zweitsprache Deutsch besser gelernt wird, wenn man seine Muttersprache gut beherrscht. Die beteiligten Eltern sind quasi Expertinnen für die Vermittlung der Muttersprache und erweitern dabei selbst auch ihre eigenen muttersprachlichen Kompetenzen. Näheres findet man auf der Homepage der Regionalen Arbeitsstelle für Bildung, Integration und Demokratie, Berlin (RAA).

ANNE
Das finde ich sehr spannend. Wir sollten uns die Seite mal genauer ansehen. Für die Schulen und Kitas gibt es auch eine interessante Veröffentlichung der Deutschen Kinder- und Jugendstiftung gGmbH: »Willkommen in unserer Schule«. In dem Aufsatz von Kristin Wardetzky »Sprachlos? Ein Projekt zur Sprachförderung von Kindern mit Migrationshintergrund«[23] wird von einer Berliner Grundschule im Wedding berichtet, in der bis zu 80 Prozent Kinder mit Migrationshintergrund lernen. Zwei Jahre lang haben drei professionelle Erzählerinnen den Kindern wöchentlich Märchen und Mythen aus aller Welt frei erzählt – vor allem aus den Kulturen der Eltern und über Mimik, Körperhaltung und Stimme das Verständnis unterstützt. Es ist wohl allen wie ein Wunder erschienen, dass Kinder, die zu Beginn elementare Wörter der deutschen Sprache nicht verstanden, am Ende des Projektes bis zu 40 Minuten den Erzählungen lauschten. Ihr aktiver Wortschatz hat sich erweitert und sie haben schließlich selbst originelle, oftmals tief berührende Geschichten erzählt. Das Ganze kann man im Heft 13 »Themenatelier Ganztagsschule der Vielfalt« der DKJS nachlesen.

BILDUNGSREFERENT DER HANDWERKSKAMMER
Wir dürfen aber nicht vergessen, dass es nicht nur um die Kinder geht, die ja bekanntlich schnell in eine neue Sprache hineinwachsen. Unser Kölner Handwerkspräsident Hans Peter Wollseifer[24] hat gerade darauf hingewiesen, dass es weder für die jungen Leute noch für die Gesellschaft zuträglich sei, wenn sie beschäftigungslos warten müssen, bis ihr Asylantrag bearbeitet wird. Sie müssten vom zweiten Tag an Deutsch lernen, um sinnvoll beschäftigt werden zu können. Schließlich hätten sie mit ihrer Flucht eine erstaunliche Kraft bewiesen. Wollseifer meinte richtig, man dürfe sie nicht zum Nichtstun verurteilen. Flüchtling sei kein Beruf.

SL/GYM
Dem kann ich nur zustimmen. Dennoch finde ich gerade das Erzählprojekt erstaunlich und nachdenkenswert! Vielleicht müssen wir uns auch zunächst auf die mündliche Verständigung konzentrieren. Gerade wegen der mangeln-

---

23 Die Aussagen sind angelehnt an die Beschreibung des Projekts im Aufsatz von Kristin Wardetzky in Heft 13 »Willkommen in unserer Schule«, S. 43, www.ganztagsschulen.org
24 Im Interview mit der SZ, Nr. 26 am 02.01.2015, S. 18

den Kompetenz der Kinder in der deutschen Sprache erlebe ich mich selbst und meine Kolleginnen und Kollegen manchmal als hilflos, wenn wir uns nicht verständigen können. Und wir können ja auch nicht zulassen, dass die anderen Schülerinnen und Schüler darunter leiden, wenn wir uns jetzt vorrangig mit den Flüchtlingskindern beschäftigen. Ich bin wirklich unsicher, ob wir den jungen Menschen einen Gefallen tun, wenn wir sie ohne Sprachkenntnisse im Gymnasium aufnehmen. Schließlich bereiten wir von Beginn an auf das Abitur vor. Da muss man schon die Voraussetzungen mitbringen.

Vertreter der freien Träger
Ja, die sprachliche Verständigung ist natürlich wichtig, damit die Kinder dem Unterricht folgen können. Aber wir müssen doch zunächst mal dafür sorgen, dass sie sich angenommen fühlen. Wie Herr Wiesner schon sagte – sie sollen wieder Kind sein dürfen, unbekümmert spielen und herumtollen. Das gilt in anderer Weise auch für die Jugendlichen mit ihren altersgemäßen Bedürfnissen. Würde da nicht eine Einladung in den Sportverein helfen?

Vorstand Sportverein
Klar, bei uns könnten sie mitmachen, wenn sie schauen, was die anderen machen. Manche Spiele sind doch international – Fußball z. B. Kinder lernen doch so schnell! Vielleicht wäre es auch gut, wenn die Erwachsenen dazu kämen. Wir müssen nur sehen, wie das mit den Finanzen geregelt werden kann. Sie wissen schon: Unsere Mitglieder tragen den Verein mit ihren Beiträgen und Spenden.

Leiterin Schule und Jugendhilfe
Lassen Sie uns jetzt noch nicht über Geld reden. Wir sollten wohl erst einmal sehen, was alles nötig und möglich wäre, wenn wir unsere Kompetenzen und unsere Kraft dafür einsetzen wollen, den Flüchtlingen zu helfen. Ich bin sicher, wenn das dann finanzielle Mittel erfordert, werden wir daran nicht scheitern.

Diese Idee zum Vorgehen wurde allseits begrüßt. Man setzte sich in kleinen Gruppen zusammen und beflügelte sich gegenseitig mit kreativen Ideen. Schließlich entstand folgendes Bild:

Die Handlung

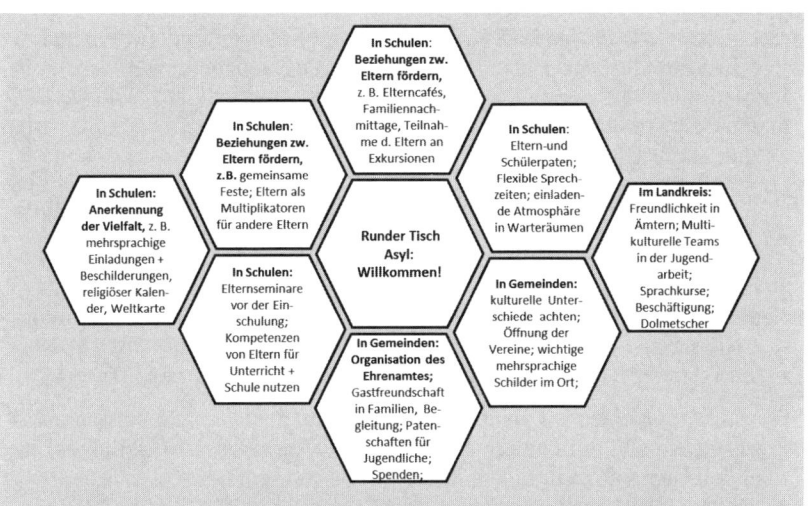

Abb. 44: Willkommenskultur für Flüchtlinge

SPRECHER DER BÜRGERSTIFTUNG
Da haben wir ja eine Menge zusammengetragen. Und nun? Wär toll, wenn es jetzt jemanden gäbe, dem wir das Bild geben könnten mit dem Auftrag, die Umsetzung zu organisieren. Die Möglichkeit haben wir nicht. Aber ich erinnere mich daran, dass wir im Leitbild versprochen haben, den hier lebenden Menschen aller Kulturen den Zugang zu Bildung zu ermöglichen. Das wäre dann hier die Nagelprobe!

BILDUNGSREFERENT DER HANDWERKSKAMMER
Richtig, wie ist denn der Stand der Dinge. Gibt es schon den geforderten Plan für die Entwicklung der Bildungslandschaft?

LEITERIN SCHULE UND JUGENDHILFE
Die Arbeitsgruppe, die mit Begleitung eines wissenschaftlichen Experten und mit einer Vertreterin des Kultusministeriums an diesem Plan arbeitet, wird wohl im Verlauf der nächsten zwei Wochen fertig werden. Es gibt ja schon einige Vorbilder im Land. Aber Sie können sich sicher denken, dass die Kosten schon eine wichtige Rolle spielen – nicht nur für den Kreis. Auch das Land muss da die konkreten Möglichkeiten klären – so haben wir es im Leitbild versprochen. Allerdings werden wir nicht warten können, bis die Strukturen für die Bildungslandschaft installiert sind und wir die Menschen gefunden haben, die den operativen Teil übernehmen werden.

BÜRGERMEISTERIN VON BELINGEN
Ich schlage vor, dass wir uns als Netzwerk verstehen, in dem sich jeder für eine Aufgabe verantwortlich fühlt und um weitere Partner für diese Aufgabe

wirbt. Ich werde mit meinen Kolleginnen und Kollegen in den Gemeinden sprechen und die Gemeinderäte einbeziehen. Zugegebenermaßen haben die Schulen und die Kitas hier den größten Anteil. Aber ich denke, sie werden in den Gemeinden und im Kreis Unterstützung finden, wenn erläutert wird, worum es uns geht.

Dieser Vorschlag findet, auch in Ermanglung von Alternativen, Zustimmung bei den Anwesenden. Sie setzen sich in den Gruppen zusammen
- die Vertreterinnen und Vertreter der Kreisverwaltung und die BÜRGERMEISTERIN VON BELINGEN
- die Vertreterinnen und Vertreter der Schulen und die LEITERIN DES KREISELTERNRATES
- die Vertreterin der Erzieherinnen und der VERTRETER DER FREIEN TRÄGER

Der BILDUNGSREFERENT DER HANDWERKSKAMMER und der VORSTAND DES SPORTVEREINS NAHLAND E.V. ordnen sich den Schulen zu, der SPRECHER DER BÜRGERSTIFTUNG den Gemeinden und dem Kreis.

Die Gruppen diskutieren ihr weiteres Vorgehen und einigen sich jeweils auf eine Sprecherin, die die Fäden in der Hand halten wird.

Es wird ein weiteres Treffen aller Beteiligten und u. U. weiterer Partner in sechs Wochen vereinbart, zu dem die LEITERIN SCHULE UND JUGENDHILFE einladen wird.

Teil 4

Die Handlung: Von Strukturen und Verantwortung

Wie die LEITERIN SCHULE UND JUGENDHILFE angekündigt hat (Teil 3, S. 111), wurde entsprechend dem Wunsch der Opposition im Kreistag eine Beschlussvorlage zu den erforderlichen Strukturen und Kosten für die geplante Regionale Bildungslandschaft erstellt. Sie wurde nach Zustimmung durch den Ausschuss für Schule, Bildung und Kultur und den Kreisausschuss dem Kreistag zugeleitet:

Landkreis Nahland
Nahstadt,21.01.2015
Der Landrat   Vorlage Nr. 2015/0521
Fachbereich: 04 – Schule und Jugendhilfe

Beschlussvorlage
für den
- Ausschuss für Schule, Bildung und Kultur, Sitzung am 12.02.2015
- Kreisausschuss, Sitzung am 03.03.2015
- Kreistag, Sitzung am 20.03.2015

Abschluss einer Kooperationsvereinbarung mit dem Land und Einrichtung gemeinsamer Steuerungs- und Umsetzungsstrukturen für eine Regionale Bildungslandschaft Nahland – Bildungsmanagement – Bildungsberichterstattung

Beschlussvorschlag:

Der Kreistag beschließt,
- dass der Landkreis nach erfolgter Abstimmung mit den kreisangehörigen Gemeinden mit dem Land eine Kooperation mit dem Ziel eingeht, im Rahmen einer **Regionalen Bildungslandschaft in gemeinsamer Verantwortung** eine Verbesserung von Bildungsteilhabe und Bildungsgerechtigkeit für die im Kreisgebiet lebenden Menschen zu erreichen,
- dass dafür entsprechende **Steuerungs- und Umsetzungsstrukturen** eingerichtet werden,
- dass im zweijährigen Turnus die »**Bildungskonferenz im Landkreis Nahland**« etabliert wird,
- dass für die Aufgabe des **Bildungsmanagements** und der **kontinuierlichen Bildungsberichterstattung** ab dem 01.08.2015 unbefristet zwei Vollzeitstellen eingerichtet werden.

Sachverhalt und Rechtslage:
Ein erster Überblick über die aktuelle Datenlage zeigt,
- dass sich die Bevölkerung im Landkreis bis zum Jahr 2025 um 18 % verringern wird und die Zahl der Älteren zunimmt,

- dass sich der Fachkräftemangel bereits jetzt abzeichnet und in den nächsten Jahren zunehmen wird,
- dass sich die Zahl der Migrantinnen und Migranten stetig erhöht,
- dass die schulischen Bildungserfolge von Jungen, Migranten und Sozialschwachen besonders auffällig negativ abweichen.

Eine bessere und vor allem verbindliche **Zusammenarbeit** der für die Bildung Verantwortlichen innerhalb der Schulen, zwischen Schulen bei den Bildungsübergängen und mit Kooperationspartnern in Wirtschaft und Gesellschaft sind wichtige Faktoren für den Bildungserfolg aller Gruppen, für das Zusammenleben und für den wirtschaftlichen Erfolg der Region. Eine kontinuierliche und datengestützte **Bildungsberichterstattung** soll den Bildungsverantwortlichen der verschiedenen Bereiche fundierte Daten für die Entwicklung der dazu notwendigen Maßnahmen zu bieten.

Für die **Regionale Bildungslandschaft** werden künftig folgende Steuerungsstrukturen eingerichtet und mit dem Land vereinbart:
- ein gemeinsamer Lenkungskreis Bildung zur Steuerung des Auf- und Ausbaus der Regionalen Bildungslandschaft auf der strategischen Ebene. Dem Lenkungskreis soll für den Landkreis der Landrat, die Fachbereichsleiterin Schule und Jugend sowie der Leiter Wirtschaftsförderung des Kreises und für die Gemeinden zwei Vertreter bzw. Vertreterinnen der Bürgermeister, für das Land eine bevollmächtigte Vertretung der obersten Schulaufsicht angehören. Der Lenkungskreis tritt mindestens zweimal jährlich zusammen.
- ein gemeinsames Regionales Leitungsteam als Motor und Initiator für die Erledigung der Aufgaben in der Bildungslandschaft. Ihm sollen für den Landkreis die Fachbereichsleiterin Schule und Jugend sowie der Leiter der Wirtschaftsförderung, ein Vertreter bzw. eine Vertreterin der Gemeinden, für das Land ein Vertreter der Schulaufsicht und drei Schulleitungen für die Schulstufen (Primarstufe, Sek. I und Sek. II) sowie die Leiterin bzw. der Leiter des Bildungsbüros angehören. Weitere Vertreter aus beteiligten Gruppen sollen anlassbezogen mit beratender Stimme in das Regionale Leitungsteam einbezogen werden können. Das Regionale Leitungsteam trifft sich regelmäßig.
- ein Bildungsbüro als Geschäftsstelle der Bildungslandschaft. Sein Personal (Land und Landkreis) soll die Umsetzung von Aufträgen des Leitungsteams erledigen bzw. koordinieren. Es sorgt für den Informationsfluss in das System Schule sowie in Richtung Öffentlichkeit und für eine regelmäßige datengestützte Bildungsberichterstattung. Diese Aufgaben sind abhängig von den vereinbarten Zielen und Maßnahmen sowie dem Zeitplan beim Aufbau der Bildungslandschaft.

Haushaltsrechtliche Beurteilung:
Die Personalkosten von rund 50.000 € je Vollzeitstelle und Jahr sowie jährliche Sachkosten in Höhe von jährlich 22.000 € sind in den Haushalts- und Stellenplan des laufenden Jahres und der Folgejahre einzustellen.

Chancengleichheitsprüfung:
Eine Chancengleichheitsprüfung wurde mit folgendem Ergebnis durchgeführt: Die Gleichbehandlung von Frauen und Männern wird durch diesen Beschluss/diese Maßnahme gefördert.

DER LANDRAT

Im Kreistag entspannt sich eine intensive Diskussion, in der es zunächst weniger um die Kosten, als um die Frage geht, ob all diese neuen Strukturen notwendig seien und warum die Bildungslandschaft nicht in der bisherigen Organisation der Kreisverwaltung entstehen könne. Dazu ergreifen der Landrat und Vertreter der Fraktionen das Wort.

DER LANDRAT

Sie erinnern sich an das hier mit großer Mehrheit verabschiedete Leitbild für den Landkreis als Regionale Bildungslandschaft. Damit sich die Arbeit der Bildungsinstitutionen an diesem Leitbild ausrichten kann, müssen wir gemeinsam die dazu erforderlichen Rahmenbedingungen schaffen. Ich möchte das an zwei Beispielen deutlich machen.

Zum einen haben wir nun die Verpflichtung, für eine reibungslose Gestaltung der Bildungsübergänge zu sorgen, und das nicht nur zwischen Kita und Schule und von der Schule in die Ausbildung. Das wäre ja u. U. und mit großer Kraftanstrengung noch alleine aus dem bisherigen Personalbestand und im Rahmen der bestehenden Organisation der Kreisverwaltung zu leisten. Aber bedenken Sie, dass schon hier und noch stärker beim Übergang von der Sek I zur Sek II das Land sehr prominent mit an Bord ist, ganz zu schweigen von den Partnern aus der Region, die sich schon bei der Entwicklung des Leitbildes sehr engagiert haben. Um das Ziel, reibungslose Bildungsübergänge zu erreichen, ist deshalb eine sehr enge Kooperation mit dem Land und mit den Partnern aus Wirtschaft und Zivilgesellschaft unerlässlich. Allerdings kann nicht erwartet werden, dass der Aufbau und Ausbau eines solchen Netzwerks mal eben nebenbei – also neben den ursprünglichen Aufgaben des Bereichs Schule und Jugend zu erledigen sei. Wenn wir es ernst meinen mit der Bildungslandschaft Nahland und tatsächlich eine enge Kooperation mit dem Land eingehen, werden wir ebenso wie das Land zusätzliche Ressourcen einsetzen müssen. Nach meinen Gesprächen mit dem Kultusministerium bin ich zuversichtlich, dass wir für die koordinierenden Aufgaben personelle Unterstützung erhalten werden.

Das zweite Beispiel, auf das ich zu sprechen komme, ist das Bildungsmonitoring. Schon der fragmentarische Überblick über die zur Verfügung stehenden Daten lehrt uns, welche Chancen wir vergeben, wenn wir sie nicht hinsichtlich unserer Stärken und Defizite analysieren würden. Doch nur ein systematisches und damit sich wiederholendes Monitoring gibt uns die Sicherheit, unsere eigenen finanziellen Ressourcen an der richtigen Stelle passgenau einzusetzen. Diese Aufgabe müssen wir angehen – auch ohne weitergehende Kooperationen. Ich bitte Sie deshalb, dem vorliegenden Antrag zuzustimmen.

Vertreterin der Opposition
Dennoch und trotz des positiven Votums von Kultur- und Kreisausschuss möchte ich dem entgegenhalten, dass doch der Anteil, mit dem sich das Land einbringen will, klarer und verbindlich geregelt werden muss, bevor wir uns unsererseits in dem Maße verpflichten.

Vertreter der Mehrheitsfraktion
Das scheint mir ein berechtigter Einwand zu sein. Ich schlage vor, den Antrag entsprechend anzupassen, damit die Bildungslandschaft auch von einer breiten Mehrheit getragen werden kann. Die Formulierung würde dann folgendermaßen lauten: »Der Kreistag beschließt unter der Maßgabe der Beteiligung des Landes mit einer Stelle A 12 oder höher, dass ....

Dieser konstruktive Vorschlag findet die Zustimmung der Mehrheit des Kreistages. Der Landrat wird beauftragt, eine entsprechende Kooperation mit dem Land einzugehen.

Teil 4 Konstruktionsphase: Wie wir das Netzwerk gestalten und wie es alltagsfest wird

Welche Partner und Strukturen wir wirklich brauchen, wie wir Verbindlichkeit in der Zusammenarbeit sichern und aus unseren Zielen Maßnahmen entwickeln, ohne über Hindernisse zu stolpern.

1 Wie wir die richtigen Partner finden (können)

»Reformen sind kein Ereignis, sie sind ein Prozess« sagt Kofi Annnan, ehemaliger UN-Generalsekretär in einem Interview zum Thema Vertrauen (SZ Nr. 31, S. 58). Das gilt sicher für die großen gesellschaftlichen Umwälzungen, aber auch für den Wandel vom Regieren (Government) zum Netzwerken (Governance). Netzwerken ist gerade in den Anfängen ein mühsames Geschäft – will man nicht nur ›mal drüber sprechen‹, sondern die gesammelten Kompetenzen zum Schwingen bringen. Das gelingt nur, wenn geklärt ist, wer von den identifizierten Problemen konkret betroffen ist, für welche Gruppen eine Veränderung ihrer Situation dringend ist und warum und schließlich, welche Akteure Einfluss geltend machen können, weil sie dafür Experten sind und/oder Entscheidungsmacht haben.

Wo viele unterschiedliche Menschen und Organisationen zusammenkommen, kann es passieren, dass Beziehungsfragen zunächst die Sachfragen überlagern und das Netzwerken selbst zum Thema wird. Das darf auch sein, wenn es dazu führt, dass Positionen geklärt und Interessen abgeglichen werden. In einem solchen Dialog- und Annäherungsprozess kann durch eine kluge und umsichtige Kommunikation derjenigen, die die Gestaltung des Entwicklungsprozesses verantworten, die nötige Balance zwischen Nähe und Distanz erreicht werden. Das scheint mir eine wohltuend realistische Position zur Gemeinsamkeit in Netzwerken zu sein. Es geht eben nicht darum eine Familie zu gründen. Freundschaft kann sein, ist aber keine Grundbedingung.

Auch in Netzwerken ist die Frage der Partnerwahl entscheidend für die ›Nachhaltigkeit‹! Hier zeigt sich sehr konkret wie flexibel auf neue Herausforderungen reagiert werden kann. Da werden die ›Alten‹ nicht überflüssig, treten aber einen Schritt zurück, damit die ›Neuen‹ für die Entwicklung von Lösungsideen genügend Raum haben. Das einzuüben verlangt, dass immer mal wieder das Netzwerk selbst als Instrument im Mittelpunkt der Überlegungen und Aktionen steht. Es wird sich dann erweisen, dass ›alles mit allem zusammenhängt‹: Wer z. B. zur Frage einer Willkommenskultur für Migranten ins Netzwerk eingeladen ist, wird u. a. an den Ideen und Lösungen zur individuellen Förderung und Berufsorientierung andocken.

Teil 4 Konstruktionsphase: Wie wir das Netzwerk gestalten

1.1 Schulen finden Netzwerkpartner

Für Schulen können je nach Ziel alle an ihnen Beteiligten und Interessierten die richtigen Netzwerkpartner sein:

Schülerinnen und Schüler als sozial und fachlich kompetente Menschen

> Beispiele:
> **Schüler helfen Schülern:** »leistungsstarke Schülerinnen und Schüler der Oberstufe unterstützen ihre Mitschülerinnen und Mitschüler aus der 5. bis 10. Jahrgangsstufe beim Lernen und Festigen des Unterrichtsstoffs.« (http://www.shs-projekt.de)
>
> Das **Löwenhaus** (ASB Hamburg) wendet sich an Kinder im Alter von sechs bis 14 Jahren, die in der Schule Schwierigkeiten haben, nicht »mitkommen« oder nach Schulschluss auf sich allein gestellt wären. Kooperationspartner ist die Schule Maretstraße. **Schüler der neunten und zehnten Klassen** unterstützen das Löwenhausteam in der Betreuungsarbeit. Die Löwenhäuser werden unterstützt durch den Mitgliedsbeitrag für soziale Projekte in Hamburg.
> (http://www.asb-hamburg.de/freiwillig-aktiv/das-loewenhaus)

Lehrkräfte anderer Schulen als Schatzgräber und Motivatoren

> Lehrkräfte in Schulnetzwerken erleben neue Erfahrungen durch schulübergreifende Hospitationen, gemeinsame Konzeptionierung und in einer Begleitung als und durch kritische Freunde. Gemeinsames Lernen ist auch das Prinzip des Netzwerks ›Blick über den Zaun‹ (http://www.blickueberdenzaun.de)
>
> **Beispiele: Netzwerke im Rahmen der Qualitätsinitiative ›Beste Bildung‹ (s. a. Teil 1, 4.3, S. 44)**
> Die gestiegene Anzahl und die Heterogenität der teilnehmenden Schulen führten Ende 2012 zu einem Verzicht zentraler, für alle verbindlicher Handlungsfelder zugunsten einer differenzierteren, stärker bedarfsorientierten Vorgehensweise. Daraus entstand eine Vielzahl kleiner Netzwerke, in denen meist zwischen drei und sieben Schulen regional, nach Schulform oder aufgrund gemeinsamer inhaltlicher Interessen mit anderen teilnehmenden Schulen kooperieren. Einige der entstandenen Netzwerke sind inhaltlich so attraktiv, dass auch Schulen aus anderen Landkreisen (Gastschulen) vertreten sind. So sind in den letzten drei Jahren die folgenden Schulnetzwerke entstanden:
> - Netzwerk »Digitale Lernlandkarte«
> Lernlandkarten unterstützen sowohl die Vorbereitung des eigenen Unterrichts durch die Lehrkräfte als auch die Selbststeuerung beim Lernen der Schülerinnen und Schüler, indem sie curriculare Vorgaben in motivierende visuelle Lernangebote »übersetzen«. Sie bieten die für

das Selbstständige Lernen erforderlichen Freiräume und geben ihnen gleichsam Orientierung im eigenen Lernprozess, indem sie potenzielle Lernwege visualisieren. Erfahrungen mit analogen Lernlandkarten liegen bereits vor und sind vielversprechend; die digitale Form gibt es bislang noch nicht. Die Digitalisierung bietet den Lehrkräften jedoch die Möglichkeit, Lernlandkarten noch individueller zu gestalten. Vor diesem Hintergrund haben sich vier Schulen in Kooperation mit einem Softwarehaus und unterstützt durch Beste Bildung auf den Weg gemacht, eine digitale Lernlandkarte für die Jahrgänge 1 und 2 in den Fächern Mathematik und Deutsch zu entwickeln.

- Netzwerk »Förderkonzept Mathematik«

Die Evaluationen der berufsbildenden Schulen haben in den letzten Jahren gezeigt, dass die Vorkenntnisse der Schülerinnen und Schüler, die sich für das Berufliche Gymnasium (Klasse 11) anmelden, in Mathematik häufig defizitär sind. Gemeinsam mit den Kollegen der abgebenden Sekundarschulen haben sich die Lehrkräfte der BBS Osterholz-Scharmbeck in Kooperation mit der Universität Bremen zum Ziel gesetzt, ein landkreisweites »Förderkonzept Mathematik« zu entwickeln.

- Netzwerk »ILE Digital«

Alle Schulen sind verpflichtet, die individuelle Lernentwicklung (ILE) ihrer Schülerinnen und Schüler zu dokumentieren. Dies geschieht in der Regel mittels (selbstentwickelter) Formulare und erfordert einen erheblichen administrativen Aufwand. Sieben Schulen arbeiten daher gegenwärtig daran, diesen Prozess zu digitalisieren, um Ressourcen für das eigentliche Kerngeschäft – den Unterricht und die Unterrichtsentwicklung – verfügbar zu machen. Unterstützt und begleitet durch Beste Bildung wurden ein Konzept und ein Zeitplan für die Implementierung entwickelt, erste Softwareprodukte geprüft und analysiert. Mitte 2015 soll in allen sieben Schulen schrittweise mit der Implementierung der Software und der Qualifizierung der Lehrkräfte begonnen werden.

- Netzwerk »Qualitätssicherung in KOOP-Schulen«

Sogenannte »Koop-Klassen«, in denen Schülerinnen und Schüler einer Förderschule am Regelschulbetrieb teilnehmen, gelten als wichtige Meilensteine auf dem Weg zur inklusiven Schule. In diesem Schulverbund arbeiten eine Förderschule und ihre fünf Kooperationsschulen gemeinsam daran, die pädagogische Qualität der gemeinsamen Arbeit zu sichern. Dazu wurden ein zwischen den Schulleitungen abgestimmtes Grundsatzpapier erarbeitet und der zukünftige Arbeitsprozess umrissen. Start der Zusammenarbeit im Rahmen extern moderierter Workshops und regelmäßiger Treffen war im Frühjahr 2015.

Netzwerk Garbsener Schulen (Niedersachsen):

Diagramm mit zentralem Knoten "Kooperation im Netzwerk Garbsener Schulen" und folgenden verbundenen Elementen:
- Erarbeitung von Konzepten zur internen Evaluation
- Optimierung des Übergangs vom Primar- in den Sekundarbereich
- Verbesserung der Unterrichtsqualität durch gemeinsame Vorhaben
- Hospitationen für Kolleginnen und Kollegen
- Förderung der Schulentwicklung
- Strukturierter Erfahrungsaustausch
- Unterrichtsentwicklungsarbeit
- Entwicklung und Erprobung von Förderkonzepten u. Förderplänen

Abb. 45: Ziele und Inhalte der Arbeit im Netzwerk Garbsener Schulen

Schulleiterinnen und Schulleiter als Verantwortliche für die Qualitätsentwicklung

> Als empirisch belegte Erkenntnisse aus dem niedersächsischen Projekt zur Erprobung der Eigenverantwortung in Bildungsregionen (s. a. S. 224) hat Lohmann zusammenfassend festgestellt:»Pädagogische Führungskräfte sind ... vielleicht Überzeugungstäter, vielleicht auch charismatisch, aber entscheidende Voraussetzungen für ihre effektvolle Wirkung sind das nicht. Vielmehr erspüren sie im Kollegium, im Netzwerk, was an Systementwicklung möglich erscheint...« Und:»Bei der Suche nach den richtigen Wegen bilden sie sich weiter, suchen nach Bündnispartnern in Netzwerken und entwickeln dort gemeinsam tragende System-Lösungen« (Lohmann 2013, S. 258). Solche Netzwerke entstehen z. B. durch eine berufsbegleitende Schulleiterqualifizierung. Sie verstehen die Ko-Konstruktion als Prinzip gemeinsamen Lernens.

Eltern als Erziehende und als ehrenamtlich Engagierte

Beispiel Europäisches Netzwerk COPASCH: »Zusammenarbeit Eltern und Schule – Cooperation parents and schools«.

»Eine stärkere Einbeziehung der Eltern in den Bildungs- und Erziehungsprozess ist notwendig, um schulische Leistungen zu verbessern, Erziehungs- und Verhaltensprobleme zu meistern und persönlichkeitsstärkende und demokratisch-handelnde junge Menschen heranzubilden. ... Copasch unterstützt die Kommunikation sowie das Verständnis und die Zusammenarbeit zwischen Eltern und Schule und trägt zur Verbesserung des Bildungs- und Erziehungsauftrages bei. An diesem Projekt sind 19 Partner aus den Ländern Deutschland, Österreich, Dänemark, Finnland, Frankreich, Griechenland, Nordirland, Ungarn, Polen, Slowenien und Großbritannien beteiligt.« (http://www.zusammenarbeit-eltern-schule.de/index.html)

Betriebe als Fachleute in Fragen der Berufsorientierung

Beispiel Schülerfirmen:
Durch die Kooperation mit Betrieben aus dem Umfeld der Schule wird der Erfahrungsradius noch größer. So arbeitet die Schüler-Eventagentur 4-Young-Factory der Sekundarschule Ciervisti in Zerbst eng mit dem örtlichen Supermarkt zusammen. Die Schüler profitieren hier nicht nur von speziellen Angeboten, sondern können auf diese Weise auch den Betrieb besser kennenlernen, Fragen stellen oder ein Praktikum machen. »Die Nähe zu den Schülern ist für uns sehr wichtig. Wir wollen zeigen, dass Wirtschaft wichtig ist und Spaß machen kann«, sagt Marktleiterin Micaela Schotte. Durch die Zusammenarbeit mit den Jugendlichen lernt die Leiterin des Supermarktes frühzeitig mögliche Auszubildende kennen, kann sie fördern und für ihre Branche begeistern. (http://www.bildung-plus.de/SPEZIAL/sites/2013-04_Winwin.html)

Hochschulen als Vermittler zu Forschung und Innovation

Beispiel Schulnetzwerke mit der Technischen Universität München (TUM Schulcluster):
Benachbarte Schulen sowie örtliche Wirtschaftsunternehmen schließen sich zu interaktiven Regionalgruppen zusammen und bilden ein Schulcluster, das gemeinsam z. B. Projekte durchführt oder Unterrichtsentwicklung betreibt. Zentraler Ansprechpartner für die TUM ist die Referenzschule des Clusters, ein Gymnasium, das in seiner Unterrichtsarbeit und Schulentwicklung eine vorbildliche Reputation aufweist. Referenzschulen geben der TUM wichtige Impulse für ihre Ausbildung und Forschung. Sie sind gefragte Partner bei der Erprobung und Umsetzung von Innovationen. Die Zusammenarbeit mit diesen ausgewählten Gymnasien ist vertraglich abgesichert.

http://www.edu.tum.de/schule/schulnetzwerke/
und als Beispiel: www.tumschulclusterbenediktbeuern.de

staatliche Aufsicht als Gewährleister des rechtlichen Rahmens

> Beispiel: Im »**Netzwerk Garbsener Schulen**« (s.o.) wurde u. a. vereinbart, dass die Schulleiterinnen und Schulleiter sich mindestens zweimal im Jahr zu Dienstbesprechungen treffen, an denen auch Vertreter der Landesschulbehörde und der Stadt Garbsen teilnehmen, die auch bei Gelegenheiten in die Netzwerkarbeit einbezogen werden. Diese gute Zusammenarbeit machte es z. B. möglich, dass alle Fortbildungsangebote des Netzwerks im Rahmen der regionalen Lehrerfortbildung durchgeführt werden konnten, die zur Landesschulbehörde gehört – eine erhebliche organisatorische und finanzielle Erleichterung! (Wilhelmsen 2009, S. 113)

Mitarbeiterinnen und Mitarbeiter des Unterstützungssystems als Berater und Begleiter

> Schulentwicklungsberaterinnen und Schulentwicklungsberater begleiten schulische Entwicklungsprozesse (Leitbild und Schulprogramm, Umsetzung von Maßnahmen und ihre Evaluation); Fortbildungsinstitute unterstützen beim Ausgleich fehlender Kompetenzen; Schulpsychologische Beraterinnen und Berater helfen Lehrkräften und Schülern z. B. in Umbruchsituationen.

die Kommune als kompetente Vermittlerin im schulischen Umfeld

> Beispiel: In der **Bildungslandschaft Jena** entwickeln Jugendhilfe, Schule und außerschulische Jugendbildung gemeinsam in den jeweiligen Sozialräumen Angebote, die zum sozialen Lernen beitragen, Begabungen und Talente aller Kinder und Jugendlichen fördern sowie Inklusion ermöglichen.
> (vgl.www.jena.de/de/wissenschaft_bildung/bildungslandschaft/lokale_ bildungslandschaft und Teichmann, Stefanie zur lokalen Bildungslandschaft Jena. S. 314 ff)
> Die Jenaer Konzeption beschreibt fünf Schwerpunkte zur Umsetzung der lokalen Bildungslandschaft:
> **Säule 1 – Die kooperative Praxisberatung**
> Problemlagen einzelner Schülerinnen und Schüler oder von Gruppen werden anonymisiert besprochen und Lösungsmöglichkeiten gemeinsam von Schule und Jugendhilfe erörtert.
> **Säule 2 – Soziale Schule**
> Durch entsprechende schul- und sozialpädagogische Bildungsangebote soll allen Jenaer Schulen soziales Lernen ermöglicht werden.
> **Säule 3 – Bildungsvernetzung im Stadtteil**
> Zur Strategie gehört die Einbeziehung der Bildungsangebote weiterer

Akteure des Sozialraums, wie beispielsweise Kultur und Sport, sowie die Abstimmung und der Informationstransfer in Gremien der Stadt.

Säule 4 – Multiprofessionelle Fortbildungen
Das Verständnis der verschiedenen Professionen wie Sozialpädagogen und Lehrer füreinander und die Zusammenarbeit miteinander sollen unterstützt werden.

Säule 5 – Begleitung, Evaluation und Steuerung auf kommunaler Ebene
So wird der Rahmen für die Arbeitsfelder gesichert.

Welche Netzwerkpartner Schulen konkret brauchen, hängt immer davon ab, welche Aufgaben sie sich stellen und welche Ziele sie sich auf die Fahnen geschrieben haben. Lassen Sie uns dies am Beispiel betrachten. Ich greife zurück auf die fiktive Schule, deren SWOT-Analyse im 3. Teil beschrieben ist. Deren Analyseergebnisse lauten in Kurzform: »Als Handlungsfelder ergeben sich
1. die Verbesserung der innerschulischen Kooperation und Vernetzung sowie
2. die Stärkung der Kooperation mit den Eltern und
3. die Systematisierung von Feedback und Selbstevaluation als Basis des Verbesserungsprozesses« (vgl. S. 149).

Welche Netzwerkpartner diese Schule braucht, um dem Ziel, Kooperation auf allen Ebenen zu etablieren, näherzukommen, zeigt das folgende Bild. So könnte es aussehen, wenn sich Experten mit ihren jeweiligen Kompetenzen zur Verfügung stellen und damit die Vernetzung stärken.

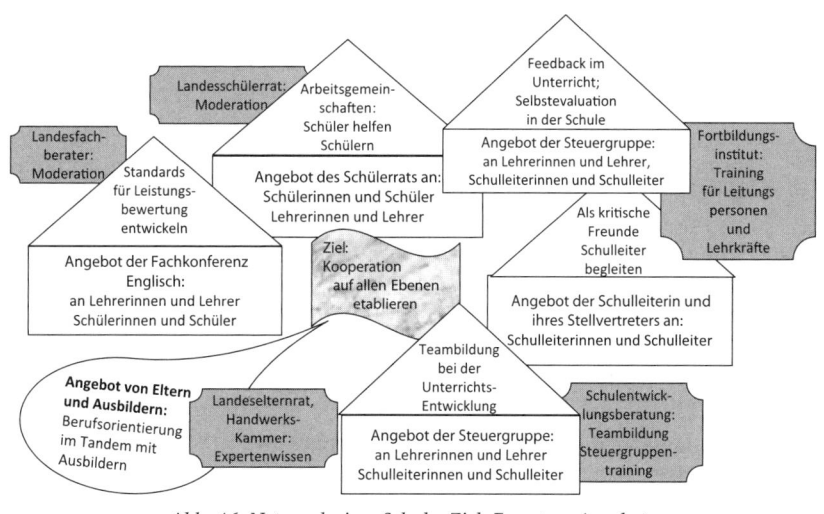

Abb. 46: Netzwerk einer Schule: Ziel, Experten, Angebote

In jeder Schule gibt es Expertinnen und Experten, die ihre Erfahrungen und ihr Wissen mit anderen teilen können. Die Schwelle z. B. für einzelne Lehrkräfte, selbstbewusst ein solches Angebot zu machen, ist einfacher zu überwinden, wenn sie dies gemeinsam mit ihren Teams (Fachgruppe, Steuergruppe) tun können. Sie werden dann auch gemeinsam von der Erfahrung profitieren, andere Schulen ein Stück weit in ihrer Entwicklung zu begleiten.

Nun ist es für Lehrerinnen und Lehrer und auch für Schulleitungen oft nicht ohne weiteres einsehbar, dass es sinnvoll sein kann, wenn auch Vertreterinnen und Vertreter der Schulaufsicht (Landesfachberater, Schulentwicklungsberaterinnen) an das Netzwerk ›andocken‹. Sie kennen die hierarchischen Hürden und haben vielleicht auch erlebt, dass solche Experten nur mit dem Blick der Aufsicht auf den von der Schule dokumentierten Handlungsbedarf sehen. Deshalb ziehen sie es manchmal vor, die notwendige Beratung und Fortbildung selbst zu organisieren oder auf dem Markt einzukaufen. Wenn es aber gelingt, das durchaus auch beiderseitig eingeübte Misstrauen zu überwinden, kann ein neues Verständnis der Schulaufsicht von der Handlungsfähigkeit der eigenständigen Schule wachsen.

Erprobt wurde eine solche Zusammenarbeit im Projekt »Qualitätsentwicklung in Netzwerken« in Niedersachsen (2002 – 2005).

Ein Beispiel:

In jedem (damaligen) Regierungsbezirk wurden zwei Qualitätsnetzwerke mit Schulen aller Schulformen eingerichtet, die im Sinne einer lernenden Organisation eng zusammen arbeiteten. Dazu wurden für alle Systemebenen Ziele, angestrebte Ergebnisse und konkrete Projektaufgaben beschrieben.

Allgemeines Ziel war es »zu erfahren, in wieweit Netzwerkarbeit zur Verbesserung der Unterrichts- und Erziehungsarbeit sowie der Leistungsfähigkeit von Schule beiträgt«. Die Netzwerkschulen unterstützten sich gegenseitig bei der Qualitätsverbesserung ihrer pädagogischen Arbeit. Ihre Verbesserungsmaßnahmen evaluierten sie selbst. Sie erhielten ein umfassendes Unterstützungsangebot. Neben Schulentwicklungsberatung standen ihnen sog. Evaluationssachverständige zur Verfügung. Das waren schulfachliche Dezernentinnen und Dezernenten, die, von ihren bisherigen Aufgaben freigestellt, den Schulen ihre Stärken und Schwächen (auch im Vergleich zu anderen Schulen) zurückspiegelten.

Der damaligen Bezirksregierung als nachgeordneter Schulbehörde wurde aufgegeben, die Projektarbeit in den Qualitätsnetzwerken zu unterstützen. Dazu sollte sie u. a. neue Verantwortungsstrukturen zwischen Schule und Unterstützungssystemen erproben, die Schnittstellen zwischen schulfachlicher Aufsicht, Prozessberatung und Evaluation klären und Empfehlungen für die sich aus der Netzwerkarbeit ergebende Abstimmung der jeweiligen Kompetenz- und Verantwortungsbereiche entwickeln.

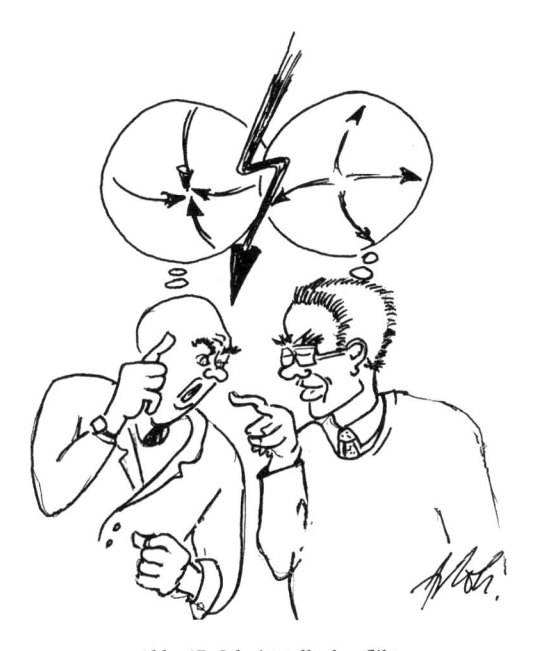

Abb. 47: Schnittstellenkonflikt

Ziel des niedersächsischen Projekts war nicht weniger als ein Wandel im bisherigen Denken und Handeln: »Wenn Schulen ihre eigene Entwicklung selbst in die Hand nehmen, bietet sich auch den beteiligten Systemebenen die Chance, aus dem Prozess der Netzwerkarbeit zu lernen und ihr Verhältnis klar zu regeln.« So sollte die Schulbehörde in die selbst gesteuerten Entwicklungen nur noch eingreifen, wo es ihre Gesamtverantwortung verlangte (Niedersächsisches Kultusministerium 2002, S. 6). In seiner Gesamtevaluation des Projekts hebt Hans Günter Rolff insbesondere zu den Beziehungen zwischen der Schulbehörde und den Schulen im Qualitätsnetzwerk hervor, dass es gelungen sei, »eine Kultur der Verbindlichkeit auf allen Systemebenen zu erzeugen« (Rolff 2005, S. 83), was wohl nur möglich war, weil sowohl die Vertreterinnen und Vertreter der Schulbehörden als auch der Schulen Bedingungen für einen fruchtbaren Dialog vorgefunden haben – ein erster Ansatz, sich an gemeinsamen Zielen zu orientieren und über kritische Aspekte zu verhandeln, statt Entscheidungen auf dem Erlassweg zu verkünden. Ein entscheidendes Element war das gemeinsame Lernen aller Systemebenen: An den Schulungen zum Projektmanagement nahmen die Vertreterinnen und Vertreter der Projektleitung im Ministerium und die Beratungsteams der Bezirksregierung gemeinsam teil. Auch die Schulleiterinnen und Schulleiter der Projektschulen erhielten diese Fortbildung. So fand man zu einer gemeinsamen Sprache.

Wie zu erwarten, blieben nach Projektende und Wegfall der zusätzlichen Ressourcen für die Schulen nicht alle ›Blütenträume‹ erhalten. Das betrifft z. B. die systematische Entwicklungsarbeit der Einzelschulen (Schulprogramm, Selbstevaluation), vor allem aber den geplanten »Wandel im Denken und Handeln« der Schulaufsicht (heute Niedersächsische Landesschulbehörde). Es braucht wohl mehr als ein Gesetz, das die Schulen schließlich 2011 als selbst verantwortlich für ihre Qualitätsentwicklung definiert (Eigenverantwortliche Schule) und der Schulbehörde aufgibt, ihre Fachaufsicht so zu handhaben, »dass die Eigenverantwortlichkeit der Schule nicht beeinträchtigt wird« (§ 119 NSchG). Da gilt der Satz von Senge, dass Menschen sich nicht gegen Veränderungen wehren, »sondern dagegen, verändert zu werden.« Dennoch: Auch wenn Routinen hartnäckig sind, ist der Aufbruch der Schulen in ihre Eigenständigkeit nicht zurückzudrehen! Gerade der Anspruch, auch Schulaufsicht und Unterstützungssystem als ihre Partner in Netzwerken wahrzunehmen, könnte diese Position stärken. Auch Gottmann (2009, S. 36) sieht in der »Einbindung der beteiligten Schulaufsichten« eine Gelingensbedingung auf der Netzwerkebene.

DIE HANDLUNG: SCHULLANDSCHAFT IN DER BILDUNGSLANDSCHAFT

Datum: heute
Von: JÜRGEN.WIESNER@SCHULE.AM.HAIN.DE
An: ANNE@MODELLSCHULE.DE
Betreff: Netzwerkidee
Hallo Anne, mich treibt die Idee um, dass wir uns als Schulen vernetzen sollten – quasi parallel zu den übrigen Entwicklungen im Landkreis. Wir haben schon mal darüber gesprochen, dass die Selbstevaluation mit SEIS eine gute Grundlage wäre, erinnerst du dich? Wir haben das in der Anspannung der Tage aus dem Blick verloren. Die wichtige Rolle der Schulen muss aber neben dem Ministerium im Gesamtkonzept vertreten sein, ohne die anderen Partner zu dominieren. Und das gelingt besser, wenn wir die Chance der regionalen Aktivitäten nutzen, um unsere gemeinsamen Interessen zu formulieren, statt es dem Zufall zu überlassen, in welchen Strukturen wir vertreten sein werden.

Alle übrigen Beteiligten im Bildungsbereich, die Kitas und Weiterbildner mit ihren Trägern, die Eltern mit ihren Verbänden, die Betriebe mit IHK und

HWK, die Bürgerinnen und Bürger mit ihren Vereinen und Stiftungen stellen schon Akteursgemeinschaften dar – die Schulleiterinnen und Schulleiter sprechen im allgemeinen eher nur für die eigene Schule. Das kennen wir doch! Ich bin auch sicher, dass manche der Kolleginnen und Kollegen Schulleiter leichter von uns als vom Landkreis davon überzeugt werden können, dass das Bildungsnetzwerk mit einem Schulnetzwerk als Basis eine wichtige gemeinsame Sache ist, die für sie selbst und ihre Schulen nützlich ist. Da gilt der alte Spruch: Gemeinsam sind wir stärker. Was meinst du?
Gruß
JÜRGEN

Datum: heute
Von: ANNE@MODELLSCHULE.DE
An: JÜRGEN.WIESNER@SCHULE.AM.HAIN.DE
Betreff: AW. Netzwerkidee
Lieber Jürgen, ich denke in eine ähnliche Richtung und habe auch schon ein paar Stimmen eingesammelt. Da gibt es durchaus Skepsis, ob den Schulen mit der Bildungslandschaft nicht nur neue Aufgaben aufgedrückt werden, ohne dass das für sie selbst Gewinn im Sinne von Erleichterung ihrer Arbeit mit sich bringt. Ich sehe aber nicht, dass wir beide mit ein paar Mitstreitern jetzt von Schule zu Schule ziehen. Da muss uns schon was anderes einfallen, entweder die SL-Versammlung des Landkreises oder der Schulaufsicht. Letzteres scheint mir schwieriger zu sein, weil wir dann auch noch die schulformbezogenen Dezernentinnen und Dezernenten überzeugen müssten, eine Versammlung aller Schulformen einzuberufen ... Vorschlag: Lass uns in einem gemeinsamen Gespräch mit der LEITERIN SCHULE UND JUGENDHILFE klären, wie wir am besten beginnen. Vielleicht gelingt es uns, mit ihr so etwas wie eine Schullandschaft ins Leben zu rufen. Sie braucht ja auch die Unterstützung der Schulen für ihre Pläne. Hey! Vergiss nicht – wir brauchen Verbündete – Gegner werden sich schon finden!
Lieben Gruß
ANNE

1.2 Partner finden sich in Regionalen Bildungsnetzwerken

In Regionalen Bildungsnetzwerken/Regionalen Bildungslandschaften in staatlich-kommunaler Verantwortung werden Vertreterinnen und Vertreter von Politik und Verwaltung – Land und Kommune – für die Verortung der Ziele in den bestehenden Strukturen und für die Gestaltung neuer Strukturen und Prozesse gebraucht. Die Arbeitsverwaltung, Unternehmen, Gewerkschaften sind z. B. involviert, wenn es um Arbeit und Lernen im Lebenslauf geht, die Träger der Jugendhilfe in Fragen der Unterstützung von Kindern und Jugendlichen und ihrer Familien, Vertreterinnen und Vertreter der Organisationen der Zivilgesellschaft z. B. mit ihrer Vernetzung in der Gesellschaft und ihren Ressourcen in Know-how und Prozessorganisation.

Die SWOT-Analyse der fiktiven Kommune (Teil 3, S. 155) ließ Herausforderungen erkennen und ergab schließlich Ideen zur ihrer Bewältigung:
- Systematische Aktualisierung der Lehrerkompetenzen zur Berufsorientierung und -vorbereitung durch verbindliche Kooperation der Bildungsakteure
- Unterstützung des Kita-Personals in Fragen der Sprachförderung und Integration von Kindern mit Zuwanderungsgeschichte
- Verbesserung der vertikalen Vernetzung zwischen abgebenden und aufnehmenden Schulen (Übergänge)
- Stärkung der Berufsorientierung und -vorbereitung auch durch frühe Sprachförderung bei Kindern mit Zuwanderungsgeschichte, um auch damit dem zu erwartenden Mangel an Fachkräften frühzeitig zu begegnen.

Welche Partner eine Kommune gewinnen muss und welche Unterstützungsmöglichkeiten sich im Netzwerk entwickeln lassen, um ihre Ziele zu erreichen, zeigt beispielhaft das folgende Bild:

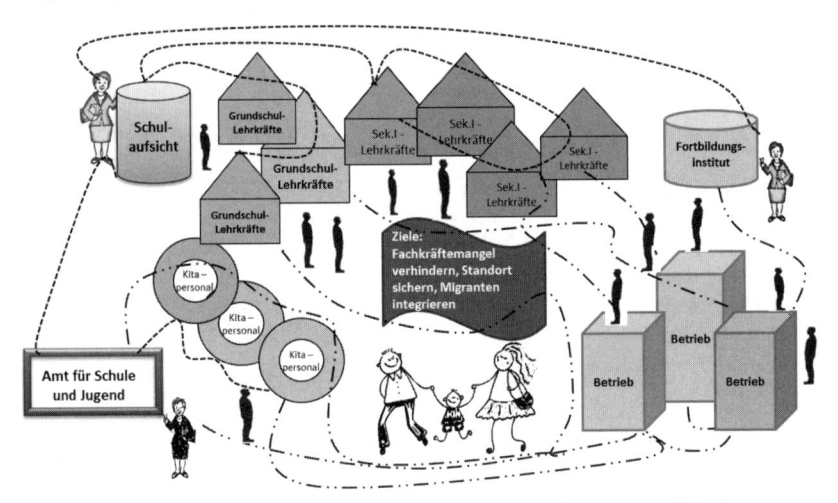

Abb. 48: Welche Partner braucht eine Kommune zu bestimmten Zielen?

Entscheidungen im Bildungsbereich berühren nicht nur die Institutionen und Personen, die ihr originär zuzurechnen sind. Selbst diese sind sich untereinander oft reichlich fremd, wie es sich Vertreter beruflicher und gymnasialer Bildung gern mal bestätigen, oder agieren gar in Konkurrenz zueinander. Zugleich sind Bildungsinstitutionen von Entscheidungen berührt, die außerhalb ihrer Reichweite getroffen werden, wie die Schließung eines Bundeswehrstandortes mit der Folge des Wegzugs vieler Familien und der Verringerung der Schülerzahlen; andererseits hat ihr eigenes Tun Auswirkungen auf die soziale, wirtschaftliche und allgemein politische Situation einer Kommune.

So haben Studien gezeigt, dass naturwissenschaftliche oder mathematische Zusatzangebote in Schulen zwar ein Schritt in die richtige Richtung sind, um auch Mädchen dafür zu interessieren. Sie haben letztlich aber keinen Einfluss auf die spätere Berufswahl der Schülerinnen und Schüler. »Der Prozess der sog. Berufsaspiration, in dem sich der Berufswunsch ausbildet, beginnt schon im Kindergarten- und Vorschulalter« und zwar durch das Erleben von Erwachsenen in ihren Berufen, so Marcel Helbig vom Wissenschaftszentrum Berlin (SZ Nr. 31, S. 67). Eine überraschende Aussage, die auch den sog. Girls-Day vorwiegend als Schul-frei Erlebnis erscheinen lässt.

Wenn also die Anschauung der Erwachsenenwelt die entscheidende Wirkung auf die künftige Lebensgestaltung von Kindern und Jugendlichen hat, kann es nur hilfreich sein, diesen Einfluss so breit wie möglich und in Abstimmung der Beteiligten anzulegen. Dazu ist es notwendig, »die unterschiedlichen Akteure mit ihren jeweiligen Fähigkeiten, Profilen, Selbstverständnissen, Erfahrungen, Erwartungen, Handlungserfordernissen, Rationalitäten und Branchenkenntnissen zugunsten der Entwicklung eines optimierten Prozesses zur regionalen Konsensfindung zusammenzuführen« (vgl. LvO 2011, S. 5-6).

Schon zu Beginn wird deshalb eine strukturell gesicherte Koordination und Moderation nötig sein, damit die im Netzwerk entwickelten Leitvorstellungen im Alltag der Beteiligten lebendig bleiben und sich jede Maßnahme auf sie beziehen lässt. Das gilt für die einzelne Organisation wie für das Netzwerk.

DIE HANDLUNG: ES GEHT WEITER

Das Gespräch zwischen ANNE, JÜRGEN WIESNER und der LEITERIN SCHULE UND JUGENDHILFE über die Vernetzung der Schulen in der Bildungslandschaft hat stattgefunden. Auszüge aus der Diskussion:

JÜRGEN WIESNER

Wir haben ja schon in der Arbeitsgruppe darüber gesprochen, welchen Nutzen die Vernetzung aller Schulen aller Schulformen auch für den Kreis mit sich bringen würde. Sie wissen, ich bin ein Verfechter der Selbstevaluation mit SEIS und der Schulgruppenbericht würde den Kommunen wichtige Daten zur Schulqualität bieten. Dann könnte man zielgerichtet unterstützen. Ich fände es gut, wenn Sie uns vom Kreis bei der Überzeugungsarbeit unterstützen könnten. Gerade kleinere Schulen haben noch Scheu davor. Manche glauben auch, der Kreis oder die Schulaufsicht könnte die Aussagen der Fragebögen den Lehrkräften zuordnen. Da wäre es eine große Hilfe, wenn auch Sie vom Kreis ihnen die Anonymität zusichern würden.

ANNE
Ja, das ist das eine. Die andere Frage, die uns bewegt, hängt mit den Kosten zusammen. Das ist die Gebühr von 100 € für die Registrierung bei SEIS-Deutschland, die können die Schulen schon tragen. Hinzu kommen die Kosten für die Papierfragebögen, weil ja z. B. nicht alle Eltern den Fragebogen am PC ausfüllen können. Mit dem Angebot des Kreises und der Kommunen, diese Kosten zu übernehmen wäre eine große Hürde genommen.

LEITERIN SCHULE UND JUGENDHILFE
Ich sehe die Schwierigkeiten und am Zuspruch von meiner Seite soll es nicht fehlen. Wegen der Kosten muss ich aber erst mit unserem Kämmerer und mit den Gemeinden reden. Aber das werden ja keine großen Summen werden, die sich ja auch auf die einzelnen Schulträger verteilen würden. Ich müsste wissen, was da auf den Kreis und die Gemeinden zukäme. Wenn der Kämmerer grünes Licht gibt, werde ich dann den Landrat bitten, das Thema bei der nächsten HVB-Runde auf die Tagesordnung zu setzen.

JÜRGEN WIESNER
SEIS-Deutschland bietet auf seiner Homepage eine Berechnungsmöglichkeit für jede Schule an. Wenn man die Anzahl der Schüler, Lehrer und Mitarbeiter weiß, lässt sich das zumindest überschlägig ermitteln. Ich kann Ihnen das mal eben zeigen (öffnet sein Tablet und ruft SEIS-Deutschland auf). Sehen Sie, hier findet man den Rechner.

LEITERIN SCHULE UND JUGENDHILFE
Na, das ist ja einfach. Dann können uns das die Schulen melden.

ANNE
Was halten Sie davon, das Thema Schullandschaft bei der nächsten Schulleiterversammlung zu besprechen. Ich könnte dafür eine Präsentation vorbereiten. Das wäre eine gute Chance, alle Schulleiterinnen und Schulleiter gleichzeitig zu erreichen und würde uns eine Menge Fahrerei ersparen.

JÜRGEN WIESNER
... und Sie würden ein Zeichen Ihrer Zustimmung geben.

LEITERIN SCHULE UND JUGENDHILFE
Nichts dagegen – soweit es die Vernetzung der Schulen betrifft. Die Frage einer finanziellen Unterstützung muss ich aber erst abklären ...

2 Wie wir durch Strukturen Verbindlichkeit sichern (sollten)

Ein in der Praxis häufig erlebtes Hindernis für eine langfristig erfolgreiche Kooperation ist das Element der Freiwilligkeit. »Hier kann noch jeder individuelle Akteur verhindern, dass ihm ein Handeln auferlegt wird, das er von sich aus in der gegebenen Situation nicht wählen würde. Kollektive Handlungsfähigkeit kommt nur als jederzeitige ›freiwillige‹ Einigung zustande« (Kussau und Brüsemeister 2007, S. 41). Wie kann verhindert werden, dass sich diese Freiwilligkeit so anfühlt wie bei irgendeinem lockeren Beisammensein? Viel wäre gewonnen, wenn der Freiwilligkeit des ersten Schrittes die Verbindlichkeit der weiteren folgen würde. Da helfen nur eine Vereinbarung zu den gemeinsamen Zielen und eine klare Aufgabenverteilung. Dies jedoch werden die jeweiligen Akteure nur entscheiden, wenn der Mehrwert der Vernetzung für sie erkennbar ist. Dabei geht es nicht darum, dass der Gewinn für alle gleichzeitig eintritt. Aber er muss absehbar sein und jeder Partner muss ihn in die eigenen Handlungslogiken und -perspektiven einplanen können.

Verbindlichkeit bildet sich dann in geeigneten Strukturen ab. Welche Strukturen müssen sein, welche sind optional?

Unverzichtbar ist eine Lenkungs- bzw. Steuergruppe auf der Leitungsebene, der grundsätzliche Entscheidungen vorbehalten sind: Das sind Schulleiterinnen und Schulleiter im Schulnetzwerk und politisch Verantwortliche von Land und Kommune im regionalen Bildungsnetzwerk. Ein auf der operationalen Ebene verortetes Leitungsteam steuert die Umsetzung der Entscheidungen. Dies ist z. B. der Kreis der Koordinatoren der Einzelschulen im Schulnetzwerk bzw. eine Gruppe aus Dezernenten der Kommune und der Schulaufsicht im Regionalen Bildungsnetzwerk. Dann muss nur noch die Arbeit konkret erledigt werden – im Schulnetzwerk durch die koordinierende Schule, im Bildungsnetzwerk durch eine eigens von den Partnern betriebene Geschäftsstelle. Darüber hinaus können Expertinnen und Experten zu bestimmten Fragestellungen hinzugezogen, ständige Arbeitsgruppen zentraler Akteure bzw. schulischer Fachleute oder ein regelmäßig tagender Beirat als Repräsentant der Öffentlichkeit installiert werden.

2.1 Schulnetzwerke steuern und koordinieren

Steuerung und Koordinierung eines Schulnetzwerks hängen in erster Linie von den gemeinsamen inhaltlichen Zielen ab, dann aber auch von den personellen und finanziellen Ressourcen, die dem Netzwerk zur Verfügung stehen. Wenn es sich nicht um ein ›von außen‹ bzw. ›von oben‹ initiiertes Netzwerk handelt, ist der Aufbau verbindlicher Strukturen, die das Netzwerken absichern und die Belastung der einzelnen Lehrkräfte und der Einzelschule in Grenzen halten, wohl die größte Hürde.

Die Steuergruppe des Schulnetzwerks

»Steuergruppen stellen das operative und koordinierende Zentrum von Bildungs- oder Schulnetzwerken dar. Sie übernehmen die Funktion, Interaktionen und Ereignisse konkret intendierter Schulentwicklung mehr als nur punktuell zu beeinflussen bzw. zu steuern (vgl. Sydow & Windeler 2000, S. 3). Ihre Mitglieder nehmen dadurch eine Schlüsselposition bei der inhaltlichen Ausgestaltung von Netzwerken ein. da sie bestimmte konkrete Vorstellungen über die mittels des Netzwerks zu realisierenden Inhalte und Ziele vertreten« (Sturm 2010).

Wenn die Gremien der Schulen der Netzwerkarbeit und ihren Zielen im Grundsatz zugestimmt haben, ist der nächste Schritt die Erarbeitung einer Kooperationsvereinbarung – quasi die Erdung des Beschlusses, Entwicklungen gemeinsam gestalten zu wollen. Da das kaum in großer Runde gelingen wird, muss eine zu gründende Steuergruppe/Lenkungsgruppe aus den Schulleiterinnen und Schulleitern der Schulen die Aufgabe der Netzwerksteuerung sowohl inhaltlich als auch organisatorisch vorbereiten. Dabei gilt es, folgende Aspekte zu klären:

- **Präsenz in der Steuergruppe:** Ob die Schulleiterinnen und Schulleiter diese Schulleitungsaufgabe innerhalb ihrer Schule (Schulleitungsteam?) delegieren können, sollte einvernehmlich und für alle Schulen gleich geregelt werden, damit es in der Steuergruppe nicht zu Ungleichgewichten kommt.
- **Was entscheidet die Steuergruppe?** Denkbar sind Zwischenziele, Maßnahmen und die Frage der Evaluation (siehe auch Teil 5). Entschieden werden muss, welche ›Macht‹ der Steuergruppe anvertraut ist. Ihre Entscheidungen müssen für alle Schulen verbindlich sein und trotz unterschiedlicher Bedingungen umgesetzt werden können. Wie sollen die Netzwerkaktivitäten evaluiert werden, als bloße Zufriedenheitsabfrage der Beteiligten, in wechselnden Formen der Selbstevaluation oder mit externer Unterstützung (Kann das bezahlt werden?)? Wie soll der Prozess der Implementierung von neuen Konzepten in den Einzelschulen organisiert werden? Macht das jede Schule für sich, oder wird auch da schulübergreifend gehandelt?
- **Wie entscheidet die Steuergruppe?** Gilt in jedem Fall das Konsensprinzip oder sind auch Mehrheitsentscheidungen möglich? Der Konsens über die das Netzwerk tragenden Leitgedanken, aus denen sich die Ziele des Entwicklungsprozesses ableiten, ist Bedingung. Bedeutet das auch, dass Konsens über alle Maßnahmen bestehen muss, die u. U. nicht jeden Netzwerkpartner gleichermaßen betreffen? Gibt es ein Vetorecht?
- **Organisation:** Wie oft trifft sich die Steuergruppe? Genügt ein vierteljährliches Treffen oder muss es nicht gerade am Anfang monatlich sein? Kann man das flexibel handhaben oder ist ein fester Termin sinnvoller? Wer lädt ein? Wird es eine Koordinationsschule geben? Zusätzliche Arbeit für die einladende Schule ist nicht immer leicht verteilt! Ein rollierendes System kann diesen Konflikt entspannen, hat aber auch seine Tücken in der fehlenden Routine. Die ist nicht zu unterschätzen, sie hält die Belastung in Grenzen. Dann also: Wer übernimmt als Koordinationsschule die Organisation des Netzwerkprozesses, hält die Fäden in der Hand? Erfahrungsgemäß wird das die größere Schule mit der besseren Sekretariatsausstattung sein. Wird der Informationsfluss durch Koordinatoren in jeder Schule gewährleistet?

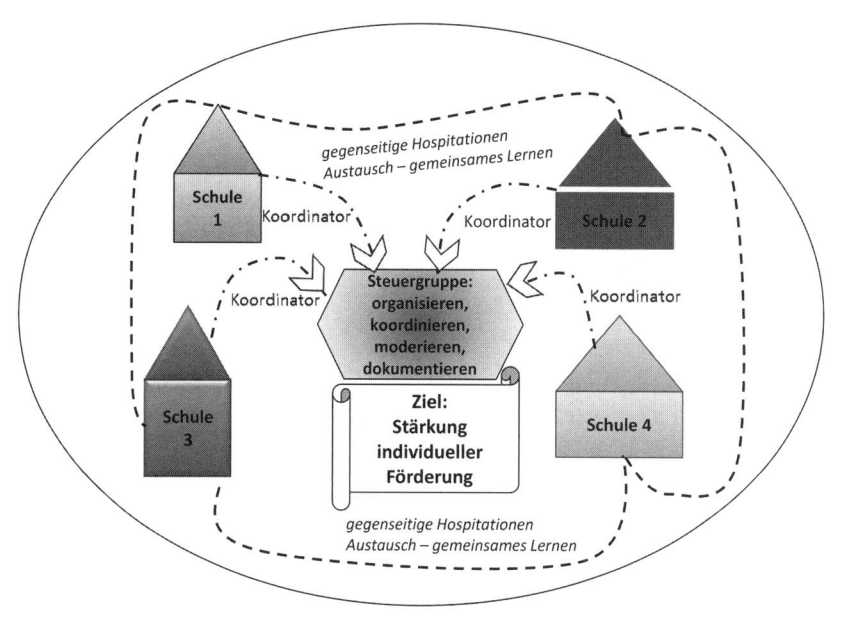

Wie wir durch Strukturen Verbindlichkeit sichern (sollten)

Abb. 49: Schulnetzwerk

- Welche **Arbeitsstrukturen** werden entsprechend den Zielsetzungen (fachlich, überfachlich?) innerhalb der Einzelschule gebraucht, damit eine Zusammenschau der Netzwerkaktivitäten und -ergebnisse mit der inneren Schulentwicklung entsteht (z. B. gemeinsame Fachteams, Hospitationsringe)? Können solche Strukturen durch Entlastungsstunden gesichert werden? Kann die Schule darüber entscheiden? Welche Rückkopplungsroutinen werden eingerichtet (z. B. Schwarzes Brett, Dienstbesprechung, ständiger TOP bei Konferenzen der Schulgremien)?

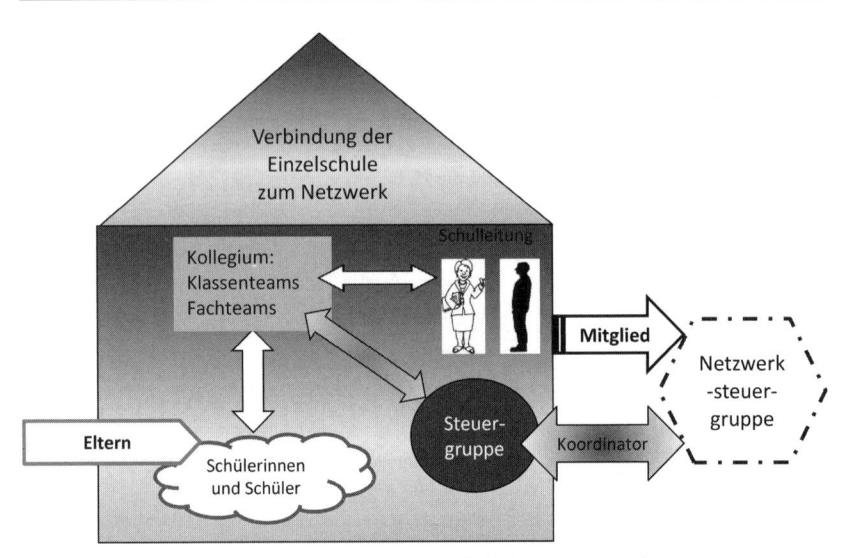

Abb. 50: Verbindung der Einzelschule zum Netzwerk

- Die **Koordinierung zwischen der Einzelschule und dem Netzwerk** kann nicht Aufgabe der Steuergruppe sein. Damit die Netzwerkprozesse nicht in der Leitungsebene stecken bleiben, müssen Vertreterinnen und Vertreter der Kollegien die Aufgabe der Koordinierung übernehmen. Wo es innerschulische Steuergruppen gibt, spricht viel dafür, dass dazu Mitglieder dieser Gruppen beauftragt werden. Zu den Aufgaben der Koordinierung gehört es u. a., den Kontakt zu den Partnerschulen zu halten, auf die Verbindlichkeit gesetzter Termine (Sitzungen, Ergebnisse) zu achten und in der eigenen Schule das Netzwerk zu repräsentieren, indem die Rückkopplungsroutinen (s. o.) gepflegt werden.
- Wie wird die **Kommunikation** zwischen den Schulen organisiert? Können die Stundenpläne so koordiniert werden, dass es Zeiträume für schulübergreifende Arbeitsgruppen auf Fachebene oder auf Jahrgangsebene gibt? Wird das vom Kollegium getragen? Können auch Netzwerkweite Treffen stattfinden, damit alle Lehrkräfte am Austausch teilhaben? Sind der Aufbau einer gemeinsamen Kommunikationsplattform und deren Pflege denk- und finanzierbar? Gibt es im Netzwerk Experten dafür? Sind die Kolleginnen und Kollegen offen und bereit, eine solche Plattform zu nutzen?
- Eine entscheidende Frage ist nicht zuletzt die **Finanzierbarkeit des Vorhabens**. Selbst wenn die Schulen nah beieinander liegen und deshalb Fahrtkosten nicht zu Buche schlagen, ist Netzwerken immer auch mit Kosten verbunden: für die Anschaffung von Material, für die Honorierung einer Referentin, für Raummiete und Verpflegung bei Fortbildungen und Netzwerktreffen. Neben Vereinbarungen über die anteilige Beteiligung jeder Schu-

le aus ihrem Budget ist eine Absprache mit der vom Land vorgehaltenen Lehrerfortbildung hilfreich. Auch die Fördervereine und etwaige Sponsoren können um Unterstützung gebeten werden. Gerade hier gilt: Genaue Regeln ersparen Streit.

> **Neugierig geworden?**
>
> **Corinna Gottmann** hat in ihrem Aufsatz über das Schulnetzwerk »Reformzeit – Schulentwicklung in Partnerschaft« eine umfassende Liste von Gelingensbedingungen auf Netzwerk- und Schulebene zusammengestellt (Berkemeyer, Nils/Kuper, Harm/Manitius, Veronika/Müthing, Kathrin (Hrsg.) (2009), Schulische Vernetzung. Münster: Waxmann, S. 36)

Eine Kooperationsvereinbarung ausgestalten

Schulleitungen und Lehrkräfte erkennen spätestens jetzt den Arbeitsaufwand, der mit dem Netzwerkaufbau auf sie zukommt. Sie werden ihn nur auf sich nehmen, wenn er auf viele Schultern verteilt ist und Gewinn verspricht. Deshalb ist es unabdingbar, gemeinsam zu regeln, wer welche Aufgabe und Verantwortung hat. Das geschieht üblicherweise mit einer abgestimmten und von den Schulgremien getragenen Kooperationsvereinbarung. Was Inhalt einer solchen Vereinbarung sein soll, muss ausgehandelt werden. Dabei könnte gelten: Weniger ist mehr – also keine Regelungen bis ins letzte Detail. Dann würde sich das Netzwerk seiner Chancen flexibler Reaktion und Offenheit entledigen. Prüft man die Liste von Fragen und Anregungen (s. o.), leuchtet ein, was unbedingt vereinbart werden sollte:

> **Ziele:** Leitbild/lang- und mittelfristige Ziele
> **Steuergruppe:** Zusammensetzung, Aufgaben, Entscheidungsmacht und Organisation
> **Netzwerkschulen:** Aufgaben und Arbeitsstrukturen
> **Koordinierung und Kommunikation zwischen Einzelschule und Netzwerk:** Beauftragung, Verantwortung und Aufgaben
> **Finanzierung:** Zwecke, Aufwand und verbindliche Beteiligung

Ein Maßnahmenplan würde dann die in der Kooperationsvereinbarung festgelegten Grundsätze konkretisieren (s. a. Teil 4, 4).

Eine auch mögliche offenere Form eines Schulnetzwerks zeigt das folgende Beispiel einer Kooperationsvereinbarung. Beschrieben werden die organisatorischen Rahmenbedingungen des Schulwechsels, die Zusammenarbeit zwischen den Schulleitungen und zwischen den Kolleginnen und Kollegen sowie die Themenbereiche für die gemeinsame Arbeit.

- Übergeordnetes Ziel ist die Gestaltung des Übergangs von den Grundschulen zum Gymnasium. Darüber hinaus einigte man sich auf zu bearbeitende Themen.
- An die Stelle einer Steuergruppe tritt die Zusammenarbeit der Schulleiterinnen und Schulleiter.
- Die Aufgaben der Netzwerkschulen und die Koordination zwischen den Schulen finden sich in der »Zusammenarbeit der Kolleginnen und Kollegen«.

Ein Beispiel: Kooperationsvereinbarung zwischen den Grundschulen und den weiterführenden Schulen im Raum Buchholz i.d. Nordheide

Zwischen den Grundschulen und den weiterführenden Schulen im Schuleinzugsbereich der Stadt Buchholz (Niedersachsen) wird die folgende Vereinbarung geschlossen, um die Zusammenarbeit zwischen den Schulen so zu gestalten, dass die Schülerinnen und Schüler bei ihrem Wechsel aus dem Primarbereich in den Sekundarbereich gut unterstützt und in ihrer weiteren schulischen Entwicklung gut begleitet werden können.

Als Grundlage für die folgenden Festlegungen dienen die Erlasse »Die Arbeit in der Grundschule«, »Die Arbeit in den Schuljahrgängen 5 – 10 der Realschule« und »Die Arbeit in den Schuljahrgängen 5 bis 10 des Gymnasiums«.

1. **Organisatorisches**
   1. Abstimmung der Terminpläne
   2. Zusammenstellung der tatsächlichen Schülerzahlen in den vier Jahrgängen
   3. Terminierung der Infoveranstaltung für die Eltern der Grundschulkinder
   4. Vereinbarung der Anmeldetermine
   5. Übermittlung der Trendaussage/des Elternwunsches zum Halbjahr
   6. Verteilung der Elterninformationen für die Anmeldung
   7. Übermittlung der Empfehlung/des Elternwunsches zum Schuljahresende
   8. Rückmeldung der tatsächlichen Anmeldungen
   9. Austausch über die Klassenbildung
   10. Rückmeldung zur Entwicklung der Schüler bis zum Ende der Klasse 6 nach Bedarf.
2. **Zusammenarbeit zwischen den Schulleitungen**
   1. Informationsaustausch über besondere Entwicklungen innerhalb der Grundschule und des Gymnasiums, Rückblick auf die Prognosesicherheit der Empfehlungen, Fragen aus der Elternschaft, etc.

2. Dienstbesprechungen der Schulleitungen einmal pro Jahr
3. Abstimmung über die Gestaltung der Informationsveranstaltung für die Eltern der Grundschulkinder, Erfahrungsaustausch
4. Festlegung von Terminen für Dienstbesprechungen der Klassenleitungen und der schulformübergreifenden Fachkonferenzen
5. Festlegung der Zuständigkeiten für die Durchführung dieser Veranstaltungen (Erstellung einer Tagesordnung, Verteilen der Einladungen)
6. Grundsätzliche Abstimmung über Hospitationen
7. Ausblick auf aktuelle Probleme und besondere Entwicklungen während des laufenden Schuljahres
8. Abstimmung zur Dokumentation der individuellen Lernentwicklung

3. Zusammenarbeit der Kolleginnen und Kollegen
1. Dienstbesprechung der Klassenlehrerinnen der ehemaligen 4. Klassen und der Klassenleitungen der aktuellen 5. Klassen zum Halbjahreswechsel
2. Teilnahme an Fachdienstbesprechungen der Fächer Deutsch, Englisch und Mathematik einmal pro Jahr
3. Teilnahme an gegenseitigen Hospitationen im Rahmen eines Hospitationstages
4. Organisation der Kontakte zwischen den Fachlehrkräften durch die Fachobleute

4. Themenbereiche für die gemeinsame Arbeit
- Probleme beim Übergang der Schüler und Schülerinnen von der Grundschule zur weiterführenden Schule
- Eignungsgutachten der Grundschule
- Perspektive der Grundschule: Vorbereitung auf die weiterführende Schule
- Perspektive des Gymnasiums: Laufbahnempfehlung und Schulerfolg, Sozialverhalten, Arbeits- und Lernverhalten
- Systemwechsel: Fachlehrerprinzip, größere Klassen, neue Fächer
- besondere Übergangsproblematik im Fach Englisch
- anderes Schulleben
- Unterstützung der Elternarbeit, Umgang mit Reaktionen aus der Elternschaft
- Abstimmungen über die Stoffpläne auf der Grundlage der Kerncurricula

Diese Vereinbarungen wurden am 8. September 2009 ausführlich diskutiert und in dieser Form von den Schulen Waldschule (GHS), Wiesenschule (GS), Heideschule (GHS), Mühlenschule (GS), Grundschule Steinbeck, Grundschule Sprötze, Grundschule Jesteburg, Realschule I,

Realschule II, Albert-Einstein-Gymnasium Buchholz und dem Gymnasium am Kattenberge Buchholz beschlossen.
http://heideschule.org/media/Schulprogramm/Kooperationsvereinbarung%20Grundschulen-Weiterfuehrende%20Schulen.pdf (Zugriff 24.03.2015)

Eine Variante zu einem solchen durch die Schulen selbst initiierten und organisierten Schulnetzwerk ist das durch eine Stiftung oder durch eine übergeordnete regionale Organisation koordinierte. Diese Form entlastet die Schulen vom Problem der Koordinierung und Finanzierung. Auch sind in der Regel Ziele und Organisation vorgegeben. Sind solche Netzwerke auf Dauer, also nicht auf kurzfristige Projektzeiträume, angelegt und sind die Rollen zwischen Schulen und Aufsicht klar beschrieben, haben solche Konstruktionen die Chance, dauerhaft zu wirken.

Ein Beispiel: Netzwerk Luzerner Schulen in der Schweiz (vgl. www.volksschulbildung.lu.ch) und Pfister 2014, S. 22–47).

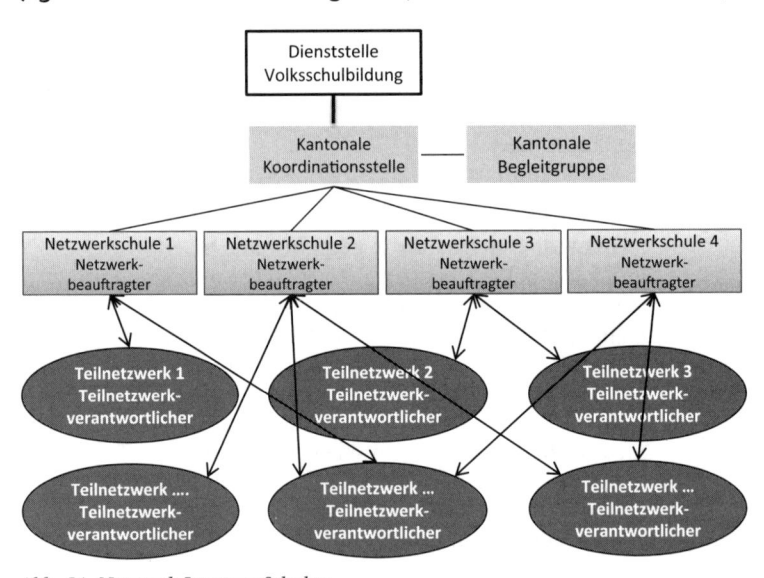

Abb. 51: Netzwerk Luzerner Schulen

Die Dienststelle Volksschulbildung ist die Auftraggeberin des Netzwerks Luzerner Schulen. Die Koordinationsstelle organisiert und unterhält das Netzwerk. Die kantonale Begleitgruppe unterstützt die Koordinationsstelle in ihrer Arbeit. Durch sie wird gewährleistet, dass alle Aktivitäten im Netzwerk bedürfnisorientiert und nah an der Basis sind.

Ziele der Netzwerkarbeit
- Pädagogische Weiterentwicklung der Schulen im Rahmen der kommunalen und kantonalen Schulentwicklungsziele
- Ziel- und produkteorientierte Umsetzung/Bearbeitung der geplanten pädagogischen Schwerpunkte (Schulen mit Zukunft)
- Mittels Erfahrungsaustausch voneinander profitieren
- Bewährte Schulentwicklungsbausteine innerhalb und außerhalb des Netzwerks zur Verfügung stellen

Grundprinzipien der Netzwerkarbeit
- Längerfristige aktive Mitarbeit der Beteiligten im Rahmen der Vereinbarung und der gemeinsam gesetzten Ziele
- Bereitschaft aller Beteiligten, das eigene Wissen, die gemachten Erfahrungen sowie Materialien sich gegenseitig zur Verfügung zu stellen (Geben-Nehmen-Prinzip)
- Verbindliche Einhaltung der gemeinsam ausgehandelten Rahmenbedingungen

Koordination des Netzwerks Luzerner Schulen
Die Dienststelle Volksschulbildung (DVS) beauftragt eine kantonale Koordinatorin/einen kantonalen Koordinator mit der Organisation des Netzwerks Luzerner Schulen. Sie/Er
- führt neue Netzwerkschulen ein (inkl. Unterzeichnung der Vereinbarung)
- plant, führt und koordiniert die Netzwerktätigkeit in Zusammenarbeit mit der Begleitgruppe und der Sachbearbeiterin, des Sachbearbeiters
- plant, organisiert und leitet die Netzwerktreffen
- führt die Begleitgruppe
- plant, organisiert und leitet die jährliche Netzwerktagung mit der Unterstützung der Sachbearbeiterin, dem Sachbearbeiter
- moderiert Teilnetzwerke, unterstützt und koordiniert die Teilnetzwerkarbeit
- führt und coacht auf Anfrage die Teilnetzwerkverantwortlichen
- sorgt zusammen mit dem/der Sachbearbeiter/in für eine aktuelle Website

Die/Der Netzwerkbeauftragte der Einzelschule
- nimmt an den kantonalen Netzwerkbeauftragtensitzungen (eine bis zwei pro Jahr) teil
- ist Ansprechperson für die kantonale Koordinationsstelle
- vertritt (nach Rücksprache mit der SL) die Interessen der eigenen Schulentwicklung
- informiert die Schulleitung/das Team regelmäßig über die Aktivitäten im Netzwerk

- besucht regelmäßig die Website und erledigt Aufträge der kantonalen Koordinationsstelle
- verfasst am Schluss des Schuljahres einen Kurzbericht zuhanden der kantonalen Koordinationsstelle

Kantonale Begleitgruppe

Die kantonale Koordinatorin/der kantonale Koordinator wird von einer Begleitgruppe unterstützt. Sie setzt sich aus höchstens 5 Vertreter/innen der folgenden Aufgabenbereiche zusammen:
- Kantonale/r Koordinator/in
- Teilnetzwerkverantwortliche
- Netzwerkbeauftragte/r

Die Begleitgruppe
- vertritt die Interessen der Netzwerkschulen bei der kantonalen Koordinationsstelle
- gestaltet die Netzwerkbeauftragtensitzungen und die Netzwerktagung mit
- gestaltet die Jahresplanung und die Weiterentwicklung des »Netzwerk Luzerner Schulen« mit

Ein weiteres Beispiel ist das ›Netzwerk Integrierter Gesamtschulen zur Qualitätsentwicklung im Unterricht (NIQU)‹ (www.niqu-region-hannover.de), das 2008 von Oswald Nachtwey (Schulleiter IGS List) und Dr. Petra Hoppe, Lehrerin der IGS List, initiiert und gemeinsam mit Lehrkräften anderer Schulen kontinuierlich weiterentwickelt wurde. Seit 2009 arbeiten die Netzwerkschulen in jeweils zweijährigen Vorhaben auf Basis der »NIQU-Konzeption« verbindlich zusammen. Neben dem Engagement der Netzwerkschulen, deren Schulleiterinnen und Schulleiter für die Prozesse verantwortlich zeichnen, sind die Projektleitung und die Gesamtkoordination wesentliche Stützen des Netzwerks (zu den Zielen s. a. auch Teil 1 S. 26).

Beispiel NIQU:

Geregelt sind
- das Zusammenspiel der Fachteams der einzelnen Netzwerkschulen und der schulübergreifenden Fachsets mit ihrem Fachsetkoordinator
- die Aufgaben des Fachsetkoordinators, der Netzwerkschulen und der Gesamtkoordinatorin
- die Gesamtkoordination durch das NIQU-Team aus Gesamtkoordinator, allen Fachsetkoordinatoren, 2 oder 3 Vertretern aus der Runde der Didaktischen Leiter und einem Vertreter aus der Runde der Schulleiter

»Das NIQU-Team trifft sich etwa einmal pro Quartal, um alle nötigen Absprachen zur Koordination im Netzwerk zu leisten. Zu den Sitzun-

gen wird mit Tagesordnung eingeladen und ein Protokoll angefertigt. Die Federführung für die Durchführung der Koordinationstreffen hat die Gesamtkoordination«.
- die Finanzierung: Jede Schule beteiligt sich mit einem gemeinsam festgelegten Anteil an den Kosten für Referenten, Material und Dokumentation aus ihrem Fortbildungsbudget. Sponsoren, wie z. B. die Robert-Bosch-Stiftung, werden um Unterstützung gebeten.

Die detaillierte Beschreibung der jeweiligen Aufgaben ist ein Garant für die erfolgreiche Arbeitsweise des Netzwerks, in dem inzwischen ca. 160 Kolleginnen und Kollegen aus 20 verschiedenen Schulen zusammenarbeiten. Bemerkenswert ist auch die **schulübergreifende Implementierung** eines neu entwickelten Moduls: In einer zentralen Präsentations- bzw. Implementationsveranstaltung werden die einzelnen Projekte eines Faches in Form eines Museumsrundgangs vorgestellt. Die erstellten Materialien werden erläutert. Alle beteiligten Schulen können die Materialien aller neu erstellten Module über die NIQU-Homepage herunterladen.

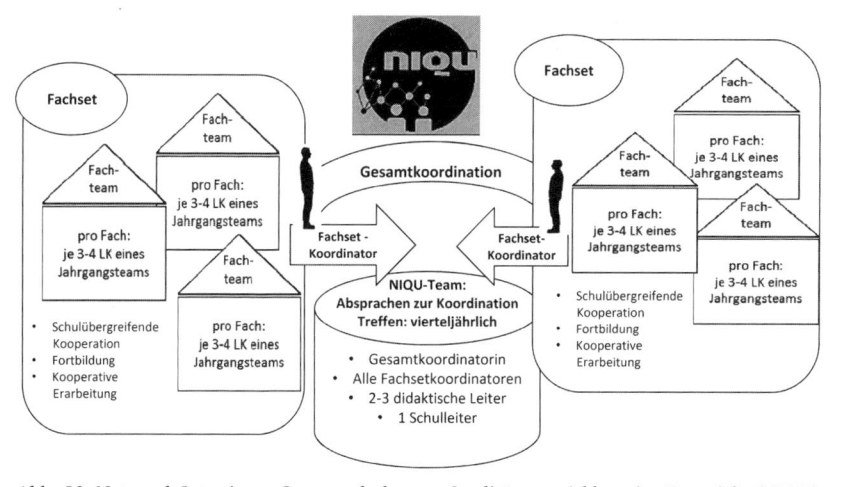

Abb. 52: Netzwerk Integrierter Gesamtschulen zur Qualitätsentwicklung im Unterricht (NIQU)

2.2 Regionale Bildungsnetzwerke steuern und koordinieren

Jeder Kommune stellen sich – auch ohne Einbindung in ein Bildungsnetzwerk mit dem Land – Koordinierungs- und Steuerungsaufgaben innerhalb des eigenen Zuständigkeitsbereichs. Gerade hier gibt es ›Hausaufgaben‹, die sich unter der Gretchenfrage bündeln lassen: Wie hältst du es mit der inneren Kooperation? Wie kommunizieren die Zuständigen innerhalb der Kommunalverwaltung zu den Themen Schule, Jugend, Soziales, Arbeit und Wirtschaft? Gibt es dazu Routinen auf der Leitungs- und Arbeitsebene? Mit anderen Worten: Sprechen die Führungspersonen der Ämter regelmäßig miteinander über die anstehenden Herausforderungen und werden dabei Schnittstellen zwischen den Bereichen entdeckt? Wie informiert sind die Mitarbeiterinnen und Mitarbeiter der verschiedenen Abteilungen über die Arbeit der jeweils anderen? Auf Basis welchen gemeinsamen Wissens um Strukturen und Ressourcen werden Entscheidungen getroffen? Was erfährt z. B. die Leiterin des Bereichs Soziales über die ›Nöte‹ der Wirtschaftsförderung und diese von der Situation der Ganztagsschulen? Wie gesichert ist auch die Information über die Veränderungen, die sich im Land/in der Kommune ankündigen, innerhalb der zuständigen Verwaltungen? (vgl. Minderop 2011).

Kommunen müssen innerhalb ihrer eigenen Verantwortungs- und Verwaltungsstrukturen zu einem ressortübergreifenden Handeln und Entscheiden kommen, das Gemeinsame suchen, statt auf Unterschiede zu pochen, die scheinbar unüberwindbar sind. Das kann, muss aber nicht bedeuten, dass die Lösung in einer Zusammenlegung der Ämter für Schule und Jugend liegt, zumal eine solche Veränderung erheblichen Widerstand des in seinen Routinen gestörten Personals hervorrufen kann. Tragfähiger sind dann oft Kooperationsstrukturen, die mit den Mitarbeiterinnen und Mitarbeitern gemeinsam entwickelt werden.

Bedenkt man auch, in welchen Landesministerien zugleich Projekte und Vorhaben initiiert und finanziert werden, die mit Bildung zu tun haben, ist es verwunderlich, warum nicht auch auf Landesebene mehr miteinander darüber gesprochen wird, wie man zu einer abgestimmten Strategie kommen könnte. Das gilt in besonderer Weise für Strukturen im Rahmen einer staatlich-kommunalen Verantwortungsgemeinschaft. Wie sollen vor Ort Kooperation und Vernetzung vorangetrieben werden, wenn von der Landesebene immer wieder unterschiedliche Vorschläge und Anweisungen der verschiedenen Ressorts zu bearbeiten sind? Gerade der Bereich des Übergangs von der Schule in den Beruf ist ein gutes Beispiel für das oft unabgestimmte Nebeneinander von Initiativen der Kommune, des Landes und des Bundes zur Berufsorientierung und -vorbereitung sowie zur besseren Eingliederung in den Arbeitsmarkt.

So haben die Bundesministerien für Jugend und Bau zum Jahresbeginn 2015 ressortübergreifend eine Initiative gestartet, die allerdings zunächst der Fülle an Programmen, Initiativen und Maßnahmen, die »die soziale, schulische und berufliche Integration junger Menschen [fördern sollen], deren Bildungschancen aufgrund individueller und sozialer Benachteiligungen beeinträchtigt sind« eine weitere hinzufügt: »Jugend stärken im Quartier« soll die Ressourcen für benachteiligte Jugendliche und für problematische Stadt- und Ortsteile bündeln. Diese Initiative richtet sich ausschließlich an Kommunen. Denn nicht nur der Logik dieses Ansatzes entspricht eine Steuerung und Koordinierung durch die Kommunen, die mit der Angebotsvielfalt sinnvoll umgehen müssen. Kinder- und Jugendhilfe und die Arbeitsagenturen, Kirchen, Stiftungen und Verbände agieren mit ihren Projekten auf Basis unterschiedlicher Rechtskreise (SGBII, SGB III, SGB VIII). Schon deshalb könnte die Kommune durch eine Gesamtstrategie die in der Vielfalt liegende Chance eines lückenlosen und konsistenten Fördersystems für junge Menschen besser nutzen (vgl. http://www.jugend-staerken.de).

Landesweite Rahmenkonzepte

Damit vor Ort eine solche Abstimmung gelingen und ein kohärentes System entstehen kann, müssen Strukturen ergänzt, neu gestaltet oder geschaffen werden. Landesweite Rahmenkonzepte, die grundsätzliche Aussagen zu Zielen und Strukturen beschreiben finden sich in Nordrhein-Westfalen, Niedersachsen und Baden-Württemberg. In **Bayern** wird das Qualitätssiegel »Bildungsregion in Bayern« verliehen, wenn ein regionales Konzept unter Mitwirkung des örtlichen Jugendhilfeausschusses vorgelegt wird, das sich an den festgelegten fünf Säulen einer Bildungsregion orientiert. Strukturen einer Zusammenarbeit sind nicht beschrieben:

Säule 1: Übergänge organisieren und begleiten
Säule 2: Schulische und außerschulische Bildungsangebote und Bildungsträger vernetzen
Säule 3: Kein Talent darf verloren gehen – Jungen Menschen in besonderen Lebenslagen helfen
Säule 4: Bürgergesellschaft stärken und entwickeln – Beitrag von Jugendhilfe einschließlich Jugendarbeit, Ganztagsangeboten und generationenübergreifendem Dialog
Säule 5: Herausforderungen des demographischen Wandels annehmen
(http://www.km.bayern.de/ministerium/schule-und-ausbildung/bildungsregionen.html)

Das Ministerium für Schule und Weiterbildung **NRW** »bietet allen Kreisen bzw. kreisfreien Städten einen Kooperationsvertrag an, der auf Dauer sicherstellen soll, dass eine konsensorientierte Kooperationsstruktur geschaffen und langfristig unterstützt wird. Dazu wird in allen Regionen ein Lenkungskreis geschaffen, in dessen Auftrag Regionale Bildungsbüros die Kooperation zwischen den Bildungsakteuren vor Ort systematisch fördern. ... Die Regionalen Bildungsnetzwerke entscheiden selbst, zu welchen Themen sie kooperieren wollen: Stärkung der individuellen Förderung, Ausbau des Ganztags, Gestaltung der Übergänge, Partizipation, Elternarbeit, Bildungspartnerschaften und viele andere Handlungsfelder werden vor Ort bearbeitet« (http://www.regionale.bildungsnetzwerke.nrw.de).

Das »Rahmenkonzept für Bildungsregionen in **Niedersachsen**« beschreibt »grundsätzliche Leitgedanken der Zusammenarbeit von Land und Kommunen, die sich zu einer »Bildungsregion« entwickeln möchten. Der Begriff »Bildungsregion« bezeichnet eine auf einen Landkreis, eine kreisfreie Stadt, einen Kommunalverband besonderer Art oder auf eine landkreisübergreifende Kooperation bezogene Vernetzung der Akteure im Bildungsbereich. ... Die Einrichtung einer Bildungsregion wird zwischen einer Kommune und dem Land Niedersachsen auf kommunale Initiative hin vereinbart – Bildungsregionen liegen in diesem Sinne in kommunaler Zuständigkeit. Das Land unterstützt die Kommunen und beteiligt sich an der Entwicklung und Gestaltung einer Bildungsregion durch die Abordnung einer Lehrkraft, in der Regel bis zur Hälfte der jeweils maßgeblichen Regelstundenzahl. Aufgabe dieser Bildungskoordinatorinnen und Bildungskoordinatoren ist es unter anderem, schulische Erfahrungen in die bildungsregionale Arbeit einzubringen. ... Die Kommunen richten regionale Geschäftsstellen ein und sichern die Arbeitsfähigkeit ab. Außerdem etablieren die Kommunen ein koordinierendes Gremium, in dem die Ziele der Bildungsregion entwickelt und Wege der Umsetzung beschlossen werden. Auch kümmern sich die Kommunen um die Evaluation der erzielten Ergebnisse« (http://www.mk.niedersachsen.de).

Das Landesprogramm Bildungsregionen des Landes **Baden-Württemberg** wendet sich an alle kreisfreien Städte und Landkreise.»Diese sind eingeladen, im Rahmen des Landesprogramms Bildungsregionen regionale Bildungsnetzwerke weiter auf- beziehungsweise auszubauen. Die Landesregierung Baden-Württemberg weist dafür wie bereits während des Impulsprogramms Bildungsregionen (2009-2012) finanzielle und personelle Ressourcen aus, die auf Antrag der kreisfreien Städte und Landkreise als Zuschuss für den Aufbau bzw. die Weiterführung von Bildungsregionen bereitgestellt werden«. Als verbindliche Strukturen sind die Regionale Steuergruppe und ein Bildungsbüro vorgegeben, wobei die Steuergruppe hochrangig besetzt sein soll, mindestens durch Vertreterinnen und Vertreter der staatlichen Schulaufsicht und der kommunalen Schulträger/Antragsteller (http://www.schule-bw.de/entwicklung/bildungsregionen).

Netzwerken auch ohne einen solchen Rahmen

Fragen der Steuerung, Partizipation und Koordinierung lassen sich hier am besten an einem fiktiven Beispiel zeigen: In einem Kreisrat und in den Räten der kreisangehörigen Gemeinden wurde entschieden, mit dem Land in eine Verantwortungsgemeinschaft (s. a. Teil 1, 4.3) einzutreten, um auf Basis eines gemeinsamen Bildungsverständnisses und durch abgestimmtes Handeln von Institutionen und Personen die Bedingungen für die Bildung bestmöglich zu gestalten. Die dafür erforderlichen Mittel sollen bereitgestellt werden. Zugleich hat das Land seine grundsätzliche Bereitschaft dazu erklärt.

Dann geht es darum, ein Bildungsmanagement zu entwickeln, dass sich an den vereinbarten Zielen orientiert.»Ein Erfolg versprechendes Bildungsmanagement hat die Aufgabe, die vielfältigen Bildungs- und Beratungsangebote sowie die zahlreichen Initiativen in den verschiedenen Bildungsbereichen aufeinander abzustimmen und zu koordinieren. Durch geeignete Organisationsformen sind die Prozesse zielgerichtet zu steuern. Dabei muss ein kohärentes Bildungsmanagement die unterschiedlichen Zuständigkeits- und Handlungsebenen auf kommunaler Ebene integrieren.« Mit der Zusammenführung der Zuständigkeiten für die Bildung in der Region verbindet sich die Erwartung, dass, »die Qualität der Bildungsangebote vor Ort gestärkt, das Erreichen von Zielgruppen verbessert und das Zusammenwirken der Akteure erleichtert« wird (Lohre 2015, Folie 9).

```
Eine Bildungslandschaft, die auf Dauer angelegt ist
und weiter entwickelt werden soll,

  braucht  →  multi-professionelle Koordination      Stichworte:
                                                     Bildungsbüro
                                                     Koordinierungsstelle

  braucht  →  Datenbasierung und Transparenz         Stichworte:
                                                     Bildungsmonitoring
                                                     Bildungsberichterstattung

  braucht  →  sinnvolle und effiziente               Stichworte
              Kommunikationsstrukturen               Bildungskonferenz
                                                     Lenkungskreis
```

Abb. 53: Was eine Bildungslandschaft braucht

Folglich werden die gemeinsamen Ziele und beiderseitigen Verpflichtungen sowie Aufbau und Strukturen der Bildungslandschaft in einer Kooperationsvereinbarung festgehalten.

Die Lenkungsgruppe als oberstes Steuerungsgremium einer Bildungslandschaft

Dass eine Bildungslandschaft in Verantwortungsgemeinschaft von Land und Kommune sich nur entwickeln kann, wenn die politisch Leitenden sie zu ihrer Sache machen, ist unbestritten. Zudem ist klar, dass die strategischen Fragen hier im Konsens entschieden werden müssen, weil sonst die Verbindlichkeit fehlt, die für die Umsetzung unerlässlich ist. Zur Zusammensetzung gilt: Steuerung wird GROß geschrieben, wenn die Anzahl der steuernden Personen klein ist. Bei allem berechtigten Interesse z. B. von Schulen und Kitas, im Lenkungskreis Platz und Stimme zu haben, sollte hier zum Wohle des Ganzen für weniger entschieden werden.

Wer lenkt also konkret?

Unabdingbar: Die Landrätin/der Landrat, die Leiterin/der Leiter der regionalen Schulaufsicht des Landes (z. B.: NRW: Bezirksregierung – Niedersachsen: Landesschulbehörde) und eine Bürgermeisterin/ein Bürgermeister für die kreisangehörigen Gemeinden.

Zusätzlich möglich:
- »weitere für Erziehung und allgemeine und berufliche Bildung wesentliche Akteure« (Rahmenkonzept Niedersachsen);
- »von den Schulen zu benennende Schulleitungsmitglieder« (Handreichung NRW).
- »... relevante kommunale Ämter, Agentur für Arbeit, Geschäftsführende Schulleitungen, Volkshochschule, Hochschulen, Kirchen, Kreistagsfraktionen, Gewerkschaften, Kammern und Verbände, Stiftungen, Fachberater/-innen oder Vertreter/-innen der Kammern« ((Baden-Württemberg/http://www.schule-bw.de/entwicklung/bildungsregionen).

Natürlich wird über die Besetzung entsprechend den regionalen Besonderheiten bestimmt.

Worüber wird entschieden?

Die Lenkungsgruppe klärt, wie die Bildungslandschaft gesteuert werden soll: Sie entscheidet verbindlich und im Konsens und über die Grundlinien der Arbeit und ihre Evaluation, über die Erbringung der Kosten (Einrichtung eines Bildungsfonds) und die jeweilige Beteiligung der Partner sowie über den Aufbau eines systematischen Bildungsmonitorings. U. U. wird eine »Zwischenebene« (Steuergruppe/Leitungskreis) mit der Entscheidung über Umsetzungsmaßnahmen und andere operative Elemente beauftragt. Wird ein solcher Leitungskreis installiert, sind auch hier die Fragen der Besetzung und Entscheidungskompetenzen zu klären. Es empfiehlt sich, dass im Leitungsteam die Partner der Lenkungsgruppe vertreten sind, allerdings auf Ebene der operativen Leitung. Die ist wichtig, damit die Aktivitäten des Netzwerks stets für die jeweilige Organisation transparent sind, in ihr Resonanz finden und mögliche Aufträge abgearbeitet werden.

In den Grundkonzepten der Länder finden sich folgende Funktionen eines obersten Steuerungsgremiums:
- »Vorbereitung von Absprachen und Entscheidungen von strategischer Bedeutung für die Bildungsregion« (Mustervertrag Kreis NRW)
- »Neben der strategischen Gesamtausrichtung wird auf dieser Ebene auch über die Implementierung eines Qualitätsmanagement und, sofern eingerichtet, über die Grundsätze der Mittelvergabe aus dem regionalen Bildungsfonds entschieden« (Rahmenkonzept Niedersachsen)
- »Die Steuergruppe stellt ein Gremium der Entscheidungsträger dar, das die strategische Zielrichtung und die Leitgedanken der Bildungsregion ver-

abschiedet, aus diesen sowie aus der vorliegenden Datenlage die Handlungsschwerpunkte der Bildungsregion ableitet, über den entsprechenden Ressourceneinsatz entscheidet und das Bildungsbüro mit der konkreten Umsetzung der beschlossenen Maßnahmen beauftragt« (Baden-Württemberg http://www.schule-bw.de/entwicklung/bildungsregionen).

Wie können Bürgerinnen und Bürger partizipieren?

Zu der Frage, welche Möglichkeiten der Partizipation die Bürgerinnen und Bürger des Landkreises haben sollen, sind neben der Einrichtung von Arbeitskreisen der Akteursgruppen die Einrichtung eines Beirats und/oder eine regelmäßig (jährlich/alle zwei Jahre) tagende Bildungskonferenz denkbar. In jedem Fall müssen die Zusammensetzung, Rechte und finanzielle Basis des Gremiums entschieden werden.

- In einem Beirat sind auf Einladung der Kommune Bildungsakteure vertreten, von denen erwartet wird, dass sie die Leitlinien der Bildungslandschaft teilen und die Bereitschaft mitbringen, sich für deren Entwicklung zu engagieren. Ihre Empfehlungen müssen von den Entscheidungsgremien beachtet, allerdings nicht in jedem Fall befolgt werden. Allerdings entspricht es dem Gebot der Wertschätzung, dass über den Umgang mit den Empfehlungen Rückmeldung gegeben wird. Merke: Ständige Vergeblichkeit wird sich negativ auf die Präsenz der Beiratsmitglieder auswirken!
- Eine Bildungskonferenz kann für alle Interessierten offen sein. Eine Teilnahme verpflichtet nicht zu weiterem Engagement, es sei denn, freiwillig würde eine Bindung angeboten. Die von NRW vorgelegte Mustervereinbarung schlägt allerdings eine bestimmte Anzahl Vertreterinnen und Vertreter von Organisationen der Bildung vor Ort vor. Dazu gehören u. a. auch Religionsgemeinschaften und Organisationen der Unternehmerschaft, Institutionen und Einrichtungen aus dem Kultur- und Sportbereich, die Agentur für Arbeit, Schulpflegschaften und Schülerschaft.

Die Beschränkung auf Vertreterinnen und Vertreter von Institutionen reduziert zwar die Komplexität und ist eher geeignet, feste Ansprechpartner für die weitere Zusammenarbeit zu gewinnen, hat aber den Nachteil, dass Anregungen interessierter Bürgerinnen und Bürger nicht ungefiltert einfließen können. Die ein Netzwerk charakterisierende grundsätzliche Offenheit spräche jedenfalls für die Beteiligung einer breiteren Öffentlichkeit. Kommunen, die sich in ihrem Leitbild auf Grundsätze der Bürgerbeteiligung geeinigt haben, müssten sich entsprechend entscheiden.

Nicht zuletzt ist es Aufgabe des Lenkungskreises, mit der Einrichtung eines Bildungsbüros als Geschäftsstelle der Bildungslandschaft (Auftrag, Anbindung, personelle Ausstattung) festzulegen, wie die Aktivitäten koordiniert werden sollen.

Das Bildungsbüro als koordinierende Geschäftsstelle

Das Wichtigste zuerst: Das Bildungsbüro ist nicht die Bildungslandschaft! Aber es ist ein wichtiges von den Partnern gemeinsam getragenes Zentrum der Kommunikation und Vernetzung – und deshalb in diesem Sinne ein Gesicht der Verantwortungsgemeinschaft. Das Bildungsbüro ist nicht nur Vollzugsorgan von Entscheidungen. Vielmehr ergeben sich aus seiner organisationalen wie örtlichen Anbindung und aus der personellen Besetzung weitergehende Aufgaben.

Das Bildungsbüro ...	Die Aufgabenwahrnehmung ...
→ ist nach innen und nach außen die zentrale Kontakt- und Anlaufstelle.	→ erfolgt innerhalb des Kreises in einer dezentralen Struktur.
→ übernimmt die Koordination und Prozessmoderation.	→ ist aufeinander bezogen und folgt einem Gesamtansatz.
→ ist Impulsgeber für Entwicklungen.	→ ist der Region verpflichtet und mit den regionalen Steuerungsgremien abgestimmt.
→ übernimmt – neben anderen – Aufgaben bei der Bearbeitung der Themen.	→ wird über die Leitung des Bildungsbüros ämter- und abteilungsübergreifend koordiniert.
→ bezieht Dritte aktiv in die Aufgabenwahrnehmung mit ein.	

Abb. 54: Rolle und Funktion der Geschäftsstelle Bildungsbüro (Soddemann 2014, S. 73)

Zu den **Aufgaben** können gehören (vgl. auch Mustervorlage des Kooperationsvertrages NRW):
- Planung, Organisation und Durchführung von Maßnahmen entsprechend den Arbeitsaufträgen der Lenkungsgruppe/des Leitungsteams
- Koordinierung der Vernetzung der schulischen und außerschulischen Institutionen und Partner im Zusammenhang mit den in den Handlungsfeldern benannten Bereichen
- Initiative zu und Entwicklung von Konzepten für die Zusammenarbeit mit Schulen und anderen Bildungspartnern
- Unterstützung und Beratung von Schulen und anderen Bildungseinrichtungen in Fragen, die mit den vereinbarten Handlungsfeldern zusammenhängen
- Mitarbeit bei der Erarbeitung eines regionalen Bildungsmonitorings und der Bildungsberichterstattung
- Mitarbeit bei der Aufbereitung der regional bedeutsamen Auswertung der Selbstevaluation der Schulen (beispielsweise SEIS)

- Vor- und Nachbereitung der Sitzungen der Gremien (Lenkungsgruppe, Leitungsteam, Beirat, Bildungskonferenz)
- Erledigung der verwaltungsmäßigen Arbeiten

> **Ein Beispiel:** Die Stadt Wolfsburg (Niedersachsen) hat Auftrag und Ziele des Bildungsbüros so beschrieben:
> - Koordinierung, Steuerung und Qualitätsentwicklung abgestimmter Bildungsangebote im kommunalen Raum im Rahmen der lebenslangen Bildungskette auf Basis eines systematischen Bildungsmonitorings
> - Aufbau eines datenbasierten kohärenten Bildungsmanagements zur Koordinierung und Steuerung der Entwicklung des Bildungsstandortes Wolfsburg auf den Ebenen Dezernat II, Stadtverwaltung insgesamt und Gesamtstadt
> - Entwicklung von Vorschlägen für Projekte und Daueraufgaben in zentralen aktuellen Handlungsfeldern im Bildungsbereich, ggf. in dezernats- und verwaltungsübergreifenden Strukturen
> - Eine enge Zusammenarbeit mit den Organisationseinheiten der Verwaltung ist Bestandteil eines kohärenten Bildungsmanagements als gesamtstädtischer Aufgabe
>
> Das Bildungsbüro bietet in der Zusammenarbeit:
> - Herstellung von Synergien bei übergreifenden Themen, die nicht durch die Bereiche und Abteilungen selbst bewältigt werden können
> - Austausch und Informationen zum Thema Bildung
> - Entwicklungsbegleitung
> - Unterstützung aller Abteilungen der Verwaltung in dem Bemühen, dass nicht ohne Kenntnis an zwei oder mehr Orten parallel an gleichen Themen gearbeitet wird
> - Bündelung dieser Kräfte
>
> http://www.wolfsburg.de/rathaus/stadtverwaltung/
> bildungsbuero-der-stadt-wolfsburg

Aufgabe der Kommune ist es dafür zu sorgen, dass das Bildungsbüro personell und sächlich so ausgestattet ist, dass die vereinbarten Aufgaben erfüllt werden können.

Anbindung

Dieser Logik entspricht es, dass das Bildungsbüro als koordinierende Stelle immer in der kommunalen Verwaltung angesiedelt ist. Das ist so in den drei Landeskonzepten Niedersachsen, Nordrhein-Westfalen und Baden-Württemberg vorgesehen und in Bildungslandschaften umgesetzt, die in Einzelverabredungen zwischen Kommune und Land entstehen. Die Frage, ob das Bildungsbüro als Teil des Schulamtes, als eigenes Amt oder als Stabsstelle bei der Abteilung Schule und Jugend, beim Verwaltungsvorstand oder beim Landrat geführt wird, richtet sich nach innerorganisationalen Entscheidungen, die im Zweifel auch mit dem ›Machtgefüge‹ innerhalb der Verwaltung zu tun haben.

Die jeweiligen Wirkungen liegen auf der Hand: Als Teil des Schulamtes ist das Büro den übrigen Zuständigkeiten des Amtes gleichgeordnet – mit Auswirkungen auf das Vorgesetzten-Mitarbeiter-Verhältnis (Weisungsbefugnisse/Controlling); als eigenes Amt ist es gleichrangig mit den übrigen Ämtern einer Abteilung; als Stabsstelle besteht größere Nähe zur politischen Führung, was die Bedeutung des Bildungsbüros und den Querschnittscharakter seiner Aufgaben betont und in dem günstigsten Fall (einer Landrätin/eines Landrats, die für die Bildung brennen) kürzere Entscheidungswege impliziert.

Die örtliche Anbindung ist nur auf den ersten Blick nachrangig. Im Kreishaus ist das Personal in der Lage, ›auf dem Flur‹ Kontakte zu knüpfen und die Mitarbeiterinnen und Mitarbeiter der Verwaltung für die eigene Arbeit zu interessieren. Eine Unterbringung in der Volkshochschule oder in einer Schule erfordert zusätzliche Wege und kann zu einer vom Aufgabenprofil nicht abgedeckten Einbindung in die jeweiligen institutionellen Arbeitszusammenhänge führen, z. B. bei der Maßnahmenplanung.

Besetzung

Die Ansprüche an die Professionalität der Personen, die die Aufgaben des Bildungsbüros wahrnehmen sollen, müssen von den Partnern in der Lenkungsgruppe im Grundsatz, vom Leitungskreis im Detail auf der Basis der Ziele und der zur Verfügung stehenden Ressourcen formuliert werden (vgl. auch Ausschreibungstext als Anlage zum niedersächsischen Rahmenkonzept).

Zu den erforderlichen Kompetenzen gehören sicherlich
- Kenntnisse über das Schulwesen des Landes und aktueller bildungspolitischer Entwicklungen
- Kenntnisse über das Bildungswesen der Kommune und regionaler/lokaler Herausforderungen
- Kompetenzen hinsichtlich Projekt- und Prozessmanagement und Controlling
- Führungs- und Managementkompetenzen
- pädagogische Kompetenzen
- Verwaltungskenntnisse

Da liegt es nahe, dass die Besetzung multiprofessionell angelegt werden muss, was auch der Verantwortung der beiden Partner, Kommune und Land, entspricht. Welche Erwartungen die Kommune an die von ihr im Bildungsbüro zu beschäftigenden Personen hat, wird sich aus ihrer Personalsituation und der dafür vorgesehenen Etatposition ergeben. Dem Bildungsverständnis der

Bildungslandschaft entsprechend wären sozialpädagogische und verwaltungstechnische Kompetenzen und Erfahrungen, Kenntnisse der Weiterbildungsszene der Region und die für ein datengestütztes Bildungsmonitoring und für Veranstaltungsmanagement notwendigen Kenntnisse und Kompetenzen hilfreich. Wie nicht nur in der öffentlichen Verwaltung üblich, richtet sich die Leitungsentscheidung nach der die Kompetenzen bestätigenden Besoldung bzw. Vergütung.

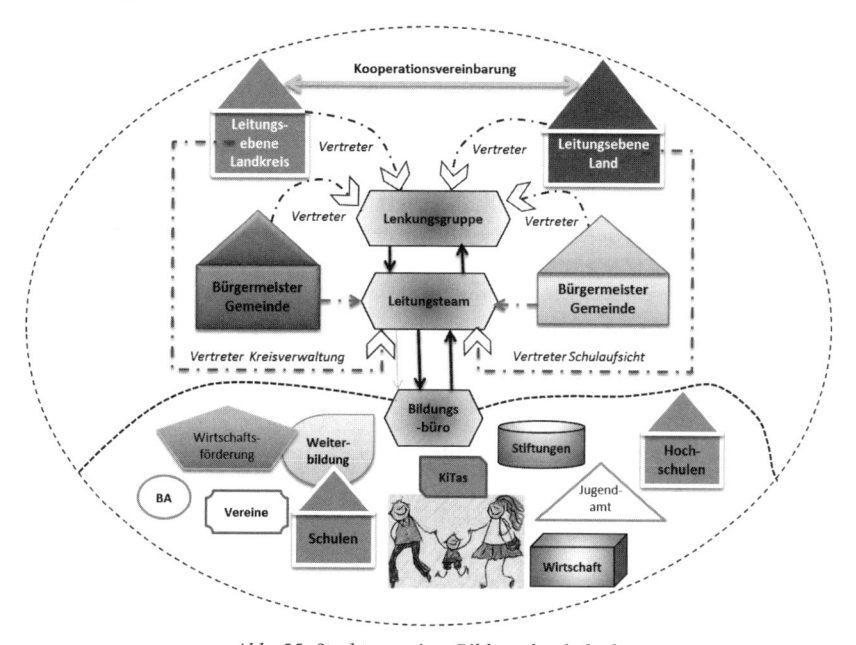

Abb. 55: Strukturen einer Bildungslandschaft

Exkurs: Manches geht auch kleiner

An mehreren Stellen habe ich schon einmal auf die Aktivitäten in dem lokalen Bildungsnetz Mittelfeld hingewiesen, weil Netzwerkinitiativen nicht nur auf der ›großen politischen Bühne‹ entstehen, sondern auch und gerade im kleinsten Rahmen vor Ort. Auch da braucht es die Kooperation mit und zwischen den Schulen und mit allen, die sich um Bildung, aber auch um die sozialen Verhältnisse der Menschen kümmern:

Es begann in Mittelfeld 2007 mit Suche nach Schnittmengen der vorhandenen Arbeitsfelder aller beteiligten Einrichtungen. Nach der Unterschrift aller Beteiligten unter die Kooperationsvereinbarung im Rahmen der Auftaktveranstaltung: »Das Bildungsnetz in Mittelfeld« wurde 2008 das erste gemeinsame Handlungsfeld in Angriff genommen: die Grundschule Beuthener Straße als »Schule im Stadtteil«. Da ging es ganz konkret um Hausaufgabenhilfe, Schulhofgestaltung, Lust auf Lesen, Elternbildung als Querschnittsthema, Übergang Kita Schule und nicht zuletzt um das gemeinsame Eintreten für demokratisches Verhalten.

Von 2009 – 2010 entwickelte sich die Kooperation mit dem Fachbereich Jugend und Familie für »Elternbildungskonferenzen« mit dem Ergebnis, dass im Familienzentrum Gnadenkirche ein Elterntreff initiiert wurde. 2012 brachte das erste Bildungsfest Mittelfeld mit 22 beteiligten Einrichtungen aus dem Bildungsnetz die Bürgerinnen und Bürger miteinander ins Gespräch – damit wurde eine Tradition begründet, die bis heute dazu beiträgt, die Kommunikation im Stadtteil lebendig zu halten und neue Partner für die Bildung im Stadtteil zu gewinnen.

Im Schuljahr 2013/2014 startete das Projekt »Lust auf Lesen« von der ersten bis zur vierten Klasse. Weitergeführt wird es für die Schuljahre 2013/2014 – 2015/2016 als Kooperationsprojekt »Bücherbiene« zwischen dem Workshop Hannover e.V., der Grundschule Beuthener Straße, der Gemeinwesenarbeit Mittelfeld, der Kulturinitiative Döhren-Wülfel-Mittelfeld und der Fachplanung kulturelle Bildung für Kinder. Das Projekt wird gefördert durch das BMBF im Programm »Kultur macht stark«.

Warum ich das so ausführlich erzähle? Es hat mich beeindruckt, mit welcher Begeisterung und mit welchem Durchhaltewillen hier gearbeitet wird. Angebunden an die Gemeinwesenarbeit bildet die kleine Steuergruppe aus 5 engagierten Frauen das Zentrum. Hier trifft man sich monatlich und entscheidet im Konsens über die anstehenden Fragen: Gibt es aktuell Drängendes, wie z. B. den Umgang mit den Flüchtlingskindern (siehe Teil 3)? Wie steht es um die Entwicklung der Grundschule zur Ganztagsschule? Welche Bildungsangebote gibt es im frühkindlichen Bereich? Welche Themen sind für die nächste Mitgliederversammlung vorzubereiten? Wie ist der Stand der laufenden Projekte (Integrationslotsen, Rucksackmütter)?

Auf die Frage, was sich durch das Bildungsnetz Mittelfeld verändert habe, erfahre ich: Das Bildungsnetz ist im Gespräch präsent. Sein Nutzen ist eine Frage der Haltung: Weil es uns gibt, werden Probleme gemeinsam angegangen und besser gelöst. Immer hat jemand eine Idee, was und wer wie unterstützen könnte.

Deshalb erzähle ich davon: Das Bildungsnetz Mittelfeld ist eines von vielen Beispielen für die praktische Flexibilität von Netzen: Jeder Knoten führt zu drei anderen, von diesen wieder zu je drei anderen ...

> **Neugierig geworden?**
> Das Bildungsnetz Mittelfeld ist auch im Internet zu finden:
> http://www.hannover-mittelfeld.de/300-bildungsnetz-mittelfeld.html

3 Warum wir Regeln brauchen und dass sie Vertrauen nicht ersetzen

Zunächst ein Gedanke zu einem entscheidenden Grundpfeiler des Netzwerkens: die gegenseitige Anerkennung der Unterschiedlichkeit sowohl der Interessen als auch der Verbindlichkeiten der einzelnen Systeme nach innen wie nach außen. Basis ist die Bereitschaft aller Beteiligten, die eigenen Entwicklungsprozesse zu verantworten, sie den Partnern transparent zu machen, deren Entwicklungsprozesse wertzuschätzen und aus ihnen zu lernen. Eine solche Kultur der Anerkennung ist nicht in Regeln zu fassen, denn dazu gehören Wohlwollen, Würdigung. Respekt, Achtung, Toleranz, Transparenz und Feedback – Haltungen von Individuen gegenüber Individuen, die auch zwischen Systemen ihre Berechtigung haben.

Nun können Netzwerke im Unterschied zu anderen, stabileren Arten der Handlungskoordination, schon mal in den Verdacht der Beliebigkeit geraten – nicht nur von außen, sondern auch durch das Verhalten der eigenen Partner. Um dem zu begegnen sind neben einer Kooperationsvereinbarung einige wenige Regeln sinnvoll. Ein solches Regelgerüst trägt dazu bei, die unterschiedlichen Arbeitsweisen der Akteure aufeinander und auf das gemeinsame Ziel abzustimmen. Damit das ernst genommen wird und nicht als einengend erlebt wird, muss gemeinsam darüber entschieden werden, was geregelt werden soll, wie umfangreich und wie detailliert. Sind mit einer Kooperationsvereinbarung schon die organisatorischen Strukturen beschrieben, muss vor allem geregelt werden, wie sich die Kommunikation nach innen und außen gestaltet. Die Regeln sollten klar und verbindlich, aber flexibel gegenüber neuen Situationen und Anregungen sein und schriftlich fixiert werden. Alle, insbesondere die Koordination, verantworten die Einhaltung der Regeln.

> **Beispiel: Netzwerk Luzerner Schulen**
> »... Wenige, aber klar definierte Regeln sind von allen Teilnehmenden einzuhalten, z. B.

- Alle Teilnehmenden sind bereit, die persönlichen Erfahrungen, eigenes Material usw. anderen weiterzugeben.
- Die gesetzten Termine werden eingehalten, Entschuldigungen nur in Ausnahmefällen.
- Damit in den themenspezifischen Teilnetzwerken zielorientiert gearbeitet werden kann, ist die verbindliche Jahresplanung verpflichtend.
- Die Teilnetzwerke müssen geleitet sein, die Ergebnissicherung nach den Sitzungen ist einzuhalten.
- Feedbacks werden auf allen Ebenen periodisch eingeholt.

3.1 Mehrheitsentscheidung oder Konsens

Fraglos ist der Konsens über die Grundsatzentscheidungen, das gemeinsame Leitbild und die vereinbarten Ziele notwendige Grundlage jedes Netzwerks. Ein Veto müsste die Verhandlungen erneut beginnen lassen. Wer am Ende ein Ziel nicht teilt, ist im falschen Netzwerk. Nicht auszudenken, was da Mehrheitsentscheidungen anrichten würden.

Wenn allerdings z. B. bei der Maßnahmenplanung der Konsens als Drohung im Raum steht, kann die große Chance von Netzwerken vergeben werden, jenseits der alltäglichen Routinen neue Lösungen zu entdecken und den innovativen Impulsen Raum zu geben. In manchen Fällen Mehrheitsentscheidungen zuzulassen, symbolisiert dagegen die Sicherheit, dass nichts geschehen wird, was einem der Partner schadet. Solche Gelassenheit bekommt einem Netzwerk besser als der Zwang, sich in jedem Punkt unbedingt einigen zu müssen. Allerdings gilt: Es muss geregelt werden, wann eine Entscheidung der Mehrheit genügt.

Zur Frage von Konsens und Mehrheitsentscheidungen noch Kofi Annan: »Das Veto ist ein Privileg, das mit Verantwortung einhergeht« (SZ Nr. 31, S. 58). Wer davon Gebrauch mache, müsse klar erläutern, welche Alternative er vorschlägt.

3.2 Verbindlichkeit

Oliver Vorndran, Leiter des Bildungsbüros der Bildungs- und Integrationsregion Paderborn, berichtet, wie dort auf Basis der Kooperationsvereinbarung zwischen Land und Kommune eine Kultur der Verbindlichkeit gepflegt wird. So enthält u. a. jede Vereinbarung zu einem Projekt klare Aussagen zu den Leistungen des Bildungsbüros und zu den Leistungserwartungen an die Partner oder Teilnehmer; Zeitpläne und Termine werden strikt eingehalten; exakte Moderationspläne sorgen für Pünktlichkeit bei Beginn und Ende von Veranstaltungen (vgl. Vorndran 2014, S. 249).

3.3 Dokumentation und Wissensmanagement

»Haben wir das so verabredet? Ich habe da eine andere Erinnerung.« Wenn jetzt keine Aufzeichnungen vorhanden sind, kann sich das Gespräch über die unterschiedlichen Wahrnehmungen länger hinziehen. Solche kommunikativen Probleme zu vermeiden, ist nur einer der Gründe für die Dokumentation von Entscheidungen. Hinzu kommt, dass sie unabhängig von Personen nachvollziehbar bleiben und ihre Verbindlichkeit einen sichtbaren Rahmen erhält. Die Dokumentation lässt auch – je nach ihrer Art – den Werdegang des Netzwerks erkennen und bietet damit eine Basis für die Evaluation.

»Im ersten Schritt sind Art, Umfang, Detaillierungsgrad und Häufigkeit für die Dokumentation festzulegen. Je nach Ressourcen wird eine Person – ggf. die Netzwerkkoordination – dauerhaft für die Erstellung der Dokumente verantwortlich sein oder die Verantwortung rotiert. Wichtig ist es, den Verteiler für die Unterlagen und den Umgang mit noch intern zu behandelnden Dokumenten zu verabreden. Dokumente müssen analog zu den Aktivitäten/dem Zielsystem angefertigt werden. Allen Akteuren muss klar sein, dass sie einen aktiven Part haben, indem sie Dokumentationspflichten nachkommen und Aktivitäten aufmerksam verfolgen.« (Vgl. www.bmfsfj.de/doku/Publikationen/handbuchalleinerziehende)

Wissensmanagement scheint sich auf den ersten Blick durch eine ›ordentliche Dokumentation‹ zu erübrigen. Aber wir kennen doch alle die Tendenz zur Nichtbeachtung von Dokumenten (Habe ich das bekommen? Wo steht das? Das war vor meiner Zeit ...). Soll das im Netzwerk gewachsene Wissen verfügbar bleiben, gehört auch Ideenvielfalt zu der Frage, welche Regeln und Instrumente dafür nützlich sind. Hier einige Anregungen:

- Info-Team: Ein interdisziplinäres Team kümmert sich um das Informationsmanagement.
- Transparenz: Alle Netzwerker haben Zugang zu allen Informationsquellen.
- Gleichzeitigkeit und Offenheit: Informationen müssen gleichzeitig allen Netzwerkern zur Verfügung stehen und von allen hinterfragt werden dürfen.
- Entrümpelung: Untaugliche Informationstools wie langatmige Verlaufsprotokolle müssen erneuert werden.
- Informationsraum: Informationen werden am ehesten in entspannter Atmosphäre ausgetauscht. Über den Austausch im Netz hinaus müssen Kommunikations-Knotenpunkte geschaffen werden.
- Anerkennung: Jedem Überbringer nützlicher Neuigkeiten müssen Anerkennung und Respekt entgegengebracht werden.

3.4 Vertrauen schenken

Leicht dahin gesagte Sätze wie »Vertrauen ist gut – Kontrolle ist besser« suggerieren, dass wer vertraut, schon ein wenig naiv, zumindest aber romantisch sei. Andererseits gilt Vertrauen als unabdingbare Basis in zwischenmenschlichen Beziehungen, die auch ohne freundschaftliche Bindung im Netzwerk eine wichtige Rolle spielen. Dennoch fragt man sich, ob es nicht genügt, sich darüber zu einigen, wie man miteinander umgehen und arbeiten will. Deshalb habe ich mich zu der Überschrift Vertrauen schenken entschieden und mich umgehört, wie darüber gedacht wird.

Zunächst der Dichter Wilhelm Busch:

> *Wer andern gar zu wenig traut,*
> *Hat Angst an allen Ecken;*
> *Wer gar zu viel auf andre baut,*
> *Erwacht mit Schrecken.*
> *Es trennt sie nur ein leichter Zaun,*
> *Die beiden Sorgengründer;*
> *Zu wenig und zu viel Vertraun*
> *Sind Nachbarskinder.*

Der Naturwissenschaftler Friedrich Cramer beschreibt anschaulich den Wert von Vertrauen: »Ohne ein Mindestmaß an Vertrauen ist ein Leben in Freiheit nicht zu meistern. Man würde schon morgens beim Aufstehen aus Angst davor, was am Tag alles passieren könnte, sich die Bettdecke wieder über den Kopf ziehen« (1991, S. 299).

Die Arbeits- und Organisationspsychologen Christoph Clases und Theo Wehner sehen Vertrauen als zukunftsbezogen und zugleich auf Erfahrungen in der Vergangenheit beruhend. »Vertrauen beinhaltet – durch den Verzicht auf Kontrolle – individuelle Verletzbarkeit und erweitert – durch Reduktion von Komplexität (Luhmann) – individuelle Handlungsmöglichkeiten.... Jemand, dem alle relevanten Umstände seines Handelns bekannt sind, braucht nicht zu vertrauen, während jemand, der nichts weiß, nicht vertrauen kann« (www.spektrum.de/lexikon/psychologie/vertrauen – Zugriff 21.03.2015).

»Nicht auf den schlechten Erfahrungen sitzen bleiben!«, mahnt der Journalist Wolf Lotter (brandeins 10/2014, S. 39). Vertrauen zu schenken sei ein fairer Preis im Tausch gegen enge Regeln, Anführung und Bevormundung. Und Zuverlässigkeit sei der Anfang des Vertrauens als einer persönlichen Angelegenheit (S. 44).

Prof. Martin K.W. Schweer schließlich, Leiter des Zentrums für Vertrauensforschung in Vechta, weiß »die Abgabe von Kontrolle [bedeutet]immer auch Machtverlust« (zitiert nach Lotter, ebd., S. 39).

Jetzt noch das Gabler Wirtschaftslexikon: »Vertrauen ist die Erwartung, nicht durch das Handeln anderer benachteiligt zu werden; als solches stellt es die unverzichtbare Grundlage jeder Kooperation dar. ... In Interaktionssituationen steht Vertrauen stets im Zusammenhang mit Verantwortung; Akteure, denen Vertrauen geschenkt wird, haben die Verantwortung, dieses zu honorieren.«

Vertrauen ist ein wechselseitiger Vorschuss auf die Zukunft (Lotter: »Prinzip Vorkasse«). Wir vertrauen, weil wir vermuten, dass unser Gegenüber glaubwürdig und verlässlich ist. Deshalb ist Vertrauen nicht als Regel in einer schriftlichen Vereinbarung festzuschreiben – aber es ist doch die Grundbedingung (Regel?) für jede Form von Netzwerk.

4 Wie wir mit Maßnahmen Verbesserungen planen (sollten)

Die Situation in manchen Arbeitsgruppen kann man kaum treffender als Dirk Meissner darstellen:

Beginnen wir doch einfach mit den Maßnahmen – dann fallen uns die Ziele schon wieder ein!

Abb. 56: Ziele und Maßnahmen – Zeichnung Dirk Meissner

Die Entscheidung, Maßnahmen quasi ›auf Zuruf‹ und ohne Rückbindung an eine konkrete Zielformulierung zu treffen, wird sich spätestens rächen, wenn eine Evaluation zeigt, dass man z. B. »übers Ziel hinausgeschossen« ist, oder die Zielgruppe nicht erreicht hat. Aber wir wollen davon ausgehen, dass die ›Steuerleute‹ in den Einzelorganisationen wie im Netzwerk die Ziele klar vor Augen haben.

4.1 Wirkungen bedenken, Verantwortung festlegen

Zur Entwicklung eines Maßnahmenplans muss ein Auftrag erteilt werden, dessen Durchführung – etwa in einer Schule – auch mit einer Zielvereinbarung (Verantwortung) gebunden werden kann.

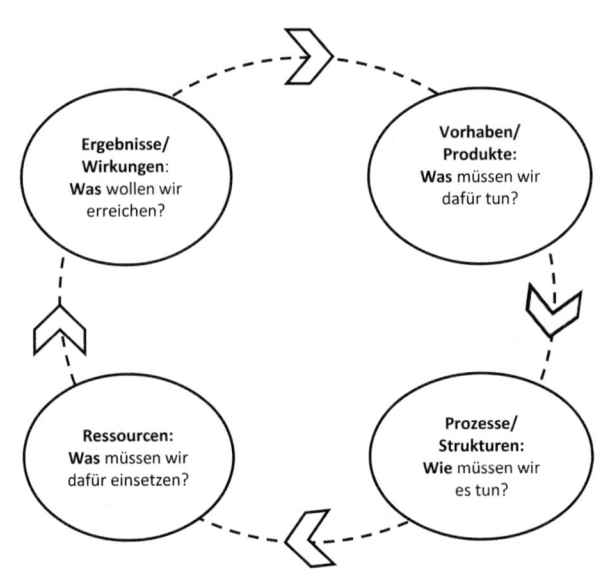

Abb. 57: Zielfelder und Leitfragen des strategischen Managements nach Rainer Heinz http://www.olev.de/s/strat_Management_KGSt-2001.htm;

Die Beantwortung dieser Fragen führt zum Maßnahmenplan, der zugleich die Verantwortung wie die Beteiligung und den Umsetzungsprozess mit seinen Meilensteinen dokumentiert.

Maßnahmenplan								
Was wird vereinbart?	Welches Ergebnis wird erwartet?	Wie wird das erarbeitet?	Wer ist verantwortlich?	Wer ist beteiligt?	Bis wann/ in welchem Zeitraum?	Mit welchen Ressourcen?	Status/ Meilensteine	Dokumentation?
...	...	...	...	...	...	...	...	...

Abb. 58: Maßnahmenplanung (vgl. Minderop 2014, S. 44)

4.2 Kooperation der Lehrkräfte – Maßnahmenentwicklung in einer Schule

Damit es konkret wird, komme ich auf das fiktive Beispiel der Schule zurück, die nach ihrer SWOT-Analyse u. a. folgendes Ziel formuliert hat (Teil 3, 1.1). Hier geht es ganz zentral um die Kooperation im Kollegium:

Die fachlichen Ziele und Beurteilungskriterien sind jeweils zu Schuljahresbeginn (erstmalig zum Schuljahr 2016/17) in den Fachteams abgestimmt und den Schülerinnen und Schülern bekannt.

Auftraggeber der Maßnahmenplanung entsprechend der Planungsskizze (Abb. 57) können die Schulleitung, die Gesamtkonferenz oder der Schulvorstand sein.
- Als **Ergebnisse und Wirkungen** werden die Outputs (in allen Fachteams steht die Abstimmung auf der TO, alle Klassen erhalten in Fächern die Information), Outcomes (z. B. die Schülerinnen und Schüler sind sicher hinsichtlich der fachlichen Erwartungen) und Impacts (z. B. die Lehrkräfte arbeiten intensiver zusammen und entwickeln gemeinsame Standards) herangezogen.
- Das **Produkt** soll ein zwischen den Lehrkräften abgestimmtes Verfahren zur jährlichen Abstimmung gemeinsamer Standards und der Information der Schülerinnen und Schüler sein.
- Als **Strukturen** eignen sich die Fachteams mit klarem Arbeitsauftrag und einer verantwortlichen Leitung.
- Zu den vereinbarten **Prozessen** gehören ein Zeitraum für die Bearbeitung, Meilensteinsitzungen und die Abstimmung der Ergebnisse in der Gesamtkonferenz/im Schulvorstand.
- An **Ressourcen** sind der Zeitaufwand für die Vorhabenplanung und evtl. Sachkosten der Fachteams (externe Moderation, Fortbildung) zu kalkulieren.

Der weitere Prozess liegt in der Verantwortung der schulischen Steuergruppe. Sie erstellt den Maßnahmenplan. Lohmann et al. (2014) empfehlen »zur Überprüfung der Umsetzungsfortschritte Meilensteine bzw. Zwischenbilanzkonferenzen. Eine solche Form der Revision zeigt, ob der Prozess reibungslos weiter geplant werden kann, oder ob es Um- oder sogar Nachsteuerungen bedarf. Gerade für eine nachhaltige Qualitätssicherung sind diese Vergewisserungsroutinen wesentlich, um die eigene Schule selbstverantwortlich verändern und steuern zu können« (S. 69).

Damit das künftige Abstimmungsverfahren ›Eigentum‹ der Fachteams und zugleich ihre Kooperation gestärkt wird, entwickeln und diskutieren sie möglicherweise an einem Schulentwicklungstag erste Vorschläge. Es wird sich herausstellen, dass es über die Fachgrenzen hinaus Gemeinsamkeiten gibt. Dies wäre auch eine Gelegenheit, einen externen Input zur Frage von Bewertungsstandards anzubieten, damit ein einheitliches Verständnis dazu entsteht. Die Entwicklung bis zur Entscheidungsreife liegt dann in den Fachteams, deren Ergebnisse von der Steuergruppe zusammengeführt und schließlich in der Schul-/Gesamtkonferenz beschlossen werden.

4.3 Maßnahmenplanung in einem regionalen Bildungsnetzwerk

Grundlage der folgenden Ausführungen ist ein auf Basis der SWOT-Analyse eines fiktiven Landkreises (Teil 3, 1.2) formuliertes Ziel:

Zur Gestaltung des Übergangs kooperieren bis zum 30.07.2016 alle Grundschulen verbindlich mit mindestens zwei weiterführenden Schulen im Landkreis. Die

Grundschulen erhalten zur Vorbereitung der Vernetzung Projektmittel in Höhe von je 400 €.

Zur Erinnerung: Die Bestandsaufnahme hatte u. a. ergeben, dass zahlreiche Ausbildungsplätze im Handwerk nicht besetzt werden können, die Quote der Schulabbrecher über dem Landesschnitt liegt und die Sprachförderung der Kinder mit Zuwanderungsgeschichte nicht dem Bedarf entspricht. Als eine der Herausforderungen wurde die Verbesserung der bildungsbiografischen Übergänge gesehen. Gerade das Problem der Übergänge ist ein gutes Beispiel für die Betroffenheit unterschiedlicher Akteure, deren Vertreterinnen und Vertreter auf der operativen Ebene für die Planung der notwendigen Maßnahmen gewonnen werden wollen. Gemeinsam ist zu entscheiden, wie das Ziel erreicht, wie also der Übergang besser gestaltet werden soll[25].

Gehen wir weiter davon aus, dass das Leitungsteam der Bildungslandschaft das Bildungsbüro beauftragt hat, eine Planungsskizze zu erarbeiten, die die vier Fragen (siehe Abb. 56) im Grundsatz beantwortet und einen Maßnahmenplan (siehe Abb. 57) entwickelt:
- Als **Ergebnisse und Wirkungen** werden die mit dem Ziel benannten Outputs (alle 9 Grundschulen, 1 Realschule, 1 Gymnasium sind beteiligt), Outcomes (z. B. die Kinder erleben den Übergang ohne Brüche) und Impacts (z. B. die Lehrkräfte entwickeln gemeinsame Standards) herangezogen.
- Das **Produkt** soll ein zwischen den Beteiligten abgestimmtes Verfahren sein.
- Als **Strukturen und Prozesse** werden die Einsetzung einer Arbeitsgruppe mit klarem Arbeitsauftrag und einer verantwortlichen Leitung, ein Zeitraum für die Bearbeitung, Meilensteinsitzungen und ein Verfahren zur Abstimmung des Ergebnisses vorgesehen.
- An **Ressourcen** sind der Zeitaufwand für die Vorhabenplanung, die Sachkosten der Arbeitsgruppe und die Kosten für die Umsetzung des Verfahrens zu kalkulieren.

Nach Zustimmung des Leitungsteams wird der Prozess in Gang gesetzt: Das Bildungsbüro wird gemeinsam (oder in Abstimmung) mit Vertreterinnen und Vertretern der kommunalen Schulverwaltung und der Schulaufsicht die Schulleiterinnen und Schulleiter der Grundschulen und der beiden weiterführenden Schulen einladen und ihnen den Konzeptentwurf vorstellen. Es wird sich eine Arbeitsgruppe bilden, zu der auch Elternvertreter gebeten werden sollten. Die Mitglieder einigen sich auf einen Terminplan, der den vorgesehenen Zeitrahmen und die Meilensteine berücksichtigt. Das Bildungsbüro sorgt für die Einladungen, den Raum und die Materialen.

---

25 Stellt sich ein Schulnetzwerk genau dieser Problematik, sind die Netzwerksteuergruppe, die einzelschulischen Koordinatoren und die koordinierende Schule in der Verantwortung für die Umsetzung.

In den Diskussionen der Arbeitsgruppe werden geeignete Prozessschritte und die daraus folgenden strukturellen wie didaktischen Aspekte identifiziert. Das werden stufenübergreifende Gestaltungsmaßnahmen wie regelmäßige Besuche der Grundschülerinnen und -schüler mit ihren Eltern und Lehrkräften in den Sekundarschulen, eine feste Kontaktperson in jeder Schule, gegenseitige Hospitationen der Lehrkräfte, Kennenlern-Aktionen, Austausch über Unterrichtsmethoden und -inhalte und Einigung über fachliche Standards sein. U.U. wird in Abstimmung mit dem Bildungsbüro (wg. der erforderlichen Ressourcen) zusätzliche fachliche Kompetenz z. B. Schulentwicklungsberatung zum Projektmanagement, Beratung für Unterrichtsentwicklung und Standards, Rechtsberatung einzuholen sein (s. a. Teil 2, 3.2, S. 116).

Das fertige Konzept sollte den Akteuren eine Struktur bieten, die die Wiederholbarkeit von Schuljahr zu Schuljahr sichert – eine neue Routine, die dann nicht mehr der Verabredung bedarf, wie sie z. B. die Kita Wunderwelt und Grundschule Jacobsallee in Essen (Teil 2, 3.1, S. 110) entwickelt haben.

Zugleich ist eine prozessbegleitende Evaluation (siehe Teil 5) der Umsetzungsmaßnahmen zu planen, z. B. mit den Fragen: Wie zufrieden sind die Lehrkräfte, die Eltern und die Schülerinnen und Schüler mit der neuen Struktur? Wie praxisrelevant sind die vorgeschlagenen Prozessschritte? Die Dokumentation der Befragungsergebnisse gehört zur ersten Phase des Qualitätszyklus. Der Kreis von der Zielsetzung zur Durchführung des neuen Verfahrens schließt sich dann mit der Antwort auf die Frage, ob etwas zu verbessern ist.

In aller Kürze: Gemeinsame Maßnahmen müssen am Bedarf der Partner und Zielgruppen orientiert sein, Ergebnisse und Prozesse evaluiert, kontinuierliches Lernen gelebt und ein gewissenhafter Umgang mit den Ressourcen gepflegt werden.

4.4 Was passieren kann …

Ergibt sich im Verlauf des Vorhabens, dass zur Zielerreichung eine Qualifizierung z. B. der Lehrkräfte erforderlich ist, werden dafür ein Teil der insgesamt zur Verfügung stehenden Ressourcen und Zeiträume genutzt. Wie Abb. 59 zeigt, hat das positive Auswirkungen auf die Kompetenzen des Lehrpersonals (P1) und auf die Qualität des gewünschten Vorhabens/Produkts, negative durch ungeplanten Verbrauch sächlicher Ressourcen und von Zeit (Z1). Damit verschiebt sich das ursprüngliche Gleichgewicht.

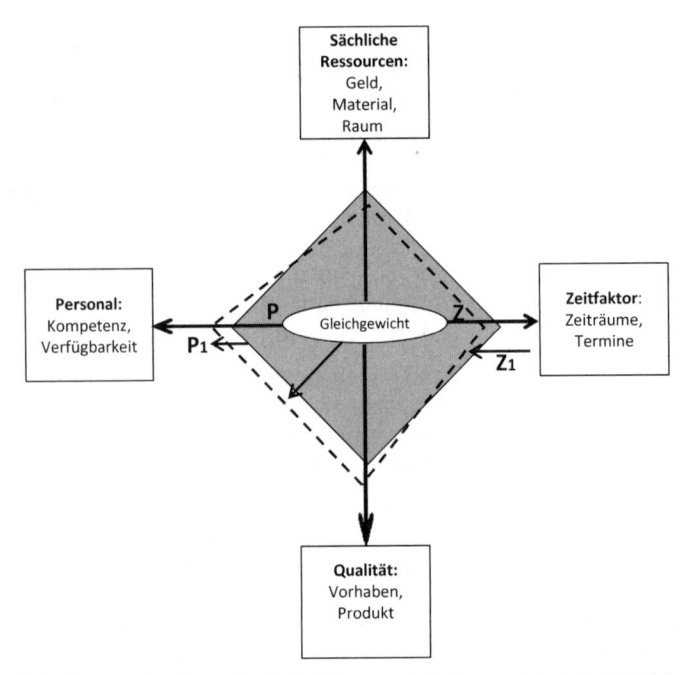

Abb. 59: Pufferzonen einplanen (nach A. Lohmann, in Lohmann & Minderop 2008, S. 234)

In der Regel wird in einer solchen Situation kaum in eine Erweiterung der Zeiträume und zugleich in eine bessere Ausstattung mit finanziellen Mitteln investiert werden können. Solche Überlegungen sollten dazu führen, dass einerseits das Gleichgewicht an Meilensteinen rechtzeitig überprüft und entsprechend nachgesteuert wird, solange das – jedenfalls zu Prozessbeginn – u. U. noch möglich ist (s. a. Lohmann & Minderop 2008, S. 233). Das kann bedeuten, dass die geplanten Zeiträume erweitert werden oder auf ressourcenaufwändige Einzelmaßnahmen – auch zu Ungunsten einer besseren Qualität – verzichtet werden muss.

Eine vorsorgliche, alle geplanten Vorhaben eines Jahres umfassende Ressourcenplanung kann die Wahrscheinlichkeit minimieren, dass solche Nachsteuerung im Prozessverlauf nötig wird.

4.5 Wie wir Stolpersteine erkennen und liegen lassen (sollten)

»Eine große Rolle für das Gelingen von Kooperationen generell spielen Aspekte der Machbarkeit. Diese Fragen lassen sich komprimieren auf vier Aspekte ..., die einen Zusammenhang bilden. Zu ihnen gehören zum einen Fragen des »Könnens«, der Kompetenzen, also das Wissen sowie die Fähigkeiten und Fertigkeiten (fachliche, methodische, kommunikative etc.). Ein zweiter Aspekt ist das »Wollen«, also die Motivation (wozu auch Haltungen und Einstellungen gehören). Einen dritten könnte man mit »müssen und dürfen« bezeichnen. Damit sind Entscheidungsbefugnisse gemeint, aber auch die (formale) Legitimation für das Handeln und Entscheiden und die (soziale) Akzeptanz bei den anderen Beteiligten. Ein vierter Aspekt beinhaltet die (zeitlichen, räumlichen, sächlichen, personellen) Ressourcen, die für die Arbeit nötig sind« (Huber 2013, S. 10).

Legitimation Akzeptanz	Kompetenzen	Motivation	Ressourcen	Erfolg/ Veränderung
	Kompetenzen	Motivation	Ressourcen	Verwirrung
Legitimation Akzeptanz		Motivation	Ressourcen	Unsicherheit
Legitimation Akzeptanz	Kompetenzen		Ressourcen	Stillstand
Legitimation Akzeptanz	Kompetenzen	Motivation		Frustration

Abb. 60: Aspekte der Machbarkeit von Innovationen (erweitert) nach Huber ebd.

Diese Aspekte der **Machbarkeit** sind – negativ gewendet – Hindernisse auf dem Weg zum Erfolg. Sie im Einzelnen zu betrachten, erweist ihre Wirkung, wie ich beispielhaft zeigen möchte:

Die **Akzeptanz** des Unterfangens bei den Beteiligten ist schon deshalb so entscheidend, weil es ja um ihre Interessen und die Verbesserung ihrer Bildungschancen geht. Nehmen sie die Vernetzung nicht als Lösungsmöglichkeit wahr, werden sie die Mitarbeit verweigern bzw., wenn angeordnet, nur gezwungenermaßen und halbherzig anbieten. Schon bei der Frage nach dem Stand der Schulentwicklung in einem Schulnetzwerk oder der Bildung in einer Region führt solche Zurückhaltung u. U. zu einem unvollständigen Bild und dann zu fehlerhaften Schlussfolgerungen.

Wenn die für die Umsetzung eines Auftrags notwendigen fachlichen **Kompetenzen** nicht in ausreichender Tiefe vorhanden sind, entsteht Überforderung mit möglichen Folgen für die Selbstkompetenz der Person und Konflikte im Team.

Stehen die zeitlichen **Ressourcen** nicht in angemessenem Verhältnis zum Auftragsvolumen, wird es bei aller Begeisterung und Kompetenz für das Projekt nur für ein Strohfeuer reichen, wenn nicht zugleich festgelegt wird, welche Aktivitäten nachrangig sind.

Die im Folgenden beschriebenen Stolpersteine können jeder Form von Netzwerk im Wege liegen. Ich bin sicher, Sie werden auch aus eigener Erfahrung oder Anschauung wissen, welche eher ein Schulnetzwerk oder ein regionales Bildungsnetzwerk zum Stolpern bringen.

Teil 4 Konstruktionsphase: Wie wir das Netzwerk gestalten

Wenn neue Strukturen abgelehnt werden ...

»Hier wird nur neue Bürokratie geschaffen«, ist das gängige Argument, in dem sich der Widerstand gegen eine Bildungslandschaft zeigt. Die Strukturen werden für überflüssig erklärt: »Wir haben doch schon genug Entscheidungsgremien (Kreisrat, Schulausschuss, Jugendhilfeausschuss) und Beratungsgremien (Präventionsrat, Ausbildungsrat, Schulleiterversammlung, Wirtschaftsausschuss ...) und die Verwaltungen des Kreises und der Gemeinden! Mit neuen Strukturen wird sich der Zeit- und Mittelaufwand verdoppeln!«

Um das zu entkräften, braucht es vermutlich mehr als den Hinweis darauf, dass auch ein Netzwerk klare »Regeln, Zuordnung von Funktionen, Verantwortlichkeiten und Befugnissen« (Gabler Wirtschaftslexikon) braucht, damit aus Ideen ein nachhaltiges neues System entstehen kann. Eher greift vielleicht das Aufzeigen guter Beispiele. Deshalb soll mit der nachfolgenden Abbildung am Beispiel der Bildungs- und Integrationsregion Paderborn gezeigt werden, wie die Beziehungen zwischen den »alten« zu den »neuen« Strukturen gestaltet werden können, damit Entscheidungen transparent bleiben und in die beteiligten Organisationen transportiert werden.

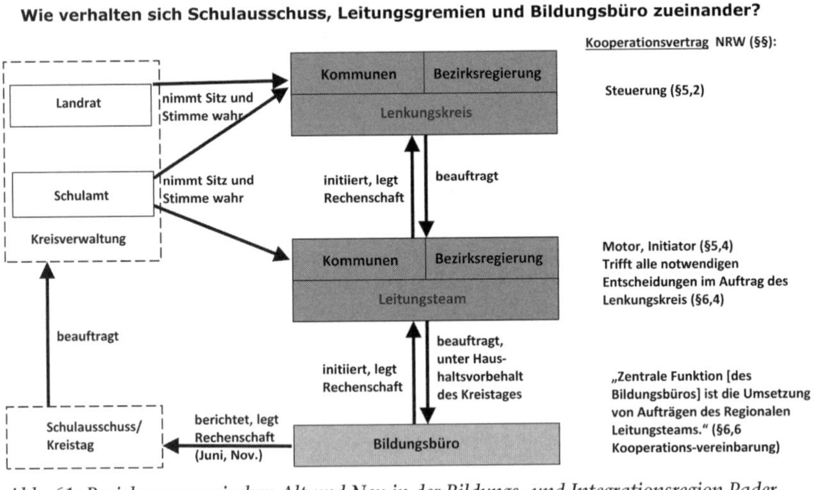

Wie verhalten sich Schulausschuss, Leitungsgremien und Bildungsbüro zueinander?

Abb. 61: Beziehungen zwischen Alt und Neu in der Bildungs- und Integrationsregion Paderborn, nach Vorndran 2014, S. 241

Wenn das Personal für das Bildungsbüro ausgewählt werden soll ...

Die Art der Auswahl für die personelle Besetzung des Bildungsbüros durch eine Lehrkraft und durch Mitarbeiterinnen und Mitarbeiter der Kommunalverwaltung kann ein erstes Stolpern verursachen. Sicher werden beide Partner für sich beanspruchen, die richtige Auswahl zu treffen – allerdings müssen in einer so kleinen Organisationseinheit die Menschen zueinander passen und zum Team zusammenwachsen können.

Was liegt also näher, als die Grenze der Zuständigkeit zu überschreiten und die Auswahl durch eine gemeinsame Kommission und ein verabredetes Verfahren zu gestalten?

Wenn Zuständigkeiten zu Hindernissen werden ...

Man stelle sich vor: Der für die Personalangelegenheiten der Lehrkraft im Bildungsbüro zuständige Schulaufsichtsbeamte verweigert die Genehmigung einer Reise, zu der die Lenkungsgruppe den Auftrag erteilt hat.

Mitarbeiterinnen und Mitarbeiter des Bildungsbüros dürfen nicht in die Situation gebracht werden, zwei ›Herren‹ dienen zu müssen. Deshalb muss ihre Auftragslage im Lenkungskreis abgestimmt und eindeutig formuliert sein. In diesem Fall bedeutet das, dass die Reisegenehmigung mit dem Auftrag als erteilt gilt.

Wenn die Komplexität steigt ...

Aufträge aus dem Lenkungskreis können u. U. die Kompetenzen der Mitarbeiterinnen und Mitarbeiter im Bildungsbüro übersteigen.

Fehlende inhaltliche Kompetenzen z. B. für eine kluge Öffentlichkeitsarbeit können durch Fortbildung der Mitarbeiterinnen und Mitarbeiter, durch die Einstellung zusätzlichen Personals oder durch die kurzzeitige Hinzuziehung externer Experten ausgeglichen werden.

Wenn der Kommunikationsfluss stockt ...

Impulse aus der Praxis, z. B. aus dem Kreis der Vereine, zu interessanten Projekten kommen im Bildungsbüro nicht an, weil sie in den Arbeitskreisen nicht vertreten sind. Offensichtlich ist die Zugänglichkeit des Bildungsbüros nicht hinreichend bekannt.

Die Einrichtung eines festen Sprechtages und eine öffentliche Werbung dafür könnten helfen.

Wenn Neues auf bestehende Strukturen stößt ...

Die Querschnittsaufgaben des Bildungsbüros können dazu führen, dass sie an die Grenzen der innerkommunalen Zuständigkeiten stoßen, weil das Personal zu wenig in die Entwicklungsprozesse einbezogen und/oder ihre zeitlichen Ressourcen zu knapp bemessen sind und die Bereitschaft zu der geforderten ämter- und abteilungsübergreifenden Zusammenarbeit fehlt.

Das Bildungsbüro selbst kann die Transparenz innerhalb der Verwaltungsstrukturen z. B. durch regelmäßige Kommunikationsangebote erhöhen, die Verwaltungsleitung (Landrat/Verwaltungsvorstand) könnte mit Kontrakten die Verpflichtung zur Zusammenarbeit klären und entsprechende innerkommunale Strukturen schaffen. In jedem Fall gilt: Konkrete Aufträge und systematische Kommunikation helfen, Stolpersteine aus dem Weg zu räumen.

Wenn Eigeninteressen der Partner dem Gemeinsamen im Wege stehen ...

Die Freiwilligkeit der Beteiligung sowohl der Schulen, als auch ihrer kommunalen Partner ist ein wichtiges Element des Netzwerks. Dennoch kann die Bereitschaft zur Umsetzung gemeinsamer Entscheidungen an die Grenzen der eigenen institutionellen Interessen stoßen, was z. B. zur Verteidigung gewohnter Prozesse oder einer Wettbewerbssituation im gleichen Handlungsfeld führt.

Hier ist der politische Wille zur Kooperation gefragt, der von den Leitungsebenen aller Organisationen immer wieder betont und durch eigenes Bespiel gelebt werden muss.

Wenn der Rollenwechsel der Schulaufsicht noch nicht gelingt ...

Die traditionelle Rolle der Schulaufsicht war es nach ihrem Selbstverständnis über Jahrzehnte, die Schulen aus einer übergeordneten Position (bessere Lösungen/längere Erfahrung) in ihrer Entwicklung zu beraten. Eigenständige Entscheidungsspielräume und Qualitätsverantwortung wurden den Schulen erst in den letzten Jahren zunehmend zugestanden (s. a. Teil 2, S. 85). Nicht allen – Schulaufsichtsbeamten wie Schulleiterinnen und Schulleitern – ist es gelungen, den erforderlichen Rollenwechsel zu vollziehen. Damit sind Konflikte vorhersehbar. Gerade die engere Zusammenarbeit in Schulnetzwerken ist geeignet, Misstrauen bei der Schulaufsicht zu erzeugen, weil Beratung in Schulentwicklungsprozessen jetzt eher in der Netzwerkschule gesucht wird.

Wie bei den meisten Konfliktsituationen bei der Netzwerkbildung und im Verlauf der Prozesse kann nur zu größtmöglicher Offenheit geraten werden. Mit der regelmäßigen Anwesenheit der Schulaufsicht z. B. bei den Besprechungen der Schulleiterinnen und Schulleiter des Netzwerks Garbsener Schulen konnte verhindert werden, dass die Behörde oder die Kommune das Netzwerk und seine Aktivitäten als »bedrohliche Verselbstständigung« bewerten (vgl. Wilhelmsen 2009, S. 111). Der Hinweis macht erneut deutlich, dass auf dem Weg vom Gesetz über die Eigenverantwortliche Schule bis zu ihrer Eigenverantwortung noch Stolpersteine zu überwinden sind.

Wenn Landespolitiken unabgestimmt agieren ...

Der Mangel an ressortübergreifenden Absprachen führt dazu, dass verschiedene Ministerien Vorhaben mit Zielen starten, die auch auf regionaler Ebene verfolgt werden, ohne dass hier eine Abstimmung erfolgt wäre. Vielmehr fallen die Projekte aus Sicht der kommunalen Akteure quasi vom Himmel: So will das Landwirtschaftsministerium die ländlichen Räume entwickeln, das Wissenschaftsministerium zu regionalen Profilen von Hochschulen anregen, das Wirtschaftsministerium schreibt sich die Förderung der Berufsorientierung auf die Fahnen und schließlich unterstützt das Arbeitsministerium Maßnahmen zur Verbesserung des Übergangs Schule-Beruf. Die treffen dann mit ziemlicher Sicherheit auf Bundesprojekte, wie die »Berufseinstiegsbegleiter Bildungsketten«, wobei nicht einmal die Schulen gefragt werden, »ob sie diese Unterstützung überhaupt haben wollen« (Vorndran 2014, S. 259). Als Leiter des Bildungs- und Integrationszentrums Paderborn beschreibt Oliver Vorndran die Schaffung weiterer regional ausgerichteter und mit Personal ausgestatteter Institutionen neben dem landesweiten Vorhaben der Regionalen Bildungsnetzwerke. Diese regionalen Institutionen sprechen nun ihrerseits die Kitas und Schulen getrennt voneinander an, verfolgen unterschiedliche Konzepte und setzen teils widersprüchliche Anreize ...«(ebd. S. 260).

Eine solche, für eine kohärente an Zielen ausgerichtete regionale Bildungsarbeit kontraproduktive, Situation kann nur vor Ort bereinigt werden, »wenn es dem Kreis, den Kommunen und der Bezirksregierung [...] gelingt, die Konzepte auf der regionalen Ebene wieder zusammenzuführen und abzustimmen« (ebd.). Es leuchtet ein, dass sich daraus zusätzlicher Steuerungsbedarf ergibt.

Wenn die Ressourcen nicht genügen ...

Die Relation zwischen den Zielvorstellungen und den vorhandenen Ressourcen (zeitliche, personelle, finanzielle) kann aus dem Gleichgewicht geraten – schlimmer noch, wenn sie von vornherein nicht ausbalanciert wurde.

So wird sich eine zeitliche Überlastung der Lehrkräfte auf ihre Bereitschaft zur Teilnahme und zur Übernahme von Verantwortung für einzelne Aufgaben auswirken. Schulleiterinnen und Schulleiter, Netzwerker anderer Institutionen würden sich zurückziehen, wenn ihre Belastung überhandnimmt, Termine würden vergessen, Protokolle nicht oder verspätet erstellt, mit Folgen für die Kontinuität und Verlässlichkeit der Arbeit. Gleiches gilt, wenn sich nicht genügend viele Menschen für das Netzwerk engagieren.

Um Überlastung durch Netzwerkarbeit zu vermeiden, sollten Verantwortlichkeiten auf mehrere Schultern verteilt, die Aufgaben in der gegebenen Zeit reduziert bzw. die Zeiträume der Zielerreichung verlängert werden. Groß denken – klein handeln. Begeisterung fürs Netzwerken zu vervielfachen ist zwar keine rasche Lösung, aber unvermeidbar, soll das Vorhaben die Zielgruppe erreichen und dort Nutzen bringen. Transparenz der Prozesse, Partizipationsangebote und eine Öffentlichkeitsarbeit »Gutes tun und darüber sprechen« sind dabei die richtigen Ansätze.

Das Fehlen ausreichender finanzieller Ressourcen kann Netzwerke bei »voller Fahrt ins Schlingern« geraten lassen. Verpflichtungen können nicht mehr wahrgenommen, Projekte nicht begonnen oder nicht planvoll zum Ende geführt werden.

Was lässt sich da raten? Natürlich werden Vorhaben am besten nur im Rahmen der zur Verfügung stehenden Mittel geplant. Erweist sich eine solche Planung als fehlerhaft, weil z. B. die Referenten zu teuer, Mieten von Veranstaltungsräumen zu hoch oder tatsächlich falsch kalkuliert wurde, müssen die Mittel erhöht (siehe Elbphilharmonie Hamburg!) oder die Pläne verändert werden. Sponsoring in dem jeweils vom Land vorgegebenen Rahmen ist hier das Stichwort.

Wenn die Gremien zu groß werden ...

Eine große Steuer- bzw. Lenkungsgruppe mag den Wünschen wichtiger Kooperationspartner entsprechen, kann aber zugleich die Kommunikationswege und die Entscheidungsfindung erschweren.

Mit diplomatischem Geschick und der Bereitstellung anderer Partizipationsmöglichkeiten (Arbeitsgruppen der Akteure, thematische Arbeitsgruppen, Beirat) kann das vermieden werden. Stellt sich erst im Nachhinein heraus, dass die Größe die Arbeitsfähigkeit des Gremiums behindert, muss das Steuer rechtzeitig herumgerissen werden: Die Unzufriedenheit der Beteiligten mit den Folgen wird dazu die Argumentationsbasis bieten.

Wenn die Kontinuität gefährdet ist ...

Der Wechsel einer Führungspersönlichkeit oder eines für eine bestimmte Aufgabe kompetenten Kollegen kann ebenso wie der Austritt eines Partners die Routinen des Netzwerks verändern, ist aber nicht zu vermeiden. Die Folgen sind nicht nur die Notwendigkeit, geeigneten Ersatz zu finden, sondern auch die Erfahrungs- und Wissenslücke zu schließen.

Dass dabei Wichtiges verloren geht, kann möglicherweise durch entsprechende Vorsorge (Wissensmanagement) verhindert werden.

Wenn alles »schon von alleine läuft« ...

Netzwerke, die in die Jahre kommen, erwecken leicht den Eindruck, die Dinge liefen wie von selbst. Das kann tatsächlich so sein, oder nur Zeichen einer zunehmenden Müdigkeit der Akteure. Da werden »Schaufensteraktivitäten« für Erfolge gehalten, Ansprüche an Qualität reduziert.

In solchen Zuständen braucht es einen ›Vitaminstoß‹. Das kann eine gemeinsame Veranstaltung sein, bei der man sich erneut der Ziele vergewissert. Vielleicht fragt auch ein Journalist, was eigentlich aus dem Netzwerk geworden ist, von dem man so wenig hört. Zu all dem aber muss es zumindest jemanden aus der Leitungsebene geben, der noch von der Notwendigkeit des Netzwerks überzeugt ist. Vermeiden ließe sich solche Müdigkeit durch Rituale, die helfen, die Verbindlichkeit zu sichern. Sie festigen den

Zusammenhalt und das Ziel bleibt in Sichtweite, wenn z. B. regelmäßig über den Stand der Arbeit berichtet wird. Solche Transparenz fordert zur Auseinandersetzung heraus, dient der Vergewisserung über den Weg und motiviert neue Partner. Solche Rituale muss man erfinden. Sie sind nicht einfach da. Aber sie lassen sich hervorlocken aus der Kreativität der Partner. Sie verwandeln sich dann in andere Aggregatzustände: in Kraft, Entschlossenheit und den Willen ans Ziel zu kommen.

Stolpersteine lassen nicht auf sich warten, wenn Menschen sich in neue Richtungen bewegen – aber mit Mut, Willen und etwas Training kann man darüber springen – Hürdenlauf eben!

DIE HANDLUNG: DIE KOOPERATIONSVEREINBARUNG

Nahländer Kreisblatt

www.Nahlaender.de   Nahland, 16.05.2015   71. Jahrgang/20. Woche/Nr. 114/2,20 EURO

Gemeinsam geht's besser

Hoher Besuch im Landkreis. Kultusministerin unterzeichnet Vertrag

Von Dorothea Minderop

Nahland – Fast genau ein Jahr nach der ersten Bildungskonferenz des Landeskreises hat der Landrat gestern im Beisein aller Bürgermeisterinnen und Bürgermeister, vieler Vertreterinnen und Vertreter von Bildungsträgern und aus der Wirtschaft gemeinsam mit der Kultusministerin eine Kooperationsvereinbarung unterschrieben. In Kooperation von Land und Landkreis soll es mit der Bildung bei uns aufwärts gehen. So sollen die Übergänge zwischen den Schulstufen für die Schüler leichter und die Eltern besser eingebunden werden. Alle Bildungsakteure sollen sich vernetzen, die besonderen Stärken unserer Region sollen gefördert und mögliche Schwächen behoben werden.

»Wir wissen, dass es hier im Landkreis gelingen kann, Bildung über die gesetzlichen Zuständigkeiten hinaus auch als »Standortfaktor« gewinnbringend voranzutreiben. Deshalb nehmen wir das gesamte Spektrum der Bildungsangebote in den Blick und wollen durch ein abgestimmtes Angebot möglichst viele Menschen bei der Entwicklung einer erfolgreichen Bildungsbiografie unterstützen«, sagte der Landrat.

Das Land unterstützt den Kreis und beteiligt sich an der Entwicklung und Gestaltung der Bildungslandschaft Nahland durch die Abordnung einer Lehrkraft. Sie soll ihre schulischen Erfahrungen in die bildungsregionale Arbeit einbringen. Die Kultusministerin betont: »Diese Vereinbarung ist ein Symbol für die gemeinsame Verantwortung von Land und Kommunen für ein hochwertiges, qualitätsvolles Bildungsangebot vor Ort. Dazu arbeiten Land und Landkreis inhaltlich auf Augenhöhe eng zusammen, die bestehenden Zuständigkeiten, Verantwortungsbereiche und Entscheidungsbefugnisse bleiben aber erhalten«.

Damit das alles koordiniert werden kann, richtet der Landkreis eine Geschäftsstelle im Kreishaus mit zusätzlichem Personal ein. Außerdem wird eine Lenkungsgruppe eingerichtet, die die Ziele der Bildungslandschaft entwickelt und Wege der Umsetzung beschließt. Man wird gespannt sein dürfen, wie sich diese neue Struktur in die Kreisverwaltung eingliedert[26].

---

26 Animiert durch die Pressemeldung zum »Rahmenkonzept für Bildungsregionen in Niedersachsen«

Teil 5

Die Handlung: im Zeitraffer

Drei Jahre sind ins Land gegangen. Was ist passiert nach dem Abschluss der Kooperationsvereinbarung am 05.05.2015?

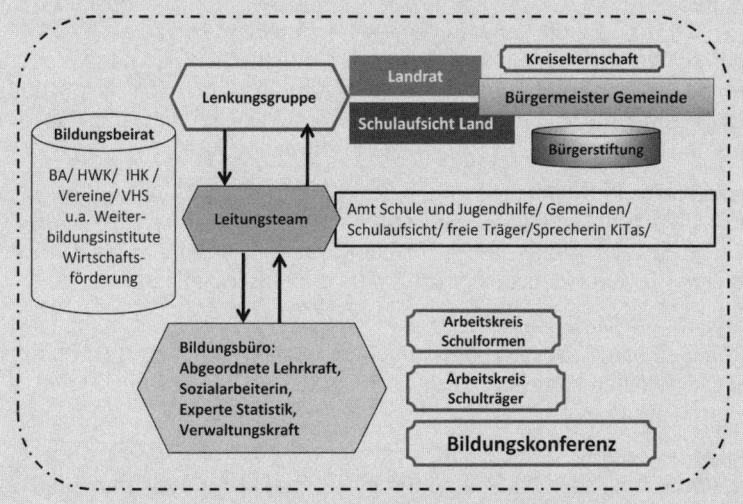

Abb. 62: Steuerungsstruktur im Landkreis Nahland

Lenkungsgruppe und Leitungsteam haben zu einer guten Zusammenarbeit gefunden. Das Bildungsbüro ist als Stabstelle beim Landrat installiert, wird von einer Lehrkraft geleitet und unterstützt durch eine Sozialarbeiterin, einen Experten für Statistik und Monitoring und eine Mitarbeiterin der Kreisverwaltung. Der Bildungsbeirat ist mit den zentralen Akteuren aus Bildung, Wirtschaft und Zivilgesellschaft besetzt und tagt halbjährlich. Die Bildungskonferenz hat ein zweites Mal getagt mit wiederum guter Resonanz in der Bevölkerung. Thema war »Ganztagsschule in der Region«. Der Schulverbund der Grundschulen nutzte die Gelegenheit und bildete eine eigene Arbeitsgruppe, um die Zusammenarbeit in Fragen des Ganztagsbetriebs ohne den sonst üblichen Zeitdruck zu diskutieren. Die AG war aber für alle Teilnehmerinnen und Teilnehmer offen. So beteiligten sich u. a. ein Vertreter der Musikschule, der Leichtathletik des Sportvereins und die Sprecherin des inzwischen gegründeten Elternvereins des Schulverbundes.

Aus der AG des Schulverbundes:

LEHRERIN1/GS (Leiterin der Steuergruppe ihrer Grundschule X) moderiert die AG.
Wir haben in unserem Vertrag u. a. festgelegt, dass wir die Kooperation mit unseren Partnern im Ganztag gemeinsam koordinieren wollen. Da gibt es

schon einige Verabredungen. Aber ich bin sicher, dass wir noch mehr erreichen könnten.

Vertreter der Musikschule
Das denke ich auch, aber ich glaube, wir müssen unsere Kooperation auf, sagen wir mal, ›festere Füße‹ stellen. Das ist mir alles noch zu zufällig. Wenn wir dafür sorgen wollen, dass alle Kinder ein Instrument kennengelernt haben, bis sie die Grundschule verlassen, müssen wir auch über Ihre schulinternen Lehrpläne und die Verbindung zum AG-Bereich im Ganztagsbetrieb sprechen. Wir würden uns da gerne einbringen.

Lehrerin2/GS (Schulleiterin)
Das halte ich für eine gute Idee, zumal wir mit unserer jeweiligen Ausstattung an Musikinstrumenten nicht besonders weit kommen. Auch würden wir gern die Kompetenzen der Lehrkräfte der Musikschule nutzen.

Vertreter der Musikschule
Wir haben dank unserer Sponsoren einen reichen Vorrat an Instrumenten, die wir verleihen können: Schlaginstrumente, ein Akkordeon, Gitarren, Altflöten, Klarinetten.

Anne
Aber wir dürfen auch die Verknüpfung vom Umgang mit Instrumenten und dem Erwerb sozialer Kompetenzen beim gemeinsamen Musizieren nicht vergessen. Und weil Musizieren nur Spaß macht, wenn man geübt hat, ist doch die Motivation zum regelmäßigen Üben auch eine Grundlage für Lernerfolge insgesamt.

Vertreter der Musikschule
Natürlich trägt auch das gemeinsame Musizieren in der Gruppe dazu bei, dass die Kinder Verantwortung füreinander übernehmen.

Vertreterin des Elternvereins
Uns Eltern ist es besonders wichtig, dass die Kinder einen ungezwungenen Zugang zur Musik bekommen. Das fängt sicher mit Singen und Rhythmusgefühl an. Aber mit einem Instrument umgehen zu lernen, halten wir für erstrebenswert.

Lehrerin1/GS
Ich schlage vor, dass wir gemeinsam mit Ihnen, der Musikschule, unserer Fachberaterin für Musik und den Kolleginnen der Schulen einen Plan entwerfen, wie wir im Einklang mit unseren Vorgaben Musikerfahrung, Musizieren und Kompetenzerwerb im Schulverbund und im Ganztag zusammenbringen.

Dieses und andere Ergebnisse der Bildungskonferenz wurden auf der eigens für das Bildungsbüro eingerichteten Homepage dokumentiert.

| Startseite | Aktuell | Projekte | Neue Beiträge |

Bildungsbüro Nahland

Unser Leitbild:
Abgrenzung
war gestern –
Gemeinsamkeit
ist heute

- Für Schüler/Jugendliche
- Für Eltern
- Kitas/Schulen
- Weiterbildung
- Unternehmen
- Bildungsmonitoring
- Bildungslandschaft Nahland

Veranstaltungen:
Aktuell sind keine Termine vorhanden.

Newsletter bestellen/kündigen
Formularbeginn
Bitte Ihre E-Mail-Adresse angeben:

Was Sie uns schon immer sagen wollten ...
www. bildungsbüro@nahland.de

Links
- Bereich Schulen und Jugendhilfe/ Landkreis
- Wirtschaftsförderung/Landkreis
- Schulaufsicht/Land

Zweite Bildungskonferenz
Am 30. Oktober 2016 fand im Bürgerhaus Nahland die 2. Bildungskonferenz statt.

Hier finden Sie Informationen und Materialien zur Veranstaltung.

Bildungsbeirat
1. Mitglieder
2. Protokolle

Schulverbund
1. Vereinbarung
2. Liste der Schulen
3. Kooperationspartner

Download
1. Bildungskonferenzen/Bilder
2. Leitbild

Kontaktadresse:
Bildungsbüro
Kreishaus
12345 Nahland
Tel.: 1234/567890
Fax: 1234/567891

Download: Bericht zur 2. Bildungskonferenz

Zum Thema »Ganztagsschule in der Region« haben sich die Vertreterinnen und Vertreter der Schulen vor allem zu Fragen der Rhythmisierung sowie der außerschulischen Angebote und ihrer Chancen für die Schülerinnen und Schüler ausgetauscht. Aus den Vereinen kamen dazu zahlreiche neue Ideen. Die Sportvereine schlugen vor, gemeinsame Ernährungs- und Bewegungsprogramme zu organisieren, um den Zusammenhang zwischen Fitness und Lernerfolg für die Lehrkräfte, Eltern und die Schülerinnen und Schüler sichtbar zu machen. Das Bildungsbüro sagte zu, die Schulen, die sich beteiligen wollen und die Vertreter der Vereine einzuladen und den Prozess zu begleiten.

Eine Arbeitsgruppe des Schulverbundes der Grundschulen (Teil 2) diskutierte gemeinsam mit der Musikschule Nahland und der Schulaufsicht, wie der Ganztagsbereich noch intensiver gemeinsam gestaltet werden kann. U.a. möchte sich die Musikschule inhaltlich in den internen Lehrplan des Schulverbundes für Musik einbringen, damit kein Kind die Schule verlässt, ohne ein Instrument kennengelernt zu haben. Dieses Angebot wurde gerne angenommen. Eine Arbeitsgruppe entwickelt die Details.

Die Bürgerstiftung hat sich dafür stark gemacht, in Zusammenarbeit mit dem Bildungsbüro eine Kampagne im Landkreis zu initiieren, um Gastfamilien zu finden, die fremdsprachige Schülerinnen und Schüler temporär aufnehmen, damit sie leichter Deutsch lernen. Die Sparkassenstiftung sagte dafür finanzielle Unterstützung zu.

Teil 5 Qualitätssicherung: Welche Wirkung haben wir gemeinsam erreicht?

> Was Evaluation bedeutet, wie man in Schulen und Netzwerken mit unterschiedlichen Methoden die Wirkung des eigenen Handelns erkennt, Ziele zu hinterfragen lernt, dabei noch einmal den Nutzen von Kooperation und Vernetzung erfährt, den damit verbundenen Aufwand in Relation zum Nutzen sieht und schließlich Berechenbarkeit nach innen und außen bietet.

Sie erinnern sich? – Nutzen erkennt man zumeist erst im Nachhinein (Teil 3, 2.1). Man hat sich in der Schule, im Schulverbund oder im Bildungsnetzwerk für bestimmte Maßnahmen in der Zuversicht entschieden, dass damit die gewünschte Zielgruppe erreicht und bessere Ergebnisse erzielt werden. Ob und wie die Maßnahmen konkret wirken, kann man mittels einer Evaluation erfahren, was allerdings auf ein Feld vielfacher Empfindlich- und Befindlichkeiten führt. ›Gut gemeint ist noch nicht gut getan‹ – dieser zwar leicht daher gesagte Satz verweist aber schon auf die mögliche Diskrepanz zwischen Planung, Ausführung und Wirkung.

> *Sie ahnen es: Dieses Kapitel beansprucht Ihre Geduld und Aufmerksamkeit noch einmal mehr. Dennoch: Legen Sie bitte das Buch jetzt nicht zur Seite! Die folgenden Informationen könnten für Ihr Netz-Werken nützlich sein, denn »ohne Vergewisserung von innen und außen über den Erfolg des eigenen Handelns verläuft die Entwicklung ungesteuert und spekulativ« (Vater 2014, S.30).*

Soll die Wirkung einer Maßnahme festgestellt werden, muss neben der Zielerreichung auch geprüft werden, ob es einen ursächlichen Zusammenhang zwischen der Maßnahme und einer beobachteten Wirkung gibt. Auch ist die Wirkung im Nachhinein nur feststellbar, wenn der Ist-Stand hinsichtlich des gewünschten Ziels vor Beginn der Maßnahme gemessen wurde. Erst wenn diese Daten gesichert sind, können Vergleiche Auskunft über den Effekt erfolgter Entwicklungen geben. Das stellt eine besondere Schwierigkeit dar, wenn die Situation u. U. durch Intervention von dritter Seite (z. B. Landes- oder bundespolitische Entscheidungen, Veränderungen in der politischen Entscheidungsgewalt der Kommune) soweit verändert wurde, dass sich die zweite Messung um einzelne Aspekte deutlich verändert bzw. erweitert hat.

Über die zahlenmäßig erfassbaren Fakten (Output) hinaus erweist sich Wirkung (Outcome und Impact) durch folgende Erkenntnisse:

- Wurden durch die Maßnahme die Kenntnisse, Fertigkeiten und Einstellungen der Zielgruppe verändert (Outcome)?
- Hat sich ihr beobachtbares Verhalten verändert (Outcome)?
- Hat sich ihre Lebenslage wahrnehmbar verbessert (Outcome)?
- Zeigen sich darüber hinaus Wirkungen im sozialen System (Impact)?
- Gibt es erwünschte oder unerwünschte Nebenwirkungen?

Allerdings empfehle ich Bescheidenheit vor allem hinsichtlich der tatsächlich zu erwartenden Veränderungen im jeweiligen sozialen System: In einer Schule mag es noch feststellbar sein, ob z. B. Strukturen soweit über den Ist-Stand hinaus entwickelt wurden, dass neu und kooperativ gelernt werden kann. Schon in einem Schulnetzwerk wäre eine solche Wirkungsevaluation nur mit erheblichem Aufwand und professioneller Expertise möglich. In der Entwicklung eines Regionalen Bildungsnetzwerks sind wegen seiner Komplexität systemische Veränderungen wahrscheinlich erst nach einem längeren Zeitraum auf Basis einer Längsschnittuntersuchung nachzuweisen.

Ergebnisse mit den eigenen Zielen zu konfrontieren, kann ein schmerzhafter Prozess sein, wenn man erkennt, dass entweder die Ziele zu ehrgeizig oder die durch externe Entwicklungen ausgelösten Risiken nicht beherrschbar waren. Wer aber aus Fehlern lernen will (lebenslang!), vermeidet, sich selbst die Sache schön zu reden – auch wenn das Tapferkeit vor dem »Spiegel« bedeutet. Schließlich geht es doch ›nur‹ darum, erneut in den Qualitätskreis einzutreten, der mit der Feststellung eines Ist-Standes begonnen, über Zielsetzung, Maßnahmenplanung und -umsetzung zu eben diesem Ergebnis geführt hat. Kontinuierliche Verbesserung kann nicht anders funktionieren! Dazu allerdings ist es nützlich, auch die Prozesse in den Blick zu nehmen, die zu diesem Ergebnis geführt haben. Deshalb warnt Wolfgang Böttcher (2008, S. 895) zu Recht davor, ausschließlich auf die Wirkung zu schauen, wenn man Daten z. B. für die Qualitätsentwicklung gewinnen will. »So wichtig die Frage nach den Leistungen eines Programms auch ist, man kann und sollte mehr als nur diese eine Frage an pädagogische Aktivitäten und Programme stellen. Ohne Wissen über die Prozesse und Ressourcen bleibt eine Evaluation unvollständig«. So wird Ursachenforschung leichter: Waren die Ressourcen gemessen an den Vorgaben zu Ziel und Zeit angemessen? An welcher Stelle hätte ein anderer Weg (welcher?) eingeschlagen werden müssen? Deshalb finden sich am Boden der auf dem Kopf stehenden Pyramide die Daten zum Input von Geld, Personal und Zeit als Basis fürs Gelingen. Sie sind Grundlage für die verschiedenen Wirkungsebenen.

| Impact |
| Wirkungen im sozialen System |
| (z. B. weniger Zurückstellungen vom Schulbesuch) |

| Outcome 3: Lebenslage und Status |
| (z. B. Zusammenarbeit auf Augenhöhe) |

| Outcome 2: Handeln und Verhalten |
| (z. B. neue Handlungs- und Verhaltensweisen in der Zielgruppe) |

| Outcome 1: |
| Kenntnisse, Einstellungen, Fertigkeiten |
| (z. B. Wissen über die jeweils andere Gruppe, veränderte Einstellungen, Akzeptanz: Einschätzung der Maßnahme durch Beteiligte und Nutzer) |

| Output 2: Teilnahme |
| (z. B. Anzahl, Intensität, Art der Teilnahme, Merkmale der Zielgruppe) |

| Output 1: Projektaktivitäten |
| (z. B. gemeinsame Fortbildung von Lehrkräften und Erzieherinnen zum Übergang Kita-Grundschule) |

| Input: Geld, Personal, Zeit |

Abb. 63: Wirkungspyramide (Vgl. www.proVal-services.net)

Es ist nicht auszuschließen, dass es die Organisation oder das Netzwerk im Kern trifft, wenn zur Gewissheit geworden ist, dass eine Maßnahme ihr Ziel verfehlt hat. Gibt es keine Routine des offenen Austauschs über Stärken und Schwächen und ist Nicht-Gelingendes noch tabuisiert (Weber), bleiben am Ende vielleicht nur gegenseitige Schuldzuweisungen (zu wenig Ressourcen – zu kurze Zeit – zu wenig Kompetenzen – zu wenig Kooperation …). Dann kann eine Organisation in ihrer Zielorientierung entscheidend gehemmt werden; ein Netzwerk kann daran zerbrechen. Gerade in solchen Situationen spielt das Klima zwischen den Mitgliedern der Organisation bzw. den Netzwerkpartnern eine wichtige Rolle. Erst wenn am Gemeinsamen gefeilt werden kann, entsteht eine Arbeitskultur, in der Evaluation und die Auseinandersetzung mit den Ergebnissen selbstverständlich sind. Denn Entwicklungsarbeit ist immer auch Beziehungsarbeit. Deshalb sind es auch die Menschen, die geglaubt haben, den richtigen Weg gefunden zu haben, die unter einem Misserfolg leiden.

1 Evaluation – Begriff und Prozess

»Das Wort »Evaluation« heißt so viel wie »Bewertung« oder auch »Auswertung«. Das lateinische »valere« bedeutet dabei nicht nur »wert sein«, sondern auch »stark sein«, »Kraft haben«. Evaluieren meint also eigentlich bewerten, um zu stärken« (Reissmann 2007, S. 64), wobei die bewertenden und stärkenden Instanzen in der Regel nicht identisch sind.

Krombey (2001, S. 11/12) schlägt Entscheidungen zu folgenden zentralen Fragen vor:

»Was wird evaluiert? – Implementations- oder Wirkungsforschung«
Ein Forschungsauftrag kann die **intendierte Wirkung** entsprechend den Zielen des Vorhabens und die unbeabsichtigten Nebeneffekte umfassen. Aber auch die Prozesse der Planung und Umsetzung des Projekts (Implementation) können betrachtet und untersucht werden.

»Wann wird evaluiert? – Summative oder formative Evaluation«
Evaluation kann begleitend angelegt sein. Das bedeutet, dass die laufenden Prozesse und ihre Wirkung **formativ-gestaltend** beobachtet und bewertet werden und damit der Fortgang beeinflusst wird. Mit diesen Informationen hat der Auftraggeber noch während des Projektvorhabens die Möglichkeit umzusteuern und z. B. Unterstützungsmaßnahmen anzupassen oder Zielentscheidungen zu revidieren. Die nach Abschluss des Vorhabens durchgeführten Evaluationen hingegen treffen **summativ** und bilanzierend Aussagen zur Wirksamkeit (Effektivität und Effizienz), die dann auch formativ z. B. auf die Gestaltung eines Transfers wirken.

»Wo ist die Evaluation angesiedelt? – Externe oder interne Evaluation«
Machen wir das selbst oder wird ein Externer beauftragt? Wer sammelt die Daten und welche? Das sind entscheidende Fragen, die nicht zuletzt die gebotene Objektivität der Ergebnisse beeinflussen. Wird das eigene Personal beauftragt, ist sowohl die Präsenz als auch der Zugang zu allen Informationen gesichert. Allerdings ist nicht von der Hand zu weisen, dass zwar Betroffenheit und Erfahrungswissen vorhanden sind, u. U. aber die erforderliche Professionalität fehlt, die bei der Durchführung durch Externe vorausgesetzt werden kann. Bei der Entscheidung ist auch zu bedenken, dass z. B. ein Forschungsinstitut nach wissenschaftlichen Standards handelt und nicht in Gefahr ist, in Abhängigkeit vom Erfolg des Vorhabens zu geraten. Es kann z. B. für einen Misserfolg nicht verantwortlich gemacht werden (Gibt es nicht Projekte, deren öffentlich verkündeter Erfolg selbst durch ihr offensichtliches Scheitern nicht zu verhindern war?).

»Wer beurteilt nach welchen Kriterien? – Instanzen der Evaluierung«
Sind die Ziele eines Vorhabens so formuliert, dass die beabsichtigten Wirkungen (Output – Outcome – Impact) erkennbar sind, ergeben sich daraus die Evaluationskriterien, nach denen die Evaluatoren bewerten. Das Ergebnis sind dann »technologische«, im Soll-Ist-Vergleich ermittelte Einschätzungen. Vor-

aussetzung sind Felderfahrung und das Wissen um »die Struktur der Zusammenhänge zwischen Zielen, Maßnahmen, Wirkungen und Umwelteinflüssen« (ebd. S. 12). Instanzen der Evaluierung können auch Nutzer des Projekts und/ oder davon Betroffene sein, deren Zufriedenheit erfragt wird. Die dabei ermittelten Aussagen zur Akzeptanz des Vorhabens sind durchaus wichtig für die Auftraggeber und Prozessverantwortlichen, wenn sie auch nicht ohne weiteres einen Transfer begründen können.

> **Neugierig geworden?**
>
> **Helmut Krombey** hat in seinem Aufsatz zur Evaluation sehr verständlich und praxisnah den Begriff und die Methodik von Evaluierung beschrieben und hilfreiche Empfehlungen für die Praxis angeboten.
> (www.bibb.de/dokumente/pdf/a11_vielschichtiges_konzept.pdf)

1.1 Ziele und Nutzen der Evaluation

Wozu wollen wir mehr und Genaueres über die Wirkung unserer Aktivitäten erfahren? Welche Akteure gewinnen welchen Nutzen davon?
- Geht es um den Einstieg in einen kontinuierlichen Verbesserungsprozess?
- Sollen die Ergebnisse die Motivation der Mitstreiter und Mitarbeiterinnen fördern?
- Gibt es latente Konflikte, mit deren Offenlegung eine Lösung gefunden werden kann?
- Sollen die – erwarteten – guten Ergebnisse ein positives Bild in der Öffentlichkeit bewirken?

Wenn uns die Antwort klar ist, warten die nächsten Fragen: Worauf soll sich vor diesem Hintergrund die Evaluation beziehen? Auf eine einzelne Maßnahme, die ganze Schule in ihrem Entwicklungsprozess, auf den Aufbau/die Organisation des Netzwerks, die Netzwerksteuerung, die Organisation der Abläufe oder auf den Grad der Zielerreichung des Netzwerks als Ganzes? Geht es dabei um die Beziehungen der Akteure zueinander oder um die Beziehungen/Einstellungen der Akteure zum Netzwerk und seinen Aktivitäten?

Schließlich stellt sich die Frage, wer in welcher Weise über die Erkenntnisse der Evaluation informiert wird. Das hat auch damit zu tun, ob z. B. Anteile eines Projekts/einer Maßnahme einzelnen Lehrkräften/Akteuren oder einer Akteursgruppe zugeordnet werden können und ob sie diese Anteile selbst evaluieren. Damit würden auch zunächst nur sie allein über die Ergebnisse verfügen. Auf der Leitungsebene der Schule bzw. des Netzwerks müsste dann über den weiteren Umgang damit entschieden werden.

Es klingt so selbstverständlich: Evaluation und Qualitätsentwicklung sind zwei Seiten einer Medaille, in der Schule, im Schulnetzwerk und in der Regionalen

Bildungslandschaft. Wozu sonst die Anstrengung, wenn nicht, um besser zu werden? Dennoch sind die Herausforderungen nach Abschluss der Evaluation greifbar: Wer wertet die Ergebnisse aus? Wer formuliert die Konsequenzen und wer verantwortet dann den Start für: weiter so, verändern oder neu beginnen? Und nicht zuletzt: Gibt es ein Interesse der Öffentlichkeit an den Erkenntnissen und wenn ja, wie wird dem entsprochen?

1.2 Qualitätskriterien und Indikatoren

Voraussetzung für eine Evaluation ist nach Festlegung ihres Gegenstandes die Formulierung von Kriterien und Indikatoren. Dafür ist der Rückgriff auf das Ziel unerlässlich:
- Wie und womit konkret soll das Ziel realisiert werden (Kriterium)?
- Woran ist zu erkennen, ob es damit erreicht wurde (dem Kriterium zugeordneter Indikator – s. a. Teil 5, 2.1 – Bildungsbericht)?
- Festgelegt werden sollte dann auch, ab welchem Grad (messbare Größe) der Indikator als erfüllt gilt (Standard). Diese Größe wird entsprechend der Wichtigkeit variieren, die dem Indikator beigemessen wird.

Ist der Gegenstand der Evaluation die Qualität eines Netzwerks, ist das Verfahren aufgrund der größeren Komplexität sehr viel umfangreicher als z. B. für ein Unterrichtsvorhaben oder innerschulisches Projekt, auch wenn die Abfolge Ziel – Kriterium – Indikator erhalten bleibt.

1.3 Evaluationsmethoden

Zwar gehört die Frage nach der richtigen Methode grundsätzlich zu dem, was man über Evaluation wissen sollte, bevor man beginnt. Allerdings würde schon die Beschreibung der von Nicht-Experten einsetzbaren Verfahren den Umfang dieses Kapitels sprengen, gehören sie doch in das Repertoire empirischer Sozialforschung, ergänzt durch spezielle statistische Verfahren zur Erhebung bzw. Auswertung von Daten.

Ich will hier nur beispielhaft einige benennen und den neugierigen Leser auf die Fachliteratur verweisen. Aber Achtung: Die Wahl der Methode ist abhängig vom Ziel der Evaluation und ihrem Gegenstand. Auch die Art (formativ/summativ) grenzt den Wahlbereich ein: Für formativ-gestaltende Evaluationen sind qualitative Methoden hilfreich, für summative eher quantitative. Und wie immer: Es gibt da auch Überschneidungen!
- Wenn sie verfügbar sind, ist die Prüfung von Dokumenten (Dokumentenanalyse) eine nur scheinbar leichte Aufgabe. Zuvor muss klar sein, unter welcher Fragestellung sie gelesen und ausgewertet werden sollen.
So könnten z. B. die Protokolle des Steuerungsgremiums Aufschluss über die Rolle der Schulaufsicht geben: Ist sie eher lösungsorientiert? Bleibt sie mit ihren Vorschlägen im Rahmen ihrer traditionellen Muster? Trägt sie zur Transparenz bei oder verhindert sie die Offenlegung von Prozessen?

Verhält sie sich dominant oder argumentiert sie auf Augenhöhe mit den Partnern?
- Manche Aspekte sind nur über eine Befragung ermittelbar. So sind Outcome und Impact einer Maßnahme nach entsprechendem Zeitablauf in der Regel durch schriftliche Befragung der Zielgruppen erkennbar. Auch hier gilt: Die Fragen müssen einfach und klar formuliert sein und z. B. nicht zwei Aspekte/Alternativen in einer Frage bündeln.
- Leitfaden-gestützte, qualitative Interview-Verfahren entsprechen einer offenen Gesprächssituation, in der die Interviewerin/der Interviewer mit einem vorstrukturierten, aber flexiblen Fragenkatalog arbeitet. Die wenigen Leitfragen sind offen formuliert, damit der Interviewpartner/die Interviewpartnerin frei und in selbst gewählten Formulierungen antworten kann. Ziel ist es, seine/ihre eigenen Meinungen, Gedanken und Routinen zu erfahren.

> **Neugierig geworden?**
>
> Das »Glossar wirkungsorientierte Evaluation« vom Univation-Institut für Evaluation Dr. Beywl & Associates GmbH (Köln 2004) bietet eine Fülle an Erläuterungen zu allen Begriffen zum Thema Evaluation. Die Erläuterungen sind knapp und verständlich. (http://eval-wiki.org/glossar/Kategorie:A_bis_Z).
> Speziell für die Schule hat Claus Buhren mit seinem Buch ›Selbstevaluation in Schule und Unterricht‹ einen Leitfaden für Lehrkräfte und Schulleitungen vorgelegt – eine Neuauflage datiert vom Juni 2011.

2 Wie wir das Ziel im Blick behalten (können)

Als Bestandsaufnahmen, zur Selbstvergewisserung und Reflexion sowie als Start in Qualitätsentwicklungsprozesse finden Evaluationen auf allen Ebenen von Organisationen statt. Dabei geht es immer zugleich um die Ergebnisse und die dafür maßgeblichen Prozesse.

So sind z. B. für Evaluationen im Mehrebenensystem Schulwesen folgende Ebenen angesprochen:

Ebene 1:
- einzelne Lehrkräfte, initiiert durch sie selbst, z. B. durch Schülerfeedback,
- einzelne Führungspersonen, initiiert durch sie selbst, z. B. durch Feedback des Kollegiums, der Eltern und der außerschulischen Partner

Ebene 2:
- einzelne schulische Einheiten, initiiert durch sie selbst z. B. die Leitungspersonen einer Schule, die Lehrkräfte (eines Fach-, Jahrgangs- oder Klassenteams),
- aber auch – initiiert durch ihre Lehrkräfte – die Schülerinnen und Schüler (eines Jahrgangs, einer Lerngruppe)

Ebene 3: die Schule als Ganzes, initiiert durch die Schulleitung, die Schul-bzw. Gesamtkonferenz oder den Schulvorstand

Ebene 4: das Schulsystem des Landes (initiiert durch die Schulbehörden).

Die Ebenen 2 und 3 spielen auch in Schulnetzwerken eine Rolle, da sie weiterhin Teil des Gesamtsystems sind. Allerdings liegt die Aufgabe der Initiierung, bzw. der Auftrag zur Evaluation in der Regel außerhalb der Einzelschule. Soll z. B. die Wirkung des Austauschs zwischen den Fachteams der Schulen bewertet werden, entscheidet das koordinierende Gremium über die Art und Methode der Evaluation. Dass im Vorfeld dieser Entscheidung die Beteiligten einbezogen werden, sollte selbstverständlich sein. Wird eine Evaluation des Netzwerks als Ganzes in Gang gesetzt, ist sicherlich vorab die Abstimmung mit den für die Qualität der Schulen verantwortlichen Schulleiterinnen und Schulleitern zu suchen.

2.1 Innerschulische Evaluation fordert Kooperation

Noch nicht immer Routine, doch schon lange selbstverständlich ist die Evaluation in den Schulen. Die mühsamen ersten Versuche von Lehrkräften, per Fragebogen eine Rückmeldung von Schülerinnen und Schülern zum eigenen Unterricht zu erhalten, sind schon Geschichte – übrigens auch das verständnislose Lächeln der Kolleginnen und Kollegen und ihr Spott hinter vorgehaltener Hand. Durch Gesetz oder eine weniger ›starke‹ Form der Anweisung sind alle Schulen gehalten, die Ergebnisse ihrer Arbeit selbst zu überprüfen. Das macht es für Schulleiterinnen und Schulleiter leichter, ihrer Qualitätsverantwortung gerecht zu werden. Auch wenn es immer noch Teile von Kollegien gibt, die es nicht so genau wissen wollen und dann über ermittelte Daten ins Staunen geraten: »Das hätten wir nicht gedacht, dass unsere Methodenwahl von den Schülerinnen und Schülern so ganz anders eingeschätzt wird, als wir das selbst tun«. Und dann ist da noch die »zusätzliche Belastung« als gewichtiges Argument gegen die Zumutung der Evaluation. Hinzu kommt, dass beim Evaluieren mehr und engere Kooperation gefragt ist, als es den Vorstellungen mancher Einzelkämpfer entspricht. Denen hilft nur, selbst zu erfahren, dass der Nutzen der Evaluation größer ist als der damit verbundene Aufwand.

DIE HANDLUNG: EVALUATION FORDERT KOOPERATION
Datum: heute
Von: JÜRGEN.WIESNER@SCHULE.AM.HAIN.DE
An: LEHRERA@SEK.DE
CC: ANNE@MODELLSCHULE.DE
Betreff: Ihr Telefonat von gestern
Lieber Kollege, leider bin ich nicht dazu gekommen, gestern noch zurückzurufen. Wir stecken mitten in der Vorbereitung einer Projektwoche und da

laufen einem schon mal die Fäden aus der Hand – aber das kennen Sie ja! Sie haben angedeutet, dass Sie Probleme mit Kolleginnen und Kollegen haben, die sich nicht auf eine systematische Evaluation einlassen wollen. Wenn es nicht so gleichgültig klänge, würde ich sagen: das Übliche also. Aber im Ernst: Können Sie ein wenig genauer schildern, worum es geht? Wenn Sie Unterstützung brauchen – meine Kollegin und ich sind gerne breit, mal zu Ihnen zu kommen.
Viele Grüße
JÜRGEN WIESNER

Datum: heute
Von: LEHRERA@SEK.DE
An: JÜRGEN.WIESNER@SCHULE.AM.HAIN.DE; ANNE@MODELLSCHULE.DE
Betreff: Meine Probleme
Liebe Kollegin, lieber Kollege,
haben Sie Dank für Ihre prompte Rückantwort. Gerne schildere ich Ihnen mein Problem. Mein Schulleiter hat mich beauftragt, eine Evaluation der Fachgruppe Naturwissenschaften vorzubereiten. Nun bin ich selbst Mathematiker und habe das auch schon mit meiner Fachgruppe erprobt. Aber unsere Naturwissenschaftler sind, sagen wir mal, Eigenbrötler, die sich nicht so ohne weiteres in die Karten schauen lassen wollen. Da gibt es auch durchaus Eifersüchteleien zwischen den beiden Biologen und der Chemikerin. Frei nach dem Motto: Ich, meine Experimente und meine Klasse.
Wie ich das sehe, ist das Problem weniger die Evaluation als die Tatsache, dass sie alle daran mitwirken müssten – und doch lieber jede und jeder für sich arbeitet. Irgendwie habe ich das Gefühl, dass ich den Auftrag zurückgeben muss, wenn mir keine Lösung einfällt.
Viele Grüße
LEHRERA

Datum: heute
Von: JÜRGEN.WIESNER@SCHULE.AM.HAIN.DE
An: LEHRERA@SEK.DE
CC: ANNE@MODELLSCHULE.DE
Betreff: Ihr Problem
Lieber Kollege,
zunächst einmal: Kennt Ihr Schulleiter das Problem? Wenn ja, hat er schon mal das Gespräch mit den Kolleginnen und Kollegen gesucht? Wer ist denn sein Ansprechpartner bei den Naturwissenschaftlern? Mit anderen Worten: Macht bei euch jeder, was er will???
Das klingt jetzt alles etwas provokativ – ist aber nicht so gemeint. Tatsächlich denke ich, ist das ein Problem, das in erster Linie den Schulleiter angeht. Er muss den Dialog suchen, Zielvereinbarungsgespräche führen und den Auftrag zur Evaluation an die Fachgruppe geben. Sie selbst können allein wenig aus-

richten – es sei denn die Kolleginnen und Kollegen würden Ihnen vertrauen und auf Ihre Erfahrung bauen. Dann könnten Sie als Mediator versuchen, den Konflikt anzusprechen. Aber Vorsicht – das ist eine große Verantwortung und man übernimmt sich leicht, wenn man darin nicht geübt ist!
Wenn Sie aber den Eindruck haben, dass Ihr Schulleiter Unterstützung annehmen würde, schildern Sie ihm die Lage und raten Sie ihm doch, sich entweder an die Schulaufsicht, an die Schulentwicklungsberatung oder an uns als »critical friends« zu wenden. Zusammenarbeit in der Fachgruppe ist ein grundlegender Anspruch an die Professionalität der Arbeit – fehlt sie, lässt sich Evaluation nur unter Zwang durchsetzen – und sie nützt dann auch kaum!
Viele Grüße
JÜRGEN WIESNER

Datum: heute
Von: ANNE@MODELLSCHULE.DE
An: LEHRERA@SEK.DE
CC: JÜRGEN.WIESNER@SCHULE.AM.HAIN.DE
Betreff: Ihr Problem
Lieber Kollege,
ich möchte die Antwort von Jürgen Wiesner, der ich zustimme, noch ergänzen. Die Rolle sog. kritischer Freunde unterscheidet sich stark von der der Aufsicht oder auch der Schulentwicklungsberatung. Freunde kommen nicht als Kontrolle, aber auch nicht, um zu grundsätzlichen Fragen der Schulentwicklung zu beraten. Die Schule muss sie bitten, bestimmte Bereiche/problematische Aspekte zu beobachten und zurückzumelden, was sie gesehen haben. Damit bereiten sie quasi das Feld für Evaluation.
Wie Sie wissen, kommen Jürgen Wiesner und ich ja von unterschiedlichen Schulformen und haben diese Aufgabe schon einige Male übernommen. Wenn wir also gebraucht würden …
Viel Erfolg für Sie und herzliche Grüße
ANNE

Datum: heute
Von: LEHRERA@SEK.DE
An: ANNE@MODELLSCHULE.DE; JÜRGEN.WIESNER@SCHULE.AM.HAIN.DE
Betreff: Meine Probleme
Liebe Kollegin, lieber Kollege,
vielen Dank für die klärenden Worte. Ich werde besser jetzt mit meinem Schulleiter sprechen und nicht selbst irgendwelche Schritte unternehmen, die die Lage vielleicht noch verschlechtern. Möglicherweise kommen wir ja dann zusammen. Ich melde mich in jedem Fall.
Viele Grüße
LEHRERA

Die Handlung

Datum: heute
Von: ANNE@MODELLSCHULE.DE
An: JÜRGEN.WIESNER@SCHULE.AM.HAIN.DE
Betreff: kritische Freunde
Lieber Jürgen,
was für eine Situation! Der Kollege tut mir wirklich leid. So kann man als Schulleiter die Kollegen nicht belasten. Aber vielleicht wissen wir auch zu wenig über die Kooperation in dieser Schule. Da scheint doch einiges im Argen zu liegen. Warten wir also ab, wie es weiter geht.
Übrigens hast du im Fortbildungsprogramm gelesen, dass es ein Aufbauseminar für critical friends gibt? Sollten wir uns da anmelden? Lernen kann man ja nie genug! Melde dich.
Lieben Gruß
ANNE

Eine Unterscheidung von Selbstevaluation und interner Evaluation sowie von Fremdevaluation und externer Evaluation spielt bei anstehenden Entscheidungen über Evaluationsverfahren in der Schule eine Rolle – besonders wenn die Frage nach der Datenhoheit gestellt wird. Sie reflektiert die Sorge um die Erkennbarkeit eigener Handlungsweisen und Einstellungen: Was erfahren die Kolleginnen und Kollegen, die Aufsicht oder sogar die Öffentlichkeit wohl über mich und mein professionelles Handeln? Deshalb wird z. B. Selbstevaluation in Form von kollegialer Hospitation von Unterricht nur dann stattfinden und nützlich sein, wenn sie entweder durch Kolleginnen und Kollegen freiwillig initiiert oder durch gemeinsamen Beschluss (auf Basis des Schulprogramms) gerechtfertigt ist. In jedem Fall entscheiden die unmittelbar Beteiligten sowohl über die zu evaluierenden Bereiche, als auch über die Verwendung der Daten und die Bewertung der Ergebnisse.

Das Evaluationsinstrument SEIS dagegen ist wie PEB ein extern entwickeltes Verfahren, das die Schule als Ganze in den Blick nimmt. Beides sind Verfahren der Selbstevaluation, die neben den Lehrkräften auch die Schülerinnen und Schüler, die Eltern und u. U. auch die Ausbilder (berufliche Schulen) oder Kooperationspartner (Ganztag) umfassen. SEIS bietet darüber hinaus noch den Vergleich mit anderen Schulen und die Möglichkeit, die Befragung durch eigene Fragen der Schule zu ergänzen. Auch wenn die Datenauswertung keine Rückschlüsse auf einzelne Personen zulässt, ist doch ein gewisser Grad an ›externer Öffentlichkeit‹ gegeben – dies ist so gewollt, um im Abgleich zwischen den Einschätzungen der unterschiedlichen Befragungsgruppen Stärken und Handlungsbedarfe erkennen zu können. Auch Peer-Reviews (s.u.) brauchen eine begrenzte Öffentlichkeit der ermittelten Erkenntnisse, sonst machen sie keinen Sinn. Gerade der externe Blick soll ja Handlungsbedarf aufdecken.

Teil 5 Qualitätssicherung: Welche Wirkung haben wir gemeinsam erreicht?

Bei den landesweiten Erhebungen zum Lernstand von Lerngruppen gibt es ebenfalls die Besorgnis um den Umgang mit ›meinen Daten‹, die allerdings schon mit dem Zweck ausgeräumt werden kann: Es ist ein externes Verfahren, das intern genutzt werden soll.»Die Ergebnisse stehen den schulischen Gremien zur Verfügung. Darüber hinaus wird die zuständige Schulaufsicht informiert (in erster Linie im Hinblick auf die vereinbarten Konsequenzen). Eine allgemeine Veröffentlichung von Ergebnissen einzelner Schulen findet nicht statt. Lernstandserhebungen können weder für Rankings noch für schul(form)übergreifende Vergleiche herangezogen werden« (www.schulentwicklung.nrw.de/lernstand). Bei der externen Evaluation PISA dagegen geht es ums Ganze – nämlich um das Bildungssystem eines Landes. Die empirisch fundierten Erkenntnisse sollen den Regierungen helfen, ihre Bildungssysteme auf der Basis umfassender und zuverlässiger Daten zu steuern – eine Zuordnung der Daten zu einer einzelnen Schule ist nicht möglich.

Die folgende Tabelle kennzeichnet die Unterschiede der Verfahren nach fünf Kriterien:

Art der Evaluation	Wer entscheidet über die zu evaluierenden Bereiche?	Wer entscheidet über Methode und Einsatz von Instrumenten?	Wer kann über die Daten verfügen?	Wer bewertet die Ergebnisse?	Mit welchem Ziel wird evaluiert?
Selbstevaluation z. B. SEIS (ganze Schule), kollegiale – fokussierte – Hospitation (Unterricht)	die Schule/die Lehrkräfte selbst				Qualitätsentwicklung von Schule und Unterricht
Interne Evaluation z. B. Peer Review[27] (Evaluation durch kritische Freunde auf Einladung der Schule – auch fokussiert auf Teilbereiche)	die Schule selbst, u. U. beteiligte Netzwerkpartner	die Peers in Abstimmung mit der Schule	die Schule selbst	die Schule selbst unter Einbindung der Peers	Entwicklungsimpulse durch **fremden Blick**
Fremdevaluation z. B. landesweite Lernstandserhebungen; normierte Leistungsstudien wie PISA	der Auftraggeber (Staat; OECD), von der Schule nicht beeinflussbar	der Auftraggeber (Staat; OECD) von der Schule nicht beeinflussbar	der Auftraggeber (Staat; OECD)	der Auftraggeber (Staat; OECD)	Entwicklungsimpuls, Leistungsüberprüfung Rechenschaft
Externe Evaluation Inspektion	der Auftraggeber (Staat)	der Auftraggeber (Staat)	der Auftraggeber (Staat)	der Auftraggeber (Staat)	Entwicklungsimpulse durch **fremden Blick**, Rechenschaft

Abb. 64: Unterscheidung von Evaluationsarten im Schulwesen

---

27 Bedingt durch den gewollten fremden Blick auf die Schule haben Peer-Reviews auch Elemente externer Evaluation.

Zwar kann Evaluation in der Schule ebenso auf Anweisung erfolgen, wie die externe Evaluation im Auftrag des Staates, aber ein selbstverständliches Anliegen der Lehrkräfte ist sie dann noch nicht. Um von Selbstevaluation zu profitieren, muss man etwas schon wirklich wissen wollen. Diese Kultur der »Neu – Gier« beruht auf der Verständigung darüber, was man gemeinsam erreichen will.

Und damit könnte es anfangen ...

Feedback unter Lehrkräften – ein Element kooperativen Lernens

»Rückmelde-Routinen sind nur nützlich, wenn im Konsens aller Beteiligten eine größere Offenheit für kollegiale Hospitationen und Anregungen vereinbart wird. Das impliziert die Öffnung des eigenen Unterrichts für den professionellen Blick von Kolleginnen und Kollegen. Ohne wechselseitige Verletzung über die eigene Tätigkeit sprechen zu können, ist ein weiterer wichtiger Aspekt. Dann werden die Kolleginnen und Kollegen erleben, dass sie die eigenen Stärken und Schwächen besser einschätzen können und dass eine größere Verbindlichkeit in der Erfüllung von Zielen entsteht, die sich die Schule vorgenommen hat« (Minderop & Lohmann 2006, S. 82).

Bei kollegialer Hospitation agieren die besuchten Kolleginnen und Kollegen als Auftraggeber. Sie entscheiden, auf welche Aspekte ihres Unterrichts/ihres pädagogischen Handelns im Klassenraum/ihren Umgang mit Schülerinnen und Schülern ihre Besucher konkret achten sollen. Und sie sollten diese Entscheidung auch ernst nehmen, denn das »Eigentum« an der Fragestellung und ihrer Begrenzung ist ein hohes Gut.

Das Wichtigste vorweg: »Die Regeln für gutes Feedback müssen allen Beteiligten bekannt sein, und es sollte im Arbeits- und Lernfeld der Beteiligten Raum dafür sein, diese auch explizit anzuwenden. Erst wenn diese Voraussetzung erfüllt ist, können die beschriebenen üblichen Feedbackregeln greifen« (vgl. arbeitsblaetter. stangl-taller.at/KOMMUNIKATION/FeedbackBildungsbereich.shtml).
1. Beschreiben und nicht werten oder beurteilen! Das konkrete Verhalten des Feedbackempfängers wird beschrieben. Es geht nicht darum, dessen Persönlichkeit zu interpretieren oder zu werten. Andernfalls besteht die Gefahr, dass dieser sich unverstanden fühlt oder sich abgekanzelt glaubt.
2. Positives und Negatives ansprechen! Wenn der Feedbackempfänger erlebt, dass auch seine positiven Seiten wahrgenommen werden, kann er eher negative Kritik annehmen.
3. Neue Informationen geben! Selbstverständliches und schon Bekanntes machen den Kern des Feedbacks undeutlich.
4. Nur änderbare Verhaltensweisen ansprechen! Wenn keine Chance besteht, dass der Feedbackempfänger die Kritik zu Veränderungen nutzen kann, sollte Feedback unterbleiben.

5. Feedback nicht aufzwingen! Die Rückmeldung sollte ein Angebot sein, damit es als Chance und nicht als Zwang wahrgenommen wird. Optimal ist es, wenn der Empfänger selbst darum bittet.
6. Reaktion des Empfängers vorher bedenken! Feedbackgeber sollten sich über ihre grundsätzlichen Erwartungen an den Feedbackempfänger im Klaren sein. Achtung: Zu detaillierte Verhaltenserwartungen behindern den Prozess. Der Feedbackempfänger soll die Rückmeldung annehmen können, ohne eine ›Anweisung‹, wie es besser gehen könnte. Deshalb sendet der Feedbackgeber Ich-Botschaften. (Statt »Du hast« – besser: »Ich habe ... wahrgenommen«).

Auch schriftlich kann man Feedback einholen, wie es bei Zufriedenheitsabfragen üblich ist. Leider wird dabei aus praktischen Erwägungen meist davon abgesehen, den Feedbackgebern das Ergebnis mitzuteilen. Sie sind in der Regel schon nicht mehr da, wenn ausgezählt ist und die Antworten auf mögliche offene Fragen geclustert sind.

Peer-Review – sich kritischen Freunden öffnen

Welche Lehrerin, welcher Lehrer erinnert sich nicht noch an den ersten Unterrichtsbesuch? Haben wir nicht das ›Urteil‹ der Kolleginnen und Kollegen aus dem Fachseminar fast mehr gefürchtet als das des Fachleiters? Und wie war das, als wir selbst den Unterricht einer Kollegin oder eines Kollegen ›kritisch analysieren‹ sollten? Stand da nicht ein Warnschild im Hinterkopf?

> **Achtung!**
> Negative Äußerungen könnten den Kolleginnen und Kollegen schaden!
> Und auch dein Unterricht wird von ihnen unter die Lupe genommen!

Wie schwer war es, diese Sorgen zu überwinden und mit den Kolleginnen und Kollegen eine vertrauensvolle Ebene zu finden! Deshalb ist es nicht ausgeschlossen, dass die Einladung sog. kritischer Freunde (critical friends) im Kollegium nicht allgemein begrüßt wird. Die Überzeugungsarbeit beginnt dann am besten mit einer **Erklärung**:

Was sind ›kritische Freunde‹? Es sind Freunde in dem Sinne, dass sie nicht zur Kontrolle kommen, sondern uns wohlwollend gesonnen sind. Sie sind nicht Aufsicht. Wir suchen sie selbst aus und vertrauen ihnen. Es können Kolleginnen und Kollegen aus einer anderen Schule sein oder andere Außenstehende aus dem Umfeld der Schule (z. B. ein ehemaliger Elternvertreter, eine Vertreterin einer Stiftung, ein Berater aus der Weiterbildung, Vertreterinnen und Vertreter aus einer Hochschule …), die sich für unsere Ziele interessieren. Sie verstehen etwas von unserer Sache, kennen unser Schulprogramm, haben aber nicht unmittelbar mit uns zu tun. Sie sehen deshalb vielleicht mehr und anderes als wir selbst. Wir bitten sie, genau die Bereiche zu beobachten, die wir für wichtig halten. Sie werden uns aus ihrer Sicht zurückmelden, was wir schon richtig und gut machen und wo sie Probleme erkennen. Möglich, dass dabei mancher blinde Fleck sichtbar wird. Wir müssen dann gemeinsam überlegen, ob wir uns dieser Einschätzung anschließen. Sie werden uns zuhören und wir können Ideen zur Verbesserung entwickeln. Auch dazu können unsere Freunde vielleicht beitragen.

> **Neugierig geworden?**
>
> Claus Buhren beschreibt in seinem Buch ›Selbstevaluation in Schule und Unterricht‹ u. a. das Bespiel eines Peer-Reviews (S. 124 ff.). Die ausführliche Darstellung einer realen Situation im Rahmen eines Schulversuchs in Brandenburg bietet eine Fülle an hilfreichen Informationen. Ohnehin ist dieses Buch wegen seiner verständlichen Sprache gerade für uns Laien auf dem Gebiet der Empirie sehr zu empfehlen.

Selbstevaluation in der Schule – sich gemeinsam selbst vergewissern

»Der Vorteil der Selbstevaluation liegt darin, dass die Beteiligten bzw. Betroffenen selbst die Be- und Auswertung vornehmen, sie dadurch aktiv in den Prozess der Qualitätsentwicklung einbezogen werden. Selbstevaluation ist also ein unverzichtbares Element für eine selbstbewusste, eigenverantwortliche Steuerung von Entwicklungs- bzw. Lernprozessen – egal ob auf der Ebene der Schule, der Fachkonferenzen oder der Schülerinnen und Schüler. Sie dient vor allem dazu, gemeinsame und unterschiedliche Einschätzungen und Sichtweisen der Beteiligten zu verdeutlichen, um die Konsens- oder Kompromisssuche zu erleichtern, aber auch dazu, die Umsetzung von Maßnahmen zu begleiten sowie die Ergebnisse und Erfolge so zu überprüfen, dass ggf. kurzfristig »umgesteuert« werden kann (Reißmann 2007, S. 73).

Will z. B. die in Teil 3,1.1 beschriebene **fiktive Schule** eines ihrer Ziele evaluieren, die sich aus der SWOT-Analyse ergeben hatten, müsste sie dazu Kriterien und Indikatoren entwickeln:

Ziel	Bis zum Ende des Schuljahres 2015/16 ist eine Bestandsaufnahme aller Projektergebnisse durchgeführt. Die damit beauftragten Kolleginnen und Kollegen erhalten dafür befristet Zeitressourcen.
Kriterium	Auftrag zur Bestandsaufnahme aller Projektergebnisse
Indikatoren	• Eine Gruppe übernimmt die Prozessplanung. • Die erwarteten Ergebnisse sind beschrieben. • Der Arbeitsprozess ist in Teilschritten terminiert. • Die zeitliche Entlastung der Kolleginnen und Kollegen ist realisiert.
Kriterium	Entwicklung einer Systematik der Projektaktivitäten
Indikatoren	• Differenzierung nach fachlichen, fachübergreifenden und -verbindenden unterrichtbezogenen Projekten. • Differenzierung der schulbezogenen Projekte nach Auftraggebern/Initiatoren.
Kriterium	Erfassung der Ziele und Terminierung der Projekte
Indikatoren	• Die Ziele der Projekte sind erkennbar. • Die Ergebnisse sind ihnen zugeordnet. • Der jeweilige Projektzeitraum ist benannt.
Kriterium	Differenzierte Erfassung der Ergebnisse
Indikatoren	• Es sind alle Projektergebnisse erfasst und dokumentiert. • Die Ergebnisse sind, soweit möglich, nach Output und Outcome differenziert dargestellt.

Diese Kriterien und Indikatoren beziehen sich auf den Prozess der gewollten Bestandsaufnahme. Über die Erledigung des Auftrags und seine Vorlage in dem verantwortlichen Gremium hinaus könnte noch Folgendes erreicht worden sein:

1. Im Prozess der Befragung zu ihrem Projekt haben die befragten Kolleginnen und Kollegen dessen Ziel und Bedeutung für die Schule miteinander reflektiert (Outcome).
2. Die für alle sichtbaren Projektergebnisse wurden als geeignete Basis zur Versachlichung der Debatte um Transfer oder Beendigung von Projekten akzeptiert. Damit wurde eine neue Qualität der Zusammenarbeit angebahnt: Künftig sollen Projekte einen Bezug zum Leitbild erkennen lassen und erst nach Vorstellung und Abstimmung in der Konferenz starten (Impact).

Die Bildungsforscher Fullan und Hargreaves betonen, dass das Ziel nachhaltiger Verbesserung von Schülerleistungen nach allen Erkenntnissen bisheriger Forschung vor allem dann erreicht wird, wenn die interne einer externen Evaluation (s.o.) vorausgeht (»Existing research on school and system effectiveness and improvement suggests that internal accountability must precede external accountability if lasting improvement in student achievement is the goal« – Fullan und Hargreaves, Februar 2015).

Der Selbstevaluation die ihr angemessene prioritäre Stellung im Prozess der Qualitätssicherung beizumessen, stärkt vor allem die Eigenverantwortung der Schule und die Selbstwirksamkeit der Lehrkräfte. Schließlich haben nur sie das Heft des Handelns in der Hand, was wiederum die Kommunikationsbereitschaft fordert und das Schulklima verbessert. Zugleich ist die externe Evaluation als Ergänzung unverzichtbar, »da sie ein Korrektiv darstellt zur Selbstwahrnehmung und -bewertung. Der neutrale Blick von außen – etwa im Rahmen der Schulinspektion – durch ausgewiesene Fachleute, die nicht in die Entwicklung und die Gruppendynamik der jeweiligen Schule eingebunden sind, nimmt manches anders wahr. Er kann z. B. »blinde Flecke«, konfliktbedingte Tabuthemen, Selbstüberschätzungen oder -unter-schätzungen verdeutlichen« (Reißmann ebd.).

DIE HANDLUNG: VERNETZUNG DER SCHULEN

Sie erinnern sich? ANNE und JÜRGEN WIESNER hatten sich für die Vernetzung der Schulen im Landkreis stark gemacht und bei der LEITERIN FÜR SCHULE UND JUGENDHILFE wegen der Übernahme der Kosten für die SEIS-Fragebögen nachgefragt (Teil 4, S. 229). In einer gemeinsamen Sitzung aller Schulleiterinnen und Schulleiter haben die beiden gemeinsam mit LEHRERIN 1/GS und SL/GYM, die schon gute Erfahrungen mit SEIS gemacht hatten, das Instrument, seine Handhabung in der Praxis und die Vorteile der Vernetzung für die Schulentwicklung der Einzelschule und die fachliche Zusammenarbeit der Schulen vorgestellt. Dabei haben sie die Schulleiterinnen und Schulleiter auf die Bildungsregion Emsland (Niedersachsen) aufmerksam gemacht. Dort wurde mit einem aufwändigen empirischen Verfahren (Längsschnitt 2005 – 2010)[28] herausgefunden, dass die Schulen durch den Qualitätsvergleich mit SEIS und die Unterstützung der Bildungsregion von den gegenseitigen Erfahrungen in einem Maße profitieren konnten, dass sie bei der Schulinspektion im Landesvergleich überdurchschnittlich besser abschnitten.

---

28 Lohmann, Armin (2013). Schule effektiv führen. Köln 2014 und »Effektive Schulführung und Unterstützung in Bildungsregionen – ein Weg, Schulqualität zu verbessern«, unveröffentlichtes Dokument 2015

Teil 5 Qualitätssicherung: Welche Wirkung haben wir gemeinsam erreicht?

Der Qualitätszyklus

Gemeinsames Qualitätsverständnis
- Diskussion des Qualitätsrahmens
- Bezug zum Schulprogramm
- Organisation der Arbeitsprozesse

Gemeinsame Datenerhebung
- Planung und Vorbereitung der Umfrage
- Befragung aller Beteiligten
- Dokumentation zusätzlicher Schuldaten (SLEF)

Interpretation des Schulberichts
- Softwaregestützte Berichterstellung
- Kommentierung der Berichte (optional)
- Interpretation der Daten
- Ermittlung von Stärken und Entwicklungsmöglichkeiten

Datengestützte Schulentwicklung
- Festlegung der Handlungsfelder
- Austausch mit anderen Schulen
- Planen und Durchführen der Maßnahmen
- Reflexion des Entwicklungsprozesses

Abb. 65: SEIS-Qualitätszyklus (Bessere Qualität in allen Schulen 2006)

Die Reaktionen waren dennoch nicht durchweg begeistert (Was sollen wir noch machen? Wer trägt die Kosten?). Aber immerhin 40% haben zugesagt, einen Durchgang zu erproben und jeweils eine Lehrkraft mit der SEIS-Koordination zu beauftragen. Ganz entscheidend haben dazu die Schulleiterinnen und Schulleiter des Schulverbunds der Grundschulen beigetragen. Dort hatte man schon Ende 2016 auf Basis der Daten des SEIS-Schulgruppenberichts begonnen, ein gemeinsames Schulprogramm zu entwickeln.

Es zog sich dann noch etwas hin, bis vom Landkreis grünes Licht kam: Für das Jahr 2017 wurden die Kosten erstmals zur Hälfte übernommen. In der Zwischenzeit führte das Bildungsbüro in Zusammenarbeit mit SEIS-Deutschland vorbereitende Workshops durch. Die erste Befragung fand im März 2017 statt. Die Datenrückmeldung an die Schulen erfolgte nach den Osterferien. Mit Hilfe des Kurzberichts konnten die Schulen schon sehr schnell Entwicklungsschwerpunkte ermitteln.

Bei einem ersten Praxisforum, das zur Frage der Rhythmisierung im Ganztagsbetrieb vom Schulverbund Grundschulen initiiert und vom Bildungsbüro organisiert wurde, entstand ein lebendiger Austausch. Die Lehrkräfte der Schulen lernten sich besser kennen und es gab verbindliche Verabredungen zur gegenseitigen Hospitation. Da auch die Schulaufsicht und die

Schulträger eigeladen waren, konnten rechtliche Fragen (Unterrichtausfall – Reisekosten – Versicherung) rasch geklärt werden.

Die positiven Rückmeldungen der Schulen ermunterten weitere, sich ebenfalls mit SEIS zu evaluieren – der Prozess der Vernetzung war angestoßen und auf gutem Weg.

2.2 Evaluation in Netzwerken etablieren

Über die Notwendigkeit, das eigene Tun regelmäßig einer Überprüfung zu unterziehen, wird auch in Netzwerken nicht mehr gestritten.

Der Unterschied zwischen Schulnetzwerken und Regionalen Bildungsnetzwerken bzw. -landschaften ist schon hinsichtlich ihrer Komplexität greifbar, die sich aus der Unterschiedlichkeit der Akteure und ihrer Funktionen ergibt. Dennoch kann die Frage nach den die Evaluation leitenden Kriterien zunächst auf einer allgemeinen Ebene beantwortet werden.

Nach Faulstich (vgl. 2002, S. 26/27) könnten Kriterien für eine summative Evaluation von Netzwerken u. a. sein:
- die Netzwerkquote [Wie viele Partner/Schulen umfasst das Netzwerk?],
- das Kooperationsspektrum [Welche Partnertypen/Schulformen sind beteiligt?],
- das Leistungsspektrum [Welche Kompetenzen werden eingebracht?],
- das Leistungsniveau [Welche Qualität weisen die Partnerorganisationen/die Einzelschulen nach?] und
- die Mittelakquisition [Wie wird die Finanzierung gesichert?].

Über die Messung der Wirkungen hinaus, muss der Prozess selbst einer ständigen Evaluation und damit auch Rechenschaftslegung unterzogen werden. (vgl. Solzbacher & Minderop 2014, S. 110). Hier greift der zunächst etwas widerspenstige Begriff des »Reflexive monitoring«, »die immer wieder vorzunehmende Beurteilung der Aktivitäten innerhalb eines Netzwerks. Sie kann sich, wie eine formale Evaluation, »auf das gesamte Netzwerk, auf einzelne Beziehungen im Netzwerk oder auf einzelne Netzwerkmitglieder und deren Leistungsbeiträge zum Netzwerkerfolg erstrecken« (Sydow 2008). Hier geht es darum, als Partner im Netzwerk eigene Handlungen, ihre Bedingungen und Folgen im Blick zu behalten. Gleiches gilt für die Aktivitäten der Partner(-organisationen). In dieser gegenseitigen Beobachtung liegt die entscheidende Chance, Anzeichen für mögliche Gefahren (Sturmwarnung) zu erkennen und Fehlentwicklungen (Abweichen vom Kurs) rechtzeitig auf die Spur zu kommen. Soll solche Routine nicht zur heimlichen Überwachung verkommen, müssen die Beobachtungsergebnisse offengelegt und in vertrauensvoller Atmosphäre diskutiert werden.

Sollen die Strukturen eines Netzwerks prozessbegleitend evaluiert werden, würden Indikatoren z. B. zu folgenden Kriterien entwickelt:

Teil 5 Qualitätssicherung: Welche Wirkung haben wir gemeinsam erreicht?

- Funktion und Arbeit der Netzwerksteuerung
- Funktion und Arbeit der koordinierenden Gremien bzw. Organisationen und Personen
- Akzeptanz der Strukturen in den Partnerorganisationen

Geht es um den Nutzen des NetzWerkens, wird dieser eher am Erfolg der einzelnen Maßnahmen summativ zu messen sein:

- für die Partner – für ihre Zusammenarbeit, für ihre individuelle Kompetenzerweiterung, für die Qualitätsentwicklung der eigenen Organisation
- für die Zielgruppe(n) der Maßnahme(n) – für die Erfüllung ihrer Kernaufgaben, für Klima und Zusammenarbeit, für Kompetenzzuwachs und Entlastung, für neue Möglichkeiten übergreifenden Verstehens, für ihre Qualitätsentwicklung

Die Qualitätsdimensionen eines Netzwerks bieten sich als Basis einer Evaluation an. Sie lassen sich wie folgt darstellen:

```
                    ┌─────────────────────────────────┐
                    │      Konzeptqualität            │
                    │  Management der Leitungsebene   │
                    │  und der koordinierenden Stelle │
                    └─────────────────────────────────┘
                                    │
        ┌───────────────────────────┼───────────────────────────┐
┌───────────────────┐      ┌───────────────────┐      ┌───────────────────┐
│ Strukturqualität  │ <==> │ Prozessqualität   │ <==> │ Ergebnisqualität  │
├───────────────────┤      ├───────────────────┤      ├───────────────────┤
│    Strukturen     │      │Umsetzung der      │      │Einbeziehung der   │
│      Ziele        │      │   Strukturen      │      │    Zielgruppen    │
│Kommunikationssystem│      │    Evaluation     │      │ Erzielte Wirkungen│
│    Ressourcen     │      │Kommunikations-    │      │                   │
│                   │      │    routinen       │      │                   │
│                   │      │ Ressourceneinsatz │      │                   │
└───────────────────┘      └───────────────────┘      └───────────────────┘
```

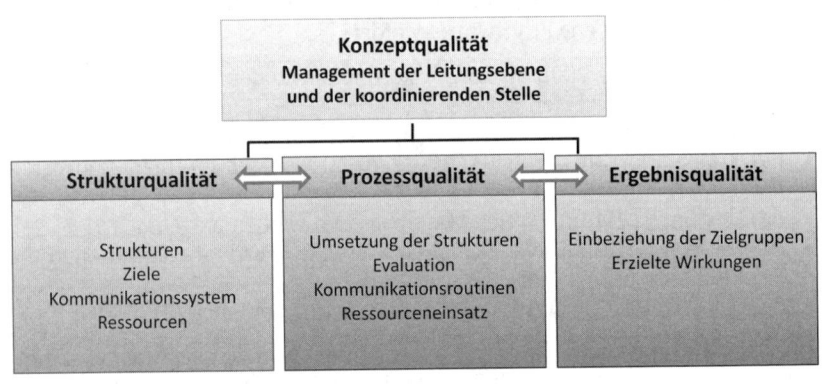

Abb. 66: Mögliche Qualitätsdimensionen und -kriterien von Netzwerken

Dabei kann zur Ermittlung von Indikatoren u. a. gefragt werden ... (vgl. auch Bührer 2009, S. 24/25)

... hinsichtlich der Konzeptqualität

- Wie gestaltet sich die Zusammenarbeit zwischen den Leitungspersonen und zwischen Leitung und Geschäftsstelle? Sind die Zuständigkeiten klar definiert? Sind die beteiligten Professionen ausreichend vertreten (pädagogische, verwaltungstechnische und empirische Expertise)?

... hinsichtlich der Strukturqualität

- Wird das Netzwerk durch eine vereinbarte Struktur gestützt? Wie werden Gremien, Beiräte, Fachgruppen für die Netzwerkarbeit genutzt?
- Besteht eine gemeinsame Vision der Netzwerkakteure? Welche Handlungsfelder wurden definiert? Wurde ein Leitbild entwickelt? Welche Ziele und Meilensteine wurden formuliert?

- Wie werden neue Themen generiert bzw. identifiziert? Welche Kommunikations-/Informationskanäle sind vorgesehen?
- Und nicht zuletzt: Sind die Overhead- und Prozesskosten gesichert? Gibt es einen Bildungsfonds? Wer zahlt wie ein? Wie tragfähig ist das Finanzierungskonzept für die Zukunft?

... hinsichtlich der Prozessqualität
- Wie wird die vorgegebene Struktur umgesetzt? Findet eine regelmäßige Evaluation statt?
- Wie wird informiert? Welche Kommunikationsroutinen werden gelebt?
- Welche Rolle haben die einzelnen Gruppen von Akteuren bei der Gestaltung der Netzwerkstrategien und der operativen Umsetzung: Gibt es eine Unterteilung in (thematische) Untergruppen? Gibt es eine klare Rollenteilung zwischen den einzelnen Akteursgruppen? Wie werden Interessenskonflikte und Konkurrenzsituationen gemanagt? (Wie) gelingt es, aus randständigen Akteuren Kernakteure zu machen? Wie werden überhaupt neue Netzwerkakteure gewonnen?
- Wie wird der Einsatz der Ressourcen geplant und umgesetzt? Wie wird wem gegenüber Rechenschaft gelegt?

... hinsichtlich der Ergebnisqualität
- Wie klar sind die Zielgruppen des Netzwerks definiert? Werden einzelne Akteure bzw. Akteursgruppen gezielt angesprochen und mobilisiert? Wie wird die jeweilige Zielgruppe einbezogen/im Prozess beteiligt?
- Gibt es Rückmelderoutinen an die Zielgruppen/von den Zielgruppen an die Steuerungsebene? Wird die Wirkung (Output, Outcome) von Maßnahmen/ die Wirkung der Vernetzung auf die Zielgruppen evaluiert? Gibt es Routinen der Selbstevaluation durch die Zielgruppen? Gibt es gemeinsame Strategien zur Optimierung von Ergebnissen?

»Netzwerke benötigen ein eigenständiges ›Reporting‹ als Basis der Bewertung, sagt Claudia Solzbacher (Universität Osnabrück), »denn das Ganze ist in der Tat mehr als die Summe seiner Teile. Die Gesamtzielerreichung lässt sich nämlich nicht darstellen als Summe der erreichten Einzelziele. In der Einzelschule gilt z. B. ein Schüler, der die Schule vorzeitig verlassen hat, als Abbrecher und schlägt damit negativ ›zu Buche‹. Es ist aber durchaus vorstellbar, dass der Schulwechsel Folge eine »Karriereberatung« im Netzwerk war« (Solzbacher 2007, S. 268). Würde die Abstimmung zwischen den Netzwerkpartnern mit dem Blick auf das einzelne Kind dokumentiert, wäre der Schulwechsel positiv zu bewerten.

Wenn nach der Erfahrung einer zunächst einmaligen, nach Abschluss eines Projekts durchgeführten Evaluation die Überprüfung und Bewertung im Netzwerk systematisch verankert werden soll, bedarf es eines erweiterten konzeptionellen Grundverständnisses: Künftig wird zugleich mit der Entscheidung über eine gemeinsame Maßnahme festgelegt, wann man woran deren Erfolg messen will. Damit wächst ein neues Selbstverständnis der Netzwerkpartner von der Relevanz ihres eigenen Tuns. Auch ist dieses Vorgehen durchaus ein Regulativ: Man agiert bei aller gewünschten Flexibilität vielleicht weniger spontan in der Maßnahmenplanung – was Kraft und Ressourcen sparen könnte.

Evaluation in Schulnetzwerken

Gerade in den mit großer Begeisterung initiierten Schulnetzwerken mag es schwerfallen, sich deren Nutzen für die beteiligten Schulen, ihre Lehrkräfte und die Schülerinnen und Schüler vor Augen zu führen. Dennoch ist das schon aus Gründen knapper Zeitressourcen und der damit verbundenen Belastung der aktiven Schulleitungen und Lehrkräfte unerlässlich, damit Fehlentwicklungen vermieden werden. Folgende Fragen stellen sich u. a. mit dem Blick auf das ganze Netzwerk und seine Strukturen:
- Sind alle Schulen an Bord, die zur Zielerreichung wichtig sind?
- Haben ihre Vertreterinnen und Vertreter Gelegenheit, ihre Interessen zu artikulieren und werden diese Gelegenheiten genutzt?
- Wie sind die einzelnen Netzwerkschulen in die gemeinsame Arbeit einbezogen? Wie können sie ihren Einfluss im Netzwerk realisieren?
- Werden Konflikte konstruktiv genutzt?

Thema der Evaluation eines Schulnetzwerks kann zudem – wie bei jedem Netzwerk – die Funktion der vereinbarten Strukturen (Steuergruppe, Geschäftsstelle) und sein Kommunikations- und Interaktionsgeflecht sein. Zu der Entscheidung, ob eine solche Evaluation durch die beteiligten Schulen selbst entwickelt, durchgeführt und ausgewertet werden sollte, gibt es unterschiedliche Vorstellungen. Einerseits scheint die notwendige Professionalität für eine Evaluation in den Schulen nicht in jedem Fall vorhanden zu sein. Auch erfordert z. B. eine Befragung der Zielgruppen nach der sehr aufwändigen Entwicklung von Fragebögen auch eine stringente Organisation für die Durchführung und Auswertung der Daten. Dafür reichten die zeitlichen und personellen Ressourcen oft nicht. Darüber hinaus scheint auf den ersten Blick die externe Evaluation eine bessere Außenwirkung hinsichtlich der Verlässlichkeit und Objektivität zu versprechen. Andererseits ist der Gedanke nicht von der Hand zu weisen, dass gerade das »Selbstmachen« einen hohen Stellenwert in den Schulen gewinnen könnte. Das Verfahren und seine Ergebnisse gehen damit viel intensiver in ihr »Eigentum« über. Erwartet werden kann, dass damit auch die Identifikation mit den Ergebnissen deutlich höher und das Engagement für notwendige Veränderungsprozessen stärker ist.

Beide Argumentationslinien gilt es abzuwägen. In der Regel wird aber für eine Evaluation des gesamten Netzwerks eine externe Sicht eingeholt werden. Was Gegenstand einer solchen externen Evaluation sein soll, müsste in Absprache der Steuergruppe/der koordinierenden Schule mit den Evaluatoren festgelegt werden.

Zumeist aber wird es im Schulnetzwerk »nur« um die Wirkung gemeinsamer Maßnahmen gehen, was dann noch die Entscheidung über das geeignete Verfahren erfordert. Allerdings verlangt der Anspruch, auf die Wirkung sehen zu wollen, die Kenntnis sozialwissenschaftlicher (qualitativer und quantitativer) Methoden der Evaluation. Entlang ausgewiesener Kriterien müssen Daten systematisch erhoben und ausgewertet werden – transparent und nachvollziehbar.

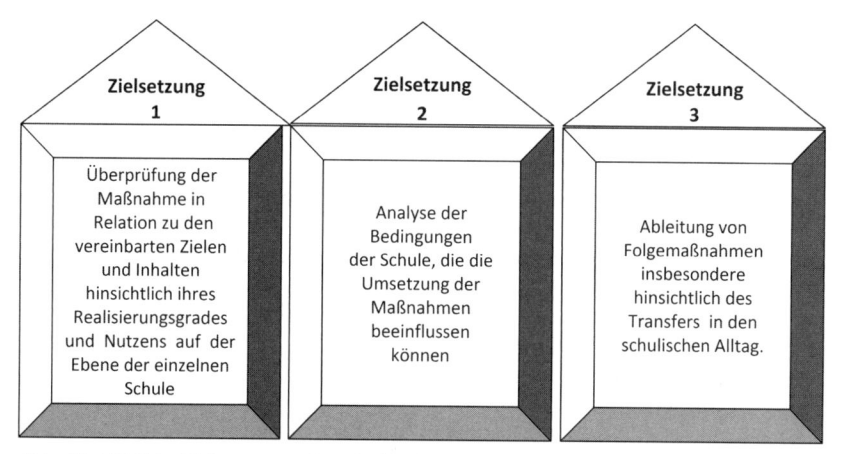

Zielsetzung 1	Zielsetzung 2	Zielsetzung 3
Überprüfung der Maßnahme in Relation zu den vereinbarten Zielen und Inhalten hinsichtlich ihres Realisierungsgrades und Nutzens auf der Ebene der einzelnen Schule	Analyse der Bedingungen der Schule, die die Umsetzung der Maßnahmen beeinflussen können	Ableitung von Folgemaßnahmen insbesondere hinsichtlich des Transfers in den schulischen Alltag.

Abb. 67: Mögliche Zielsetzungen einer Evaluation (animiert durch Leidinger/Perels, 2014, S. 2)

Zielsetzung 1:
Hier geht es um den Abgleich der Realisierung einer im Netzwerk vereinbarten Maßnahme in der Einzelschule mit den Zielen. Wurden sie – zu welchem Grad – erreicht und welcher Nutzen ist erkennbar?

Zielsetzung 2:
Ob und inwiefern Maßnahmen erfolgreich in den schulischen Kontext implementiert werden können, hängt einerseits davon ab, wie sich die Teilnehmerinnen und Teilnehmer (Akteure) mit den Inhalten identifizieren und anderseits davon, ob und wie die Netzwerkschule z. B. durch das Schulleiterhandeln, die Kommunikation innerhalb des Kollegiums oder die Partizipation der Schüler am Unterricht (Kontextfaktoren) beeinflusst werden.

Zielsetzung 3:
Was wissen wir jetzt über Erfolg und/oder Misserfolg? Was folgt aus den Erkenntnissen zu 1. und 2.? Sind sie für einen Transfer geeignet?

Beispiel: In NIQU (s. a. Teil 1, S. 26) findet jährlich eine Evaluation auf vier Ebenen statt.
- Die einzelnen Schulteams führen eine individuelle Evaluation in Bezug auf ihr Unterrichtsprojekt durch. Bewährt haben sich Schülerfragebögen oder die KLM-Methode[29].
- In Bezug auf die Arbeit im Fachteam und auf Fachsetebene wurde seit 2010 ein gemeinsamer Fragebogen verwendet. Ab 2015 wird der Fragebogen durch zwei Feedbackspinnen (s.u.) ersetzt.
- Auf der Ebene der Koordination werden unterschiedliche Verfahren der Evaluation verwendet. Bewährt hat sich ein freies Feedback.

Feedbackspinne Fachset-Arbeit 2015
Organisation
1 Die Fachset-Treffen haben eine klare Struktur.
2 Die Fachset-Treffen sind gut vorbereitet.
3 Wünsche und Anregungen werden bei der Organisation berücksichtigt.
Fachliche Arbeit
4 Ein Austausch zwischen den einzelnen Fachteams findet statt.
5 Es gibt fachlichen Input.
6 Aufwand und Ertrag stehen in einem guten Verhältnis.
Kooperation
7 Die Möglichkeit zur Kooperation zwischen den Fachteams ist im Ablauf der Set-Treffen fest verankert.
8 Die Kooperation zwischen den Fachteams funktioniert gut.
9 Die Kooperation mit anderen Fachteams ist eine Arbeitserleichterung.
NIQU-Tag
10 Die Themen der NIQU-Tage sind für unsere Arbeit relevant.
11 Die Organisation der NIQU-Tage ist gut.
12 Die Referenten sind gut gewählt.

Feedbackspinne Fachteam-Arbeit 2015
Organisation
1 Ein gemeinsames Ziel wurde SMART formuliert.
2 Ein Arbeitsplan wurde erstellt.
3 Regelmäßige Treffen finden statt.
Fachliche Arbeit
4 Das gemeinsame Vorhaben wird erfolgreich umgesetzt.
5 Fachlicher Input von außen wird eingearbeitet.
6 Aufwand und Ertrag stehen in einem guten Verhältnis.
Kooperation
7 Die Kooperation im Fachteam funktioniert gut.
8 Die Kooperation im Fachteam ist bereichernd.
9 Hospitation und kollegiale Beratung finden statt.

---

29 freies Feedback zu den Bereichen: Kritik – Lob – Möglichkeiten zur Verbesserung.

Verankerung
10 Die Fachkonferenz begleitet und unterstützt die Arbeit des Fachteams.
11 Die Schulleitung unterstützt die Arbeit des Fachteams.
12 Die Übergabe an den folgenden Jahrgang klappt gut.

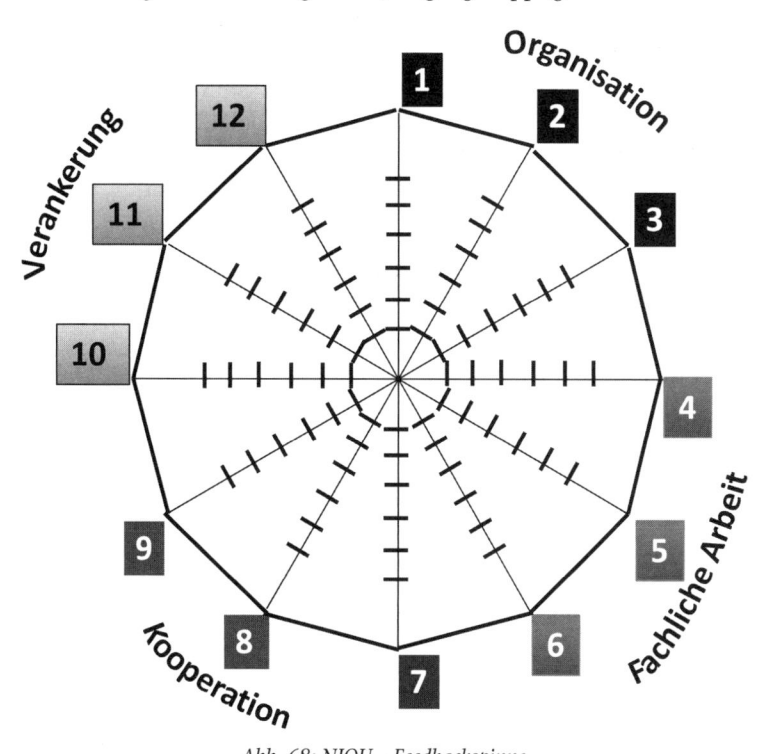

Abb. 68: NIQU – Feedbackspinne

Die Eckpunkte des Spinnennetzes stellen die Detailfragen zu den vier Evaluationsbereichen (s.o.) dar. Die Bewertung durch die Mitglieder des Fachteams erfolgt auf den Achsen des Spinnennetzes über 6 Stufen von innen nach außen. Auf jeder einzelnen Achse wird die Bewertung abgetragen. Am Ende werden die 12 Bewertungen verbunden, so dass sich ein Bewertungsraster jedes einzelnen Mitglieds ergibt. Zur Gesamtauswertung wird ein Teamspinnennetz erstellt, welches auf jeder einzelnen Achse den Mittelwert der Bewertungen aller Teammitglieder widerspiegelt. An die Auswertung schließt sich eine gemeinsame Interpretation und Diskussion zu möglichen Handlungsalternativen an.

Den Grad der Zielerreichung von Maßnahmen/Projekten zu überprüfen, bewahrt vor dem siegesgewissen Kurzschluss, sie würden sicher erfolgreich sein, da sie mit Experten abgestimmt seien. Damit schützen sich die Akteure vor einem leichtsinnigen »Weiter-so«.

Ein Beispiel: Evaluation der regionalen Steuergruppen in Schulnetzwerken

Im niedersächsischen Projekt Qualitätsentwicklung in Netzwerken ((Qualitätsnetzwerke 2002-2004 – s. a. Teil 4, 1.1) wurde die Funktion der regionalen Steuergruppen wissenschaftlich evaluiert. Nach der Projektbroschüre (2002, S. 21) gehörten zu den Aufgaben der regionalen Steuergruppe u. a.:
- »Absprachen zu Arbeitsschwerpunkten der Schulen
- Sicherstellung eines Austausches von Erfahrungen
- Abstimmung mit den schulfachlichen Dezernenten
- Abstimmung mit den Fortbildungsbeauftragten zum Transfer von Prozesserfahrungen
- Dokumentation von Ergebnissen«

Mit der Untersuchung zu »Arbeitsweise und Wirkungen schulischer Steuergruppen« gelang es erstmalig in der Bundesrepublik, auch regionale Steuergruppen in den Blick zu nehmen. Die bei den Mitgliedern der schulischen Steuergruppen erhobenen Daten wurden auf vier Bereiche verdichtet: Wissens- und Projektmanagement sowie Unterstützung der Qualitätsarbeit und der Vernetzung. Als Ergebnis war zu erkennen, »dass die regionale Steuergruppe in allen erfassten Aufgabenbereichen eher positiv eingeschätzt wird« (Berkemeyer & Holtappels 2004, S. 66).

Evaluation in Regionalen Bildungsnetzwerken/Bildungslandschaften

Nicht nur weil mittlerweile erhebliche Ressourcen von Land, Kommunen und Stiftungen in den Aufbau Kommunaler Bildungslandschaften geflossen sind, stehen die Verantwortlichen vor Ort vor der Herausforderung, die Wirksamkeit ihrer Aktivitäten zu überprüfen und die Qualität nachhaltig sicherzustellen. Sie wollen auch selbst wissen und zeigen können, wie die vielfältigen Aktivitäten einer Bildungslandschaft bei ihren Zielgruppen ankommen und inwieweit ihre Ziele mit konkreten Maßnahmen erreicht wurden. Werden die Bildungsangebote intensiver angenommen? Gelingt es Schülerinnen und Schülern besser, ihren bildungsbiografischen Weg ohne Brüche zu gehen? Steht den Bürgerinnen und Bürgern jetzt eine systematische Unterstützung bei der Suche nach einer geeigneten Weiterbildung zur Verfügung und wird sie (wie?) genutzt? Um diese Fragen beantworten zu können, müssen die Ergebnisse und die ihnen zugrunde liegenden Prozesse beobachtet und analysiert werden. Deshalb ist die Dokumentation der realen Kooperationen und Partizipationsgelegenheiten der

Akteure so wichtig. Und sie erfordert eine intensive Zusammenarbeit der Partner. Zu fragen ist:
- Wie werden Verantwortungen wahrgenommen?
- Werden die Ressourcen auftragsgemäß eingesetzt?
- Sind Wirkungen zu beobachten und wenn ja – bestätigen sie die Zielrichtung?

Jörg Sydow von der Freien Universität Berlin warnt davor, die Aufgabe der Evaluation interorganisationaler Netzwerke zu unterschätzen. »Neben fehlenden Instrumenten und Verfahren mag auch die schiere Komplexität ein Grund dafür sein, dass Netzwerkevaluation noch nicht weit verbreitete Praxis ist. Die offensichtlichste damit zusammenhängende Frage ist sicherlich jene nach den geeigneten Kriterien und möglichen Indikatoren, um diese Kriterien dann auch wirklich einschätzen oder sogar messen zu können.« Zudem sei die konkrete Entwicklung eines Netzwerks »nicht nur Ergebnis intendierten Managementhandelns, sondern immer auch Ergebnis unintendierter Konsequenzen absichtsvollen Handelns«. Auch die allen Akteuren innerhalb ihrer eigenen Organisation gewohnten Routinehandlungen würden »die Entwicklung eines Netzwerkes – intendiert und unintendiert – beeinflussen« (vgl. Sydow 2008). Aber auch positive ›side-effects‹ scheinen geradezu charakteristisch für die Handlungskoordination des Netzwerks zu sein: Aus den vielfältigen Bezügen des Netzes ergeben sich stets auch unerwartete Bindungen, Kompetenzen und Ergebnisse, die den Beteiligten neue Handlungsoptionen eröffnen – was allerdings eine Evaluationsplanung durchaus erschwert.

Ohnehin haben Huber & Wolfgramm (2011) festgestellt, dass es bisher weitgehend an empirisch basiertem Wissen über Wirkweisen und Wirksamkeit der verschiedenen Formen der Zusammenarbeit in Bildungslandschaften fehle. Immerhin hat sich aus der von Lohmann vorgelegten empirischen Wirksamkeitsstudie zur Effektivität der Schulleitung – quasi als Nebenprodukt der Rahmenbedingung »Bildungsregion« – ergeben, dass von einer höheren Wirkungsqualität für die Einzelschule und ihren Bildungsauftrag u. a. dann ausgegangen werden kann, wenn Schulleiterinnen und Schulleiter »darauf achten, dass die pädagogischen Aktivitäten in den Schulen, die Handlungen ihrer Lehrkräfte, sich nicht nur auf die eigene Schule beziehen, sondern im Gesamtzusammenhang einer Bildungsregion stehen« (Lohmann 2015). Dieser Gedanke beleuchtet zwar die zentrale Rolle der Führung in der Schule, weist aber zugleich darüber hinaus: Die Verantwortung der Führungsebenen für die Qualität der einzelnen Organisationen im Netzwerk muss sich auch in der Verantwortung der Steuerungsgremien für die Netzwerkqualität spiegeln.

Dass in dieser Studie das schulische Handeln im Mittelpunkt steht, ist ihrer Forschungsfrage geschuldet. Aber es ist auch tatsächlich nicht ungewöhnlich: Viele in Bildungsregionen und -netzwerken aktiven Menschen sind im Schulbereich zu Hause oder in irgendeiner Weise mit Schule und der Formalität des Lernens verbunden. Auch ist es unstrittig, dass eine Regionale Bildungslandschaft quasi als Erdung die Beteiligung und Vernetzung der Schulen in der Region braucht.

So sind sowohl der Ansatz der Regionalen Bildungsnetzwerke in NRW als auch der Fokus der von H.G. Rolff erstellten ›Expertise zur Auswertung der Evaluation und Empfehlungen zur Weiterentwicklung der Regionalen Bildungsnetzwerke‹ noch stark dem Gedanken einer kommunalen Schullandschaft oder Bestrebungen eines kooperativen Schulentwicklungsprozesses verpflichtet. Zugleich belegt die Expertise, »dass der eingeschlagene Weg einer stärkeren Regionalisierung im Bildungsbereich einerseits richtig und auch aus Sicht der kommunalen Vertreter Erfolg versprechend ist. Andererseits wird darauf hingewiesen, dass weitere Anstrengungen für eine nachhaltige Ressourcenausstattung, für verstärkte Datenbasierung und für die Implementierung angemessener Evaluationsverfahren notwendig sind, um insgesamt zu besseren Bildungsergebnissen auf kommunaler Ebene zu gelangen« (vgl. Lohre 2015).

Aller Evaluation von Regionalen Bildungsnetzwerken liegt doch die Frage zugrunde, was eigentlich ihre Qualität und ihren Erfolg ausmacht. Gibt es Standards, die erfüllt sein müssen? Oder kann man sich darauf zurückziehen, dass jedes Netzwerk abhängig von den regionalen Gegebenheiten quasi »naturgemäß« unterschiedlich strukturiert ist und deshalb die Prozesse nicht vergleichbar sind? Der kanadische Bildungsexperte Michael Fullan (2010, S. 17ff) hat im Rahmen seiner empirischen Forschung **acht Merkmale einer erfolgreichen Bildungsregion** gefunden. Sie könnten Strukturierungshilfe für die Entwicklung von Qualitätskriterien sein. Ich habe sie um kurze Erläuterungen ergänzt.

1. Fokussierung auf Lernen [Zielpunkt aller Aktivitäten in einer Bildungslandschaft ist es, das Lernen auf allen in ihr kooperierenden Ebenen – Schule, kommunale und Landesverwaltung, Organisationen externer Partner – zu einem kohärenten System zusammenzuführen und so zu verbessern.]
2. Datennutzung [Die Nutzung vorhandener und die Erhebung weiterer Daten zu Bildungsprozessen sind erste Schritte eines Prozesses der Qualitätsentwicklung.]
3. Führung auf allen Ebenen [Der Führungsverantwortung innerhalb der Organisationen entspricht die Leitungspräsenz und -verantwortung im Steuerungsgremium der Bildungslandschaft.]
4. Stabile Ressourcen [Die verlässliche Ausstattung einer koordinierenden Stelle mit personeller Kompetenz und finanziellen Mitteln ist Voraussetzung für eine nachhaltige Entwicklung.]
5. Reduktion von Distraktoren[30] [Eindeutigkeit in der Zielsetzung und Verbindlichkeit in der Verantwortungsübernahme helfen Neben- und Umwege zu vermeiden.]

---

30 to distract = irritieren, in die Irre führen, die Aufmerksamkeit in eine falsche Richtung lenken (Chambers Dictionary)

6. **Regionale Unterstützung** [Angesprochen sind nicht nur die aktiv kooperierenden Akteure, sondern die Bürgerinnen und Bürger einer Region/Kommune. Ihre Akzeptanz und Unterstützung sind Voraussetzung und Ziel nachhaltiger Wirkung.]
7. **Kohärente Kommunikation** [Das Hauptwort jeder Vernetzung ist ›Kommunikation‹. Erst wenn die Akteure aus ihren unterschiedlichen Verständnissen und Traditionen zu einer gemeinsamen Sprache finden, wird abgestimmtes Handeln möglich.]
8. **Geist des Ganzen pflegen** (spirit, corporate identity) [Das Gemeinsame im Blick zu halten, spiegelt sich nicht nur im Leitbild, sondern vor allem in der Entwicklung neuer Rituale, im Feiern von Erfolgen und in den zielgerichteten Aktivitäten, deren Außendarstellung nach innen zurückwirkt.]

Diese Merkmale können – wenngleich analytisch getrennt – nur aufeinander bezogen wahrgenommen werden. Das macht die Evaluation der Wirkung von Netzwerken nicht leichter. Schließlich ist das auch schon die weitest-mögliche Fragestellung: Wie wirkt das Netzwerk als Ganzes? Ist allerdings der Gegenstand der Evaluation »nur« auf die Realisierung eines einzelnen Ziels eingegrenzt, beschränkt sie sich auf Kriterien und Indikatoren zum Prozess der Zielerreichung wie zum Ergebnis. Das folgende Beispiel illustriert den Zusammenhang zwischen einem Ziel sowie möglichen Kriterien und Indikatoren in dem Handlungsfeld ›Verbesserung der bildungsbiografischen Übergänge, insbesondere beim Übergang Schule – Beruf‹ der fiktiven Kommune (siehe Teil 3, 1.2).

	Übergang Schule – Beruf Zusammenhang zwischen Ziel, möglichen Kriterien und Indikatoren (Beispiel)
Ziel	Die sechs Sekundarschulen des Kreises erhalten in Zusammenarbeit mit der Handwerkskammer und in Abstimmung mit der Schulaufsicht im nächsten Schuljahr ein Angebot für eine Fortbildung ihrer Lehrkräfte zur Berufsorientierung und -vorbereitung. Die Kosten tragen anteilig die HWK und der Landkreis. Die Organisation der Fortbildung übernimmt in Abstimmung mit den Schulen die HWK.
Kriterium	Entwicklung eines Fortbildungskonzepts durch Lehrkräfte und Experten der HWK
Indikatoren	• Wie wurde der Abstimmungsprozess des Kreises mit der Schulaufsicht zu Inhalt und Durchführungsplanung organisiert? • Liegt ein abgestimmtes Fortbildungskonzept vor? • Sind die Angebote an die Schulen dokumentiert?
Kriterium	Organisation der Fortbildung durch die HWK

Indikatoren	• Sind die Angebote an die Schulen termingerecht ergangen? • Wie hat die HWK den Abstimmungsprozess zur Organisation der Fortbildung mit den Schulen organisiert? • Sind eine Moderation und Räumlichkeiten bereitgestellt? • Wie wurde die verabredete Kostenteilung organisiert? • Wurde die Organisation dokumentiert?
Kriterium	Verbindlichkeit der Teilnahme der Lehrkräfte
Indikatoren	• Wie wurde das Verfahren zwischen Schulen und Schulaufsicht abgestimmt? • Wie viele Lehrkräfte haben verbindlich teilgenommen?
Kriterium	Konnten die Lehrkräfte von der Fortbildung profitieren?
Indikatoren	• Stellen die Inhalte eine Erweiterung ihres Wissens dar? • Gab es Gelegenheit zu praktischen Erfahrungen? • Bestätigen sie eine Erweiterung ihrer Kompetenzen?

All diese Kriterien und Indikatoren beziehen sich auf den Prozess der Erstellung und Durchführung der Fortbildung. Sie helfen den Output (zählbare Ergebnisse) zu beleuchten. Mit den Folgenden wird nach der realen Erweiterung der Professionalität der Zielgruppe (Lehrkräfte) und den möglichen Veränderungen in der Struktur ihrer fachlichen Arbeit gefragt (Impact).

Kriterium	Können die Lehrkräfte die Fortbildungsinhalte umsetzen?
Indikatoren	• Gibt es Verabredungen der Fachteams zur Didaktik und Methodik? • Wurden gegenseitige Hospitationen verabredet?
Kriterium	Sind Berufsorientierung und -vorbereitung ein interessantes Thema für die Schülerinnen und Schüler?
Indikatoren	• Gibt es mehr handlungsorientiertes Arbeiten? • Gibt es ein Feedback der Schülerinnen und Schüler?

3 Wie ein Bildungsmonitoring Transparenz schafft

Während die kontinuierliche Verbesserung der Bildungsaktivitäten in der einzelnen Schule und in Bildungsnetzwerken eine prozessbegleitende Evaluation erfordert, bietet ein systematisches Bildungsmonitoring den Blick auf Ergebnisse der jeweiligen Ebene – regional, länderspezifisch oder bezogen auf das Bildungssystem – und ex-post.

> **Information**
>
> »Ein Bildungsmonitoring ist die kontinuierliche, datengestützte Information von Bildungspolitik und Öffentlichkeit über Rahmenbedingungen, Verlaufsmerkmale, Ergebnisse und Erträge von Bildungsprozessen. Es macht das Bildungsgeschehen in der Gesellschaft bzw. in der jeweiligen Region transparent und ist damit Grundlage für Zieldiskussionen, politische Entscheidungen, Bildungsplanung, Rechenschaftslegung und öffentliche Diskussion. Im Zentrum eines Bildungsmonitoring steht die Arbeit der Institutionen des Bildungswesens, von der Kinderkrippe bis zur Weiterbildung im Erwachsenenalter« (Döbert 2009).
> Auf der Basis empirisch gesicherter Daten soll »Steuerungswissen« generiert bzw. erweitert und »Steuerungshandeln« begründbarer und zielgerichteter gestaltet werden. Bildungsmonitoring hat im Wesentlichen drei Funktionen:
> - die Beobachtung, Analyse und Darstellung wesentlicher Aspekte eines Bildungswesens,
> - die Systemkontrolle vor allem mit Blick auf Leistungsmaßstäbe (Benchmarks) sowie
> - die ›Systemdiagnostik‹ durch Identifizierung von Entwicklungen und Problemlagen (vgl. ebd.).

Im Rahmen der Gesamtstrategie der KMK zum Bildungsmonitoring (vgl. www.kmk.org/bildung-schule) wird »die systematische und wissenschaftlich abgesicherte Feststellung von Ergebnissen des Bildungssystems verfolgt. Auf dieser Grundlage sollen mögliche Gründe für eventuell unbefriedigende Ergebnisse analysiert und daraus geeignete Reformmaßnahmen durch die Bildungspolitik und -verwaltung abgeleitet werden«. Diese systematisch beschafften Informationen über das – ausschließlich schulbezogene! – Bildungssystem sollen eng mit Maßnahmen zur Unterrichts- und Qualitätsentwicklung verknüpft werden, die der konkreten Arbeit an jeder einzelnen Schule zugutekommen und dort genutzt werden können. Insbesondere den Ländern bietet das Bildungsmonitoring der KMK die Chance, für den eigenen Bereich solche Reformmaßnahmen einzuleiten.

Da der Bedarf an Bildung sich ständig verändert und nur lokal konkret abgeschätzt und realisiert werden kann, versetzt ein kommunales Bildungsmonitoring die Kommunen in die Lage, ihre bildungspolitischen Entscheidungen auf der Basis unterschiedlicher Daten zu treffen. Diese sind zwar in der Regel bereits vorhanden und grundsätzlich frei zugänglich, werden aber erst in einer Art Gesamtschau handlungsleitend. So entsteht eine verlässliche Grundlage für eine breite – auch öffentliche – Diskussion. Der Zugang der Öffentlichkeit zu den Ergebnissen ist ein wichtiger Aspekt, weil auf diese Weise ein Disput interessierter Bürgerinnen und Bürger mit den jeweils Verantwortlichen in Gang kommt.

Der Leiter des Dezernats Bildung, Kultur, Sport und Gleichstellung beim Deutschen Städtetag, Klaus Hebborn, hebt neben der Funktion des Bildungsmonitorings als »Instrument zur Sicherstellung und Überprüfung der Ziele bzw. der Schritte auf dem Weg zur Zielerreichung« eine weitere ins Blickfeld: die Möglichkeit des innerkommunalen Vergleichs zu Qualität und der Entwicklungsstand der Bildung vor Ort (Hebborn 2011). Das allerdings würde zunächst die Entwicklung gemeinsamer Standards in einem Prozess der Abstimmung und Einigung über die Ziele kommunalen Handelns im Bereich der Bildung erfordern. Auch müssten die Kommunen zu einem Vergleich bereit sein, bei dem es weniger darum geht, eigene Stärken zu demonstrieren, sondern gemeinsamen Handlungsbedarf zu erkennen und die unterschiedlichen Kompetenzen lösungsorientiert zu bündeln.

Die Handlung: Erster Bildungsbericht 2017

Ein entscheidender Schritt der Politik zur Verbesserung der Entscheidungsgrundlagen der Regionalen Bildungslandschaft im Landkreis Nahland war der Beschluss der Lenkungsgruppe (2016), ein Bildungsmonitoring in Auftrag zu geben und die dafür erforderlichen Mittel zur Verfügung zu stellen. Nach einer Ausschreibung wurde ein Institut gefunden, das die Mitarbeiterinnen und Mitarbeiter des Bildungsbüros geschult und nach dessen vorbereitenden Arbeiten einen ersten Bildungsbericht erstellt hat, der soeben erschienen ist.

Nahländer Kreisblatt

www. Nahlaender.de   Nahland, 06.05.2018   74. Jahrgang/11. Woche/Nr. 151/2,30 EURO

Fakten: schwarz auf Weiß

Vorgestellt: Erster Bildungsbericht der Regionalen Bildungslandschaft

Von Dorothea Minderop

Schon länger angekündigt, kann ihn nun jeder einsehen, den ersten Bericht über die Lage der Bildung in der Region. In der gestrigen Pressekonferenz stellte der Landrat den Bericht vor und dankte für die vorbereitende Arbeit des Bildungsbüros, das zur Erstellung des Berichts professionell unterstützt wurde. »Mit dieser ersten Bestandsaufnahme wurden Zahlen und Fakten in den Bereichen frühkindliche Bildung und Betreuung, allgemeine und berufliche Bildung und Weiterbildung zusammengetragen«, sagte der Landrat und forderte den Bildungsbeirat und alle Interessierten auf, die Ergebnisse zu diskutieren. Schließlich gehe es darum, auf Basis dieser Daten Handlungsansätze zu formulieren, die im Rahmen der mit dem Land vereinbarten Verantwortungsgemeinschaft bearbeitet werden können. »Auch die nächste Bildungskonferenz wird Gelegenheit geben, Anregungen für die weitere Verbesserung der Bildung im Landkreis zu erhalten«. Bemerkenswerte Aussagen trifft der Bericht insbesondere zu dem zu erwartenden Bevölkerungsrückgang: So werden wohl bis zum Jahr 2025 ca. sieben Prozent weniger Menschen im Landkreis leben, weil weniger Kinder geboren werden. Das hat Auswirkungen auf die Schulentwicklungs- und Jugendhilfeplanung. Und die Betriebe werden sich fragen, ob sie noch genügend Auszubildende und Fachkräfte im Landkreis finden.

Eine Herausforderung, auf die der Bildungsbericht nicht eingehen kann, die uns alle aber beschäftigen wird, ist die wachsende Zahl der Älteren. Wir erinnern uns an einen Leserbrief, in dem ein Leser nach der Lebensqualität gerade der älteren Generation fragte. Wie er anregte, werden wir in nächster Zeit dazu noch einmal eine Umfrage starten.

3.1 Der Bildungsbericht als Dreh- und Angelpunkt im Qualitätszyklus

Zur Sicherung der Qualität gehört eine regelmäßige Bildungsberichterstattung. Als Zeitreihe von Momentaufnahmen des Entwicklungsstandes gibt ein Bildungsbericht Auskunft über zentrale Aspekte des Bildungswesens in einer Region. Bezogen auf festzulegende Themengebiete (z. B. frühkindliche Bildung, schulische Bildung, berufliche Bildung) können Entwicklungen über bestimmte Zeiträume hinweg verfolgt, Probleme identifiziert und systematische Erkenntnisse über die Wirksamkeit von Steuerungsmaßnahmen bei der Verbesserung der Qualität in Bildungseinrichtungen gewonnen werden.

Als Produkt eines Bildungsmonitorings ist der Bildungsbericht am lebenslangen Lernen ausgerichtet und erfasst damit die Bildungsvoraussetzungen, -wege und -ergebnisse der Bevölkerung einer Kommune. Auf diese Weise wird für Transparenz im Bildungswesen gesorgt und eine Basis für bildungspolitisch zielgerichtete Entscheidungen gelegt. Genau zu wissen, in welchen Bereichen das Bildungswesen der Kommune schon gut aufgestellt ist und wo Handlungsbedarf evident geworden ist, kommt einem Impuls für Weiterentwicklung gleich.

Nun mag man bezweifeln, ob es denn genügt, Daten über Angebote formeller Bildung und deren Nutzung zu erfassen. Schließlich – wenn sich etwas ändern soll und das ist ja das Ziel! – müssen immer die Menschen handeln und die bilden sich eben auch in non-formalen und informellen Gegebenheiten. Idealerweise müsste also ein Bildungsbericht auch Auskunft darüber geben, welche Chancen die Bürgerinnen und Bürger haben, z. B. ihre Persönlichkeit zu entwickeln, das Wissen und die Kompetenzen für ihr privates und berufliches Leben zu erwerben und sich in der Zivilgesellschaft einzumischen. Ein hoher

Anspruch, der nur in Teilen durch die Bewertung der vorgelegten Zahlen eingelöst werden kann.

»Regionale Bildungsberichte, die sich an der Bildungsbiografie der Kinder und Jugendlichen vom Eintritt in eine Bildungsstätte (meist eine Kindertagesstätte) bis zum Übergang in den Beruf oder das Studium orientieren, stellen Daten (Ergebnisse) zu folgenden Indikatoren dar:
- Inanspruchnahme von Angeboten frühkindlicher Bildung, Betreuung und Erziehung
- Bildungsbeteiligung, Bildungsangebote und ihre Nutzung
- Übergänge und Wechsel im Schulwesen
- Besuche von Förderschulen und Förderbedarfe
- Schulabschlüsse
- Ausbildungsanfänger in der beruflichen Bildung« (Solzbacher & Minderop 2014, S. 114)

»Einer der ersten regionalen Berichte dieser Art entstand 2008 im Landkreis Emsland[31] (Niedersachsen) auf Grundlage eines theoretischen Konzeptes des Deutschen Institutes für Internationale Pädagogische Forschung[32]. Ende Juni 2012 veröffentlichte der Landkreis Emsland den 2. Regionalen Bildungsbericht. Seine Gliederung erfolgte in Anlehnung an den Anwendungsleitfaden zum Aufbau eines Kommunalen Bildungsmonitorings, den das Statistische Bundesamt Deutschland in Zusammenarbeit mit dem Deutschen Institut für Erwachsenenbildung und dem Statistischen Landesamt Baden-Württemberg 2010 entwickelt hat. Die bereits im Bericht 2008 untersuchten Indikatoren konnten nun insbesondere durch gesellschaftliche und wirtschaftliche Rahmendaten ergänzt werden.

Hans Döbert (DIPF) bezeichnet den Bildungsbericht als ein »Instrument zur kontinuierlichen, datengestützten Information der bildungspolitisch interessierten Öffentlichkeit über Voraussetzungen, Verlaufsmerkmale, Ergebnisse und Erträge von Bildungsprozessen« (Döbert 2007, S. 9). Im Zentrum stehe die Arbeit der Institutionen des Bildungswesens. Bildungsberichterstattung zeichne sich durch die folgenden grundlegenden Merkmale aus:

1. »Bildungsberichterstattung muss sich an den Zielen von Bildung orientieren, die als relativ verbindlich gelten«.
Hier geht es weder um die Persönlichkeitsentwicklung der Einzelnen, noch um ihre individuellen Erfolge beim Kompetenzerwerb. Vielmehr stehen die Ziele

---

31 Vgl. www.bildungsregion-emsland.de
32 Eine wichtige Ergänzung stellten die Ergebnisse der gemeinsam durchgeführten Selbstevaluation der Schulen mit dem Instrument SEIS dar, die in aggregierter Form als »Schulgruppenbericht« zur Verfügung gestellt wurde. SEIS (SelbstEvaluationIn Schulen) umfasst die Befragung von Schülern, Eltern und Lehrkräften, bezieht sich direkt auf den »Niedersächsischen Orientierungsrahmen Schulqualität« und erfasst die gesamte schulische Arbeit.

des Bildungssystems als Ganzes und seine mögliche Weiterentwicklung im Mittelpunkt. Dennoch ist klar: Was mit diesen Zielen in der Praxis geschieht und zu Ergebnissen führt, lässt sich jedoch nur anhand »individueller Bildungsverläufe, Kompetenzfortschritte und Bildungserträge untersuchen« (KBM, S. 7/8).

2. »**Bildungsberichterstattung kann ihrer Aufgabe letztlich nur dann gerecht werden, wenn es sich um eine auf ein Konzept gestützte, systemische Berichterstattung, nicht um die Addition von statistischen oder sonstigen empirischen Teilaussagen und -informationen handelt**«.
Es genügt nicht, Daten zu sammeln und nebeneinander zu stellen. Bildungsberichterstattung braucht eine konzeptionelle Basis, die »aktuelle sowie langfristig bedeutsame Probleme und Bereiche des Bildungswesens« thematisiert. Nur wenn die Themen für die bildungspolitische Steuerung relevant sind, werden die Ergebnisse so beachtet, dass sie künftiges Handeln anleiten.

3. »**Die Bildungsberichterstattung sollte indikatorengestützt über alle relevanten Bildungsbereiche hinweg erfolgen**«.
Zur konzeptionellen Basis gehören auch Indikatoren. Sie sind Messgrößen, mit denen durch Zusammenführung unterschiedlicher Kennziffern (siehe Teil 3) auf der Basis empirisch gesicherter Daten eine Reduktion der Komplexität erreicht wird. Darüber hinaus zeigen »sie ein Bild aktueller oder möglicher Probleme« (Döbert 2007) und bieten somit Handlungsrelevanz und Anwendungsbezug.
- »Indikatoren sollten so gebildet werden, dass sie eine möglichst hohe Aussagekraft für eine konkrete Fragestellung besitzen (und zur Versachlichung der Diskussion beitragen);
- Indikatoren müssen allgemein akzeptiert und konsensfähig sein, da sie weitgehende Übereinstimmung in der Bewertung eines Sachverhaltes herbeiführen sollen;
- Indikatoren müssen präzise und klar beschrieben sein, um einer breiten Öffentlichkeit ihre Kenntnisnahme und Interpretation zu ermöglichen;
- die Berechnung von Indikatoren und den ihnen zugrunde liegenden Kennziffern muss eindeutig, transparent und nachvollziehbar erfolgen (mit den gleichen Daten darf nicht auch das Gegenteil des zuvor Bewiesenen belegt werden)« (ebd. 2007).

Zu welchen Aspekten der Bildung Daten erhoben werden sollen, um Anhaltspunkte für Entscheidungen zu erhalten, kann in einer Regionalen Bildungslandschaft nur gemeinsam auf der Leitungs- bzw. Steuerungsebene entschieden werden. Anhaltspunkte bietet schon die Bestandsaufnahme (s. a. Teil 1) unmittelbar verfügbarer Daten. Themen bzw. Problemlagen könnten sein:
- »Bildungsbeteiligung nach verschiedenen sozialen Gruppen (Angebote und Nutzung von Kindereinrichtungen für 0-3-Jährige und 3-6-Jährige und/oder »Teilhabe an Weiterbildung nach Beschäftigungsstatus, beruflichem Abschluss etc.)

- Qualität der Kompetenzen der Schüler/-innen bzw. Bildungsteilnehmer
- Verteilung der Bildungs- und Ausbildungsabschlüsse, insbes. Anteil ohne Schul-/Ausbildungsabschluss
- Verfügbarkeit und Qualifizierung des pädagogischen Personals
- Übergänge zwischen schulischer und beruflicher Bildung
- – .... sowie »querliegende« Themen wie → Qualität von Bildung, Qualitätssicherung/Evaluation, Chancengleichheit verschiedener demografischer, sozialer, regionaler Gruppen, Inklusion« (Seeber 2013).

Keiner der Partner in einer Verantwortungsgemeinschaft, weder Kommune noch Land, wird hier die Verantwortung alleine tragen können und wollen, soll der Bildungsbericht ein gemeinsames Produkt sein. Vor allem die Festlegung auf die zu untersuchenden Bereiche erfordert beider Zustimmung. Das gilt dann auch für die Bereitstellung der Daten, soweit es sich nicht um allgemein zugängliche Statistiken handelt wie z. B. die Schulstatistik und die Berufsbildungsstatistik, aber auch Daten der Bundesanstalt für Arbeit. Dagegen sind z. B. schulische Ergebnisse externer oder interner Evaluationen, regionale Daten aus Einschulungsuntersuchungen oder auch Einwohnermeldedaten oft nur mit Einschränkungen verfügbar. Die Türe zu Daten, die die Kommunen direkt erheben, wie Sozialdaten, geo-politische oder Daten aus einem Sozial-Monitoring und aus eigenen Umfragen kann nur die Kommune selbst öffnen (vgl. Seeber 2013). In jedem Fall muss frühzeitig mit der Sichtung und Entscheidung zur Datenerhebung begonnen werden: Bildungsberichte brauchen einen langen Atem.

Dies gilt in hohem Maß für die Datengewinnung in Landkreisen, die – anders als kreisfreie Städte – in der Regel kein externes statistisches Amt haben. Sie sind deshalb bei der Bildungsberichterstattung auf die Unterstützung der kreisangehörigen Gemeinden angewiesen. »Vor dem Hintergrund der kommunalen Zuständigkeiten ist hierfür ein enger Abstimmungs-, Kooperations- und Koordinationsprozess ... notwendig. So führen die Gemeinden aufgrund der ... unterschiedlichen Trägerstrukturen und Zuständigkeiten (bspw. kreisangehörige Gemeinden als Schulträger) oftmals eigene Fachplanungen[33] durch, die im Rahmen einer kreisweiten Berichterstattung koordiniert werden müssen. Zudem verfügen Landräte als ›primus inter pares‹ über deutlich weniger Kompetenzen als etwa Oberbürgermeister in städtischen Gebieten« (Tegge & Wagner 2014, S. 54).

In Landkreisen stellen sich auch angesichts der Heterogenität der Gemeindegrößen und -strukturen vor allem hinsichtlich der Zusammensetzung der Bevölkerung andere Themen als in den Städten. Dort mögen vor dem Hintergrund eines hohen Bevölkerungsanteils mit Migrationshintergrund die Themen Migration und Bildungsbeteiligung relevant sein. Im ländlichen Raum

---

33 Z.B. Schulentwicklungs- und Jugendhilfeplanung

spielt dagegen nahezu unabhängig von der Leistungsfähigkeit und Begabung der Kinder der Aspekt der Mobilität/des öffentlichen Nahverkehrs eine Rolle für die Frage des Übergangs vom Primarbereich zur weiterführenden Schule: Welche Schule kann von den Kindern erreicht werden?

Schon dieses Beispiel zeigt: So wünschenswert es für die daraus folgenden Entscheidungen wäre, gemeindespezifische Herausforderungen im Rahmen einer kleinräumigen Analyse darzustellen, muss auch die Gefahr eines Rankings bedacht werden. Das jedoch verbietet sich schon wegen der ungleichen Rahmenbedingungen und Voraussetzungen der einzelnen Gemeinden. Es würde zudem deren Widerstand erzeugen und damit dem Anliegen der Berichterstattung entgegen wirken, zu einem kohärenten Bildungssystem auf Kreisebene beizutragen. Tegge & Wagner (DIPF) schlagen deshalb vor, die Gemeinden entsprechend den gemeinsamen, gemeindeübergreifenden Problemlagen zu Clustern zu gruppieren und »so mögliche Disparitäten der Angebote und/oder Nutzungen der Bildungsinfrastruktur aufzuzeigen« (ebd., S. 55).

Die dargestellten Aspekte einer Bildungsberichterstattung machen deutlich: Ohne professionelle Unterstützung ist das nicht zu leisten. Das gilt auch für die schließlich anstehende Interpretation der Ergebnisse. Zu leicht werden kausale Zusammenhänge vermutet, die wissenschaftlich nicht haltbar sind.

> **Neugierig geworden?**
>
> Weitergehende Informationen, u. a. zu Kriterien für die Erstellung eines kommunalen Bildungsberichts bietet die Handreichung »Wie erstellt man einen kommunalen Bildungsbericht« des Projektteams »Kommunales Bildungsmonitoring« des DIPF (S. 20 – 23).

3.2 Ergebnisse – Appelle zum Handeln

Eine Warnung vorab: Bildungsberichte beschreiben aktuelle Zustände aus der Systemperspektive auf der Grundlage zuverlässiger Daten. Auch wenn die Daten dazu verleiten mögen – sie lassen nicht ohne weiteres Schlüsse auf Ursachen und Wirkungszusammenhänge zu!

So kann z. B. aus den Feststellungen zur Qualität der Schulabschlüsse (2% weniger Hochschulberechtigungen als im Vorjahr) und zur Fortbildungsaktivität der Lehrkräfte (6% weniger als im Vorjahr) nicht geschlossen werden, dass mit einer vermehrten Fortbildungsaktivität die Schulabschlüsse besser würden. Dennoch ist das geringere Engagement der Lehrkräfte ein Hinweis für die Schulaufsicht, dass hier Handlungsbedarf besteht. Die Ursachen für die schlechtere Qualität der Schulabschlüsse sind mit Sicherheit in einer Vielzahl von Rahmenbedingungen zu suchen. Den einen »Schlüssel« gibt es nicht!

Das legt die Frage nahe: Wenn wir nicht auf Ursachen schließen können – wozu dann das Ganze? Was nutzt es wem?

Die Steuerungsebenen erfahren durch die Bildungsberichterstattung – vor allem im Jahresvergleich und zu ausgewählten Bereichen – wie Entwicklungen verlaufen. Sie erkennen, welche Folgen steuernde Interventionen in die Prozesse haben können. Die Analyse solcher Informationen bietet Potenzial für künftige Steuerungsmaßnahmen. Aber ein regionaler Bildungsbericht bringt nur dann den erwarteten Nutzen für die Bildungsentwicklung, wenn nicht nur diejenigen in die Bewertung einbezogen werden, die für die Bildung Verantwortung tragen oder von den Bildungsinvestitionen profitieren, sondern wenn auch die Öffentlichkeit eine Chance erhält, die Debatte zu verfolgen und sich einzumischen.

Das legt ein differenziertes Vorgehen nahe: Eine visuelle Präsentation des Bildungsberichts könnte die Interpretation der Daten durch die politischen Gremien und die Fachleute für die unterschiedlichen Bereiche vorbereiten. Gerade in Landkreisen könnte es hilfreich sein, solche Konferenzen nicht nur auf zentraler Ebene, sondern z. B. in Gemeinden oder bestimmten kritischen Zonen zu veranstalten, um Beteiligung »vor Ort« zu ermöglichen. Aus der Debatte werden sich Hinweise auf wichtige Handlungsfelder ergeben, die dann Themen für Workshops mit den jeweils Betroffenen und Zuständigen darstellen (z. B. Schulleiterinnen und Schulleiter der Grundschulen und das Leitungspersonal von Kitas zum Übergang in die Grundschule). Dort kann dann vertieft über den erkannten Handlungsbedarf gesprochen und nach Lösungen gesucht werden.

Parallel zu solchen Gesprächsrunden darf nicht versäumt werden, die Bevölkerung über die Medien und die Homepage der Kommune/der Bildungslandschaft zu informieren. Wird Partizipation ernst genommen, sollte es z. B. für Eltern oder auch für die Wirtschaft die Möglichkeit geben, sich mit Fragen und Vorschlägen in die Weiterarbeit mit dem Bildungsbericht einzubringen. Denn, wie Jürgen Oelkers (Universität Zürich) anmerkt, kann man Regionale Bildungsnetzwerke zwar »knüpfen und beeinflussen, aber nicht kommandieren, und – sie wachsen auf nicht vorhersehbare Weise. Nur dann sind sie nachhaltig, weil sich mit ihnen Ideen und Lösungen verbinden, die vor Ort überzeugt und genau dort auch Bewegung ausgelöst haben. »Nachhaltig« heißt nicht, eine bestimmte Lösung auf Dauer gestellt zu haben, sondern mit der Lösung den weiteren Prozess zu beeinflussen« (Oelkers 2014, S. 49).

Auch hier darf Beteiligung nicht mit Entscheidung verwechselt werden. Gerade wenn die Ergebnisse des Bildungsberichts deutlich unerwünschte Entwicklungen markieren, sind in erster Linie die Steuerungsebenen gefragt. Sie werden die Vorschläge aus solchen partizipierenden Diskussionen sichten, mit den eigenen Vorstellungen abgleichen, nach ihren Umsetzungschancen (personell – finanziell – politisch) bewerten und – soweit erforderlich – den legitimierten Gremien begründete Entscheidungsalternativen vorlegen. Damit beginnt die

Arbeit an der Qualität aufs Neue: Die bisherigen Maßnahmen im betreffenden Handlungsfeld gehören auf den Prüfstand, müssen angepasst, in den Prozessabläufen korrigiert oder u. U. beendet werden. Anderes, Neues tritt an ihre Stelle, wird – hoffentlich! – zunächst erprobt, nach Erfolg in der Fläche umgesetzt und nach einem Zeitablauf wiederum überprüft – so lebt der Kreislauf ständiger Verbesserung.

4 Rechenschaft ablegen: Berechenbarkeit bieten und den Zielen nahe kommen

Evaluationsergebnisse dienen auch der Rechenschaftslegung über Wirkungen der Maßnahmen und die Verwendung der eingesetzten Ressourcen. »Um den Begriff »Rechenschaft« zu verstehen, muss man seinen Ursprung zurückverfolgen. Kenneth Leathwood (1999) zitiert dazu Webster‹s 7th New Collegiate Dictionary. Danach spricht »Accountabilty« verschiedene Grade der Rechenschaft an, nämlich
- einen Bericht geben,
- Fakten und Ereignisse beschreiben,
- für eine rechtfertigende Analyse oder Erläuterung sorgen,
- eine Erklärung über das eigene Verhalten abgeben oder
- Gründe, Ursachen, Motive darstellen.

Dabei geht es einerseits immer um denjenigen, der »accountable« ist, auf den man also zählen kann, und der verantwortlich – »responsible« – ist. Andererseits muss jemand dazu berechtigt – »entitled« – sein, »account« – Rechenschaft – einzufordern«. Was in diesem Sinne mit Verantwortung und Berechtigung gemeint ist, muss definiert werden (vgl. Minderop/Lohmann 2004).

Wer einen Auftrag vergibt, hat das Recht, Wirkung und Nutzen zu überprüfen: Welchen Ertrag bringt der Einsatz an Zeit, Personal und Geldmitteln? Schon mit dem Auftrag ist dann festgehalten, woran die Leistung gemessen werden soll. Das betrifft die Zeiträume ebenso wie die Detailtiefe. Wie genau ist zu dokumentieren? Wird Selbstevaluation akzeptiert oder soll durch externen Blick der Grad der Zielerreichung hinsichtlich Output und Outcome festgestellt werden?

Gerade Netzwerke erleben einen Legitimationsdruck, wenn die Frage im Raum steht, welche Erfolge man denn vorzeigen könne. Deshalb gehören Formen der Rechenschaftslegung in zweierlei Richtung zum ›Alltagsgeschäft‹: im Verhältnis des Steuerungsgremiums zum Ressourcengeber (Staat, Kommune, Stiftung, etc.) und im Verhältnis des Verantwortlichen für die Durchführung einer Maßnahme zum Steuerungsgremium. Diese Verpflichtung zur systematischen Rechenschaft ist heilsam. Sie sorgt dafür, dass man das Ziel nicht aus dem Auge verliert. Sie bewahrt vor Illusionen und sie hilft dabei, die Frage nach dem Nutzen als selbstverständlichen Handlungsimpuls anzunehmen.

Aber auch die einzelne Institution hat ein Interesse an den Fortschritten des Netzwerks und wird wissen wollen, welche Anteile ihre Vertreterinnen und Vertreter daran haben. Gut, wenn die Netzwerkpartner das schon für sich geklärt und geeignete Instrumente gefunden haben – aber es geht auch anders: Rechenschaftsroutinen im Netzwerk können auf die Einzelorganisation ›abfärben‹. Kurz: Dem Nutzen des Netzwerks nachzuspüren, zwingt zur Transparenz nach innen und bietet zugleich eine Argumentationsgrundlage nach außen – sei es für die regionale Öffentlichkeit oder die/den Auftraggeber.

Zweifellos kann Rechenschaftslegung im Rahmen der jeweiligen hierarchischen Binnenstrukturen der beteiligten Organisationen angeordnet werden. So bleibt z. B. die Schule an die von den Bundesländern festgelegten Maßnahmen der Rechenschaftslegung gebunden. Die Umstellung auf Output-Steuerung durch Bildungsstandards, ministerielle Forderungen nach Verschriftlichung des Schulprogramms und Lernstandserhebungen gehören ebenso dazu wie die in einigen Bundesländern eingeführten Inspektionen und Large Scale Untersuchungen wie Pisa. Wenn darüber hinaus Rechenschaftslegung in Netzwerken gewollt ist, müssen die Rahmenbedingungen in einer Weise justiert sein, dass die Schulen sie als hilfreich für ihre Arbeit erkennen. Das ist nur zu vermuten, wenn

- die Schule tatsächlich echte Gestaltungsfreiheiten zur Entwicklung von Qualität – z. B. im Hinblick auf Lehrpläne und schulorganisatorische Regelungen hat. Nur wenn sie verantwortlich handeln kann, wird sie Rechenschaftslegung als notwendig akzeptieren.
- das Netzwerk in der Einzelschule wirksam werden kann. Das gelingt nur, wenn die schulischen Binnenstrukturen so angepasst werden können, dass sie die Netzwerkziele stützen.
- die Schulaufsicht unterstützend wirkt und z. B. die gegebenen Unterstützungssysteme und Angebote zur Lehrerfortbildung vom Netzwerk genutzt werden können.

DIE HANDLUNG: MISSVERSTÄNDNISSE UND KLÄRUNGSVERSUCHE

der **LANDRAT**
Anlässlich der letzten Freisprechungsfreier der Auszubildenden der Baubranche habe ich erfahren, dass es in der Kommunikation zwischen Vertretern der Wirtschaft und der Schulen im Hinblick auf die Rechenschaftslegung einige Missverständnisse gibt. Solches Missverstehen verhindert mitunter, dass gemeinsame Ziele als solche erkannt werden und dass Zusammenarbeit gelingt. Deshalb habe ich Sie heute zu einem Gespräch gebeten. Sie kennen sich – eine Vorstellungsrunde können wir uns deshalb sparen. Ich schlage vor, dass zunächst der Schulleiter unseres Gymnasiums einmal darstellt, worum es geht.

SL/GYM, Schulleiter des größten Gymnasiums in der Kreisstadt
Vielen Dank. Vorab möchte ich klarstellen, dass wir natürlich unseren Verpflichtungen zur Vorlage der Statistik, zur Selbstevaluation und zur Erhebung der Lernstände nachkommen. Zugegeben nicht immer sind alle mit Begeisterung dabei – manche Lehrkräfte haben doch gelegentlich den Eindruck, dass ihre Kernaufgabe zu kurz kommt, worin sie durchaus von Gewerkschaftern gestützt werden.
In Dienstbesprechungen geht es deshalb immer wieder um den Effizienzbegriff, der Sorge vor einer »Ökonomisierung« der Schule auslöst. Deshalb möchte ich noch einmal darauf hinweisen, dass sich in der Tat eine Reihe nicht quantifizierbarer Ergebnisse von Bildungsprozessen der Bewertung mit kostenrechnerischen Methoden entziehen. Deshalb widerstrebt es einigen auch, was jetzt im Schulvorstand und auch im Bildungsnetzwerk ›Rechenschaftslegung‹ genannt wird. Argumentiert wird damit, dass wir nun mal kein Betrieb sind, dessen Leistungen sich ohne weiteres quantifizieren lassen.

ein **SCHULAUFSICHTSBEAMTER SEK.**, zuständig für Sekundarschulen der Region
Ich kann nur bestätigen, dass sich in einer Reihe von Schulen solche Missverständnisse zu Kommunikationshindernissen auswachsen. Das führt dann zu Abwehrhaltungen der Betriebe, mit denen ja durchaus eine Zusammenarbeit gewünscht wird.

der **BILDUNGSREFERENT DER HANDWERKSKAMMER**
Nun ja, Rechenschaftslegung in Form von betriebswirtschaftlicher Kalkulation (Kostenrechnung, Evaluation etc.) gehört zur Grundlage jeder Unternehmensführung. Dazu gehört natürlich auch die Effizienz der Prozesse. Vielleicht sind vergleichbare Methoden in Bildungsorganisationen noch nicht hinreichend bekannt. Aber ich denke, dass auch in der Schule solche Strukturen hilfreich sind, um Erfolge, aber auch Fehlleistungen identifizieren zu können. Wie soll man es denn nennen, wenn der Schulleiter dem Schulvorstand berichten soll, wie sich die Quote der Klassenwiederholungen entwickelt hat? Das ist doch Rechenschaftslegung!

JÜRGEN WIESNER, SL
Das sehe ich auch so, aber es braucht schon mehr, als so einen Begriff einfach zu setzen. Es gab ja auch bei der Diskussion um die Rolle des Schulvorstands durchaus unterschiedliche Argumente. Das Land mag stellvertretend für die Gesellschaft quasi als Auftraggeber der Schulen Anspruch darauf haben, zu wissen wie mit den eingesetzten Ressourcen umgegangen wird. Allerdings muss auch klar sein, dass die Rahmenbedingungen der Schulen sehr unterschiedlich sind und deshalb auch ihre Leistungen! Gerade deshalb halte ich ja die Selbstevaluation für so wichtig, mit der eine neue Routine in die Schule einzieht: Wir wollen selbst wissen, wie wir den Bildungsauftrag

umsetzen. Und der Schulvorstand ist ja nicht der Gegner des Kollegiums – ebenso wenig übrigens wie das Steuerungsgremium der Bildungslandschaft. Ich bin sicher, wenn es erst einmal gelingt, Rechenschaftslegung mit dem notwendigen Vertrauen zu kombinieren und ehrliche, von professionellen Grundsätzen getragene Kommunikation und sorgfältige Vorbereitung wirksam werden zu lassen, dann besteht die Chance, dass sich im Schulvorstand ein Selbstverständnis entwickelt, das von dem Verantwortungsbewusstsein aller Mitglieder getragen ist[34]. Das wird dann zurückwirken auf die Einstellung der Lehrkräfte. Wir brauchen da wohl noch ein wenig Zeit und Übung.

der LANDRAT
So wie Sie das für die Schule sagen, lässt sich das auf die Organisationen der Netzwerkpartner und das Netzwerk als Ganzes übertragen: Vertrauen ist das entscheidende Element für eine Zusammenarbeit, in der Offenheit auch über Ergebnisse die Regel ist. Auch die Partner aus Unternehmen und Institutionen, kommunale und solche der Zivilgesellschaft, müssen sich im Einklang mit ihren Binnenstrukturen u. a. um die Klärung von Verantwortung und Controlling kümmern.

der BILDUNGSREFERENT DER HANDWERKSKAMMER
Ich würde mir wünschen, dass das Thema bei der nächsten Bildungskonferenz angesprochen werden kann. Vielleicht können wir einen pädagogischen Wissenschaftler verpflichten, der dazu einen Vortrag anbietet. Aber ich sehe auch die Schulaufsicht in der Pflicht.

der SCHULAUFSICHTSBEAMTE SEK., zuständig für Sekundarschulen der Region
Ich glaube, da müssen Sie sich keine Sorgen machen. Unsere Schulen sind schon auf gutem Weg. Wir haben zur Frage von Evaluation und Rechenschaftslegung Fortbildungen für die Schulleiterinnen und Schulleiter und für die Schulvorstände aufgelegt, die gerne angenommen werden. Wir führen auch Gespräche mit den Schulleiterinnen und Schulleitern zu ihrer Rolle im Netzwerk. Und neben der Schulentwicklungsberatung, die die Qualitätsentwicklung und -sicherung unterstützt, gibt es auch schon zwei Teams sog. kritischer Freunde. Das sind Schulleiterinnen und Schulleiter der Region, die die Schulen anfordern können, um einzelne Problembereiche beobachten zu lassen. Da hilft der fremde Blick, ohne dass der Eindruck von Kontrolle entsteht. Sie sehen, das wird schon eine Menge getan!
Aber es wäre auch wichtig, wenn von Ihrer Seite die Betriebe besser darauf eingestimmt würden, wie Schulen ihre Leistungen erbringen. Solches Verständnis würde helfen, manchen Konflikt zu vermeiden. Es ist doch immer so: Erst wenn wir eine gemeinsame Sprache gefunden haben, können wir gemeinsam handeln.

---

34 vgl. Jünke 2007, S. 160

SL/GYM
Stimmt. Ich rege an, dass das Bildungsbüro die mit den Schulen im Netzwerk verbundenen Betriebe bittet, eine Vertreterin bzw. einen Vertreter zum nächsten Praxisforum zu schicken. Da werden die Schulen ihre Arbeitspakete vorstellen. Das bietet eine gute Gelegenheit für Gespräche und würde beide Seiten einander näher bringen.

der LANDRAT
Ich möchte mich der Schulaufsicht anschließen: Wir müssen die Sprache unserer Partner verstehen lernen! Das wird auch gelingen! Schließlich haben wir schon in unseren Vorstellungen über die Qualitätsentwicklung im Bildungswesen zusammengefunden. Und ich bin ganz zuversichtlich, dass der Prozess der Aushandlung in den Strategie- und Planungssitzungen zwischen den Partnern weitergehen wird, damit solche Blockaden und Vorurteile auf beiden Seiten behoben werden.

4.1 Formen der Rechenschaftslegung im Netzwerk

Über die Formen der Rechenschaftslegung müssen sich die Partner einigen, wenn alle – im Idealfall – über ihre Arbeit im Netzwerk Rechenschaft ablegen sollen. Da sind verschiedene Varianten denkbar:

Berichtswesen

Regelmäßige Berichte (Selbstreports) dokumentieren die Aktivitäten des vergangenen Berichtszeitraums. Sie brauchen eine vereinbarte Struktur. Aspekte könnten sein:
- die Entwicklung der Netzwerkstrukturen
- der Stand der konzeptionellen Arbeit – orientiert an den Handlungsfeldern und Zielen
- der Stand der Datenerhebung und des Aufbaus von Informationssystemen

Welche Zeiträume solche Berichte erfassen, obliegt der Meilensteinplanung, für die sie ein wichtige Grundlage sind. Sie sollten der netzinternen Öffentlichkeit zugänglich sein, zunächst aber in den Steuerungsgremien einer eigenen Bewertung unterzogen werden.

Meilensteintagungen

Galt die Meile im antiken Rom noch als allgemeines Wege-Maß (s. ZEIT-Lexikon: milia passuum – 1000 Doppelschritte), dienten die auf deutschem Territorium im 18. und 19. Jahrhundert aufgestellten Meilensteine »zunächst der Post, die nach festgesetzten Entfernungen die Beförderungszeiten, Personen- und

Extrapostsätze sowie das Paket- und Geldporto regelte[35] (Forschungsgruppe Meilensteine e.V. www.forschungsgruppe-meilensteine.de).

Heute braucht man dazu zwar keine Meilensteine mehr, aber ihre Bedeutung als Messpunkte ist erhalten geblieben: So definieren Meilensteine festgelegte Zeitpunkte im Rahmen einer Projektplanung. An ihnen wird überprüft, ob die zu diesem Termin vorgesehenen Aktivitäten abgeschlossen und die damit verbundenen Qualitätsanforderungen erfüllt sind. Diese Überprüfung dient einerseits der Selbstvergewisserung (tun wir das Richtige richtig?). Andererseits ist sie Basis eines Berichtswesens im Verhältnis zu einem Auftrag-, und Ressourcengeber. »Meilensteintagungen aller im Netzwerk Beteiligten dienen der Vergewisserung über die gemeinsamen Ziele und den Stand der Arbeit. Sie finden in regelmäßigen, größeren

„Preußischer Meilenstein Mittelrhein Brey 2009"

Abständen statt und sollen Teil des in den Einzelinstitutionen eingeführten Qualitätsmanagements sein. ›Best practice‹-Modelle stellen sich einer Diskussion, die anhand vereinbarter Kriterien strukturiert ist, welche selbst regelmäßig diskutiert werden müssen.« (Solzbacher & Minderop 2014, S. 113). Meilensteine müssen wichtige Stationen in Entwicklungs-/Umsetzungsprozessen darstellen, sollen sie im Prozess die ihnen zugedachte Rolle im Bewusstsein der Akteure finden und zugleich der Rechenschaftslegung dienen.

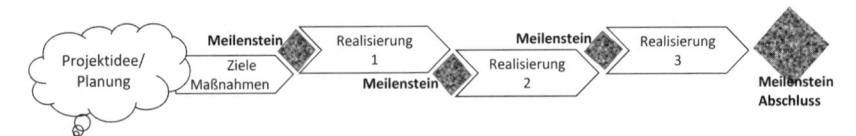

Abb. 69: Meilensteine

Voraussetzung dafür, dass ein Vorhaben wie geplant weitergeführt werden kann, ist die Bestätigung (des Steuerungsgremiums bzw. eines Auftraggebers), dass die Erwartungen an Quantität und Qualität erfüllt sind. Weichen die Ergebnisse entscheidend davon ab, muss über das weitere Vorgehen entschieden

---

35 »Preußischer Meilenstein Mittelrhein Brey 2009« von Holger Weinandt – Eigenes Werk. Lizenziert unter CC BY-SA 3.0 de über Wikimedia Commons – http://commons.wikimedia.org.

(QM-Zyklus) werden: Entweder wird projektintern nachgebessert, bestimmte Rahmenbedingungen werden angepasst oder das Vorhaben wird ganz aufgegeben.

In Netzwerken dienen gemeinsame Meilensteintagungen der steuernden und koordinierenden Ebenen zur Vergewisserung über die Ziele und den Stand der Arbeit. Grundlage dafür ist das Berichtswesen. Zielabweichungen können identifiziert und Konsequenzen verhandelt werden. Zugleich werden auch Praxiserfahrungen diskutiert. Die Diskussion sollte anhand vereinbarter Kriterien klar strukturiert sein.

4.2 Rechenschaftslegung gegenüber der Öffentlichkeit

»Gerade Netzwerke, die sich Fragen der Bildung stellen, erfahren erhebliche Neugier auf ihre Ergebnisse: Viele Eltern, Lehrer, Vertreter kommunaler Politik, Ausbilder aber auch Medienvertreter bewegen Fragen der Qualität von Schulen wie z. B aktuell die frühkindliche Förderung und die inkludierende Bildung. Nicht zuletzt ist das zunehmende Interesse einer Unsicherheit angesichts der Komplexität der anstehenden Probleme geschuldet. Die Herstellung von Transparenz und Öffentlichkeit hat deshalb eine wichtige Scharnierfunktion zwischen den Beteiligten und den Vorhaben. ... Die informelle – inner- wie außerschulische – Öffentlichkeit kann erheblichen Einfluss darauf nehmen, ob und wie die Schulentwicklung der Einzelschule und die regionalen Netzwerke in Gang gehalten werden. Die außerschulische Öffentlichkeit ist der Fundus für potenzielle Partner für Schule, Unterricht und Netzwerke. Sie sollen zur ideellen und/oder aktiven Unterstützung gewonnen werden, also auch die Bereitstellung notwendiger Ressourcen befürworten« (Solzbacher & Minderop 2014, S. 112).

Neben einer Regionalen Bildungskonferenz (s. a. Teil 3, 2.3) ist auch die Internetpräsenz ein wichtiger Aspekt, um die Öffentlichkeit über die Aktivitäten im Netzwerk zu informieren. Bedacht werden sollte dabei, dass hier durchaus ungeschriebene Gesetze gelten, die geradezu auffordern, professionelle Hilfe in Anspruch zu nehmen. So gilt beim individuellen Design einer Internetseite vor allem: Weniger ist mehr!

Darauf sollte man u. a. achten:

- dem Besucher gleich beim Betreten der Seite zeigen, worum es geht und wo er die Informationen findet, die er sucht
- den Bezug zum Thema beachten, alle wichtigen Funktionen besetzen,
- schlichtere grafische Ausgestaltung: auf zu viele Texteffekte und bunte Designelemente verzichten
- Ladezeiten gering halten, also große Bilddateien vermeiden oder komprimieren

In Bildungsregionen und Regionalen Bildungslandschaften müssen zudem Rechenschaftsberichte der Gemeinden und Kommunen bzw. der regional Verantwortlichen der Öffentlichkeit deutlich machen, inwieweit diese die richtigen und vernünftigen Rahmenbedingungen zur Entwicklung von Bildung gesetzt haben.

Die Handlung: Wie es weitergehen könnte

Zunächst ein **Rückblick** – Was ist im Landkreis Nahland alles geschehen?

Gegen die Abwärtsspirale aus den Folgen des demografischen Wandels und dem Verlust von Arbeitsplätzen hat der Kreisrat erkannt: Wir müssen in Bildung investieren – nicht nur mit Geld, sondern auch mit Ideen.

Die **erste Bildungskonferenz** bringt Bewegung: Man spricht miteinander in und zwischen den Schulen und unterstützt sich. Ein Schulverbund der Grundschulen entsteht, die vertikale Vernetzung zwischen Grundschulen und Kitas und zu weiterführenden Schulen wächst. Erfahrungen zu teilen hilft, Abwehr zu minimieren. Traditionelle Konkurrenzen geraten ins Wanken. Das Bildungsnetzwerk ermutigt zum Engagement der Partner: die Bürgerstiftung, die Handwerkskammer, die VHS und nicht zuletzt die Gemeinden, den Landkreis und das Land. Man einigt sich auf ein gemeinsames Bildungsverständnis und auf ein Leitbild. Die Schätze der Daten werden entdeckt und genutzt – Handlungsfelder und Ziele diskutiert.

Neue Herausforderungen zwingen zu abgestimmtem Handeln: Die Flüchtlinge sind da. Das festigt das Netzwerk.

Die Kooperationsvereinbarung: Das Bildungsnetzwerk entwickelt sich zur **Verantwortungsgemeinschaft** zwischen Land und Kommune. Das ist die Basis für die nächste Zukunft.

Die Strukturen sind politisch und finanziell gefestigt. Die gemeinsame Arbeit beginnt. Die **zweite Bildungskonferenz** wird gut angenommen und bietet einen Fundus guter Ideen zum Ganztag.

Zeitsprung: Drei Jahre sind ins Land gegangen – nun will man wissen, was wirkt – **Evaluation** und Rechenschaftslegung werden zum Thema auf allen Ebenen – nicht ganz konfliktfrei. Schließlich ist der erste Bildungsbericht da und der Öffentlichkeit zugänglich gemacht. Die Presse hat berichtet, dass es eine weitere Bildungskonferenz geben wird.

Zuvor tagt die Lenkungsgruppe der Regionalen Bildungslandschaft: der Landrat, die Vertreterin der Schulaufsicht, die Bürgermeisterin von Belingen (als Sprecherin der Gemeinden im Landkreis), der Vertreter der freien Träger, der Sprecher der Bürgerstiftung.

Die Leiterin des Bildungsbüros hat die Sitzung vorbereitet und den Mitgliedern der Lenkungsgruppe eine Zusammenstellung der wichtigsten Aussagen des Bildungsberichts[36] zukommen lassen, die vorab mit dem Leitungsteam abgestimmt wurde.

Auszug aus der Vorlage:

Als ländlicher Raum sieht sich der Landkreis Nahland besonderen Herausforderungen gegenüber. Das betrifft z. B. die Organisation eines wohnortnahen Schulangebots und die Abwanderung vor allem junger Menschen zu Studium oder Berufseinstieg.

Der erste Bildungsbericht (2017) kommt u. a. zu folgenden Ergebnissen:
- Bevölkerungsrückgang bis zum Jahr 2025 (ab 2009) um 6.8 % = 8.260 Personen durch Rückgang der Geburtenzahlen und der Wanderungssalden (mehr Wegzug als Zuzug)
- Rückgang des Bevölkerungsanteils der 0 – 18-Jährigen um 27,5 % von 25.173 Personen (2009) auf 18.251 Personen (2025)
- Duale Ausbildung im September 2017: Von den 1.253 Bewerberinnen und Bewerbern um eine Ausbildungsstelle blieben 7,4 % = 93 Personen unversorgt. Dabei liegt der Schulabgang bei 30 von ihnen länger als ein Jahr zurück
- Kinderarmut: »Nahezu jedes sechste Kind (Neugeborene bis unter 15 Jahren) empfängt Sozialleistungen nach SGB II«

Aus der Diskussion der Lenkungsgruppe:

LANDRAT
Ich weiß nicht, wie es Ihnen ergangen ist bei der ersten Sichtung der Ergebnisse des Bildungsberichts. Ich habe ja schon zu Beginn unseres Prozesses ein paar alarmierende Daten gesehen, aber das volle Ausmaß hat mich schon erschreckt und lässt mich auch etwas ratlos zurück. Wir haben uns als Bildungslandschaft zusammengetan, weil wir der Überzeugung sind, dass nur in enger Vernetzung die Probleme beherrschbar bleiben, wenn nicht gelöst werden können.

BÜRGERMEISTERIN VON BELINGEN
Dass Vernetzung Lösungen bietet, haben wir in Belingen sehr positiv erlebt. Der Schulverbund hat auch die Eltern überzeugt, dass ihre Kinder mehr Chancen auf eine qualitätsvolle Schulzeit haben. Bei allem Engagement der Lehrkräfte wäre dies in den kleinen Einzelschulen allein nicht zu erreichen gewesen. Da hat sich auch schon vor Abschluss der Kooperationsvereinbarung mit dem Land das gute Verhältnis zur Schulaufsicht bewährt.

---

36 Animiert durch den ersten Bildungsbericht Nienburg (https://www.lk-nienburg.de/bildungsbericht)

VERTRETERIN DES KREISELTERNRATES
Ja, das Experiment Schulverbund ist wohl gelungen. Aber immer noch entscheidet eher die Länge des Schulwegs zu den weiterführenden Schulen und die Frage, welche Schule die Kinder in zumutbarer Zeit erreichen können, und weniger die Begabung über die Wahl der Schule. Wir brauchen eine bessere Lösung für den Übergang. Das größte Gymnasium ist in der Kreisstadt und eine Gesamtschule gibt es nur im Südkreis – könnte man nicht über so etwas wie Außenstellen nachdenken – zumindest für die Klassen 5-7? Dann sind die Kinder groß genug, um auch weiter fahren zu können.

SPRECHER DER BÜRGERSTIFTUNG
Das ist glaube ich ein vernünftiger Vorschlag, den wir aber verbinden müssten mit der Sorge um die Kinder, deren Eltern sie gar nicht erst aufs Gymnasium schicken wollen. Da hängen die Bildungschancen immer noch eng mit der sozialen Herkunft zusammen. Wir haben in der Stiftung gerade ein Projekt besprochen, das ich hier gerne vorstellen möchte. Es geht darum, wie die Eltern – und da in erster Linie die Mütter – noch besser in die Fragen des Übergangs nach der Grundschule einbezogen werden können. Wir dachten an ehrenamtliche Bürgerinnen und Bürger, die die Familien ab dem 3. Schuljahr begleiten – natürlich in Zusammenarbeit mit der Kinder- und Jugendhilfe.

VERTRETERIN DER SCHULAUFSICHT
Klingt ganz gut – so etwa wie die sogenannten Rucksackmütter zur Integration der ausländischen Schülerinnen und Schüler und ihrer Eltern. Aber mir ist der Zusammenhang mit den Vorstellungen der Grundschulen zum Übergang wichtig. Wir müssen Doppelstrukturen vermeiden und lieber das schon Bestehende stärken, als schon wieder ein neues Projekt in die Welt zu setzen.

LEITERIN DES BILDUNGSBÜROS
Bei den begrenzten Mitteln, die uns zur Verfügung stehen, sollten wir tatsächlich schauen, was es schon gibt. Was natürlich nicht heißt, dass das auch die Wirkung zeigt, die wir uns wünschen. Vielleicht muss man unter dem Aspekt das eine oder andere aufgeben oder nachbessern.

LANDRAT
Vielen Dank für den Hinweis. Jetzt sollten wir uns zunächst einmal der Bewertung des Bildungsberichts widmen. Wir tragen wohl immer zuerst unsere eigene Sicht der Dinge vor. Jetzt geht es aber ums Gemeinsame. Wir haben auch im Kreisrat das Bildungsmonitoring als notwendige Basis für eine zielgerichtete Steuerung des Bildungswesens vor Ort angepriesen. Dass das so ist, müssen wir jetzt auch zeigen. Wenn wir uns der Diskussion im Bildungsbeirat stellen und in die nächste Bildungskonferenz gehen, werden die Bürgerinnen und Bürger erwarten, dass wir ihnen sagen, welche Vorstellungen wir von der zukünftigen Arbeit haben.

Vertreterin der Schulaufsicht
Das Bildungsbüro hat ja eine Zusammenstellung wichtiger Daten vorgelegt. Was den demografischen Wandel angeht – nun wir werden kaum auf eine Zunahme von Geburten im Landkreis einwirken können. Aber der Besetzung der Ausbildungsstellen müssen wir uns widmen. Das Erschreckende ist, dass etwa die Hälfte der Jugendlichen, die keine Ausbildung beginnen konnten, schon ein Jahr unversorgt ist. Die Zahl der Ausbildungsstellen ist ja nicht rückläufig. Offensichtlich zeigen aber die Maßnahmen zum Übergang Schule – Beruf noch nicht die beabsichtigte Wirkung. Mein Kollege aus dem beruflichen Bereich klagt schon seit längerem darüber, dass die Schulen mit einer Vielfalt von Programmen und Projekten zur Berufsorientierung konfrontiert sind, deren Qualität auch nicht ohne weiteres erkennbar ist. Deshalb wurde eine Liste der Programme erstellt und dazu Empfehlungen ausgesprochen. Aber wie das manchmal so ist: Was die Aufsicht empfiehlt, wird auch schon mal mit Misstrauen angesehen. Und natürlich zwingen wir die Schulen nicht zur Beteiligung an bestimmten Projekten. Schließlich haben sie ja auch ihre eigenen Ideen.

Vertreter der freien Träger
Unsere zwei Sekundarschulen haben sich miteinander auf ein gemeinsames Vorgehen geeinigt. Das würde ich auch den öffentlichen Schulen empfehlen.

Sprecher der Bürgerstiftung
Sind denn diese Programme evaluiert?

Vertreter der freien Träger
Davon gehe ich aus, aber ich werde nachfragen.

Leiterin des Bildungsbüros
Darf ich vorschlagen, dass der Lenkungskreis dem Bildungsbüro den Auftrag gibt, mit den Schulen und den Vertretern der Ausbilder gemeinsame Evaluationskriterien für die Maßnahmen im Übergang Schule –Beruf zu entwickeln und dann die Maßnahmen entsprechend zu überprüfen?

Landrat
Das ist ein hilfreicher Vorschlag. Dann hätten wir eine Grundlage für eine Priorisierung der Maßnahmen: Was sollten wir, jedenfalls als Kommune, nicht mehr finanziell unterstützen und was besser ausstatten. Wie sehen Sie das?

Vertreterin der Schulaufsicht
Den finanziellen Anreiz haben wir nicht, solange die Schulen ihr eigenes Budget nutzen. Aber ich denke auch, dass wir erst genauer wissen sollten, wo es hakt, bevor wir hier Entscheidungen treffen. Ich stimme dem Vorschlag deshalb zu. Allerdings brauchen wir Ergebnisse in einem überschaubaren Zeitraum, sagen wir sechs Wochen für den ersten Schritt. Ist das machbar?

Leiterin des Bildungsbüros
Ich denke schon – wir würden dann bei der nächsten Sitzung des Leitungsteams berichten.

Landrat
Gibt es dagegen Bedenken? Das scheint nicht der Fall zu sein. Dann gehe ich davon aus, dass der Auftrag erteilt ist. Die Zahlen zeigen aber noch ein weiteres gravierendes Problem: die Kinderarmut. Aus verschiedenen Studien wissen wir ja, welches große Hindernis das für die Entwicklung der Kinder und Jugendlichen darstellt. Und ich bin sicher, dass es nicht genügt, mehr Geld bereit zu stellen. Denken Sie nur an die geringe Inanspruchnahme des letzten Förderpakets der Bundesregierung!

Vertreterin des Kreiselternrates
Ja, das hat uns zunächst auch gewundert – aber wenn man sich den bürokratischen Aufwand der Antragstellung ansieht, ist schon verständlich, dass sich gerade diese Eltern nicht beteiligen. Wir kennen doch die Familien, warum können wir nicht individueller vorgehen?

Sprecher der Bürgerstiftung
Das geht in die Richtung unseres Mütterprojekts. Es wäre denkbar, die Zielgruppe zunächst auf diesen Kreis von Familien zu fokussieren. Denn die Kinder- und Jugendhilfe wird so eine aufsuchende Betreuung schon aus Personalgründen alleine doch nicht bewältigen können. Allerdings müssten wir gemeinsam über die Qualifizierung der Ehrenamtlichen nachdenken. ...

Die Diskussion im Lenkungskreis geht angeregt weiter. Noch ist kein geschlossenes Konzept erkennbar, wie die nun zur Verfügung stehenden Daten für die Steuerung genutzt werden können. Aber erste Ansätze sind erkennbar, dass über die Zielorientierung von Maßnahmen hinaus nun auch Ergebnisse in den Blick genommen werden können. So werden künftig auch die gesetzten Ziele wieder hinterfragt werden: Sind es noch die richtigen und sind sie richtig gesetzt?

Fazit – nicht nur von mir, aber eines, dem ich mich anschließe

»Wenn du ein besseres System willst, mach dich nützlich. Die Summe dessen, was dabei herauskommt, schafft eine höhere Qualität. Das ist kollektive Intelligenz, bei der jeder einzelne Knoten sich immer wieder von neuem anstrengen muss, um bei dem anderen Gehör zu finden.« (Kruse zitiert nach Lotter, 2005) Kruse nennt das Resonanzfähigkeit – also das Vermögen, von anderen wahrgenommen, als nützlich betrachtet zu werden. Und zu akzeptieren, dass andere nützlich, manchmal auch nützlicher sind als man selbst.

»Gehör finden« – das scheint mir ein treffender Begriff für das wichtigste Element des NetzWerkens zu sein: die Kommunikation. Und es leuchtet unmittelbar ein, dass dazu Anstrengung gehört.

Einer der Titel, die mir im Verlauf der Recherche begegnet sind, hat mich – immer noch! – ganz persönlich getroffen: Cornelia Gräsel und ihre Kollegen haben in ihrem Aufsatz zur Kooperation in der Schule sehr provakant gefragt: »Lehrkräfte zur Kooperation anregen – eine Aufgabe für Sisyphos?« Fast mutlos möchte man da weiter fragen: Immer noch? Woher dieser Widerstand? Sicher, es gibt hinreichende Erklärungen, vom Rollenverständnis über Belastungsfragen zur Systemkritik. Und natürlich stellen Lehrkräfte keine Ausnahme dar. Veränderung schafft sich überall ihre Widerständler – in der Schule und in ihrer Aufsicht, in den Verwaltungen und Behörden, den Konzernen und Handwerksbetrieben. Aber ich bin sicher, dass die Frage immer seltener mit Ja zu beantworten ist.

Denn es gibt das Gegenteil von Widerstand – vermutlich in jeder Schule, wie in jeder anderen Organisation finden Kooperationen und Netzwerke begeisterte Anhänger, Fans sozusagen. Keine Gefolgsleute, was ja schon wieder auf ein Oben und Unten verweisen würde. Dann sind da noch die eher Skeptischen mit wichtigen Argumenten, die zu Anregungen werden können.

Es hat mich fasziniert, wie viele Netzwerker auf allen Ebenen zu finden sind, wenn man sich umhört und umsieht. Mit manchen habe ich zusammengearbeitet, andere haben sich im Netz präsentiert, wieder andere hatten Botschafter für ihre Projekte. Aber nicht nur die vielfältige Praxis verweist darauf, dass NetzWerken inzwischen eine bedeutende Handlungskoordination ist. Auch in den Publikationen zahlreicher Wissenschaftlerinnen und Wissenschaftler lässt sich dieser Trend entdecken.

Mit diesem Buch wollte ich auch Einblicke in geglückte Praxis und weiterführende Theorie bieten. In erster Linie aber ging es mir darum zu zeigen, wie viel möglich wird, wenn wir die Komfortzonen gewohnter Routinen verlassen und uns den Blick nicht mehr einengen lassen durch die nur scheinbare Unmöglichkeit, grenz- und zuständigkeitsüberschreitend ins Gespräch zu kommen und neuen Nutzen miteinander zu erfinden.

Literaturverzeichnis

Altrichter, Herbert: Der Lehrerberuf: Qualifikationen, Strukturelle Bedingungen und Professionalität. In: Specht, Werner & Thonhauser, Josef (Hrsg.). Schulqualität. Entwicklungen, Befunde, Perspektiven. Innsbruck 1996, S. 97–172.

Altrichter, Herbert: Regionale Bildungslandschaften und neue Steuerung des Schulsystems. In: Stephan Gerhard Huber (Hrsg.). Kooperative Bildungslandschaften. Köln 2014, S. 30-48.

Anbuhl, Matthias: Die Zwei-Klassen-Gesellschaft. DGB-Analyse zur sozialen Spaltung in der Weiterbildung. Berlin 2013.

Ammon, Ursula/Becker, Guido/Howaldt, Jürgen/Katenkamp, Olaf/Klatt, Rüdiger/Ollmann, Rainer/Peter, Gerd/Pröll, Ulrich/Riezler Martina: Netzwerkbildung als Innovationsstrategie – Rahmenkonzept und Anwendungsbeispiele. AK Netzwerk der Sozialforschungsstelle (Hrsg.). Dortmund 1998.

Arnold, Rolf: Teamentwicklung und Förderung von Kollegialität stehen im Zentrum von Schulentwicklung. In: Schulleitung heute. 1/2007: 7-8.

Autorengruppe Bildungsberichterstattung (Hrsg.): Bildung in Deutschland 2012. Bielefeld 2012.

Baethge-Kinsky, Volker in Kooperation mit Döbert, Hans: Lernen ganzheitlich erfassen – Wie lebenslanges und lebensweites Lernen in einem kommunalen Lernreport dargestellt werden kann. Göttingen 2012. http://www.bertelsmann-stiftung.de/fileadmin/files/BSt/Publikationen/GrauePublikationen/GP_Lernen_ganzheitlich_erfassen.pdf

Barth, Roland S: Improving Schools from within. Teachers, parents, and principals can make the difference. San Francisco, CA: Jossey-Bass 1990. Zitiert nach Arnold, Rolf. Teamentwicklung und Förderung von Kollegialität stehen im Zentrum von Schulentwicklung. In: Schulleitung heute, 1. Jg., 1/2007.

Bartz, Adolf: Innovationen an Schulen gestalten. In: Jahrbuch Schulleitung 2013. Köln, Kronach: Carl Link, S. 157-170.

Baumert, Jürgen: Lehrkräfte müssen sich in ihren Unterricht schauen lassen! In: SchulVerwaltung NRW, Nr. 4/2003, S. 105/6.

Baumert, Jürgen/Klieme, Eckhard/Neubrand, Michael/Prenzel, Manfred/Schiefele, Ulrich/Schneider, Wolfgang/Stanat, Petra/Tillmann, Klaus-Jürgen/Weiß, Manfred (Hrsg.): PISA 2000. Basiskompetenzen von Schülerinnen und Schülern im internationalen Vergleich. Opladen 2001.

Benz, Arthur: Multilevel Governance – Governance in Mehrebenensystemen. In: Benz, Arthur & Dose, Nicolai (Hrsg.). Governance – Regieren in komplexen Regelsystemen: Eine Einführung. Wiesbaden 2010.

Berkemeyer, Nils/Holtappels, Heinz Günter: Arbeitsweise und Wirkungen schulischer Steuergruppen. In: Niedersächsisches Kultusministerium (Hrsg.) Qualitätsnetzwerke – Qualitätsentwicklung in Netzwerken. Abschlussbericht Heft 2. Hannover 2005, S.30 – 75. Projektarchiv Schulqualität. http://www.nibis.de/nli1/quali/quin_net/06materialien/haupt_materialien.html. Abruf 03.04.2015.

Bertelsmann Stiftung: Leitfaden lokales Übergangsmanagement. Im Auftrag der Bertelsmann Stiftung erstellt vom Deutschen Jugendinstitut. Gütersloh 2007.

Bertelsmann Stiftung: Update Inklusion. Gütersloh 2014.

Bessoth, Richard: Teamarbeit – Das Herzstück einer Professionellen Lerngemeinschaft. In: Pädagogische Führung 2/2007, S. 52 – 58. Neuwied.

Beywl, Wolfgang/Kehr, Jochen/Mäder, Susanne/Niestroj, Melanie: Evaluation Schritt für Schritt. Hiba 2007. Zitiert nach Schmidt, Stefan & Höfer, Christoph. Nachhaltige Qualitätsentwicklung in Bildungsregionen. www.wegweiser-kommune.de. Abruf 10.06.2015.

Bilger, Frauke/Kuper, Harm: Weiterbildungssegmente: Teilnahme und Aktivitäten. In: Bilger, Frauke, Gnahs, Dieter, Hartmann, Josef & Kuper, Harm (Hrsg.). Weiterbildungsverhalten in Deutschland – Resultate des Adult Education Survey 2012. Bielefeld 2013.

Böhm-Kasper, Oliver/Gräsel, Cornelia/Weishaupt, Horst/Fussangel, Kathrin/Dizinger, Vanessa: Schulische Beanspruchung und Kooperation – Ein Projekt zum Beanspruchungserleben und Formen der Lehrerkooperation an Halb- und Ganztagsschulen in Nordrhein-Westfalen – Ergebnisse der ersten schriftlichen Befragung. Bergische Universität Wuppertal. Frühjahr 2009. www.zbl.uni-wuppertal.de/forschung/projekte/lehrerkoop. Abruf 08.07.2014.

Bräth, Peter/Eickmann, Manfred/Galas, Dieter: Niedersächsisches Schulgesetz. Kommentar. Köln, Kronach 2009.

Booth, Tony/Ainscow, Mel: Index für Inklusion. Lernen und Teilhabe in der Schule der Vielfalt entwickeln – übersetzt, für deutschsprachige Verhältnisse bearbeitet und herausgegeben von Boban, Ines & Hinz, Andreas. Halle (Saale) 2003.

Buchen Herbert/Rolff Hans-Günter (Hrsg.): Professionswissen Schulleitung (Beltz Handbuch) 2007.

Bührer, Susanne: Zwischenevaluation der Cluster-Offensive Bayern. Ein Zwischenbericht zu Konzept und methodischem Vorgehen der Untersuchung. In: Wessels, Jan. Cluster- und Netzwerkevaluation – Aktuelle Beispiele aus der Praxis. Berlin 2009. S. 24/ 25.

Bundesministerium für Bildung und Forschung (BMBF): Weiterbildungsverhalten in Deutschland. Adult Education Survey. AES-Trendbericht 2012.

Literaturverzeichnis

Bundesinstitut für Berufsbildung (BIBB): Internetversion des BIBB-Datenreports zum Berufsbildungsbericht 2013 – Informationen und Analysen zur Entwicklung der beruflichen Bildung. Bonn 2013. www.datenreport.bibb.de/html/5667.htm. Abruf 10.06.2015.

Bundesministerium für Familie, Senioren, Frauen und Jugend (BMFSFJ): Kooperation von Schule und Jugendhilfe. Vernetzungsgremien zwischen Jugendhilfe und Schule und Zusammenarbeit zwischen Jugendhilfeplanung und Schulplanung. http://www.bmfsfj.de/doku/Publikationen/kjhg/1-informationen-ideen-und-handreichungen.html. Abruf 14.06.2013.

Bundesministerium für Familie, Senioren, Frauen und Jugend (BMFSFJ): 12. Kinder- und Jugendbericht. Bericht über die Lebenssituation junger Menschen und die Leistungen der Kinder- und Jugendhilfe in Deutschland. Deutscher Bundestag. Drucksache 15/6014. Berlin 2005.

Bundesministerium für Familie, Senioren, Frauen und Jugend (BMFSFJ): 14. Kinder- und Jugendbericht. Bericht über die Lebenssituation junger Menschen und die Leistungen der Kinder- und Jugendhilfe in Deutschland. Deutscher Bundestag. Drucksache 17/12200 Drucksache. Berlin 2013.

Blättner, Beate/Borkel, Anette/Venth, Angela (Hrsg.): Anders leben lernen – Beiträge der Erwachsenenbildung zur Gesundheitsförderung. Kongressdokumentation / Deutsches Institut für Erwachsenenbildung in Kooperation mit der Weltgesundheitsorganisation. Frankfurt 1996.

Busch, Wilhelm: Schein und Sein, 1899-1907, Erstdruck Lothar Joachim. München 1909.

Brügelmann, Hans: Fachbrief Grundschule Nr. 4. Unterschiedliche Verweildauer in der flexiblen Schulanfangsphase. Senatsverwaltung für Bildung, Jugend und Wissenschaft. Berlin 28.05.2013.

Buhren, Claus G./Rolff, Hans-Günter: Personalentwicklung in Schulen. Konzepte, Praxisbausteine, Methoden. Weinheim 2002.

Cramer, Friedrich: Chaos und Ordnung – Die komplexe Struktur des Lebendigen, Frankfurt/Main und Leipzig 1991.

Czerwanski, Annette (Hrsg.): Schulentwicklung durch Netzwerkbildung. Erfahrungen aus den Lernnetzwerken im »Netzwerk innovativer Schulen in Deutschland«. Gütersloh 2003.

Deutscher Bildungsrat (Hrsg.): Empfehlungen der Bildungskommission. Strukturplan für das Bildungswesen, Stuttgart 1970.

Deutscher Industrie- und Handelskammertag e.V.| Berlin | Brüssel (DIHK): Online-Unternehmensbefragung 2014. http://www.dihk.de. Abruf 21.08.2014.

Literaturverzeichnis

Deutscher Städtetag: Übergangsmanagement Kindertageseinrichtungen – Schule. Positionspapier des Deutschen Städtetages. Beschluss des Hauptausschusses des Deutschen Städtetages, 24. Februar 2010. www.staedtetag.de. Abruf 10.06.2015.

Deutscher Städtetag: »Inklusion in der Bildung. Ein Sachstandsbericht zur Umsetzung der UN-Behinderten-rechtskonvention im Elementar- und Schulbereich in Deutschland«. (Stand 2011) www.staedtetag.de. Abruf 10.06.2015.

Deutsches Institut für Urbanistik (difu): www.difu.de/publikationen/difu-berichte-32008/zufriedenheit-der-buerger-mit-ihren-staedten.html. Abruf 16.11.2014.

Döbert, Hans: Indikatorenkonzept und Beschreibung von Beispielindikatoren für eine regionale Bildungsberichterstattung. Ein Beitrag zur Entwicklung von Indikatoren für einen regionalen Bildungsbericht. Berlin, 30. Oktober 2007.

Döbert, Hans: Bildungsbericht und Bildungsmonitoring – Kriterien und Standards. Vortrag auf der Fachtagung der DGBV, Esslingen 06. März 2009. www.fachportal-paedagogik.de. Abruf 10.06.2015.

Ebbinghaus, Margit: »Niwo? – Wie aussagekräftig sind Untersuchungen zum Leistungsniveau von Ausbildungsanfängern«. In: BIBB, Hrsg., Berlin, Bielefeld 1999, S.8/9 und S.12-14.

Ehrenthal, Bettina/Eberhard, Verena/Ulrich, Joachim Gerd: Ausbildungsreife – auch unter den Fachleuten ein heißes Eisen – Ergebnisse des BIBB-Expertenmonitors. Bonn 2005. Archivserver der Deutschen Bibliothek.

Faulstich, Peter: Attraktive Wissensnetze. In: Faulstich, Peter & Wilbers, Karl. Wissensnetzwerke, Bielefeld 2002, S. 21 – 40.

Frick, Iris: Visionen und strategische Ziele sind messbare Größen des Erfolgs. www.industrieanzeiger.de. Abruf 10.06.2015.

Fuchs, Thomas: Auf dem Weg zu einer neuen Konzeption der kommunalen Daseinsvorsorge. 20. September 2005. http://delegibus.com/2005,11.pdf. Abruf 10.05.2013.

Fullan, Michael/Scott, Geoff: Turnaround Leadership. In: Higher education. San Francisco 2009.

Fullan, Michael: All Systems Go – The Change Imperative for Whole System Reform. London (Sage) 2010.

Fullan, Michael/Hargreaves, Andy: Professional Capital as Accountability. In: Arizona State University (Hrsg.). Education policy analysis Archives. Volume 23, Number 15, February 16th, 2015.

Literaturverzeichnis

Gabler Wirtschaftslexikon. Springer Gabler Verlag (Hrsg.): http://wirtschaftslexikon.gabler.de

Gräsel, Cornelia/Fussangel, Kathrin/Pröbstel, Christian: Die Anregung von Lehrkräften zur Kooperation – eine Aufgabe für Sisyphos? Zeitschrift für Pädagogik (2006) 52, S. 205-219.

Griebel, Wilfried: Bedeutung der Schnittstellen – gemeinsam schaffen wir es leichter – Kooperation der Beteiligten beim Übergang zum Schulkind und zu Eltern eines Schulkindes. Österreichisches Bundesministerium für Unterricht, Kunst und Kultur (BMUKK). Aktionstage Schulpartnerschaft 2007. Dokumentation. Wien 2007.

Haugg, Kornelia: Potenziale lokaler Bildungslandschaften und Bündnisstrukturen für mehr Bildungsgerechtigkeit aus der Perspektive des Bundes. In: Bleckmann, Peter & Schmidt, Volker (Hrsg.). Bildungslandschaften. Mehr Chancen für alle. Wiesbaden 2012.

Helm, Brigitte/Heinrich, Raphael: Ziele und Realisierung: Das Leitbild. In: Eigenverantwortliche Schule – ein Leitfaden, Köln 2007.

Hohnschopp, Hartmut: Gemeinsam geht es besser – Verbünde kleiner Schulen. In: Busemann, Bernd, Oelkers, Jürgen, Rosenbusch, Heinz S. (Hrsg.), Eigenverantwortliche Schule – ein Leitfaden. Konzepte, Wege, Akteure. Köln 2007.

Huber, Stephan Gerhard: System Leadership – Bildungsgerechtigkeit durch Verantwortungsübernahme von Führungskräften im Bildungssystem. bildungslandschaften.ch/.../files/110217_SystemLeadership_Huber.pdf. 17.2.2011. Abruf 18.01.2015.

Huber, Stephan Gerhard: Kooperation in Bildungslandschaften. Gelingensbedingungen. In beruf: schulleitung (b:sl) 7. Jahrgang 10/2013. Berlin.

Huber, Stephan Gerhard/Wolfgramm, Christine: Bildungslandschaften Schweiz – Forschungs- und Evaluationskonzeption. http://bildungslandschaften.ch, Zug 2011.

Hüther, Gerald: Kommunale Intelligenz. Hamburg 2013.

Imhäuser, Karl-Heinz: »Inklusion – die Perspektive der Zivilgesellschaft und der Stellenwert für Zivilgesellschaft, Schule und Bildung«. Statement. Bildungskonferenz 2012 des Deutschen Städtetages. http://www.staedtetag.de/imperia/md/content/dst/bikon2012_w4_statementtext_imhaeuser.pdf. Abruf 10.06.2015.

IRIS e.V. (Institut für regionale Innovation und Sozialforschung): Bildung in der Jugendarbeit. Eine Untersuchung zu non-formalen Lern- und Bildungsprozessen in den Jugendverbänden des Rems-Murr Kreises, Tübingen 2011.

JMK und KMK. Jugendminister- und Kultusministerkonferenz: www.kmk.org/fileadmin/veroeffentlichungen_beschluesse/2004/2004_06_04-Fruehe-Bildung-Kitas.pdf. Abruf 11.06.2013.

JFMK und KMK: Den Übergang von der Tageseinrichtung für Kinder in die Grundschule sinnvoll und wirksam gestalten – Das Zusammenwirken von Elementarbereich und Primarstufe optimieren. (Beschluss der Jugend- und Familienministerkonferenz vom 05.06.2009/ Beschluss der Kultusministerkonferenz vom 18.06.2009) http://www.kmk.org/bildung-schule/allgemeine-bildung/fruehkindliche-bildung.html. Abruf 10.06.2015.

Klemm, Klaus: Inklusion in Deutschland – eine bildungsstatistische Analyse. Gütersloh 2013 (Erstellt im Auftrag der Bertelsmann Stiftung).

KMK/a: Statistische Veröffentlichungen der Kultusministerkonferenz: Sonderpädagogische Förderung in Schulen 2012/13. Sekretariat der Ständigen Konferenz der Kultusminister der Länder in der Bundesrepublik Deutschland (Hrsg.), Berlin März 2014. http://www.kmk.org/statistik/schule/statistische-veroeffentlichungen/sonderpaedagogische-foerderung-in-schulen.html. Abruf 10.06.2015.

KMK/b: Inklusive Bildung von Kindern und Jugendlichen mit Behinderungen in Schulen. Beschluss der Kultusministerkonferenz vom 20.10.2011. Hrsg. Sekretariat der Ständigen Konferenz der Kultusminister der Länder in der Bundesrepublik Deutschland. Berlin 2012.

KMK und GWK: Aufstieg durch Bildung – Die Qualifizierungsinitiative für Deutschland – Bericht zur Umsetzung 2013. Beschluss der KMK vom 10.10.2013, Beschluss der GWK vom 22.11.2013. Hrsg. Sekretariat der Ständigen Konferenz der Kultusminister der Länder in der Bundesrepublik Deutschland. Berlin 2013.

Kempfert, Guy/Rolff, Hans-Günter: Pädagogische Qualitätsentwicklung. Weinheim 1998.

kobinet NACHRICHTEN: 05.06.13 – 12.31 Uhr.

Köker, Anne: Bedeutungen obligatorischer Zusammenarbeit von Lehrerinnen und Lehrern. Bad Heilbrunn 2012.

KOSIS-Gemeinschaft Urban Audit (Hrsg.): Das deutsche Urban Audit – Städtevergleich im Europäischen Statistischen System. Mannheim Oktober 2013.

Krombey, Helmut: Evaluation – ein vielschichtiges Konzept. Begriff und Methodik von Evaluierung und Evaluationsforschung. Empfehlungen für die Praxis. In Sozialwissenschaften und Berufspraxis, 24.Jg., 2/2001.

Kruse, Jan: Anmerkungen zum qualitativen und quantitativen Forschungsansatz in der Schul- und Bildungsforschung – http://www.eibor.de/_data/Kruse_Bildungsforschung.pdf. Abruf 15.06.2014.

Kussau, Jürgen/Brüsemeister, Thomas: Governance, Schule und Politik. Zwischen Antagonismus und Kooperation. Wiesbaden 2007.

LvO – Lernen vor Ort: Werkstattbericht ‚Kommunales Bildungsmanagement. Deutsches Zentrum für Luft- und Raumfahrt als Projektträger (Hrsg.). Bonn 2011.

Leidinger, Manuela/Perels, Franziska: Ein Netzwerk lernt: Evaluation des Modellschul-Netzwerkes für Kinderrechte. Saarbrücken 2014. www.makista.de/fileadmin/user_upload/images/Projekte/Schulnetzwerk/Materialien/Abschlussbericht

Leithwood, Kenneth: Educational Accountability. The State of the Art. Bertelsmann Foundation Publishers, Gütersloh 1999.

Lohmann, Armin/Minderop, Dorothea: Rechenschaft – alles zählt, was du tust! In: Pädagogische Führung 1/2004.

Lohmann, Armin/Minderop, Dorothea: Führungsverantwortung der Schulleitung, Köln 2008.

Lohmann, Armin: Qualität an Schule und von Unterricht durch Führung? Wirksamkeitsstudie zum Schulleitungshandeln an den Projektschulen der Bildungsregion Emsland in Niedersachsen (2005 – 2009). Dissertation. Innsbruck 2011.

Lohmann, Armin: Effektiv Schule führen. Wie Schulleitungshandeln die Schul- und Unterrichtsqualität steigert. Köln 2015.

Lohmann, Armin: Erkenntnisse in Bildungsregionen – Transfer in Regionale Netzwerke? In: journal für schulentwicklung, Innsbruck 4/2015.

Lohre, Wilfried: Bildung kommunal gestalten. Wie gestaltet man ein kommunales Bildungsmanagement? Vortrag und Präsentation bei der Auftaktveranstaltung der Transferagentur Nord-Ost in Neumünster (Schleswig-Holstein) »Kommunen gestalten Bildung – Mit Daten Bildung managen« am 20.04.2015. www.transferagentur-nord-ost.de. Abruf 18.06.2015.

Lotter, Wolf: SCHWERPUNKT: Machtwechsel. In: brandeins. Hamburg 04/2005 und SCHWERPUNKT: Deal. In: brandeins. Hamburg 10/2014.

Maykus, Stephan: Integrationsdefizite der Kinder- und Jugendhilfe in kommunalen Bildungsnetzwerken. In: Monique Ratermann & Sybille Stöbe-Blossey (Hrsg). Governance in der Schul- und Elementarbildung. Wiesbaden 2012, S. 213-251.

Maykus, Stephan: Bildungslandschaften als Gestaltungsprinzip – Chancen und Herausforderungen. In: Dörthe Heinrich, Janina Stötzel (Hrsg.), Ganztag im Bildungsnetzwerk. 10. Jahrgang 2014, Heft 15., vollst. überarbeitete u. erweiterte Ausgabe. Münster 2014, S. 10 – 14.

Mayntz, Renate: Governance im modernen Staat. In: Benz, Arthur & Dose, Nicolai (Hrsg.). Governance – Regieren in komplexen Regelsystemen: Eine Einführung. Wiesbaden 2010.

Minderop, Dorothea: Schule der Zukunft. In: DIE ZEIT vom 1. 9. 1995, S. 83.

Minderop, Dorothea: Netzwerk – Fluchtpunkt, neue Aufgabe oder reale Hilfe? In: Pädagogische Führung 3/2007.

Minderop, Dorothea/Lohmann, Armin: Eigenverantwortliche Schule – ein Baustein im niedersächsischen Qualitätskonzept. In: Schulverwaltung Niedersachsen 16/ 2006, S. 80-84.

Minderop, Dorothea/Solzbacher, Claudia: Ansätze und Dimensionen. In: Solzbacher, Claudia & Minderop, Dorothea (Hrsg.). Bildungsnetzwerke und Regionale Bildungslandschaften. Köln 2007, S. 3-13.

Minderop, Dorothea: Raum und Lernen = Form und Inhalt = Schule. Ein Plädoyer für die gemeinsame Verantwortung der Zuständigen. In: SchulVerwaltung Niedersachsen (22) 7/8 2011, S. 197-199.

Minderop, Dorothea: Kommunen auf dem Weg zur Bildungslandschaft. Ein Handbuch für kommunale Akteure. Gütersloh 2014.

Ministerium für Familie, Kinder Jugend, Kultur und Sport des Landes Nordrhein-Westfalen: Grundsätze zur Bildungsförderung für Kinder von 0 bis 10 Jahren in Kindertageseinrichtungen und Schulen im Primarbereich in Nordrhein-Westfalen 2011. www.bildungsgrundsaetze.nrw.de. Download 20.10.2013.

Montag Stiftung Jugend und Gesellschaft: Inklusion vor Ort – Der kommunale Index für Inklusion – ein Praxishandbuch. Bonn 2011. www.montag-stiftungen.de/jugend-und-gesellschaft. Abruf 10.06.2015.

Müller, Ulrich: Bildungsmanagement – Skizze zu einemorientierenden Rahmenmodell. In: Schweizer, Gerd, Iberer, Ulrich & Keller, Helmut. Lernen am Unterschied. Bildungsprozesse gestalten – Innovationen vorantreiben. Bielefeld 2007, S. 99-122.

Neurauter, Stefanie/Schöb, Anke/Waespi-Oes, Rainer/Appel, Sibylle: Lebensqualität in deutschen Städten. Erste Ergebnisse der zweiten koordinierten Bürgerbefragung 2009.

OECD: Erhebung über die Fähigkeiten und Fertigkeiten Erwachsener. Erste Ergebnisse. Ländernotiz Deutschland.2013. www.oecd.org/site/piaac. Abruf 10.06.2015.

Oelkers, Jürgen: Ideen zur Entwicklung kommunaler Bildungslandschaften. In: Dörthe Heinrich, Janina Stötzel (Hrsg.). Der GanzTag in NRW. Beiträge zur Qualitätsentwicklung. Münster 2014 · Heft 15, S. 47- 49.

Olk, Thomas/Stimpel, Thomas: Kommunale Bildungslandschaften und Educational Governance vor Ort. In: Räume flexibler Bildung. Bollweg, Petra, Otto, Hans-Uwe (Hrsg.). Wiesbaden 2011.

Ophuysen, Stefanie van/Harazd, Bea: Der Übergang von der Grundschule zur weiterführenden Schule – Gestaltung, Beratung, Diagnostik. Kiel 2011.

Paseka, Angelika: Wozu ist die Schule da? – die Aufgaben der Schule und die Mitarbeit der Eltern. In: Killus, Dagmar & Tillmann, Klaus-Jürgen (Hrsg.). Der Blick der Eltern auf das deutsche Schulsystem. 1. Jako-O Bildungsstudie. Münster 2011.

Rahm, Sibylle: Schule verändern. Verwicklungen in Entwicklungen. SchulVerwaltung spezial 5/2014, S. 4–7.

Rauschenbach, Thomas: Alltagsbildung als Schlüsselfrage der Zukunft. Zukunft Bildung. Bundeszentrale für politische Bildung. 2013. www.bpb.de/gesellschaft/kultur/zukunft-bildung/149483/alltagsbildung. Abruf 10.06.2015.

Reh, Sabine: »Pädagogisches Dilemma«. In: Gewerkschaft Erziehung und Wissenschaft (Hrsg.). E&W-Schwerpunkt Inklusion 02/2011.

Reeves, Douglas B: The learning leader. How to Focus School Improvement for better results. Alexandria, VA: Association for Supervision and Curriculum Development 2006. zitiert nach Bessoth 2007.

Rolff, Hans-Günter: Vortrag und Präsentation beim Schulleitungssymposium. Zug 09/2009. Abruf 16.07.14.

Scharmer, Claus Otto: Entdecke die Möglichkeiten. Interview mit Gesine Braun. In Lernen lassen. Abenteuer Bildung. Brand eins Hamburg 2010.

Schratz, Michael: »Zur Bedeutung kollegialer Kooperation und Vernetzung im Rahmen einer systematischen Schul- und Unterrichtsentwicklung«. Vortrag und Präsentation. Neuss, 13. Juli 2011. Abruf 14.07.2014.

Schratz, Michael: LERNSEITS: Unterricht aus der Perspektive der Lernenden. Vortrag und Präsentation bei der Koordinationstagung zum Thema Personalisiertes Lernen in heterogenen Settings. Zürich, 3. März 2012. Abruf 14.07.2014.

Schubert, Klaus & Martina Klein: Das Politiklexikon. 5., aktual. Aufl. Bonn 2011.

Schwer, Christina/Solzbacher, Claudia (Hrsg.): Professionelle pädagogische Haltung. Historische, theoretische und empirische Zugänge zu einem viel strapazierten Begriff. Bad Heilbrunn 2014.

Seeber, Susan: »Strategieworkshop »Bildungsmonitoring und Bildungsberichterstattung«. Göttingen, (www.bildungsregion-goettingen.de/docs/nachberichte/strategieworkshop_2013-04-7/Prof_Susan_Seeber.pdf. Abruf 10.06.2015.

Sell, Stefan: Klasse und/oder Masse. Die Qualität von Kindertageseinrichtungen zwischen Theorie und Praxis. 21.5.2012. www.early-excellence.de/newsletter_content.php?nav_id=231

Sigel, Richard & Lehner, Andrea: Schulentwicklung in lokalen Netzwerken. Eine Perspektive auch für Neueinsteiger. In: Pädagogische Führung. Zeitschrift für Schulleitung und Schulberatung. 18. Jg., 2/2007.

Sliwka, Anne: »Service learning« – Verantwortung lernen in Schule und Gesellschaft. In: Institut für berufliche Bildung und Weiterbildung (Hrsg.), »Unsere Schule«. Göttingen 2003.

Solzbacher, Claudia/Behrensen, Birgit/Sauerhering, Meike/Schwer, Christina: Jedem Kind gerecht werden? Sichtweisen und Erfahrungen von Grundschullehrkräften. Köln 2012.

Solzbacher, Claudia/Minderop, Dorothea: Den Nutzen klären: Rechenschaftslegung in Bildungsnetzwerken. In: Huber, Stephan Gerhard (Hrsg.). Kooperative Bildungslandschaften. Netzwerke(n) im und mit System. Köln 2014, S. 109–122..

Soddemann, Martina: Regionale Bildungsplanung unter den Bedingungen des Aufbaus eines Regionalen Bildungsnetzwerks im Kreis Herford. In: Dörthe Heinrich & Janina Stötzel (Hrsg.) Ganztag im Bildungsnetzwerk. Der Ganz-Tag in NRW – Beiträge zur Qualitätsentwicklung, 10. Jahrgang 2014, Heft 15, vollst. überarbeitete u. erweiterte Ausgabe 2014, S. 68 – 74.

Spieß, C. Katharina: Eine ökonomische Perspektive auf das deutsche System der frühkindlichen Bildung. http://www.bpb.de/apuz/136764/eine-oekonomische-perspektive-auf-das-deutsche-system?p=0. Abruf 25.12.2013.

StEG-Schulleitungsbefragung 2012: GANZTAGSSCHULE 2012/2013 – Deskriptive Befunde einer bundesweiten Befragung. Frankfurt am Main, Dortmund, Gießen, München, Mai 2013. www.ganztagsschulen.org/de/4996.php. Abruf 01.11.2013.

Steinert, Brigitte/Klieme, Eckhard/Maag Merki, Katharina/Döbrich, Peter/Halbheer, Ueli/Kunz, André: Lehrerkooperation in der Schule: Konzeption, Erfassung, Ergebnisse. In: Zeitschrift für Pädagogik 52 (2006) 2, S. 185-204.

Sturm, Tanja: Steuergruppen von Schulnetzwerken: Gestaltungsmöglichkeiten durch Distinktionen in Erweiterungsprozessen. In: Forum Qualitative Sozialforschung. Berlin 2010. 11(3), Art. 23. http://nbn-resolving.de/urn:nbn:de:0114-fqs1003234. Abruf 07.04.2015.

Sydow, Jörg/Windeler, Arnold: Steuerung von und in Netzwerken – Perspektiven, Konzepte, vor allem aber offene Fragen. In Jörg Sydow & Arnold Windeler (Hrsg.).Steuerung von Netzwerken. Konzepte und Praktiken. Opladen 2000, S.1 – 24.

Trede, Wolfgang: »Hilfe statt Nothilfe«. DJI IMPULSE 2013, S.7 ff.

Tietze, Wolfgang/Becker-Stoll, Fabienne/Bensel, Joachim, G./Eckhardt, Andrea/Haug-Schnabel, Gabriele/Kalicki, Bernhard/Keller, Heidi/Leyendecker, Birgit (Hrsg.): Nationale Untersuchung zur Bildung, Betreuung und Erziehung in der frühen Kindheit. Fragestellungen und Ergebnisse (NUBBEK). Berlin 2012.

Teichmann, Stefanie: Das Zusammenwirken von Erzieherischen Hilfen, Jugendarbeit, Jugendsozialarbeit und Schule am Beispiel der lokalen Bildungslandschaft Jena. In: Stephan Gerhard Huber (Hrsg.), Kooperative Bildungslandschaften. Netzwerke(n) im und mit System. Köln 2014, S. 314 – 325.

Ulrich, Joachim Gerd: Übergangsverläufe aus Risikogruppen. Aktuelle Ergebnisse aus der BA/BIBB-Bewerberbefragung 2010. In: Münk, Dieter & Schmidt, Christian (Hrsg.), bwp@ Spezial 5 – Hochschultage Berufliche Bildung 2011, Workshop 15. www.bwpat.de/ht2011/ws15/ulrich_ws15-ht2011.pdf Abruf 10.06.2015.

Vater, Gerhard: Schule leiten. Gemeinsam über den Kurs entscheiden und ihn einhalten. SchVw spezial 5/ 2014, S. 29–31.

von Viebahn, Christoph/Asselmeyer, Herbert/von Viebahn, Petra: Schule von innen gestalten. Mit großen Gruppen arbeiten. In: Schulleitung und Schulentwicklung. Stuttgart 2012.

Vorndran, Oliver: Wie steuert man den Aufbau von Bildungslandschaften? Das Beispiel der Bildungsregion Paderborn. In: Huber, Stephan Gerhard (Hrsg.), Kooperative Bildungslandschaften. Netzwerke(n) im und mit System. Köln 2014. S. 233 – 260.

Wardetzky, Kristin: Sprachlos? Ein Projekt zur Sprachförderung von Kindern mit Migrationshintergrund. In: Willkommen in unserer Schule. Themenatelier Ganztagsschule der Vielfalt. Deutsche Kinder- und Jugendstiftung gGmbH (DKJS) (Hrsg), S. 43 und www.erzaehlzeit.de. Abruf 10.06.2015.

Weiss, Wolfgang W: Kommunale Bildungslandschaften. Chancen, Risiken und Perspektiven. Weinheim 2011.

Wernstedt, Rolf: Pädagogische Freiheit. Grundsätzliche Fragen und Perspektiven für die Praxis. Vortrag aus Anlass des 60-jährigen Bestehens des Studienseminars für das Höhere Lehramt Göttingen am 14. Februar 2006 in Göttingen.

Wilhelmsen, Elsbeth: Regionale Schulentwicklung im Netzwerk Garbsener Schulen. In: Buchen, Herbert, Horster, Leonhard & Rolff, Hans-Günter (Hrsg.), Schulverbünde und Schulfusion – Notlösung oder Impuls? Stuttgart 2009, S.95 ff.

Zech, Rainer: Leitbildentwicklung in Schulen 21.21. – Arbeitshilfe 21 21 03: Partizipative Erstellung eines Leitbildes im »Aufsteigenden Verfahren«. http://www.artset-lqs.de/cms/fileadmin/user_upload/ Leitbildentwicklung_in_Schulen.pdf. Abruf 22.10.2014.

Zeitspanne der fiktiven Handlung

Datum	Aktivität
09.05.2014	1. Bildungskonferenz Landkreis Nahland
26.05.2014	1. Treffen der Arbeitsgruppe: Bildung von zwei Unterarbeitsgruppen: Datensammlung/ Leitbildentwurf
11.08.2014	Diskussion der Vorschläge mit dem Landrat
bis 20.09.2014	Diskussion des Leitbildentwurfs in der Kreisverwaltung
22.09.2014	Runde der Hauptverwaltungsbeamten der kreisangehörigen Gemeinden (HVB-Runde)
08.10.2014	Planungsgruppe gemeinsam mit dem Landrat
bis 20.11.2014	Neuer Abstimmungsprozess (Kreisverwaltung und HVB-Runde)
26.11.2014	Zustimmung des Kreisrates zum Leitbild – Auftrag für Entscheidungs-Vorlage zu Strukturen für die Regionale Bildungslandschaft Nahland und zur Finanzierung
21.01.2015	Datum der Vorlage
12.02.2015	Sitzung des Schulausschusses
03.03.2015	Sitzung des Kreisausschusses
20.03.2015	Sitzung des Kreisrates
15.05.2015	Unterzeichnung der Kooperationsvereinbarung mit dem Land
01.06.2015	Ausschreibung der Stellen (Land und Kreis)
01.08.2015	Bereitstellung der Stellen und des Overhead für das Bildungsmanagement; Beginn der Arbeit der Regionalen Bildungslandschaft Nahland
07.01.2016	Beschluss der Lenkungsgruppe zum Bildungsmonitoring
30.10.2016	2. Bildungskonferenz Landkreis Nahland
ab 2017	Kostenübernahme der SEIS-Befragung in den Schulen
März 2017	Durchführung der ersten SEIS-Befragung

Zeitspanne der fiktiven Handlung

Datum	Aktivität
01.04.2018	1. Bildungsbericht der Regionalen Bildungslandschaft Nahland
05.04.2018	Vorstellung des 1. Bildungsberichts
12.04.2018	Sitzung der Lenkungsgruppe zur Auswertung des Bildungsberichts